智合
INTELLIGEAST

2024 China's Legal Market Observation

中国法律市场观察

· 智合研究院 编著

法律出版社 LAW PRESS · CHINA
北京

图书在版编目(CIP)数据

中国法律市场观察.2024 / 智合研究院编著. --北京:法律出版社,2024

ISBN 978-7-5197-9187-2

Ⅰ.①中… Ⅱ.①智… Ⅲ.①法律-工作-中国-2024 Ⅳ.①D92

中国国家版本馆 CIP 数据核字(2024)第 105878 号

中国法律市场观察(2024)
ZHONGGUO FALÜ SHICHANG GUANCHA (2024)

智合研究院 编著

策划编辑 周 洁 林 蕊
责任编辑 周 洁
装帧设计 李 瞻

出版发行 法律出版社
编辑统筹 司法实务出版分社
责任校对 晁明慧
责任印制 胡晓雅
经　　销 新华书店

开本 787 毫米×1092 毫米 1/16
印张 21.5 **字数** 370 千
版本 2024 年 6 月第 1 版
印次 2024 年 6 月第 1 次印刷
印刷 固安华明印业有限公司

地址:北京市丰台区莲花池西里 7 号(100073)
网址:www.lawpress.com.cn
投稿邮箱:info@lawpress.com.cn
举报盗版邮箱:jbwq@lawpress.com.cn

销售电话:010-83938349
客服电话:010-83938350
咨询电话:010-63939796

书号:ISBN 978-7-5197-9187-2
定价:95.00 元

凡购买本社图书,如有印装错误,我社负责退换。电话:010-83938349

本书编委会

编委会主任

洪祖运

上海之合网络科技有限公司（智合）创始人、董事会主席、首席执行官。拥有斯坦福大学法学硕士学位、华东政法大学法律硕士学位、上海交通大学经济学学士学位，曾就职于众达国际法律事务所香港办公室。从2014年起，致力于法律科技的创业与研究。担任的主要社会职务有中国中小企业协会副会长、企业合规专业委员会执行主任，中国中小企业国际合作协会常务理事，华东政法大学律师学院特聘教授，中国律所领导力与发展战略研究中心执行主任等。

编委会顾问

林　戈

智合合伙人、企业服务事业部董事总经理、智合标准中心主任、智合研究院客座研究员，长期从事中国法律市场宏观趋势、律所管理、企业合规、数据流通、ESG与可持续发展等方面的研究。组织了《中小企业合规管理体系有效性评价》《生成式人工智能数据应用合规指南》《企业碳信息合规披露与评价规范》《可持续供应链风险识别与管理》等多部国内首部团体标准的起草。曾主持编写司法部和全国律协课题《中国律师行业发展报告（1979–2019）》，多次主持编写《中国法律市场观察》及上百篇行业发展分析报告。华东政法大学知识产权硕士。

毛姗姗

智合合伙人、智拾网事业部董事总经理、智合研究院客座研究员，中国中小企业协会企业合规专业委员会副秘书长。长期深耕法律行业，研发超过千万元创收的律师专业实务课程。采访过中国上百位律所主任或管理者，主导过“大所之路”访谈栏目，主导编纂《中国涉外律师客户指南2021》《中国法律行业从业人员薪酬报告2019》，《中国律所访谈·四十周年纪念版》《中国法律市场观察》作者之一，智合旗舰领导力课程“律所领导力与发展战略课程”研究员。华东政法大学知识产权硕士。

吴剑霞

智合合伙人、智论事业部董事总经理、智合研究院客座研究员，具备多年律师行业研究与律所管理咨询经验，智合旗舰项目“智合论坛”、“律所领导力与发展战略-中国课程”（Law Firm Leadership and Management - China，LLMC）、“律所领导力与发展战略—中国课程”（Law Firm Leadership and Management - Global，LLMG）负责人。曾长期负责智合新媒体矩阵运营，主持编写《中国律所访谈 · 四十周年纪念版》《中国法律市场观察》系列等出版物、行业观察报告，采访过数百位中国律所主任或高级合伙人，对法律服务行业有深度见解。华东政法大学知识产权硕士。

董宇洲

智合合伙人、智讯事业部执行总监、智合研究院客座研究员，具有法律和技术双重背景以及多年法律行业管理咨询经验，专注于用数智化手段驱动律所/律师业务增长，擅长AI等工具在法律服务全链条中的应用及落地。曾为某新生代精专所、某规模所提供专项管理咨询服务，曾担任智合旗舰领导力课程“律所领导力与发展战略课程”（Law Firm Leadership and Management Course，LLMC）负责人，曾参与撰写《中小律所的科学管理实践——方法、思维与原理》《中国法律市场观察》《上海仲裁法律市场观察》等图书，参与编写《南京市律师行业发展报告》《贵阳市律师行业发展报告（2000–2020）》等行业研究报告。上海海事大学硕士。

编委会执行主任

吴梦奇

智合研究院研究员，专注于法律行业的深度观察，曾参与撰写《中国律所访谈 · 四十周年纪念版》《中国法律市场观察》《中小律所的科学管理实践——方法、思维与原理》等书。

李亦儒

智合研究院资深研究员，深入观察法律服务市场，撰写行业研究文章与报告。曾任《商业人物》副主编，主导撰写《海信史（2003−2019）》《张道才传：探索者之路》。

编委会成员

孙麟飞

智合研究院研究员，专注于法律服务、法律科技市场研究与观察，曾任私募基金能源化工、新材料领域研究员。

张照栋

智合研究院研究员，专注于中外法律市场观察、律所管理研究，撰写输出一系列法律市场观察、行业趋势研究文章。

刘元坤

智合研究院研究员，曾撰写多份国内主要省市律师协会及政法机关的研究课题、专题报告等，撰写多篇行业观察文章。

顾文倩

智合研究院研究员，有多年行业采访及行业观察文章撰写经验，曾撰写或参与撰写多篇专访报道、行业观察文章。曾参与司法行政机关、律师协会及仲裁协会法治宣传工作。

黄晓慧

智合研究院研究员，曾主导采访或参与采访国内众多律所主任、合伙人，输出系列行业观察及律所管理文章。曾主导负责智合论坛2023专业及行业类内容研发。

应文文

智合研究院研究员，曾采访或参与采访国内多位律所主任、高级合伙人，撰写输出行业观察文章，并主导研发智合律所管理系列课程和智合论坛律所管理相关论坛。

2024：写在“奇点”接触元年（代序）

1958 年，“计算机之父”约翰·冯·诺伊曼（John von Neumann）曾和与他一同参与过“曼哈顿计划”的数学家斯塔尼斯拉夫·马尔钦·乌拉姆（Stanisław Marcin Ulam）有过一次对话。

对话中，乌拉姆提出了一个新概念——“技术奇点”。

“我们的对话集中讨论了不断加速的科技进步，以及这些进步给人类生活模式带来的改变。这些发展和改变，似乎把人类带到了一个可以被称为人类历史‘奇点’的阶段。技术奇点之后，我们目前所熟知的人类社会、艺术和生活模式，都将不复存在。”

这个迷人又慑人的想法很快传播开来，不断为科学家、科幻作家和社会名人所引用。2005 年，谷歌技术总监雷·库兹韦尔（Ray Kurzweil）甚至在自己的书中直接预测了这个关键节点的出现时间——2045 年。

事实往往比想象来得更快。随着 2022 年 11 月 30 日 ChatGPT 的发布，生成式人工智能的大爆发让很多人意识到一个现实：

“技术奇点”的前奏已经出现，从现在起，“2045 年”随时有可能正式到来。

同样，在法律服务行业，种种征兆也提醒我们，变革的关键节点已经不远。在过去一年多的观察中，智合研究院发现，由这种变革前奏驱动的变化正在加速增多，**2024 年也因此很可能成为法律服务行业“技术奇点”的“接触”元年。**

诚然，从“接触”到“抵达”仍需要一段为时不短的发展期。但这段发展期的一些关键要素，我们已经可以初窥门径：智合研究院将其总结为四重“变动”：**数变、思变、界变和智变。**

一、数变：结构性饱和的“中期阶段”

“重要的不是发生了什么，而是我们对所发生事情的理解和解释。”

——［奥］阿尔弗雷德·阿德勒（Alfred Adler）

“数变”是 2024 年律师行业最显性的一重变换——可以简单理解为数据的变化。

截至2023年年底，全国律师人数突破70万。13座城市律师人数破万，加起来约占全国的四成。

2022年全年，律师人数增长了7万，是过去数年里增速的峰值。与此同时，业务竞争则在加剧，律师人均办案数量已经从2018年的25.25件降到2022年的19.56件。

到了2023年，增速并未进一步走高，而是回退到了5万人——其中固然有种种内外部因素的交叉影响，但最重要的是，“行业内卷”的认知已在从业者之中普及，表现在数据上，即是扩张和收缩的并行。

选择保守过冬或转行的律师、选择战略紧缩的律所不少，但头部律所规模化、国际化的步伐不减反增，推动了行业集中度的提升；律所裁员、降薪的消息屡见不鲜，但对于人才的争夺也空前激烈。

这是一个结构性饱和的“中期阶段”，增长乏力，充满矛盾。**结构性饱和，意味着法律服务行业的量变已经积累到了一定程度，原有市场结构已经无法维持行业的稳定增长；中期阶段则是指这不是一个稳固、平缓的长期现象，而是阶段性的“兵荒马乱”，是会极大催生新技术、新路径乃至新生态的“战国时代”**。

要理解这样一个阶段，我们必不可能单从显性的“数据走势”来解读，而是需要关注影响这些“数据走势”的不明显的变量。

举个简单例子：某行业金字塔顶端的律所过去一年人数增势平缓甚至没有增长，单看进出情况容易解读为律所进行的裁员抵消了招新的增长，但如果进一步分析裁员和招新的构成，综合律所整体战略层面的调整变化，结论很可能就会完全不一样，准确性也会大大提升。

当前“数变”的两大特征为结构性饱和、中期阶段，都对行业参与者的数据分析能力提出了空前的高要求——解读能力强，就更有可能抓取到正确结论；解读能力弱，就只能依赖个人的嗅觉跟随走在前面的第一梯队，丧失引领者的主动性。

这个时代，我们会越来越需要具备读懂数据变动背后更深层逻辑的能力。

二、思变：真正与每个个体息息相关

“观念、思维方式的革命，远比技术、软件和速度的革命更重要。”

——牛根生

多数情况下，“思变”是一个经由长期酝酿后，在某个时间点突然获得的“顿悟”，是“钱塘江上潮信来，今日方知我是我”的“坐化”。

但正发生在法律服务行业的这场“思变”却不同，或者说，无论是律师自身的职业选择，还是律所的战略选择，都处在一个“小步快跑”“频繁微调”的阶段，而非全面理解新的时代环境后的倏然转向。

在科学家眼里，“技术奇点”会彻底改变传统的工作、生活和社会组织形式，而在以往的人类历史中，任何一轮社会变革都无法达到这种变化程度。这也决定了我们在当下所处的“接触”阶段，就会逐渐开始接受频繁微调带来的阵痛。

恰如公元前476年前后发生在神州大地的那场百家争鸣——2500年后，我们即将复刻这场思想盛宴。

这场从上至下涉及每个个体的思潮碰撞，会推动整个行业用更多方式，更频繁地进行试错，进而不断调整、修正发展方向。

行业统筹监管层面，引导性的支持和规制变得越来越深度。以2024年上海发布的《发挥城市功能优势　做强律师事务所品牌　加快推动上海国际法律服务中心建设的若干措施》为例，不仅给法律服务行业的发展方向带来不少思考，还首次提出了吸纳非律师人才的“特别合伙人制度”。可喜的是，这种思维层面的变革不仅发生在上海，在广州、深圳，在重庆、成都，类似的思维突破都借由一份份方案、倡议传递到更广泛的律师群体当中。

机构发展运营层面，团队作战的思想正从行业头部下渗。“造雨者”仍然备受重视，但“领航员”的地位正进一步提升。行业高速增长期，律所更青睐那些资源获取能力超群的“造雨者”合伙人，但随着法律服务整体环境的变化，看似多面手的“造雨者”对律所服务能力（尤其是强调专业分工的新形态律所）的加成变得越发低微和脆弱。与此同时，具备扎实科学管理知识、过人眼界和统筹协调能力的“领航员”合伙人/主任，是更适应大律所大分工环境的新秀。要做未来的行业大咖，就得构筑符合未来需要的思维体系。

个体生涯规划层面，法律从业者的选择在悄悄增多。诚然，依照传统思维行事的律师在觉察行情不佳时，往往会选择退一步海阔天空，进入压力稍小的法务行业或是端上公务员的“铁饭碗”，但经历“思变”又富有开拓精神的法律人则可能从旧职业的消亡中挖掘更多机会——无论是坚守律所开发职业经理人或专职运营者、首席数据官的赋能路线，还是跨入法律科技行业身体力行地弄潮技术融合的前沿。

当然，你可以说以上绝大部分的“思变”仍发生在最富开拓精神的那批从业者当中，对于行业内的“中间层”而言，深层次改变思维方式的紧迫性还不明显。

但生成式人工智能（Artificial Intelligence Generated Content，AIGC）的大发展已经验证了一个事实，即技术引领的时代变革往往并非线性的。如果我们不在刚刚接触“奇点”边缘时开始改造自我，等它真正到达时，很可能就已经为时已晚。

三、界变：跨行竞合的增多，充满机会的蓝海

“在全球化的世界中，边界不再是障碍，而是连接点。”

——［美］托马斯·弗里德曼（Thomas Friedman）

法律服务行业的“界变”主要可以归在纵横两方面：**横向是拓宽法律服务机构自身的业务范围，纵向则是打通法律服务行业和其他行业的交流合作边界**。

法律服务机构自身业务范围的拓宽在于相辅相成的两片“蓝海”：国内正在崛起的各个区域市场，以及国际快速增多的中企海外法律服务需求。

区域市场的崛起已经为时不短，最明显的“证据”即是各大国际评级机构对旗下榜单按区域维度进行的细分。

这里又可以分两方面分析：相对成熟的区域市场如长三角、大湾区、成渝，已经逐渐步入资源整合和区域一体化的新阶段，是大所强所提升区域协同能力的前沿试验场，竞争烈度更高，但业务机会也更多、回报更丰厚；其他相对待发展的区域市场则随着客户需求的成熟和细化，将律所竞争的侧重点导向更考验律所服务能力的成本和品质，以及对区域之外的服务投射能力。

无论是两种情形中的哪一种，区域市场的“界变”都已是大势所趋。全国性大所无法再轻易维持自身格调，区域律所也越来越需要将眼界和脚步拓展到本土之外。

国际层面，涉外服务的广阔空间亦吸引大所强所的注意。根据新华社统计，截至2023年6月，中国已与152个国家和32个国际组织签署了200多份共建“一带一路”的合作文件。而从司法部的统计数据来看，2018～2022年这5年间，中国律所在境外开设的分支机构数量也随中企出海步调的加快而从122家增长到了180家。

以时势缔造的新淘金地——东南亚为例，在政治、经济等外部因素的影响下，许多国际律所将亚太大区的发展重心移步于此，而中国律所则在“走出去”的大势下，循着“一带一路”倡议，以云南、大湾区等地为跳板，向这片热土持续输送服务能力和影响力。

在海外，中国律所面临的不仅是拓展自身的业务范围和服务能力，还会逐步面临国际律所的全方位竞争——这是莫大的挑战，但也是百炼成钢的机会。

实际上，**纵向的“界变”，也就是打通法律服务行业和其他行业的交流合作边界，长远看对法律服务行业的未来发展更为重要**。

作为高度依赖个体智慧和经验的咨询服务业，法律服务行业在过往数十年里一直维持了以松散挂靠为主的机构组织形式，也时常被从业者诟病为“个体户”“小作坊”。因此，来自行业层面的“规模化”“规范化”发展呼声一直很高——尤其是在

法律咨询公司对低数额法律服务市场的冲击加剧之后。

当下所发生的“界变”，即是内外作用力酝酿到一定程度的体现。外部有技术革命带来的全行业变革，没有任何一个行业能置身人工智能（Artificial Intelligence）浪潮之外，法律服务行业自然也一样；内有律所服务能力“瓶颈”的更广泛触及，让越来越多的律所自愿寻求法律服务合作的拓展和“法律服务生态圈”的构筑。

尽管目前这种“界变”更多还是以浅层、轻度的形式在开展，但却是一个很好的引子：离“奇点”越近，这种破界、打碎和重构就会发生得越频繁。

四、智变：法律与科技，从未如此紧密互联

“人工智能是我们人类正在从事的最为深刻的研究方向之一，甚至要比火与电还更加深刻。”

——［美］桑德尔·皮查伊（Sundar Pichai）

工业革命4.0，一个最早于2013年汉诺威工业博览会上被推出的新概念。

相较于前三次工业革命，工业革命4.0被广泛认为将以人工智能、清洁能源、机器人、量子通信、可控核聚变、虚拟现实和生物技术等领域为主要驱动力量。

其中，人工智能最为许多巨擘推崇，将之视作连接其他各项技术的关键支点——人工智能表现出的高效率、自动化及其在信息流通领域的指数级赋能价值，使其具备了渗透到任一传统或新兴领域的可能。

也因为人工智能对人类智能的深度学习，同样高度依赖人的知识、智力、经验和判断的法律服务行业，很早就意识到了人工智能带来的新威胁和新机会——早在2017年开办的首届“智合论坛”，主题就定位“智能时代的法律服务”。

一切预想在2023年突破为现实，并在2024年指数倍加速演化。

以大模型为代表的“AIGC+法律服务产品”则以其超强的深度学习特性宣告：**法律服务与法律科技领域的大变革时代，就要到来了**。

我们为这场已然到来的以人工智能为引领的大变革，命名为“智变”。

整个2023年，超过100家来自各个赛道的法律科技公司选择将AIGC技术集成到现有产品之中，或是推出了以AIGC技术为基础的新产品。

其中，大模型是这轮AI整合浪潮中的关键角色。

原因固然是行业外头部企业纷纷在通用AI大模型的开发上下重注，体量更小、资本稍欠的法律科技公司可以很好地借力定制适应法律服务行业需要的大模型产品，为客户提供易于上手、快速更新的使用体验。

以OpenAI公司注资的法律科技新星Harvey AI公司为例，其核心产品即是基于

GPT4.0 微调诞生的法律行业定制化垂类大模型。来自行业“领头羊”的背书，使其在“智变”时代占据了显著的先发优势。

但大模型之所以成为法律科技公司打开 AI 大门的更深层原因，其实是大模型在实际应用中与法律服务行业天然的高契合性。无论是律师常用的法律咨询、文书生成和写作审查场景，还是律师进阶需要的法律研究场景，大模型都能很好地适应其需要，成为律师执业效率的质效倍增器。

大模型在法律科技领域的普及与深化发展，标志着法律科技已经正式步入“大模型时代”。

但这，仅仅是而今我们所谈论的“智变”的第一步。

智合研究院在《智变：法律科技的大模型时代》一书中提出了一个观点，**相较于对法律科技的具体赋能，人工智能对法律服务的更深层价值——普惠，是其更重要、更具颠覆性的内涵**。

法律服务天然的高门槛，意味着国内仍有海量的基层法律服务需求得不到满足，而人工智能在降低服务成本和门槛，推动服务普及方面的潜力，已经表现得足够明显。

我们有理由相信，当下发生在法律服务行业、法律科技行业的所有一切技术赋能，都指向一个共同的目的地，即法律服务真正实现普惠价值的明天。

法律科技的未来，必定是让法治插上技术的翅膀，让法律服务来得更便捷、更广泛，成为法治社会当中每个人的生活习惯。

这是由人工智能真正驱动的法律服务行业的质变和“智变”，也是 2024 年四重变换中至为重要的一重。

五、做未来的“筑路者”

智合研究院是智合旗下专注于法律产业观察与分析的行业智库，针对中国乃至全球法律市场的发展现状、行业趋势、前沿问题、政策走向等，进行基于理论与实证的研究与解读，为法律市场的监管机关、业界领袖、服务机构、专业人士提供信息参考和决策依据。

以上这四重变换，是智合研究院基于过往一年对行业的深度观察所提炼出的发展暗线。我们将这些观察分门别类，对应《中国法律市场观察 2024》的 6 个篇章：行业趋势、国际市场、律所管理、区域观察、法律科技和榜单研究。本书中，我们收录了过去一年多里业内专家的观点、评论以及智合研究院的对应思考与总结。我们希望，本书能够为读者呈现多元化、本土化同时又具有全球视野的法律行业观察视角，帮助读者理顺自身的职涯发展、谋划律所的战略去向。

我们认为，这四重变换，均是每家律所、每位律师都可以切身感知，并身体力行参与其中的行业发展趋势，而如何选择加入这场变革的切入点，则会决定律所、律师能从中取得多少实际收获。

当然，比衡量收获更重要的，是站在当下的我们，给未来播下了多少种子。这些种子，会在“奇点”真正到来时，化作承托我们与之交汇的路桥，让我们在回望过去时，意识到自己曾因为相信，而将行动先于看见。

信风已至，且迎新变。

是为序。

目 录
CONTENTS

律所管理篇

区域观察篇

法律科技篇

榜单研究篇

行业趋势篇

2024 中国法律服务市场：穿透“同温层”*

吴梦奇 | 智合研究院

同温层——对流层顶部到平流层中下层的区域，是平流层里温度最低、波动范围最小的区域，气温维持在 -55℃左右，几乎不随高度变化。

1972 年，美国心理学家艾尔芬·詹尼斯灵光一现，援引同温层的特性，创造了**“同温层效应”**这个概念，以指代他所观察到的一种现象：**在群体决策过程中，由于成员倾向于让自己的观点与群体一致，因而整个群体会缺乏不同的思考角度，进而无法进行客观分析**。

在信息时代和互联网时代，“同温层效应”更加明显：万维网打破了信息传递的时间与空间桎梏，却无法阻止人们在面对海量信息时不可避免地顺着群体进入一个个“同温层”和“信息茧房”，在无知觉间沉溺其中。不同圈层间彼此攻讦，互不理解。

改变这种局面往往需要两重要素：**一重是外部“破圈”级别的刺激**，比如 2023 年生成式人工智能技术对几乎全行业的爆发式加速渗透，用危机感迫使人们“睁眼看世界”；**另一重则是内部的主动觉醒**，意识到自己被无形的信息差束缚，因而不断挣扎、四处磕碰，自发放弃恒温区的舒适陷阱。

以上两重要素，同样连接着中国法律服务市场刚刚过去的 2023 年和已经到来的 2024 年。

一、2023 年市场态势：关于“内卷”

2023 年，法律服务行业讨论最多的一个词是“内卷”。

这是一个获得大多数人认同、无法回避的客观现象。截至 2022 年年底，全国律师总人数超过 65.16 万人，相较 2021 年年底增长了超 7 万人，增量远高于 2020 年的 5 万左右。按这个速度，《全国公共法律服务体系建设规划（2021—2025 年）》所定

---

* 本文首发于“智合”微信公众号 2024 年 1 月 1 日，文中收录数据的日期截至 2023 年 12 月 31 日。

下的“到2025年，全国执业律师达到75万名”这一目标必然会提前实现。当然，考虑到2022年法律职业资格考试通过人数已出现回落趋势，2022年律师人数增长数量可能较多，2023年、2024年可能会有所放缓（见图1）。

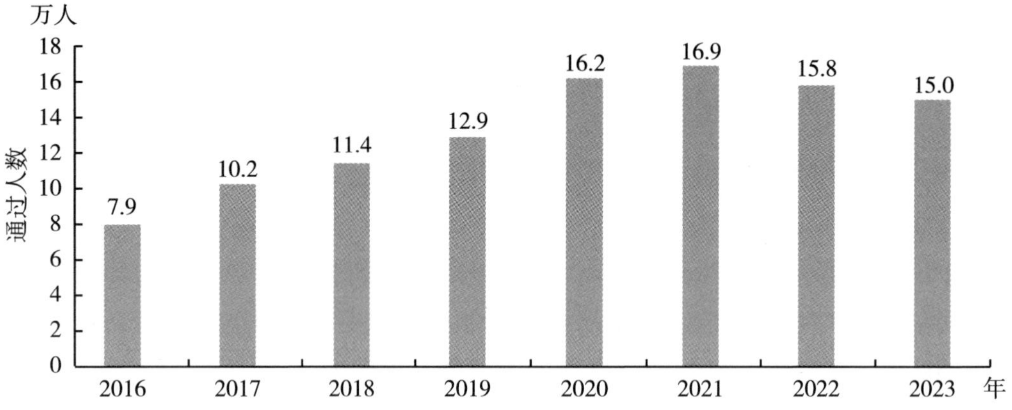

图1　2016～2023年法律职业资格考试通过情况

（数据来源：司法部历年法治政府建设年度报告）

在市场规模方面，根据智合粗略测算[1]，2022年我国律师行业总创收在1900亿～2100亿元，“十四五”期间整体复合增长率为14.3%（见图2）。

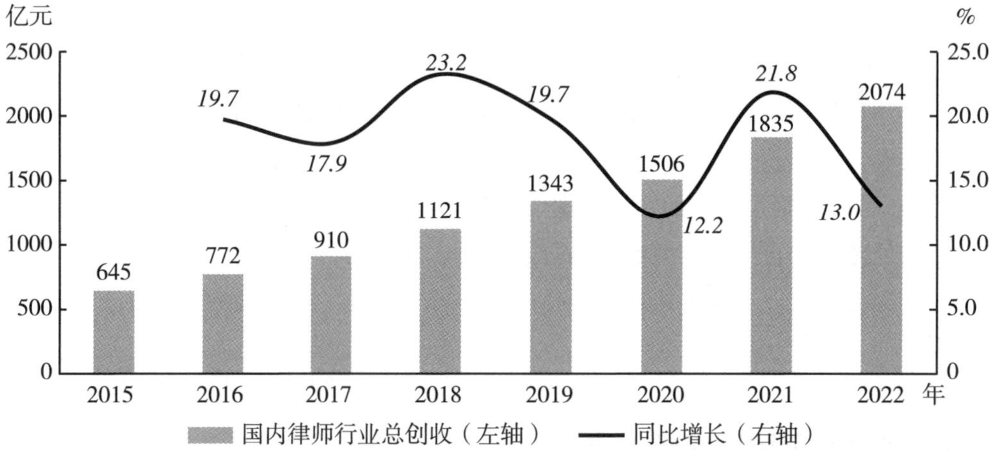

图2　2015～2022年国内律师行业创收测算（按平均工资增速）

注：由于行业主管部门（司法部）、自律机构（律师协会）暂不对外公布历年创收类（律师业务收费）数据，2015～2022年数据均为非实际数字，按照文章中逻辑，结合现有公开数据（如官方公布历年律师人数、GDP、平均工资增速）进行估算。

〔1〕参见孙麟飞：《律师业离“万亿级市场”还有多远?》，载微信公众号“智合”2023年3月1日，https://mp.weixin.qq.com/s/h9DUyz91fuffM02RI3lrAw。

这一数字看似与人数增速同步，问题在于，案件数量的增速没有跟上，甚至有所下滑：2021 年全国律师各类法律事务的办理量是 1308.5 万余件，2022 年则下滑到 1274.4 万余件。“僧”在增多，“粥”在减少，自然会强化“卷”的直观感受。

但带给行业“内卷加剧”感受的，仅仅是“蛋糕”份额不够的表象吗？显然不是。数字是宏观的，感受是微观的。

强化我们“内卷”印象的，到底是什么？

（一）市场：影响“内卷”的三重关键要素

笔者认为，至少有三重关键要素，影响了法律人对 2023 年法律服务市场的感知，它们是市场容量、区域崛起和技术革新。

1. 市场容量

关于中国法律服务市场的“天花板”，目前仍未有定论。虽然不能无视国情仅参考美国法律服务市场人数和创收体量，而认定中国律师仍存在 10 倍乃至更大的增长空间（见图 3、图 4），但中国律师行业呈进一步发展扩张的整体态势仍是共识。

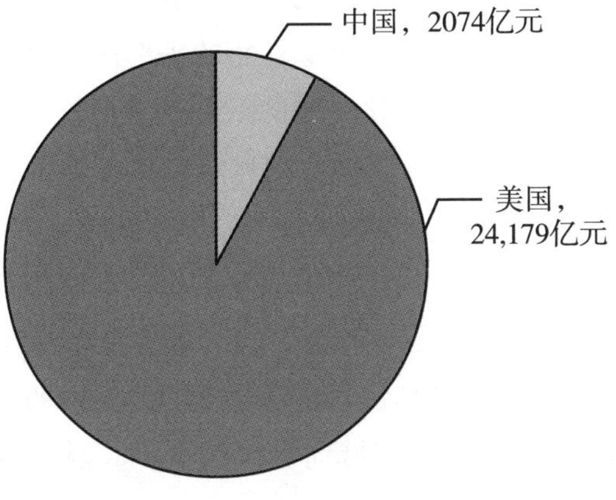

图 3　2022 年中美律师行业总创收对比

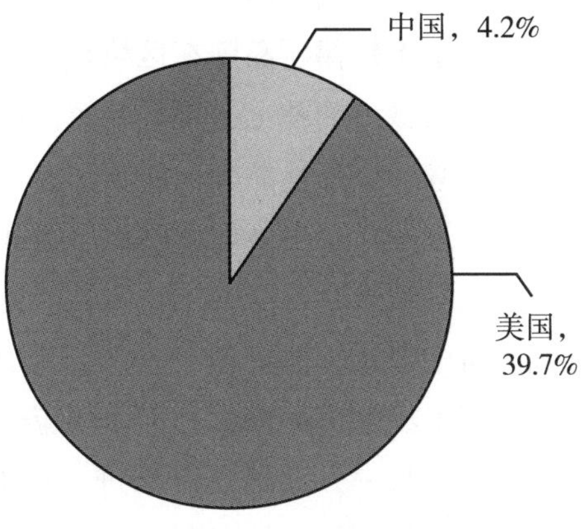

图 4　2022 年中美律师万人比

既然增长还在维持，“卷”的感受从何而来？

除整体业务量的缓慢下滑外，一个很明显的变化是，未来短中期内，在外部发展环境更加恶劣复杂、反全球化势头正盛、内部保增长的压力较大的情况下，中国的律师业过往的高增长状态已经一去不返，行业的发展重心整体将从“量”的增长逐渐转向“质”的提升。

为此，市场会越来越倾向于通过挖掘创新增长点来开辟市场空间，例如，不少头部规模律所正在进行对新兴市场或细分业务领域的持续研究开发。

即便在平均智商较高的律师行业，研究和开发新业务的能力也属于进阶能力，其难度绝不是优化服务流程等简单创新所能相提并论的。这就使**一个新的细分市场必然先经头部律所或精英合伙人探索验证，其他律所才会入局**。

所以，在没有进一步突破前，头部律所可能不卷，其他律所一定会卷。

2. 区域崛起

关于区域市场的亮眼发展，早在2021年、2022年其实就引起不少关注。例如，就在2022年国际评级机构钱伯斯加大了对大中华区数个区域性法律服务市场的关注，发布了新的榜单，其他部分评级机构亦有针对我国区域市场中的头部律所而作出的分析报告。

2023年，情况又有了一些新的变化。

2023年年中智合对司法部2022年大数据的分析[1]中提到一大现象，就是法律服务的下沉趋势更加明显。继2021年四川成为第一个“三万人俱乐部”成员后，河南也在2022年达成了“律师人数破三万”的成就。据分析，近年国家战略的推进、中西部营商环境的改善、对法律行业的专项扶持以及当前经济形势下务实的“回流潮”等因素，共同为区域市场尤其是二线城市的业务发展提供了助力。

以上是需求端的内因。对于区域律所而言，还存在一些驱动自身发展的外因：

一是全国性律所品牌在区域市场的加速布局。其中既有类似往年的头部律所对新一线、二线城市的补全，也有新锐律所从二三线城市差异化突围的新情况。相较于本地律所品牌，全国性品牌律所在信息传递、管理与服务标准化、跨区域支援等方面更具优势，进一步要求区域律所提升自我、参与竞争。

二是区域律所自身的主动入局。曾被视作头部律所优势之一的专业化分工已经在区域律所中普及，而更新一些的行业化建设，也正在被越来越多的区域律所探索尝试。区域市场的头部律所一方面顺应市场趋势，强化自身在当地乃至全国范围内的品牌影响力，另一方面也在寻求进一步的“突围”——从区域向全国的突围，从传统合伙所向新型品牌所的突围，等等。

三是区域市场司法机关、律协的深度支持。在区域律所寻求自身提高的过程中，各个区域市场的司法机关、律协起到了相当重要的作用，由司法机关提供支持、律协牵头组织的集中培优、行业化交流、领导力培训、跨区域交流参访不在少数，这也大大推动了区域律所的整体水平提升。这点也和青年律师、合伙人越来越多参与到律协组织工作中有关。

从法律服务市场的长期健康发展来看，区域市场的崛起既不可逆，也值得鼓

---

〔1〕 参见蔡爽：《年增7万人，百人所破500：律师行业的变与不变》，载微信公众号“智合”2023年7月5日，https://mp.weixin.qq.com/s/YWAecEiUzhvz-QV1sk-Ptg。

励。但在从普通跨向卓越的过程中，必然伴随为努力跟上第一梯队所必须作出的痛苦追赶——这种快速奔行反馈到个体律师身上，自然也会有“到二、三线城市居然也得卷”的感觉。

3. 技术革新

生成式人工智能（AIGC）是2023年戏份最重的角色之一。作为一种应用范围广泛的新兴技术，AIGC与其对诸多应用行业的渗透同样是双向的。在法律服务领域，过往的法律服务方案、内容、经验是AI模型学习的来源，而其整合资源、智能分析并输出结果的能力又会反过来服务律师执业，使律师放弃那些低效、过时的工作方式。

当然，业内对技术革新的一大担心是，技术对于高耗时重复性工作的高效率替代无疑会压缩律师行业的低端市场，让律师行业更“内卷”，让“躺平人”无处可躺。

这柄“双刃剑”哪边“刃”更长，可能取决于**你是将AIGC视作新一轮“工业革命”的一部分，还是仅仅将其视作一次微小的、起步阶段的探索创新**：如果是前者，每一轮工业革命都意味着大量传统职业的消亡，以及更多新兴职业的出现——为什么不去提前找找那些即将出现的法律行业机会？而如果是后者，事物从起步到发展壮大总需要一段时间，而这就等于给了自己学习、适应并找到自己不可替代性的空间，不是吗？

要知道，截至2022年，85%左右的律所连OA系统都没有建立，数字化尚未起步；直至今日，国内中小律所中仍有不少上年纪的大龄律师不适应信息化系统，坚持在所内助手的帮助下手写文书、走线下流程。很可能在他们的观念里，执行程序可以被替代，但你的思维、经验、社会关系，至少在可见的人类社会周期里恐怕很难被替代。

（二）律所：应对变量的试错与创新

既然有以上三重问题，自然也会有针对这些问题尝试找出解法的探索。2023年，律所又做了些什么？

1. 市场容量：“管理红利”

2023年，律所在应对市场容量问题方面主要从两个维度下手——开发内部市场或细分领域、强化统筹服务能力。

这两种做法源于同一个内核——管理。2023年，许多不同律所的主任、管理合伙人作出了同一个判断，即**律师行业正在由注重“规模红利”向注重“管理红利”转型**。

在规模红利时代，律所单纯提升律师人数或分所数量，通常就能使创收体量快速稳定增长。这种低成本的增长态势随着经济形势遭遇“瓶颈”、市场竞争激烈程度提升而终止。随之而来的则是重视提升律所单位产出效率的管理红利时代。

对于不同类型律所，管理红利所指向的内容也有所不同。对于已经完成或基本完成规模化布局的头部律所，利用管理红利的核心思路在于通过管理机制的改良优化，进一步激活已有规模下那些尚未被挖掘的生产效能；对于正处于规模化冲刺期的律所，管理理念与制度的先进性和合理性决定了后一阶段规模化的“天花板”；而对于不太在意规模、仍坚持精品化路线的律所而言，管理本身就是进一步提质增效的唯一选择，只不过在管理水平普遍提升的环境下，精品所需要在差异化方面做得更好，对管理的要求也会更为严苛。

2. 区域崛起：“新概念规模化”

既然规模红利退位让贤给了管理红利，那么行业整体的规模化速度是否会进一步放缓？

不是，至少从律所的反应看来，规模化趋势仍在延续，区域崛起态势下，律所对各个区域性市场的布局也在进一步强化。

当然，相较于以往的单纯规模化，现在建立于区域市场崛起层面的规模化更适合被称作“新概念规模化”。具体而言，“新概念”有三层含义：

一是“适度规模化”理念的普及。无论具体对适度规模化如何理解，各律所都意识到不规模化无法适应未来的客户需求和竞争态势，无节制的规模化又会让律所的管理协调能力提升速度跟不上边际收益的下降速度。因此，适度很重要。

二是规模化竞争重点由速度转向成本与品质。规模化并非律所发展的终点，潮水退去后，律所间比拼的更是资源整合与衔接能力。在单纯提升规模不再能简单与提升收入挂钩的当下，如何以更低成本实现更高品质的规模化发展，是需要重点攻关的课题。

三是对区域性市场，二、三线城市的布局增多。这既符合区域崛起的大方向，也顺应了差异化竞争的时代潮流。无论是全国性品牌所，还是区域强所，都能够综合这两种路线理出适合自身的可行道路，同时避开竞争日趋白热化的战场。

3. 技术革新：大考还是弯道

既然 AIGC 的大潮已经无可避免，那律所、律师能做的也就是接受并融入其中。当然，具体到怎么融入，就会衍生出各种不一样的做法流派了。

有的律所将这场来自 AIGC 的冲击视作对过去数年律所信息化建设成果的一次大考。成绩优异的模范生们顺势投入对新技术的研发应用，而对信息化建设不够重视的后进者们则不得不借此机会抓紧时间进行信息化、数字化建设。

也有律所认为，AIGC 的突然爆发对当下的非头部律所来说反而是“弯道超车”的机会。在普遍强调差异化竞争的当下，开发这种极可能数倍乃至数十倍提升律所、律师生产效率的工具，甚至仅仅是与第三方机构合作借势，也极可能在草莽期形成优势。至少在 AIGC 这块，绝大多数律所站在了同一起跑线。

AIGC 仍在快速迭代，2023 年对于新兴技术的探索应用会在 2024 年延续，成为律所战略布局中重要的一部分。

（三）潮流：“勇敢者”归来

在 2023 年年初，智合曾结合 2022 年观察到的各律所在“求变”这一大方向下作出的种种努力，总结出了**行业在重重压力下重新回归客户、聚焦专业本身的“向内看”“由内突破”的趋势**，并认为对律所内部要素的审视和重塑可能会成为律所未来一年发展的关键问题。

这些努力和探索，有的成功，有的仍待观察。

> 律所间增多的横向交流在 2023 年进一步演变成空前丰富多元的行业对话、研讨活动，纾解萦绕在合伙人们心头的焦虑情绪，也进一步传递关于律所发展战略与管理运营的重要性；
>
> 于专业、客户、人才等层面强度越来越高的竞争要求，则让律所在不停卷硬件条件的同时，也越来越重视在文化、理念等“软素质”方面对自身律师队伍的优化筛选——这也进一步引发了对“品牌影响力”的重新审视；
>
> 一度铺天盖地的法律服务产品大赛仍在许多律所和律协层面得以延续，但对其功能价值的评估变得更为审慎与务实——想要让这些赛事真正将理论与实务链接并形成循环飞轮，可能仍需要一段时间来试错和积累“量变”；
>
> 不同律所对于“适度规模化”这一概念更深、更具特异性的理解，也让我们看到了“规模化”概念被精细化分析并结合时代要求变得更丰富后，所迸发出的新生命力。
>
> ……

如今，站在 2024 年的开端回望，我们认为这种内生趋势仍在延续，但从表面看，比“内修”更大的变量——“外驱”，似乎在种种因素的影响下，更多地站到了台前。

只不过，这并不意味着外在因素对律师行业的影响盖过了律师行业内部自发的突破，而是在经过 2022 年和 2023 年这两年的试错、交流后，**更多律所、律师对于经济形势、律师行业发展不及预期的恐慌和焦虑情绪开始平复，愿意正视外部因素的复杂**

性，综合内外两重力量推动自身加速适应新环境，而非相对被动地以内部稳定来应对一切。

度过寒冬的最佳态度，不是因为害怕寒冬而为之疯狂储备过量物资，而是正视寒冬这一事物的客观存在，看到它消极和积极的方面，并说服自己以理性的分析、乐观的态度，找出最符合客观事物发展规律的应对路径。

要消解行业对于“内卷”的普遍焦虑，推动整个行业朝着正确的方向突破，穿透律师行业当前所处的“同温层”，就得团结尽可能多的律所共同冲锋——值得庆幸的是，2023 年，我们看到了很多“勇敢者”归来、交流、引领、共进。

二、业务消长：行业化与细分市场

相较于律所发展维度的种种变化，业务层面的波动反而会显得不那么引人注目——作为经济大势与政策环境的反映，不同领域的律师业务仍随着市场环境遇见新的挑战与机遇，律所需要更审慎地解读宏观经济，并根据自身情况合理布局，律师则要在谨慎考虑转型的可行性后，再伺机寻找新的突破口。

当然，要总结趋势也不是不行：2024 年仍未选择进行行业化的律所、律师，可能真的要开始掉队了——不是因为现在开始行业化太晚，而是如果将这项工作留到以后，就不一定有时间和精力跟上正在到来的律所端 AIGC 建设新潮流了。

（一）为什么是“行业化”

实现了行业化的律所、律师有两张名片。专业名片代表自己能够处理的法律事务，行业名片代表自己能够为哪些客户解决问题。

2023 年，客户显然越来越看重后一张名片了：我知道你能做 IPO、能做刑辩，但经济形势的变化让我们更关心请你来能帮助我们解决什么问题，而不只是通过一道流程、打赢一场官司。

客户具体要实现什么需求，只懂专业的律师显然不能像懂行业的律师那样快速抓住真正的痛点。所以，行业化越来越重要。

对于律所而言，同时实现律师的专业化、行业化能够帮助律所从纵、横两个维度将律师分门别类，在应对大型企业客户时能够更高效地组织合适的团队提供服务，满足这类客户多样化、复杂的法律服务需求。同时，行业化建设对律所精细化运营的要求也会间接推动律所组织力、凝聚力的提升，帮助律所梳理出更具活力的内部市场。

在区域崛起的整体态势下，“专业化 + 行业化”的发展模式已经随着全国大所在区域市场的进一步下沉而得到继续传播，不少区域律所也随之推进自己的行业化进程——相较于全国性品牌所，它们往往还能够结合本地法律服务市场的实际情况做一些调整、改良，因而为行业化发展找到更多的分支路线。

（二）细分市场的业务机会

明确了行业化的重要性，再回头看各个具体的业务领域。除始终火热的争议解决外，各专业领域在2023年各有困局和机遇。

1. 资本市场

2023年2月，股票发行全面注册制正式落地。监管的进一步强化和经济形势、市场环境的变化，使境内IPO的审批速度整体放缓，对律师业务有一定影响。同时，境外IPO数量较往年大幅减少。在私募股权与风险投资领域，整个市场的投资数额锐减，进一步提升了律师、律所间的竞争激烈程度。

当前律所资本市场业务仍以境内外发行上市、再融资、境内外债券发行、上市公司重大资产重组等为主，对此，部分律所将业务突破口放在了资本市场合规业务、债券风险化解、绿色金融等领域。同时，为了应对客户需求综合化、行业化的趋势，头部律所也在强调强化团队配置与风控，基于IPO业务衍生出其他细化服务，延长资本市场业务链条。

2. 破产重整

作为近年热度不减的“蓝海”领域，2023年的破产重整呈现三个显著趋势：一是破产企业规模、债务体量呈明显增大趋势；二是破产案件的复杂程度越来越高；三是破产企业类型有向房地产、地方城投公司集中的趋势。这些都加大了破产律师及相关律所从业的难度。

当然，仍有一些细分领域的发展趋势值得挖掘，例如，随着各地法院纷纷制定预重整程序，业内对于企业预重整的关注度也在提升，关于破产重整、预重整的操作流程，也有很多人在讨论。再如，《企业破产法》的修订、对府院联动机制的探索，都值得律师在2024年持续关注，寻求为企业创造更多效益的机会。

3. 跨境投资与贸易

在跨境投资领域，变化与转型在加速发生：制造业的投资行为正基于贸易活动转向出现向东南亚等地的明显转移，对欧美发达国家的新增投资则明显在减少；在资产类投资受全球经济影响而步入长期调整阶段时，高新技术类投资则取得了快速增长。国际贸易领域已经不再单纯以价格和比较优势为基础，而是加入了如环境保护、劳工标准等因素，给涉外贸易带来了更多不确定性。

随着中国企业出海广度和深度的持续提升，客户的法律服务需求越发综合化，遭遇跨境贸易、跨境投资及跨境合规等领域交叉法律问题的情形也在增多。这种趋势要求律所与律师整合资源、以团队形式高效协同，提供综合化服务能力。

同时，考虑到跨境服务中语言障碍、时差问题等客户痛点，中国律所也在加速推进海外分所布局，其中又以“一带一路”国家为主攻方向——中国企业资本、产品的流向带来了大量的绿地投资、并购需求，由此产生的争议也出现明显增长。此外，以供应链为代表的合规管理也已经在头部企业、大型企业中得到深入开展。

4. 科技、媒体和通信（Technology，Media，Telecom，TMT）

2023 年上半年，TMT 行业的交易数量环比及同比均出现明显下滑。TMT 领域的股权投资市场出现了投资增速放缓、投资主体改变、投资方向调整的明显趋势，对包括股权回购在内的各种类型的退出交易、破产重整、业务分拆等的关注度逐渐提升。

而随着传统行业的数字化转型程度不断提高，原先相对较少的 TMT 监管合规需求开始增加。越来越发达的数字经济也使网络安全和个人隐私保护变得更加关键，相关的数据合规及网络安全监管需求增多。

如今，新技术、新产业的不断突破式发展对既有的监管和规则提出了强有力的挑战，TMT 领域的法律服务越来越需要从监管合规的角度对业务作出更加准确的判断。随着 TMT 企业“出海”的增加，相关的合规法律服务很可能会迎来发展窗口期。

5. 知识产权

在知识产权领域，普遍的认知是其近年发展相对稳定，市场形态日趋成熟，国家对知识产权的重视程度不断提高。相较而言，客户需求的变化更值得重视，诉讼业务的占比正在逐渐提高。

当然，AIGC 的火热也使与其相关的监管和立法越来越受业界关注。就 2024 年而言，与 AIGC、跨境电商、车企“出海”相关的知识产权业务机会仍值得挖掘。尤其是在涉及跨境数据安全和隐私保护的领域，由于对其监管日趋严格，显然还有不少需求可以挖掘。此外，在工业、生物医药、化工与环保、材料、通信、精密制造和芯片等特定行业，由于这些领域在生产制造、销售以及技术研发等方面的特殊性，知识产权律师将有更多的业务机会。

6. 医药健康

2023 年，全球医疗健康产业的日子并不好过，投融资金额同比下降了 23%，中国医疗健康产业投融资同样出现了明显放缓。在资本寒冬之下，创新药企深陷融资困难、IPO 受阻和破发等问题，“生存”成为药企的首要课题。由于近年来国内生物医药企业的技术逐渐接近国际先进水平，国内生物医药企业成为全球认可的创新力量。因而，在当前低迷的投融资环境下，创新药“出海”策略成为企业快速回笼资金、变现的重要路径。

考虑到医药行业与国计民生的强相关性，2023 年的医药反腐风暴震动了整个行业。不难预见，2024 年这一趋势仍将延续，驱使医药企业将更多精力投入合规体系建设中，这会给律师提供更多业务机会。此外，创新型企业对于律所全方位综合性服务能力的看重，以及生命科学领域的巨大法律需求，给了律师行业更多机会。

7. 能源环保

近年能源环保领域最值得关注的无疑就是碳达峰和碳中和了。在持续推进“双碳”的大背景下，碳交易市场以及绿电交易市场都快速发展。当然，尽管涉碳案件数量达 112 万件，但是真正和碳交易、碳资产相关的案件仍不算多，作为碳交易和绿电市场交易主体的大型央企、国企的业务仍以交易合规咨询为主。

即便如此，部分国家和地区对于碳排放的关注已经从单个企业转向产品全生命周期，一些跨国公司先行先试，在供应链管理工作中开始对供应商提出减碳要求，并将这一要求从一级供应商向上游逐级延伸实现全覆盖。随着全球各个国家出台相关碳减排措施，越来越多的企业主动加入脱碳行列，越来越多企业进入碳减排范畴，对供应链全生命周期的碳管理已成趋势。

8. 企业合规

2022 年，企业合规就展露出不错的市场潜力——在各行各业都不难见到它的存在。这一势头在 2023 年得到延续：2023 年，央企告别“合规管理强化年”，步入“合规管理深化年”；最高人民检察院牵头持续推进涉案企业合规，国家市场监督管理总局和部分地方也下发通知文件推进合规建设；企业在境外的经营合规，也在国家发展和改革委员会的牵头下得到进一步推进；企业合规师、企业合规数字化平台、企业合规协会也在陆续增多。

这些来自合规政策面的驱动力，与企业在当前经济形势下长远发展的管理风控优化需求一道，催生了更多的合规服务需求。根据部分专家与分析人士在 2023 年智合论坛上的讨论可以推测，2024 年的合规市场将继续向着全面合规、高品质合规、合规管理信息化的方向发展，这意味着律所、律师能够从事的合规服务很可能会变得更加系统化、复杂化、体系化，需要更多地从律所和团队层面构筑起综合、多元的服务队伍。

“纸面合规是红海”，“实质性合规是蓝海”，包括数据合规、医药行业合规以及保险公司合规等在内的细分市场的合规业务开发，值得律所、律师们在 2024 年保持关注、择机入场。

三、2024 展望：中国律所的“Cyber 时代”

1948 年，诺伯特·维诺在《控制论》一书中使用了“Cybernetics”一词，此后，“Cyber”被用作一种前缀，代表与电脑、互联网紧密相关的事物，例如 20 世纪 80 年代兴起的“Cyberpunk”（近年热度再现的赛博朋克）。

Cyberpunk Age 构想了一个科技高度发达，但也被加剧的社会问题和阶级分化高度撕裂的世界。而今，AIGC 技术的爆发式发展似乎又唤醒了一些对这类科技黑暗面的恐惧感。ChatGpt 在对话过程中展现出的拟人性总能被流量媒体发挥成许多热点，我们看到的海量法律科技相关的文章里，贩卖焦虑的也总是比讨论问题的更为吸睛——当然，这可能是流量时代的通病。

但从更乐观、更理性的一面看，我们正在通向的，也许更可能是和 Cyberpunk Age 相对的另一个时代——Cyberization Age（以下简称“Cyber 时代”），即一个更强调科技与人类融合，注重科技普及和积极应用以提升人类生活质量、拓展人类潜能的智能时代。

就像那个被问了无数遍的问题：AI，会替代律师吗？

在 2024 年，更多律所、律师将有信心给出同样的答案：会，但被替代的，只有那些还不会使用 AI 的律师。

一个针对中国律所、律师的“Cyber 时代”正在到来：它并不只包含律所如何应用人工智能技术这重要素，而是从平台维度缓慢重构律所的功能定位、实际效用，以少量律所的探索为起点，将行业化、数字化、智能化、管理专职化等要素组合融入，逐步改变律所的传统服务模式，最终形成一批新时代律所的组织形态。

我们可以从律所内外两方面，对作为新时代起步阶段的 2024 年进行一些合理推测。

（一）外部：边界延展

2019 年，律师行业普遍关注的一大趋势是四大会计师事务所向法律服务领域的全面进军。当时我们用了一个形象的比喻——“门口的巨人”。5 年后，我们发现这些曾被视作巨大威胁的替代型法律服务提供商并没有在进门后延续自身优势，取得他们当初预期的成就，安永甚至已经关闭了其于 2018 年收购的 Riverview Law。

大戏落幕，似水无痕？不然。

四大会计师事务所的到来给了我们一个很大的启示。在专业层面，前文提到的行业化发展是过去数年里律所、律师从业务发展层面对“跨界”这一思路的借鉴，效果也很好——拥有复合职业背景的人才的到来极大丰富了律师为客户提供服务的视角，填补了一些既有盲区，也给“综合化全链条法律服务”铺平了道路。

在中国律所的“Cyber 时代”，跨界将变得更加频繁、更加深入，律所与不同行业、不同机构、不同个体的关联也会更加紧密。

例如，从律所管理的角度来看，过去数年里律师行业一直在尝试从其他专业服务行业和机构汲取管理经验。大卫·H. 梅斯特那本《专业服务公司的管理》被越来越多的律所管理者列入必读清单，而来自哈佛商学院的跨界案例、来自麦肯锡等咨询公司的管理法门，都在不断被律所学习、参考、借鉴。2024 年，随着律所管理者对管理红利认知的进一步提升，由律所、律协主导的管理进阶训练很可能会增多，其中的跨界交流环节亦会朝着更深、更全、更准的方向发展。

从法律科技的角度来看，律所与第三方法律科技公司乃至关联性更弱的科技巨头间的合作也在加深。这方面，AIGC 技术的大发展同样起到了重要推动作用。例如在 2023 年，就已经有律所与法律科技公司合作，组建了专门的实验室研究人工智能应用。对于拥有足够资金对人工智能前沿领域进行探索的律所而言，2024 年将是起步并拉开与其他头部律所差距的关键一年，因此，我们期待看到更多律所与科技公司的跨界联动、合作。

当然，跨界毕竟是一个探索性、前沿性的举动，伴随较高的失败可能和不确定性。因此，**对于非第一梯队的律所而言，其大概率会更务实地选择对已有边界进行延伸**：业务上，参考头部律所的成功经验开发细分领域，组建优势团队；管理上，加强专业分工，完善整体架构，拓展行政团队职能；规模上，有序推进分所布局，提升服务范围与综合服务能力，等等。这在一定程度上可以视作我们 2023 年谈论的“内生力”的持续强化。

就像每段突破自我的过程一样，律所跨界也要先锤炼自我、充实自我，直至触碰到“同温层”的边缘，再一举穿透它，走向更大的世界。

（二）内部：路径分野

事物发展的初期往往也意味着“多元”。在“Cyber 时代”的初期，必然会有围绕这一主题的种种不同思路和实操方向。所以，在 2024 年，律所对于如何顺应这一趋势，在具体选择上仍会有更进一步的分野。

例如，单就 2023 年火热的“适度规模化”而言，存在多种不同理解：有律所认为适度规模化需要跟随客户、在已产生需求的区域布局，也有律所倾向先于实际业务而预判辐射点位；有律所认为适度规模化的标准是 400～500 人，再往上已经超过律所的合理容量，也有律所认为适度这一标准应随律所客户群和实际服务能力而定，不应限制为某个统一的指标……

我们不讨论具体观点的对错，但很明显，这些不同判断会继续指导不同律所在 2024 年的规模化发展思路。仍会有律所在这一年里马不停蹄开设多家分所，也会有律所在某个节点即刻收缩，而这些都会被塞在“适度规模化”的框里。

再如，对于 AIGC，律所应当怎样具体应用？前文提到，2023 年已经有律所与第三方机构合作，成立专门的实验室研究人工智能的应用，乃至开发对应的产品。与此同时，也有律所自行另外组建专门的团队乃至公司研究开发 AI 大模型。

往年已经在法律科技领域有所积淀的律所能在之前的基础上快速应用新技术，加速新产品的产出；缺乏能力进行专门研究应用的中小律所则可能有更强烈的需求推动第三方公司通用型法律科技大模型、AI 辅助工具的开发和商业化。

从当下来看，过多的路径选择很可能会淘汰掉一些不小心走错方向的倒霉律所，但从行业的长远发展来看，这又是通往未来的必经之路。毕竟，实践是检验真理的唯一标准。

可以确定的是，在这个“百家争鸣”又充满活力的“Cyber 时代”初期，**对新技术、新事物、新理念的吸收融合与应用，将是唯一贯穿始终的主旋律**。而且，**相较于试错的成本，这一阶段选对路线所能获取的远期收益很可能超乎想象**。

（三）“人民律师”与涉外法治

“人民律师”是近年提出的十分具有中国特色的一个特殊概念，它很难出现在其他国家尤其是欧美律师行业。但从概念本身来讲，“人民律师”又和欧美律师行业的部分理念一样，十分契合律师这一行业的初衷和最终去向。

当我们把目光从涉外复杂商事争议、IPO、投资等高端、前沿的法律服务移开，转向法律服务市场基层，也会发现种种被激化的矛盾，例如，与律所构成不对等竞争的 19 万家法律咨询公司；律师在案件代理过程中仍经常受到的种种不合理限制；当对方当事人锤击律师后，网络评论区对于律师职业的种种成见与曲解……

“*宏观是我们必须接受的，微观才是可以有所作为的。*”诚然，以上现象并不只和律师行业关联，其形成也绝非旦夕之功。但从我们选择律师行业的初衷考虑，从微观可为的角度思考，我们应该如何应对这些问题？

法律咨询公司的存在乃至扩张，是否意味着更低、更基础的法律服务需求仍得不到满足？我们应该考虑套用美国律师的服务模式和理念，还是在学习和了解了他们之后，选择建立中国律师自己的特殊性？

律师代理案件时时常遭遇的不公正待遇，是否也更进一步证明，这是一件“难而正确的事”？革命不是请客吃饭，理想也绝非康庄大道可达，我们在追求律所商业上成功的同时，是否应该更多考虑怎么将这份责任合理扛在肩上？

对律师职业的武断曲解理应遭到反对，但要真正扭转这种长期的、根植于不了解和不理解的误解，律师自身可以做些什么？主动从事公益法援、牵头担当社会责任的律所和律师其实并不在少数，为什么这些正面形象的传递往往更慢、更难？

律师行业是服务业，目标是捍卫个体权益，支持企业发展，服务经济建设。而对于我国，经济建设的最终目的，是满足人民群众日益增长的物质文化需求、对美好生活的向往。相较于实现这一目的具体方法，是否符合这一方向反而对律师行业的未来发展起着更具决定性的作用。这或许才是“人民律师”自 2021 年以来被越来越多提及的根本原因。

从这个层面看，2023 年所发生的以上现象既是警钟，也是律所发展进程中新的变量：**强化律所在行业内部的品牌影响力，可以主要通过以更精深的专业服务满足客户需要来实现，但将专业影响力扩散到行业之外的社会层面则是个更复杂的命题，所需要的可能不仅仅局限于专业、管理和人才，而是关联到了那个看似遥远且困难重重的目标——法律职业共同体**。

“人民律师”解决的更多还是国门以内的问题。在这个世界局势变动越发明显且扑朔迷离、国际舞台越来越需要中国参与的节点，法律服务业对于外部的影响力也越发重要。所以，我们听到了更多呼吁推进“涉外法治”的声音。

更适应新时代法律服务需要的涉外法律规范体系正在一步步建立，在上海、在粤港澳大湾区，关于涉外法治的理论与实务研究、关于复合型涉外法治人才的培养都在新政策、新平台的支持下加速推进；机构层面，对仲裁机构的全面建设升级已然在进行当中，在“一带一路”的重点区域——东南亚，众多律所也已经先行奔赴开设分支机构，打下一个个未来能够协助涉外法治建设的支点，连通大洋两岸、国门内外。

在“涉外法治”的航标下，2024 年对涉外律所、律师来说将是挑战与机遇并存的一年：这个航标会驱动律所进一步向着综合化和以客户需求为导向的方向演变，而不是仍站在不同业务领域的角度计较一城一池的得失。从事涉外业务的律所将不得不变得“更全面、更强大”，以适应涉外法治建设下更复杂、更多元的竞争与挑战，进而真正成长为国际法律服务市场上新的驱动力。

当然，比起内部的“法律职业共同体”以及“人民律师”，“涉外法治”所指向的“人类命运共同体”无疑是一个更为宏伟的目标。做好“涉外法治”，需要思想指路，需要技术铺路，需要人才开路……每一环节都并不容易，但每一环节又都不可或缺。

即便困难，这也是中国律所“Cyber 时代”至关重要的一部分。

四、结语：谁会成为第一架“隐形战机”

让我们把时间倒回 1945 年 6 月。彼时，对日作战尚未结束，美国陆军航空兵指示航空装备司令部对战后新一代轰炸机进行预研。11 月，一系列具体指标被提出——

这将是一架作战半径达 5000 英里，能在 34000 英尺以 300 英里/每小时的速度巡航，并至多装载 10000 磅炸弹的空中怪兽。

这一项目的成果是 B52 轰炸机，美国人将这种拥有 8 个发动机的庞然大物命名为“同温层堡垒”。

“同温层堡垒”能毫不费力地巡游高空，以降维打击的姿态将炸弹倾泻而下——恰似过去律师行业快速增长的十余年里，规模律所惯常采取的战术策略。在行业的高速增长期，单单规模的扩张便足以维持机构的快速发展。

B52 的优势由重型防空导弹终结，由此开启了“隐身突防 + 精确打击”的新纪元。而今，法律服务市场的“同温层”，也正在被穿透——越来越多的律师意识到过往的成功路径不再能简单奏效，转而拥抱新的技术、变化；越来越多的律所意识到战场态势正在发生深度改变，主动将自己改造成属于未来的“隐形战机/轰炸机”。

这是我们认为的 2023 年中国法律服务市场最值得关注的深层改变，也是 2024 年最值得期待的巡演——那将有助于我们判断律师行业的“无人机时代”会在何时到来。

律师业离“万亿级市场”还有多远*

孙麟飞 | 智合研究院

一、各省市律师实际收入有多少？不足人均创收收入一半

（一）2017 年起，中西部律师创收提速明显

行业创收一直是社会最为关切的数据之一，但受限于不同律所管理水平参差不齐、统计口径不一，且考虑创收数据公开可能带来的负面影响等，各地律师行业的创收情况并未全部公开，部分地方未对地区创收数据进行统计。

笔者对各地司法局、各地律师协会的公开资料进行梳理，发现目前国内共有 14 个省区市与 13 个城市公布了律师业务创收情况。智合研究院基于此进行了汇总，如表 1 所示。

关于创收本文会涉及三类表述，分别是：

（1）行业总创收：全国律师行业创收规模；

（2）律师人均创收：律师人均业务收入；

（3）律师人均实际收入：扣除办案成本、个人所得税、律所管理费等费用后律师实际所得收入。

表 1　2017～2022 年部分地区律师行业总创收

单位：亿元

区域	省区市	地区	2017 年	2018 年	2019 年	2020 年	2021 年	2022 年
东部	山东	全省	—	—	82.01	100.03	—	—
		青岛	—	—	—	27.91	31.66	—

* 本文首发于“智合”微信公众号 2023 年 3 月 1 日，文中收录数据的日期截至 2023 年 2 月 28 日。本文中出现的国内市场规模/创收规模是根据相关规划与官方机构披露数据所做的初步推算，不代表实际数据，仅供参考。

续表

区域	省区市	地区	2017 年	2018 年	2019 年	2020 年	2021 年	2022 年
东部	北京		198.99	234.68	—	—	—	—
东部	江苏	南京	—	—	35.13	39.66	47.21	—
东部	江苏	苏州	—	—	26.29	28.42	33.39	
东部	江苏	无锡	—	—	—	15.00	17.00	—
东部	江苏	扬州	—	—	—	5.05	5.19	—
东部	上海		—	237.50	277.60	297.40	—	—
东部	广东	广州	—	—	—	83.00	96.00	—
东部	广东	深圳	—	67.50	—	94.30	113.60	—
东部	福建	厦门	10.45	12.52	15.94	16.91	21.23	—
东部	浙江	全省	—	—	114.65	139.37		—
东部	浙江	杭州	—	—	59.07	69.99		—
中部	河北		—	—	—	24.12	31.65	—
中部	安徽	合肥	—	—	—	17.62	21.98	—
中部	湖北	武汉	—	—	25.69	27.02	34.81	35.95
中部	湖北	襄阳	—	—	—	1.49	1.88	—
西部	内蒙古		—	—	—	—	16.26	16.86
西部	重庆		25.00	30.63	38.74	41.88	—	—
西部	四川		23.86	—	48.82	59.70	63.73	—
西部	陕西	全省	—	13.70	18.10	22.70	34.50	—
西部	陕西	西安	—	—	6.64	7.33	9.72	13.63

数据来源：各地司法局、律师协会网站。

整体而言，受地区经济发展限制，中西部地区律师行业发展一直相对落后。但自2017 年以来，中西部律师总创收规模提升明显，笔者选取2021 年数据与2020 年度进行对比后发现：

- 增速超过 30% 的有 3 个（河北省、陕西省、陕西省西安市）；
- 增速 20% ~30% 有 5 个（广东省深圳、福建省厦门、安徽省合肥、湖北省武汉市、湖北省襄阳市）；
- 增速 10% ~20% 的有 5 个（山东省青岛市、江苏省南京市、江苏省苏州市、江苏省无锡市、广东省广州市）；
- 其余地区增速低于 10% 或未公布 2021 年数据。

（二）律师实际收入不足人均创收的一半

从人均收入维度看，国家和社会将律师归入了“高收入群体”；但事实上，人均创收≠实际收入。

律师实际收入 = 律师人均创收 -（办案成本 + 个人所得税 + 律所管理费等）

其中：

（1）办案成本：包括案源成本、差旅费等（占业务收入的 10% ~50%，平均在 15% ~20%）。

（2）个人所得税：在省、自治区、直辖市地方税务局确定的不高于律师当月分成收入的 30% 比例内，扣除办理案件支出的费用后，余额与律师事务所发给的工资合并，按工资、薪金所得计算缴纳个人所得税，综合所得的适用税率为 3% ~45% 的七级超额累进税率。

（3）律所管理费：大所的管理费占收入的 20% ~40%，小所可能低于 10%。

基于此，律师实际收入一般是其创收的 40% ~50%（未来这个比例还会继续下降）。按照这个标准进行估算，2021 年上海执业律师的人均实际收入应在 40 万 ~50 万元，这一水平也仅是上海职工年社会平均工资的 3 倍。（2022 年上半年上海市受新冠疫情影响，律师行业总创收比 2021 年下降三成左右，2022 年全年上海执业律师人均实际收入应存在较为明显的下降）。

整体来看，我国律师区域分布不均，各地执业律师人均创收差异较大，按律师实际收入等于 50% 人均创收计算，上述省市律师实际收入排序如表 2 所示。

表 2　部分省市律师人均业务收入情况

排序	地区	统计年份	当年律师人数/人	占全国比重/%	人均业务收入/万元	人均实际收入（估算）/万元
1	上海市	2020	31,679	6.06	101.6	50.8
2	北京市	2018	32,134	7.58	73.0	36.5
3	浙江省杭州市	2021	10,738	2.06	65.2	32.6
4	广东省深圳市	2021	19,206	3.35	62.5	31.3
5	江苏省苏州市	2021	6627	1.15	56.8	28.4
6	广东省广州市	2021	20,199	3.52	55.1	27.6
7	江苏省无锡市	2021	3708	0.65	54.4	27.2
8	福建省厦门市	2021	4679	0.82	53.0	26.5
9	江苏省南京市	2021	9603	1.67	52.1	26.1
10	山东省青岛市	2021	7187	1.25	48.1	24.1

续表

排序	地区	统计年份	当年律师人数/人	占全国比重/%	人均业务收入/万元	人均实际收入（估算）/万元
11	江苏省扬州市	2021	1652	0.29	43.7	21.9
12	湖北省武汉市	2022	8721	—	39.9	20.0
13	浙江省	2021	35,302	6.76	39.5	19.8
14	安徽省合肥市	2021	6699	1.17	36.3	18.2
15	山东省	2020	31,468	6.02	31.8	15.9
16	重庆市	2020	13,391	2.56	31.3	15.7
17	陕西省	2021	14,671	2.56	28.2	14.1
18	陕西省西安市	2021	5608	0.98	27.4	13.7
19	四川省	2021	28,011	4.88	25.4	12.7
20	河北省	2021	21,175	3.69	19.1	9.6
21	湖北省襄阳市	2021	1118	0.19	19.1	9.6
22	内蒙古自治区	2022	12,292	—	13.7	6.9

数据来源：各地司法（厅）局、律师协会网站。

从律师实际收入来看，相较于上海、深圳等一线城市，陕西、四川、内蒙古、河北等中西部地区仍存在较大差距。

二、全国律师行业市场规模有多大？1900 亿 ~2100 亿元

经济活动的发展决定着法律服务的总量和空间。通过上文对部分省市的律师行业创收规模进行分析，可以得出近年来我国律师业务创收整体呈正增长的态势。那么放眼全国，律师行业总创收是多少？

由于目前我国尚无官方机构对国内律师行业总创收进行统计，本文主要通过两个维度对国内律师行业总创收进行初步测算。

（一）依据 1——规划目标：律师行业总创收占 GDP 比重达到 0.16%

2019 年 1 月司法部印发的《全面深化司法行政改革纲要（2018—2022 年）》就明确提出了到 2022 年“律师行业业务收入达到 2000 亿元，占 GDP 的比例达到 0.16%”。

在全球经济发展持续降速的情况下，律师行业总创收理应与之保持同频。但考虑到律师行业的特殊性，律师业务市场的发展整体滞后于经济态势。（见表 3）换句话说，如不考虑发生战争等极端情形，我国的经济规模即便没有高增长，律师业务仍然会在一段时间内随着惯性继续快速发展。

表 3 国内律师行业总创收（按在 GDP 中所占比重）

指标		2016 年	2017 年	2018 年	2019 年	2020 年	2021 年	2022 年
国内生产总值	总值/亿元	743, 586	827, 122	919, 281	990, 865	1, 013, 567	1, 143, 670	1, 210, 207
	同比增速/%	8. 47	11. 23	11. 14	7. 79	2. 29	12. 84	5. 82
律师行业总创收占 GDP 比重	占比/%	[0. 12]	[0. 13]	[0. 13]	[0. 14]	[0. 15]	[0. 15]	0. 16*
	年均复合增速/%	4. 80						
律师行业总创收	数额/亿元	[898]	[1047]	[1220]	[1378]	[1477]	[1746]	[1936]
	同比增速/%	13. 7	16. 59	16. 52	12. 95	7. 18	18. 21	10. 88

数据来源：国家统计局、司法部等网站。

注：* 为规划目标，[ ] 内数据依据复合增速计算。

如表 3 所示，2014 年年底，中国律师行业总创收约占国家 GDP 的 0. 11%〔1〕。若要 2022 年达成《全面深化司法行政改革纲要（2018—2022 年）》中律师行业总创收占 GDP 比例达到 0. 16% 的规划目标，则 2015 ~ 2022 年律师行业总创收占国家 GDP 比重的复合年均增速应达到 4. 80%。

以此为依据，经国家统计局初步核算，2022 年我国全年国内生产总值（GDP）为 1, 210, 207 亿元。代入公式：

律师行业总创收 = 当年 GDP × 当年律师业收入占国家 GDP 比重

可得：

2022 年律师行业总创收为 1936 亿元，同比增长 10. 89%。

2015 ~ 2022 年，我国律师行业总创收及同比增长情况如图 1 所示。

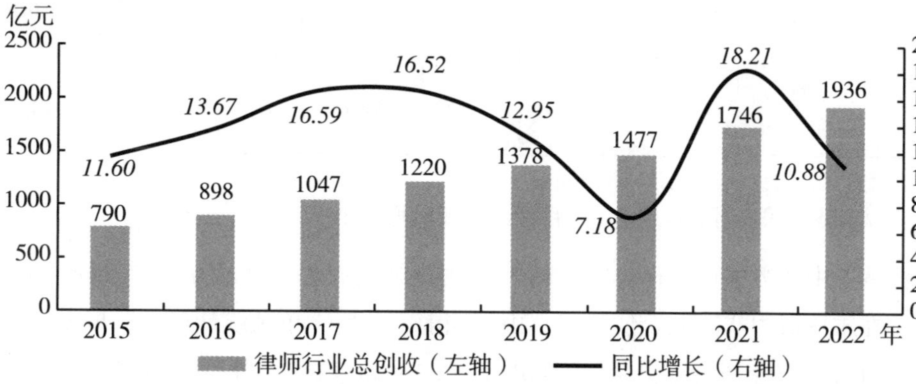

图 1 2015 ~ 2022 年国内律师行业总创收（按在 GDP 中所占比重测算）

〔1〕 参见彭薇：《中国律师仅占全球法律服务业总创收 1. 2%，法律服务国际化要“参与规则制定”》，载东方律师网 2016 年 12 月 15 日，https://www. lawyers. org. cn/info/b4422cf6bff6445481f0bed32b6bfb93。

根据上述测算，如图1所示，2015～2022年，律师行业总创收随着经济规模的增长而增长，但2020年上半年受国内疫情影响，律师行业总创收增速下降至7.18%。国内律师行业总创收由2015年的790亿元增长至2022年的1936亿元，复合增长率达11.9%，“十四五”期间复合增长率为10.5%。

（二）依据2——平均工资增速：全国律师人均业务收入达到33.5万元

虽然律师行业遵循残酷的“二八定律”，80%至90%的收入被10%至20%的律师占有，但人们对律师行业热情不减，短短几年内，行业涌入了数十万律师新军。从现有数据可以看出，不同地区相差很大。通过基于历史数据的合理推导，可从服务业人员年平均工资及增速、律师**人均创收**角度窥探国内律师业务的发展情况（见表4）。

表4　国内律师行业总创收（按平均工资增速）

指标		2016年	2017年	2018年	2019年	2020年	2021年	2022年
律师人数	数量/人	325,540	357,193	423,758	473,036	522,510	574,042	620,000*
	同比增速/%	9.54	9.72	18.64	11.63	10.46	9.86	8.01
全国城镇私营单位租赁和商务服务业人员年平均工资	数额/元	47,836	51,394	53,382	57,248	58,155	64,490	67,485*
	同比增速/%	9.29	7.44	3.87	7.24	1.58	10.89	4.64*
律师（人均）创收*	数额/万元	[23.7]	[25.5]	[26.5]	[28.4]	[28.8]	[32.0]	[33.5]
律师行业总创收	数额/亿元	772	910	1121	1343	1506	1835	2074
	同比增速/%	19.70	17.88	23.19	19.80	12.14	21.85	19.54

数据来源：国家统计局、司法部等网站。

注：*为依据相关规划估算，[　] 内数据依据复合增速计算。

根据表4中的数据可以得出，2016年全国律师人均业务收入为23.7万元[1]。

律所性质一般为非法人合伙组织，由于当前行业暂无单独统计口径，根据国家统计局制定的《国民经济行业分类》（GB/T 4754－2017），律师行业归属于商务服务业中的律师及相关法律服务。因此，本文以国家统计局发布的历年城镇私营单位就业

〔1〕 参见彭薇：《中国律师仅占全球法律服务业总创收1.2%，法律服务国际化要“参与规则制定”》，载东方律师网2016年12月15日，https://www.lawyers.org.cn/info/b4422cf6bff6445481f0bed32b6bfb93。

人员年平均工资中**律师行业母行业“租赁和商务服务业”就业人员年工资增速**为参考，计算各年度的全国律师人均创收。（例如，2016 年律师人均创收 =2015 年律师人均创收 ×2016 年商务服务业人员平均工资增速）

代入公式：

律师行业总创收 = 当年律师人均业务收入 × 当年律师人数

可得：

2021 年律师行业总创收为 1835 亿元。

司法部暂未公布 2022 年年底律师人数，但司法部表示，截至 2022 年 6 月，全国律师数量已达到 60.5 万人。若以《全面深化司法行政改革纲要（2018—2022 年）》中“**全国律师总数达到 62 万人**”的目标计算，2022 年律师行业总创收达到 **2074 亿元**。

按平均工资增速测算，2015 ~ 2022 年国内律师行业总创收及同比增长情况如图 2 所示。

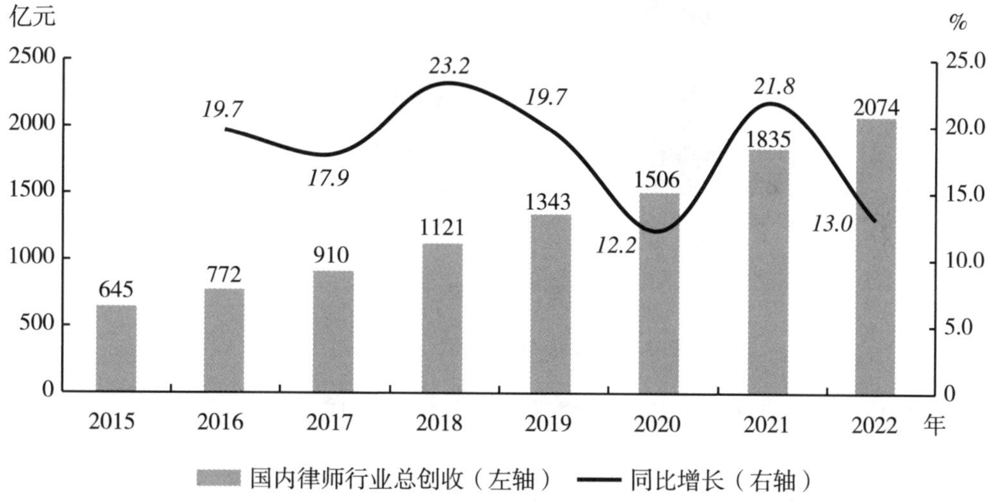

图 2　2015 ~ 2022 年国内律师行业总创收—按平均工资增速计算

根据上述测算，如图 2 所示，2015 ~ 2022 年期间国内律师业市场规模随着律师业务收入的提升而不断扩大。国内律师行业总创收由 2015 年的 645 亿元增加至 2022 年的 2074 亿元，复合增长率达 15.7%，“十四五”期间复合增长率为 14.3%。

综合以上两个维度的初步测算，2022 年我国律师行业总收入为 **1900 亿 ~ 2100 亿元**。

三、全国律师行业市场容量有多大？还远没到天花板

1900 亿 ~ 2100 亿元——高吗？律师创收的天花板在哪里？

根据全国工商联中国民营企业 500 强榜单，比亚迪股份有限公司 2022 年营收 2161.42 亿元，位居中国民营企业 500 强榜单的第 26 名。

对于一个人口大国，60 万法律人的创收不及比亚迪一家企业吗？

根据司法部相关规划，我国的律师人数还将会在近几年内快速增长，2025 年将肯定超过 75 万人，到 2030 年，大概率超过 100 万人。

国内是否需要那么多的律师？法律服务市场容量的天花板在哪里？对于这些问题，可以根据美国等发达国家行业律师行业现状得出结论——**我国法律服务行业的天花板还远远没有达到（见图 3）**。

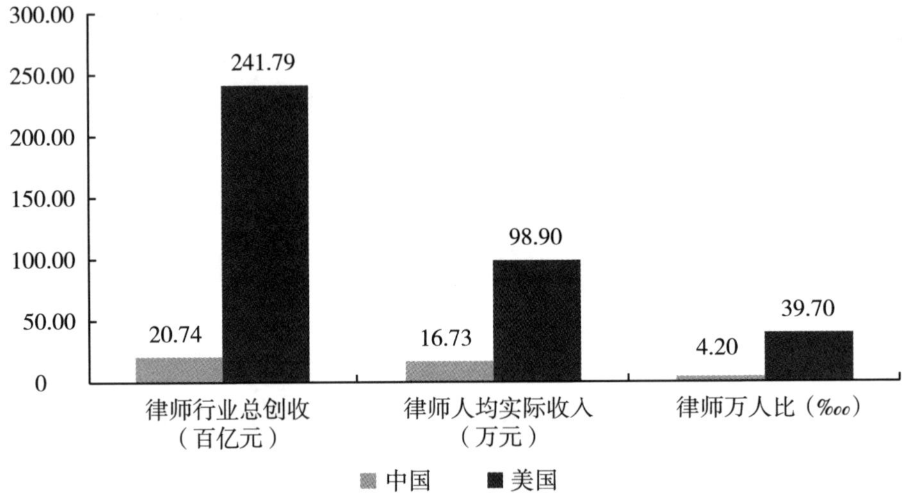

图 3　2022 年中美律师行业数据对比

以美国为代表的欧美发达国家律师行业已经步入成熟期。以美国为例，如图 3 所示。

行业总创收方面：根据美国人口调查局公布的数据，2022 年美国法律服务业总创收约 3486 亿美元，占美国 GDP（2022 年为 25.47 万亿美元）的 1.4%。

所以，简单计算一下：若未来中国律师行业总创收占国家 GDP 的比例能达到美国 2022 年的水平（1.4%），那么 2022 年全国律师行业总创收将超过 16,000 亿元人民币，保守估计即使我国律师行业总创收仅达到 GDP 的 0.5%，这个数字也将是 6000 亿元人民币。

律师实际收入方面：根据美国劳工统计局的统计数据，律师是美国法律职业工作人员中收入最高的一类，2022 年平均年薪为 14.25 万美元，根据美国律师协会（ABA）的统计，2022 年美国律师人数为 132.7 万人。根据本文测算，2022 年国内律师人均创收约为 33.5 万元，按实际收入测算的话则更低。

若简单以律师实际收入为业务收入的50%计算，国内律师的人均实际收入约为16.7万元/年，对比按照当前美元汇率折算后美国律师实际收入98.9万元/年，中美律师在实际收入（薪资）上相差5倍。

律师万人比方面：2022年美国有3.33亿人口，律师万人比（每万人拥有的律师数量）达39.7，而中国2022年有14.13亿人口，律师万人比目前约为4.2。不过律师万人比既取决于市场的发展，也与各国的政治法律制度、文化氛围等密切相关。美国毕竟是联邦制的普通法系国家，有联邦和州两套法律体系，并且是全球规则体系制定者，具备高度发达的资本主义市场经济，这是其律师人数较多的原因。因此，美国每万人律师数比数据可作参考但不宜作为我国现阶段的直接目标。而如果同其他经济、文化和法律系统更为相近的东亚国家如韩国相比，中国的每万人律师数2023年已经基本与日本持平（4‱），且已经接近了韩国的水平（6‱）[1]。

通过与美国律师行业业务总收入、律师平均薪资的对比，我国无论是在市场容量还是律师人数方面都存在较大的成长空间。但未来短中期内，在外部发展环境更加恶劣复杂、反全球化势头正盛、内部保增长的压力较大的情况下，中国律师业高增长的状态可能一去不返，但行业的发展重心整体将从“量”的增长逐渐转向“质”的提升。

在紧跟国家发展大势和遵从经济发展规律的前提下，今后3~5年将是律所发展的关键期，律所必须向质量和管理要效益，向专业和专注要回报，有质量的规模化将成为未来律所发展的关键词之一。

---

〔1〕 参见贾鹏：《律师业黄金时代的终结？（上）》，载微信公众号“贾律师公馆”2022年5月19日，https://mp.weixin.qq.com/s/QejENfnBTeg2yBNAlxF5vw。

中国律所境外布局，增量市场在哪儿 *

孙麟飞 | 智合研究院

一、中国企业“走出去”的步伐从未停歇

“一带一路”倡议最早在 2013 年提出，并于 2015 年正式施行，2023 年是共建“一带一路”倡议提出十周年。尽管 2019 年年底暴发的新冠疫情打破了全球化既有的秩序和运转速度，但中国企业“走出去”的步伐从未停歇。

二、客户的需求在哪里，律所就在哪里

随着中国企业“走出去”，中国律所也积极响应客户需求，在全球范围内展开布局。如图 1 所示，根据司法部的相关数据，截至 2022 年年底，我国律所的境外分支机构已达 180 家。

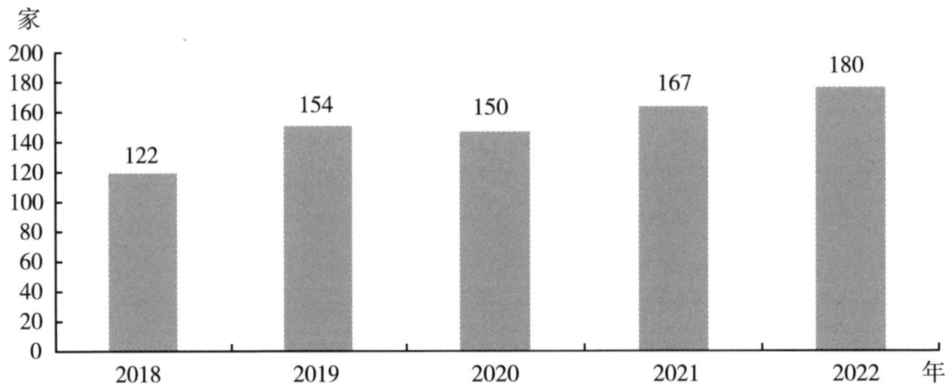

图 1　2018～2022 年我国律所境外分支机构统计与变化趋势

（数据来源：司法部网站）

---

* 本文首发于“智合”微信公众号 2023 年 7 月 15 日，文中收录数据的日期截至 2023 年 7 月 1 日。

三、初回正轨，新机遇下的境外布局热土

此前受新冠疫情影响，律所的国际化进程受到一定的阻碍。2023 年 5 月 5 日，世界卫生组织宣布：新冠疫情不再构成**国际关注的突发公共卫生事件**[1]。

随着这场持续了 3 年的全球疫情正式告一段落，我国的律所也开始加大对境外市场的关注和投入。据智合研究院统计，仅 2023 年上半年已有多家律所在 10 余个国家新设/增设了分支机构。

（一）东南亚——年轻且充满活力的增量市场

东南亚是当今世界经济中最具活力和最多元化的地区。2023 年以来，**盈科**在泰国曼谷、**汉坤**在新加坡新设了境外分支机构。此外，据《2023 中国律所境外布局报告》，当前东南亚地区包括但不限于大成、京师、德恒、锦天城、炜衡、泰和泰、德和衡、金杜、汉盛等所在该地区设有实体分支机构。

（二）中亚、中东、非洲——“一带一路”的重要纽带

中亚 5 国、中东、非洲地区亦是“一带一路”的重要参与者，其法律服务市场的空间和潜力更大。随着中国企业在这些地区的投资不断增加，其面临的投资风险也日益上升，中资企业在以上地区的法律服务需求也在不断增加，因此这些地区也备受中国律所关注（见表 1）。

表 1　2023 年上半年部分律所境外分支机构设立情况（中亚、中东、非洲）

律所名称	时间	位置	类型	备注
京师	2023 年 5 月	哈萨克斯坦（阿拉木图）	设立办公室筹备处	正式挂牌
盈科	2023 年 3 月	卢旺达	新设办公室	注册成立

如表 1 所示，2023 年，盈科非洲卢旺达办公室注册成立，京师位于哈萨克斯坦阿拉木图的办公室筹备处正式设立，这进一步拓展了我国律所在境外的服务版图。

（三）日韩——国际化的前沿阵地

日韩与中国有着较深的经济文化渊源，无论是从经济交流、产业结构互补的角度，还是从文化环境对分所经营的影响因素角度，日韩都是中国律所“走出去”过程中必然考虑的一站（见表 2）。

---

[1] 参见《世卫组织：新冠疫情不再是“全球突发卫生事件”，但新冠病毒仍在致死和变异》，载联合国网站 2023 年 5 月 5 日，https://news.un.org/zh/story/2023/05/1117647。

表 2　2023 年上半年部分律所境外分支机构设立情况（日韩）

律所名称	时间	位置	类型	备注
德恒	2023 年 4 月	韩国（首尔）	新设办公室	正式成立
锦天城	2023 年 3 月	日本（东京）	新设办公室	正式开业

如表 2 所示，2023 年上半年，德恒、锦天城分别在韩国首尔、日本东京设立了分支机构。

（四）欧美——最成熟、最完善的老牌法律市场

放眼全球，欧美法律服务市场整体来说较为成熟，参与者众多，竞争激烈。但由于其在全球市场中的重要地位，一直是中国律所的偏好区域，尤其是英国伦敦和美国纽约。美国方面，君合、段和段作为业界先驱，是最早跨出国门布局美国的中国律所之一，分别在 1993 年、1994 年率先抢滩。

据《2023 中国律所境外布局报告》，当前包括但不限于盈科、大成、京师、德恒、锦天城、炜衡、泰和泰、国浩、德和衡、金杜、中伦、中伦文德、华商、汇业、浩天、海华永泰、观韬中茂、广东广和、君合、段和段、广信君达、兰迪、中豪、六和等律所均在美国设立了实体分支机构，它们主要集中在纽约、华盛顿、西雅图、硅谷等地。

英国方面，其法律服务业历史悠久，可上溯至 13 世纪，是继美国之后世界第二大法律服务市场，市场规模居欧洲之首（占 27.6%）。全英范围内有来自 40 多个法域的 200 余家外国律师事务所。当前包括但不限于盈科、大成、京师、锦天城、金杜、中伦、中伦文德、海华永泰、通力等律所在伦敦等地设立了办公室。

如表 3 所示，2023 年上半年，盈科、京师还在法国、意大利增设了分支机构。

表 3　2023 年上半年部分律所境外分支机构设立情况（欧洲）

律所名称	时间	位置	类型	备注
盈科	2023 年 4 月	意大利	新设办公室	注册成立
盈科	2023 年 3 月	法国	新设办公室	注册成立
京师	2023 年 2 月	法国（巴黎）	新设办公室	启动筹建

中国律所的全球扩张一直是全球法律市场最明显的趋势之一。自 1993 年首次走出国门 30 年来，中国律所在全球开拓广袤的版图。时至今日，海外市场依然是未来可期的重点领域。而当下“十四五”规划中对涉外业务提出新要求，或为“中国律

师事务所接管世界”的新契机。

无论是在海外设立分所，还是与海外知名律所合作乃至合并开展业务等，都标志着我国律所、律师正积极推动中国法律服务市场与国际接轨。长期来看，中国律所的未来必然拥有更大的海外版图，并向全球提供中国法律服务、中国法律品牌、中国法律科技、中国法律标准与中国法律文化。

年增 7 万人背后，律师行业的变与不变*

蔡　爽

从 2017 年起，司法部每年都会发布一份年度律师、基层法律服务工作统计分析。

2023 年 6 月 14 日，《2022 年度律师、基层法律服务工作统计分析》发布，这份官方报告披露：**截至 2022 年年底，全国共有执业律师 65.16 万多人，律师事务所 3.86 万多家**。

笔者结合现有数据，梳理出行业整体的部分发展趋势，并综合分析了中国律师行业在疫情结束后的“四不变”与“四变”。

四不变：

1. 律师人数增长的趋势整体不变；

2. 中小律所仍为市场主要形态，但规模化发展仍为发展大方向；

3. 青年律师仍为行业中坚力量；

4. 市场精细化、个人专业化、行业数字化的趋势不变。

四变：

1. 律所增速渐缓，市场竞争日趋激烈；

2. 行业发展下沉趋势明显，二线城市业务增加；

3. 大环境愈加严苛，人均办案率不升反降；

4. 新的律所管理问题——律所交接与传承问题逐渐凸显。

笔者将 2018 ~ 2022 年的法律服务市场（律师人数、律所数量、百人所数量）的数据作了简要汇总梳理，如图 1 所示。

---

* 本文首发于“智合”微信公众号 2023 年 7 月 5 日，标题略有改动。文中收录数据的日期截至 2023 年 6 月 14 日。

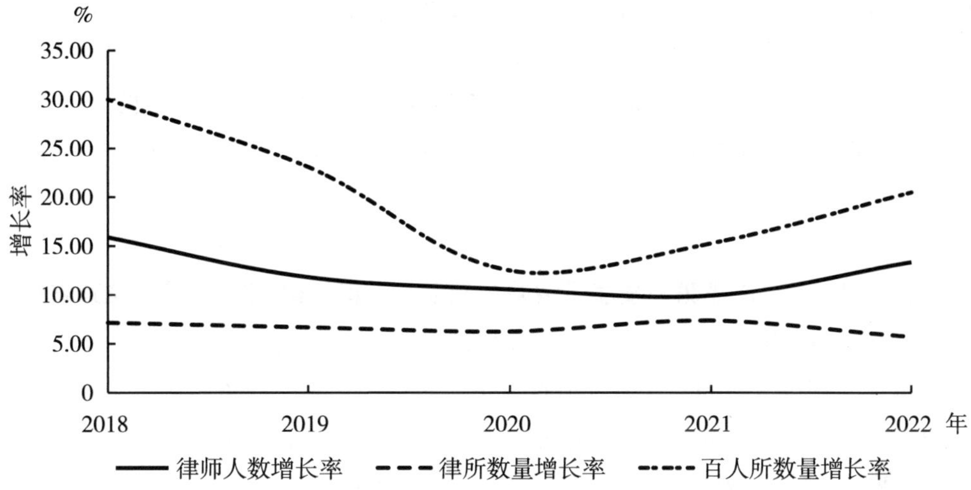

图1 2018～2022 年中国法律服务市场增长率

一、第一个“不变”：2020～2022 年中国律师数量年均增长 11.28%，与整体经济趋势正相关

疫情以前，法律服务市场整体呈现扩张以及高速发展的状态。从 2020 年开始，整体增速放缓，从律师人数来看，2018～2022 年，2021 年增速最低，以 2020 年为分界，2020～2022 年全国执业律师人数年均增长率为 **11.28%**，低于 2017～2019 年的 **13%**；由此可见，法律服务行业的发展与市场经济状况密不可分。

随着疫情的结束和经济的复苏，2022 年全国执业律师增长率创新高，达 13.35%，提前完成司法部在 2019 年发布的《全面深化司法行政改革纲要（2018—2022 年）》中提出的：“……到 2022 年，全国律师总数达到 62 万人，每万人拥有律师数达到 4.2 名”的工作任务。

按照年均 11% 左右的速度，预计到 2025 年，全国执业律师人数将大概率突破 80 万人。

这是第一个“不变”：律师人数增长的趋势整体不变。

二、第一个“变”：律所增速逐渐放缓，2022 年增速创 2018～2022 年新低

与律师人数的持续攀升不同的是，2022 年新设律所数量相较 2021 年增长 5.75%，相比 2018 年的 7.28%，明显能感受到中国律所管理者对于律所的扩张与新设持更加谨慎的态度。

2022 年与 2018 年，除了经济与市场环境的巨大差异，另外的不同是法律服务市

场已经从增量时代转变为存量时代。过去的法律服务市场整体需求大于供给，所以人数、律所数量都呈现持续增长的态势。而 2022 年，几乎所有律所管理者都感受到了寒冬的气息：**竞争压力持续增加，法律服务市场两极化、集中化趋势明显**。

与市场环境相对应的便是，律所放缓扩张的脚步，从注重高速发展转变为注重高质量发展。

三、第二个“变”：法律服务发展下沉趋势明显，河南为最新的 3 万人律师省份

根据司法部每年公布的数据，律师人数超过 3 万人的省（市）逐年增加。

2018 年，律师人数超过 3 万人的省（市）包括：北京、广东。

2019 年，律师人数超过 3 万人的省（市）包括：北京、广东、江苏、山东。

2020 年，律师人数超过 3 万人的省（市）包括：北京、广东、江苏、山东、上海。

2021 年，律师人数超过 3 万人的省（市）包括：北京、广东、江苏、山东、上海、浙江、四川。

2022 年，律师人数超过 3 万人的省（市）包括：北京、广东、江苏、山东、上海、浙江、四川、河南。

随着河南的加入，国内律师人数超过 3 万人的省（市）已有 8 个，从 2021 年四川成为第一个非沿海发达地区的“3 万人”俱乐部成员开始，可以明显地感受法律服务市场由沿海向内地、由一线向二、三线城市下沉的趋势。

从市场环境的角度看，一方面，中国经济高速发展使人民法治意识增强，二线城市的法律服务需求也随着经济发展逐渐提升，尤其是近几年对于西部区域的经济扶持、“一带一路”倡议的持续推进以及国家、省市层面针对法律行业的专项扶持，使中西部地区的法律服务的营商环境大大提升。

另一方面，疫情期间线下流通受阻，法律服务市场有明显的“回流”趋势：原本会流入北上广深等一线城市的业务机会，由于疫情、经济状况等现实因素，回流进本地的律所中。

从个人选择来看，北上广深的业务机会多，但是竞争也更为激烈。以上海为例，2021 年上海律师共计 35, 060 人，人数仅次于北京，每万人律师数达到 15 人，而全中国的每万人律师数也仅 4 人。而一线城市的高物价、高压力，也促使更多年轻人跟随“逃离北上广”的口号，回到新一线、二线城市发展。

此为“二变”：行业发展下沉趋势明显，二线城市业务增加。

四、第三个“变”：在律师人数显著增长的同时，律师人均办案量却逐年降低

根据司法部公布的数据，2018～2022 年的律师人数及人均办案量如图 2 所示。

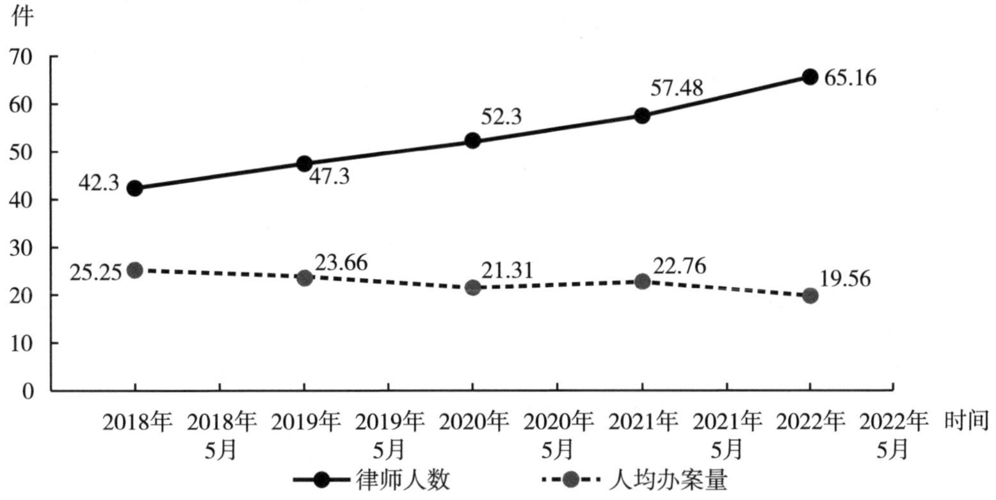

图 2　2018～2022 年律所人数增长与人均办案量

2018～2022 年，全国执业律师人数从 42.3 万人增至 65.16 万人，增长了 54.04%，但是反观律师人均办案量，5 年间却下降了 22.53%，人均办案数量从 25.25 件/人降至 19.56 件/人，如果办案数量中包含了实习律师的工作量，人均办案量还要再打个折扣。

除了律师行业人数大幅增加导致业务竞争加剧之外，疫情以来的经济形势也是律师业务量下降的另一个原因。

根据目前的人数增长趋势，律师人数破百万很可能不会太远，加上国际形势变化及经济波动，未来的法律服务需求将会更加多元、细化、专业，想要在存量时代获得独特竞争优势，“行业＋专业”是未来的大趋势，律师需从自身出发寻找破局之道。

此为“三变”：大环境愈加严苛，人均办案率不升反降。

五、第二个“不变”：百人所增长速度增快，中小律所仍占主流

笔者将 2018～2022 年的律所规模数据按照 10 人及以下、11～50 人、51～100 人、100 人及以上的标准进行整理，结果如表 1 所示。

表1 2018～2022年律所规模分布情况

单位:%

年份	规模			
	10人及以下	11～50人	51～100人	100人及以上
2018	62.37	34.89	1.87	0.88
2019	65.57	31.54	1.90	0.99
2020	66.02	30.91	1.99	1.08
2021	66.30	30.65	1.91	1.14
2022	65.50	31.18	2.03	1.29

法律行业的马太效应明显，行业内大所的合并等依然层出不穷，但是从数据来说：**中国法律服务市场依然以中小型律所为主**，10人及以下的律所2018～2022年都占律所总数量的65%左右，50人以下的律所占据全国所有律所的97%左右，整体变化幅度不大，未来相当一段时间内仍会保持相对稳定的金字塔形结构。

2022年的数据显示，一方面，小型律所（10人及以下）增长最快，从2018年的1.9万多家发展至2022年的2.53万多家，4年间新增6300多家；另一方面，律所仍有继续规模化发展的趋势，51～100人的律所数量首次突破市场中律所总数量的2%。从具体的数量来看，百人所2022年的增长速度也为2018～2022年来最高。

由此可见，**中小律所仍为市场主要形态，但规模化发展仍为发展大方向，此为“二不变”**。

六、第四个“变”、第三个“不变”：老中青三代同存，青年律师为行业中坚力量

笔者对2017～2022年中国律师年龄层次进行统计，见表2。

表2 2017～2022年全国执业律师年龄分布

年份	总数量/万人	年龄段	数量/万人	占比/%	年份	总数量/万人	年龄段	数量/万人	占比/%
2017年	36.5	30岁以下	6.60	18.08	2018年	42.3	30岁以下	7.70	18.20
		30(含)～49岁	23.30	63.84			30(含)～49岁	26.70	63.12
		50(含)～64岁	6.10	16.71			50(含)～64岁	6.30	14.89
		65岁(含)以上	0.43	1.18			65岁(含)以上	1.10	2.60

续表

年份	总数量/万人	年龄段	数量/万人	占比/%	年份	总数量/万人	年龄段	数量/万人	占比/%
2019 年	47.3	30 岁以下	8.05	17.02	2020 年	52.2	30 岁以下	9.98	19.12
		30(含)~49 岁	30.27	64.00			30(含)~49 岁	32.61	62.47
		50(含)~64 岁	7.60	16.07			50(含)~64 岁	8.44	16.17
		65 岁(含)以上	1.30	2.75			65 岁(含)以上	1.06	2.03
2021 年	57.48	30 岁以下	13.48	23.45	2022 年	65.16	30 岁以下	10.79	16.56
		30(含)~49 岁	35.27	61.36			30(含)~49 岁	41.95	64.38
		50(含)~64 岁	7.54	13.12			50(含)~64 岁	10.63	16.31
		65 岁(含)以上	1.18	2.05			65 岁(含)以上	1.77	2.72

可以比较明显地看出，**2017~2022 年，30 岁至 50 岁的青年律师是整个行业的中坚力量，占据整个市场的 60%以上，并有逐年增加的趋势**。

而与此相反的是，2022 年 30 岁以下的青年律师比例创 2017~2022 年间年新低，虽然 2017~2022 年 5 年间律师总人数增长了 28.66 万人，增长率达 78.52%，但 30 岁以下的“新手律师”并没有显著增加，并在五年间比例首次降至 16.56%。

究其原因，一方面是整个行业对于学历的要求更高，很多“红圈所”非“五院四系”研究生不要，行业的整体趋势使多数本科毕业生选择继续深造，整体就业年龄相较于 5 年前有所推迟；另一方面是由于当前的经济形势，法律市场的就业环境对新手律师并不友好，多数毕业生会选择更为稳定的企业法务工作、体制内如公检法机关，而对经验、年龄、资源要求较高的律所，成为很多就业者稳定之后的选择——先积累行业经验，再转向律所。

自 1979 年律师制度恢复以来，中国律所仅走过 40 余年的历程，从 2020 年前后开始，最早一批律所的管理者——“50 后”的律师正在陆续退休，新老管理者正进行更替，未来 10 年内，律所将被第二代管理人接管，律所面临的传承、市场交接、客户存续问题将会愈加凸显。

此为“四变”与“三不变”：

“四变”：新的律所管理问题——律所交接与传承问题逐渐凸显。

“三不变”：青年律师仍为行业中坚力量。

七、第四个“不变”：市场精细化、个人专业化、行业数字化

随着产业链的不断细化，传统的业务方向已经难以满足市场的法律需求，同时，

律师数量的逐年增加带来的内部压力也在促使行业提高变革的速度——整个市场从快速增长的发展期过渡到高质量发展的变革期。

一方面，从律师个人角度出发，“专业化 + 行业化”是未来法律行业必然的发展方向，20 年前乃至 10 年前，传统律师的成长都是被动获客——提高自身素质，就“酒香不怕巷子深”；但是面对愈加激烈的竞争，近几年法律服务市场已经出现新的发展趋势——由被动获客变为主动出击，并且这个趋势显而易见地只会更加明显，而提升自我竞争力将会成为所有律师永恒的课题。

另一方面，律师之间的竞争不会停歇，律所之间的抢人大战也不会停止。而数字化发展必然是律师的下一轮发展重点。AI 技术的逐渐成熟给律师业务带来冲击，也给律所带来机遇，依托数字化改革，律所可以实现客户、律师、业务的一体化管理。

八、总结

随着中国经济的飞速发展，中国律师业经历了从关注数量到关注质量的飞速发展过程，中国法律从业者有幸见证这人才辈出、创新与变革的时代。

可以预见，未来十年，中国法律行业仍将高速发展！

2024 上海百人所发展展望[*]

蔡 爽

2023 年，上海执业律师人数首破 4 万人。根据司法部公布的相关信息，2020 年上海成为国内第 5 个执业人数超过 3 万人的省级地区。自此不过三年，已经再次破万人。

回顾上海律师行业的发展历程，自 1979 年中国律师制度恢复以来，上海律师数量从零起步逐步增长至 2 万人，历经了近 40 年的持续发展。然而，2020 年以后，随着政策和经济的推动，律师数量的增长速度急剧加快，上海法律服务市场迎来了空前繁荣。

一、行业整体情况

百人所的发展动向一定程度上代表行业发展的前沿动向。

根据东方律师网的消息，2023 年全上海总律所数量为 1916 家，同比增长 3.84%，低于全市律师人数增长速度 7.73%。

其中，上海百人所数量从 53 家增至 55 家，增速为 3.77%，近 4 年百人所增长速度较为稳定；

2023 年上海执业律师总人数达 41,313 人，相较于 2022 年的 38,348 人，涨幅为 7.73%，100（含）人及以上人数的律所总人数为 14,252 人，占全市律师总人数的 34.50%，相较于 2022 年的 34.34% 略有降低，但是人数仍超过全市律师总人数的 1/3，如表 1 所示。

---

* 本文首发于“智合”微信公众号 2024 年 1 月 30 日，文中收录数据的日期截至 2024 年 1 月 6 日。

表 1　2018～2023 年上海律师行业整体变化

年份	律所总数/家	律师总数/人	百人所数量/家	百人所占比/%	百人所律师总数/人	百人所律师占比/%
2018	1605	23, 975	34	2. 12	7088	29. 56
2019	1660	26, 520	37	2. 23		
2020	1709	28, 914	47	2. 75	8469	29. 29
2021	1776	31, 633	51	2. 87	11, 189	35. 37
2022	1845	38, 348	53	2. 87	13, 168	34. 34
2023	**1916**	**41, 313**	**55**	**2. 87**	**14, 252**	**34. 50**

数据来源：智合内部调研及上海市律协网站。

笔者将 2023 年 55 家百人所数据与 2022 年的数据进行对比，结果如表 2 所示。

表 2　2023 年上海百人所及人数变动

总所所在城市	律所名称	2023 年人数/人	2022 年人数/人	人数变动	人数增长速度/%
上海	上海市锦天城律师事务所	1305	1305	0	0. 00
北京	北京盈科（上海）律师事务所	1117	1033	84	8. 13
北京	北京大成（上海）律师事务所	585	584	1	0. 17
上海	上海申浩律师事务所	463	403	60	14. 89
北京	北京市中伦（上海）律师事务所	432	403	29	7. 20
北京	国浩律师（上海）事务所	418	399	19	4. 76
上海	上海市汇业律师事务所	375	350	25	7. 14
上海	上海汉盛律师事务所	358	319	39	12. 23
上海	上海德禾翰通律师事务所	347	289	58	20. 07
北京	北京金诚同达（上海）律师事务所	337	312	25	8. 01
上海	上海市海华永泰律师事务所	335	317	18	5. 68
上海	上海正策律师事务所	328	303	25	8. 25
北京	北京市金杜律师事务所上海分所	318	324	－6	－1. 85
上海	上海市方达律师事务所	303	289	14	4. 84
北京	君合律师事务所上海分所	266	250	16	6. 40
北京	北京炜衡（上海）律师事务所	264	237	27	11. 39
北京	北京市隆安律师事务所上海分所	263	266	－3	－1. 13
北京	北京德和衡（上海）律师事务所	261	263	－2	－0. 76

续表

总所所在城市	律所名称	2023 年人数/人	2022 年人数/人	人数变动	人数增长速度/%
北京	德恒上海律师事务所	251	251	0	0.00
北京	北京市京师（上海）律师事务所	246	280	-34	-12.14
北京	北京恒都（上海）律所事务所	245	252	-7	-2.78
上海	上海兰迪律师事务所	240	211	29	13.74
上海	上海君澜律师事务所	238	231	7	3.03
北京	北京观韬中茂（上海）律师事务所	230	230	0	0
北京	北京市汉坤律师事务所上海分所	215	169	46	27.22
上海	上海市中联律师事务所	208	149	59	39.60
上海	上海市通力律师事务所	200	213	-13	-6.10
北京	北京冠领（上海）律师事务所	200			
北京	北京市竞天公诚律师事务所上海分所	191	169	22	13.02
上海	上海邦信阳律师事务所	189	204	-15	-7.35
上海	上海市金茂律师事务所	182	184	-2	-1.09
上海	上海融力天闻律师事务所	177	165	12	7.27
上海	上海市君悦律师事务所	171	173	-2	-1.16
上海	上海日盈律师事务所	171	160	11	6.88
上海	上海段和段律师事务所	166	147	19	12.93
上海	上海博和汉商律师事务所	162	142	20	14.08
上海	上海瀛东律师事务所	161	154	7	4.55
北京	北京市两高（上海）律师事务所	156			
上海	上海明伦律师事务所	154	149	5	3.36
北京	北京市环球律师事务所上海分所	149	135	14	10.37
上海	上海市协力律师事务所	148	139	9	6.47
北京	北京浩天（上海）律师事务所	146	109	37	33.94
上海	上海市建纬律师事务所	142	133	9	6.77
上海	上海功承瀛泰律师事务所	138	124	14	11.29
上海	上海市华荣律师事务所	137	152	-15	-9.87
上海	上海众华律师事务所	137	135	2	1.48
北京	北京市通商律师事务所上海分所	131	109	22	20.18
上海	上海至合律师事务所	127	103	24	23.30

续表

总所所在城市	律所名称	2023 年人数/人	2022 年人数/人	人数变动	人数增长速度/%
北京	北京市中闻（上海）律师事务所	127			
上海	上海市联合律师事务所	113			
上海	上海市华诚律师事务所	110	118	-8	-6.78
上海	上海普世万联律师事务所	107	104	3	2.88
北京	北京安杰世泽（上海）律师事务所	105	109	-4	-3.67
北京	北京中凯（上海）律师事务所	104			
北京	北京国枫（上海）律师事务所	103	110	-7	-6.36
总计		**14,252**	**12,859**	**13**	**+6.41**

注：北京冠领（上海分所）、北京两高（上海分所）、北京中闻（上海分所）、上海联合以及北京中凯（上海分所）因 2023 年初次上榜，故无历年数据。

根据表 2 中的数据，可得出以下结论。

（一）百人所人数变化幅度变小

2023 年的统计数据给人较为直观的感受是，律所人数呈现**动态平衡**。

变化幅度最大的律所为**中联**，从 2022 年的 149 人增至 208 人，涨幅达 39.60%；其次为**浩天上海分所**，2022 年律所规模刚过百人，2023 年增至 146 人。

律所通常会选择先规模化再专业化的发展方向，少数所如建纬等专业所，则是先在专业领域达成一定成就，后在全国范围内逐渐铺开。

随着律所规模的扩大，服务质量的提升成为必然的趋势。在日益复杂的法律需求和市场竞争的压力面前，律所必须灵活调整战略，2023 年的律所发展趋势可以较为明显地反映当前经济环境下律所的避险思维：**降本增效**。

（二）头部律所排名稳定，市场结构逐渐形成

相较 2022 年，2023 年上海规模排名前 5 的律所仍基本保持稳定。而在排名前 10 的律所中，申浩的人员增长幅度相对较大。其余排名靠前的律所中，**金杜上海分所**、**海华永泰** 2023 年人数略有下降，**德禾翰通**、**金诚同达上海分所**的人数有小幅上升，跻身前 10。其中德禾翰通 2023 年人数增加较为明显。

整体而言，上海 TOP10 的规模所排名中，**锦天城**、**盈科（上海分所）**、**大成（上海分所）**、**申浩**、**中伦（上海分所）**、**国浩（上海分所）**、**汇业**这 7 家律所排名比较稳定，其他律所想要短时间内突破格局较为困难。

（三）百人所总部均位于北京、上海，比例为1∶1.2

梳理上海所有百人所，除本地律所外，其余律所均为北京律所的上海分所，总部位于上海的律所共有30家，总部位于北京有25家，55家百人所均被京沪律所承包。

2023年新晋百人所榜单中有5家律所，分别为：**北京冠领（上海分所）（排名第28）、北京两高（上海分所）（排名第38）、北京中闻（上海分所）（排名第49）、上海联合（排名第50）以及北京中凯（上海分所）（排名第54）**，超一半为北京律所，北京律所的规模化依然全国领先。

二、2023年新设分所布局

笔者以全国律师执业诚信信息公示平台及律所官网为基础，统计了2023年百人所榜单中的上海律所的国内新设分所，结果见表3。

表3　2023年上海百人所新增境内分所

律所名称	2023年总所人数/人	新增境内分所	数量/家
上海市汇业律师事务所	375	郑州、呼和浩特、银川、中山	4
上海汉盛律师事务所	358	重庆、广州、南京、自贸区苏州片区	4
上海德禾翰通律师事务所	347	常州、宁波、昆明、芜湖	4
上海市海华永泰律师事务所	335	合肥、南昌、无锡、珠海	4
上海兰迪律师事务所	240	沈阳、石家庄、武汉、厦门	4
上海融力天闻律师事务所	177	北京、常州、广州、苏州	4
上海市中联律师事务所	208	南京、广州、西安	3
上海日盈律师事务所	171	成都、南京、宁波	3
上海至合律师事务所	127	长治、上饶、许昌	3
上海正策律师事务所	328	南昌、郑州	2
上海段和段律师事务所	166	虹桥国际中央商务区、南昌	2
上海市协力律师事务所	148	昆明、合肥	2
上海市建纬律师事务所	142	长春、虹桥国际中央法务区	2
上海功承瀛泰律师事务所	138	南宁、深圳（合并后新增吉林、沈阳、长春新区）	2
上海普世万联律师事务所	107	合肥、苏州	2
上海市锦天城律师事务所	1305	昆明	1
上海邦信阳律师事务所	189	嘉兴	1
上海市金茂律师事务所	182	北京	1
上海市君悦律师事务所	171	昆明	1
上海博和汉商律师事务所	162	盐城	1

2023 年上海百人所榜单中，共 20 家律所在国内其他城市新设共 50 家分所。数量最多的律所一年内设立了 4 家分所，这几家律所为：**汇业、汉盛、德禾翰通、海华永泰、兰迪、融力天闻**。

（一）二线城市昆明成为分所设立热门城市

昆明为 2022 年新设分所热门地点，共设了 4 家分所，其次为南京、南昌，分别设了 3 家分所。

从地理位置来看，昆明地处西南，是中国连接东南亚、南亚的重要桥梁；从战略上看，昆明是“一带一路”倡议的关键节点，更是对外开放合作的重要门户。

疫情结束后，中国无疑仍是世界上增长最快的经济体之一，但东南亚国家的发展潜力也不容小觑，东南亚的法律服务机会正被越来越多的具有国际化视野的律师事务所重视。

随着国际加工产业大转移，东盟国家投资趋热，中国与东盟各国的经济合作随着“一带一路”倡议的推进及中国—东盟自由贸易区的不断发展，呈现出迅速攀升态势。“一带一路”东盟法律服务大通道建设正被越来越多的具有国际化视野的律师事务所重视。

（二）分所布局更加精细

从表 3 可以看出，与 2022 年类似，2023 年的律所新设地较少位于一线，更多位于颇有发展潜力的二线城市，市场逐渐下沉与细化，区域市场的竞争也逐渐展开，如图 1 所示。

一线城市的法律服务市场较大，但是在大所云集的北上广深，新设的分所在市场认可度和占有率方面会面临较大阻力。

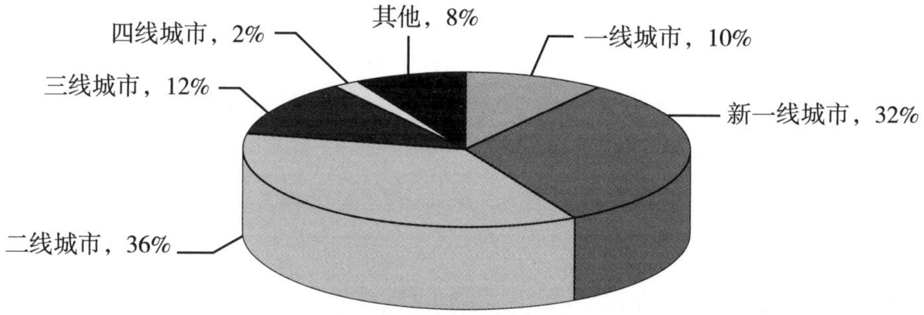

图 1　2023 年上海律所新设分所所在城市分布情况

新设分所中，有 4 家位于一线城市，2 家位于广州，2 家位于北京。

而值得注意的是，新设在二线及三线城市的分所占据了总数的 68%，超过 2/3，凸显律所对于市场多元化和地域扩展的战略调整。

关于律所发展的专业化和规模化的讨论层出不穷。然而，另一个备受关注的视角是**适度规模化**，这在2023年进一步凸显：一些律所在对未来预期持谨慎态度的情况下，关闭了经营状况一般的分所，以确保整体业务的稳健发展。

这种灵活性和务实的调整策略，更能适应当前的经济环境。在未来，根据实际情况灵活调整的布局策略将继续为律所在复杂多变的经济背景中生存与发展提供有力支持。

（三）法务区趋势成热门

近年来，法律服务行业经历了急速的规模扩张、产业深化和资源集中化的发展，法律服务集聚区、产业园、中央法务区等逐渐成为行业发展热门，这种将商务、金融、科技等融合联动的综合体在国内飞速发展，展现了中国法律服务业由分散逐渐走向集聚的发展趋势。

经过梳理，截至2023年6月，全国范围内已设立了14个法务区，大部分正在建设中，如表4所示。

表4　国内法务区发展现状

设立年份	法务区名称	状态
2021	淮海经济区法律服务产业园	启用
	虹桥国际中央法务区	揭牌
	海丝中央法务区（厦门）	启用
	宜宾三江中心法务区	启用
	马鞍山市法律服务产业园	启用
2022	前海深港国际法务区	启用
	长春智慧法务区	揭牌签约
2023	苏州高新区法律服务产业集聚示范区	启动建设
	重庆中央法务区	启动建设
	苏州自贸片区法律服务中心	启用
	广州湾区中央法务区	建设中
	琴澳国际法务区	建设中
	济南中央法务区	建设中
	南昌律政产业园	建设中

以上海为例，虹桥国际中央法务区可以服务长三角一体化和虹桥国际开放枢纽建

设总体方案，具有串联长三角各大城市、辐射全国的优势。2023 年 6 月，虹桥国际中央法务区正式投入使用，目前已经有北京炜衡（上海分所）、上海建纬、上海段和段、广州广信君达（上海分所）等律所以及某些公证处、上海市律协等机构签约入驻该法务区。

三、2023 年中国律所境外布局

律所是否成立境外分所，最终决定取决于国际政治经济形势。

司法部发布的数据显示，中国律所的境外分所过去几年增长态势明显，由 2020 年的约 150 家增至 2021 年的 167 家，2022 年提升至 180 家。

2023 年，由于国际形势及经济等方面原因，上海律所去海外拓展版图的意愿并不强烈，仅有为数不多的几家律所在海外新设办公室。

相较于上海律所，北京大所对扩张整体更为大胆：

· 德恒在 2023 年 4 月、7 月，于韩国首尔与老挝万象成立办公室。

· 盈科在泰国曼谷与南非约翰内斯堡成立办公室。

· 2023 年 6 月，汉坤首次走出国门，在新加坡成立办公室。

· 2023 年，京师启动瑞典、澳大利亚、墨西哥、新西兰、马来西亚、乌兹别克斯坦等多个国家办公室筹备仪式。

直投、直营海外分所，对于律所来说意味着更大的营收压力和更高的运营要求。整体而言，在未来几年经济态势尚不明确的 2023 年，律所对于出海的态度更加谨慎。

这一状态在 2024 年可能会有所好转，2024 年伊始，已经有数家律所宣布设立海外分所：君合设立西雅图分所，京师老挝、菲律宾分所正式筹建，海华永泰悉尼办公室启用、休斯敦办公室签约……

主打“国际化”名片的上海于 2024 年 12 月 29 日发布了 2024 年新举措——《发挥城市功能优势　做强律师事务所品牌　加快推动上海国际法律服务中心建设的若干措施》，其中包含诸多支持律所提升涉外业务能力的举措，强调完善律师事务所境外布局：

完善律师事务所境外布局。支持律师事务所通过并购、联营、品牌输出等方式，在我国对外投资合作较多的国家和地区设立分支机构或服务网络，按照规定给予补贴。在“一带一路”沿线和东南亚国家（地区）设立法律服务中心，为律师事务所了解和开拓当地法律服务市场提供便利。绘制律师事务所海外服务网点地图，建立与“走出去”企业的常态化对接机制，支持开展事前事中事后全流程业务合作。

在政策引导下，上海律所的海外分所规模将进一步扩大，更好地护航中国企业

“走出去”。

四、总结

整体而言，律师行业在2023年的恢复速度并未达到预期，这主要受制于经济大环境的滞后效应。

大所人数的增长速度明显降低，同时律所对新设分所持更为谨慎的态度，这些趋势在上海律所2023年的数据中表现明显，这体现了律所对经济不确定性和市场波动的忧虑，仅有为数不多的律所敢于冒险开设新的分所，而且多数选择在相对稳定的地区进行尝试，这种选择显示了对风险的高度警惕。

律师行业的发展在一定程度上充当着经济发展的“晴雨表”，而上海的律所则代表着国内领先市场的律所发展情况。因此，通过观察上海大所的发展趋势，我们可以更好地理解当前经济形势对律师行业的影响。

在未来，律师行业有望迎来更为积极的发展，但谨慎的态度和审慎的发展策略仍将是大所们应对不确定性的重要举措。

19 万家法律咨询公司——给律师带来的思考*

孙麟飞 | 智合研究院

一、法律咨询公司数量倍增，改变了什么

（一）律师行业，苦法律咨询公司久矣

在中国的法律行业中，长久以来，律所一直是主要的法律服务提供者。然而，近年来，一个庞大而崭新的力量逐渐崭露头角——法律咨询公司。根据网络公开信息统计，截至 2023 年 9 月，涉及法律咨询业务的公司数量已达 19.2 万家。如果按照每家公司拥有 5 名员工估算，这一行业拥有近 100 万从业人员。

从从业人数的角度看，该行业已颇具规模。然而，虽然近年来新成立的法律咨询公司数量大幅增长，但是由于该类公司成立门槛较低、质量参差不齐等客观因素，这一领域确实出现了一系列问题，如抢案源、价格战、违规承诺、虚假营销等。这些问题导致法律咨询公司在整个律师行业中备受争议，甚至出现了“人人喊打”的局面。

本文对这一现象进行梳理，旨在客观分析催生法律咨询公司野蛮生长和该行业乱象频发的原因，并对这一行业的未来发展进行初步思考。

（二）颇具规模，国内法律咨询公司已达 19.2 万家

如图 1 所示，笔者通过检索发现，当前国内经营范围中包含“法律咨询”的公司已超过 **19.2 万家**。以“法律服务”为行业属性并已成立的公司已超过 **3.6 万家**，企业名称中含有“**法律咨询**”一词的公司也已经超过 **3.4 万家**，企业名称中含有“**法律服务**”一词的公司企业则有 **7100 余家**；而以“律师事务”“法律事务”为关键词查询得到的相关公司数量分别是 **2100 余家**和 **1100 余家**。

---

* 本文首发于“智合”微信公众号 2023 年 10 月 1 日，文中收录数据的日期截至 2023 年 9 月 20 日。

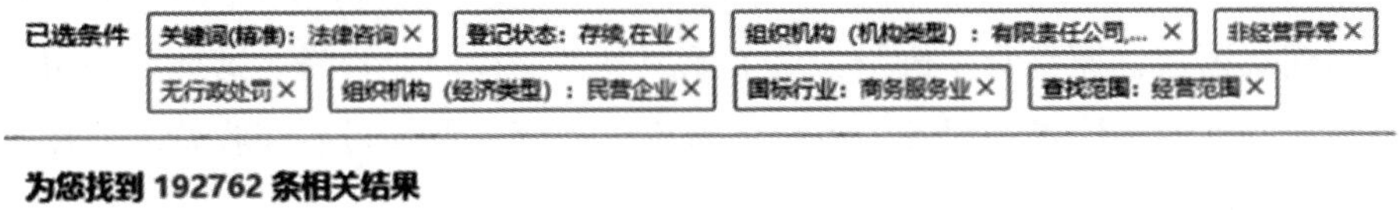

图 1　国内法律咨询公司数量

注：通过全国企业信用查询系统——企查查，检索企业经营范围中包含“法律咨询”关键词的在业、存续企业（包括有限责任公司、股份有限公司、个人独资企业），得到本图数据，检索时间截至 2023 年 9 月 20 日。

（三）为何存在——中国法律服务市场的三大合法参与者

首先，我们需要明确法律咨询公司在市场经济中的角色。根据经验，我们可以发现一个规律，即如果一个新兴行业持续存在且未被政府禁止，那么这个行业很可能得到政府默许，甚至被鼓励（至少可以视为“先行先试”和“摸着石头过河”的领域）。

法律咨询公司也是如此，它们的存在即表明国家层面目前至少没有明文禁止其经营。实际上，早在 2004 年 8 月 17 日，司法部就已经下发了《关于废止〈司法部、国家工商行政管理局关于加强对法律咨询服务机构管理的若干规定〉等三件规范性文件的决定》（司发通〔2004〕117 号）。鉴于此，之前对于法律咨询公司设立等方面的禁止也已经失效。

目前，我国法律服务市场有三大合法参与者（见图 2）。

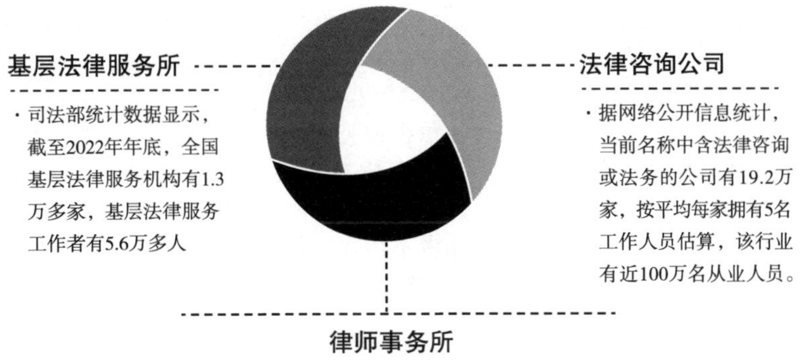

图 2　国内法律市场三大参与者

注：司法部统计数据显示，截至 2022 年年底，全国共有执业律师 65. 16 万多人，律师事务所 3. 86 万多家。

如图 2 所示，根据公开资料整理，目前国内法律服务市场的参与者可以初步分为三类，即律师事务所、基层法律服务所和法律咨询公司。前两者受国家司法部门监管，根据司法部的统计数据，截至 2022 年，国内律所和基层法律服务所的数量分别为3.86万多家和1.3万多家。而法律咨询公司则不受司法部门和律师协会监管，它们以公司模式运营，拥有营业执照，员工无须具备法律职业资格。这些公司可以提供除各种诉讼以外的法律咨询服务，进行广告推广，其主要通过协商收费，而律师的收费则受司法部门的监管。

从从业人员角度看，如果我们按每家公司拥有5名工作人员来估算，那么该行业已经拥有近100万名从业人员。从从业人数的角度看，这一行业已经具有相当规模。

（四）竞争还是互补？律所与法律咨询公司、基层法律服务所有何区别

律师事务所与其他两类法律服务机构的区别如表1所示。

表1　律师事务所、法律咨询公司、基层法律服务所三者区别

	律师事务所	法律咨询公司	基层法律服务所
概念	律师事务所是依据《律师法》设立，并取得执业许可证的律师执业机构	法律咨询公司依据《公司法》设立，是提供法律咨询的公司	基层法律服务所是依据司法部《基层法律服务所管理办法》设立，在乡镇和街道设立的法律服务组织，是基层法律服务工作者的执业机构
设立程序	律师事务所的设立由市级司法行政机关受理、申请并进行初审，报省级司法行政机关进行核准。因此，律师事务所执业许可证由省级司法行政机关颁发	法律咨询公司的设立是按照公司设立程序，到市场监督管理局申请，所以法律咨询公司的营业执照由市场监督管理局颁发	基层法律服务所的设立由县级司法机关受理申请并进行初审，报市级司法行政机关进行核准。因此，基层法律服务所执业证由市级司法行政机关颁发
从业人员	律师事务所从业人员为律师，应持有由省级司法行政机关颁发的律师执业证	法律咨询公司对从业人员资质没有要求，但律师和法律服务工作者不得在法律咨询公司执业	基层法律服务所的从业人员为基层法律服务工作者，应持有由市级司法行政机关颁发的基层法律服务工作者执业证
业务范围	担任法律顾问，参加民事、行政诉讼、刑事辩护等7类业务	营业执照确定的范围	担任法律顾问，代理参加民事、行政诉讼等6类业务

数据来源：沈阳市律师协会。

注：整理/制表：智合。

从表1可以看出，律所、法律咨询公司和基层法律服务所在法律服务提供方式、范围和特性上存在明显差异。三者在概念、设立程序、从业人员要求和业务范围方面

都存在不同之处。

对一些法律咨询公司的营业执照范围的抽样调查发现，这些公司的经营范围中与法律服务有关的内容有“法律咨询”“代理非诉讼法律事务”“法律文书代写”“社会法律咨询”“接受委托或指定从事企业破产、改制、分离、合并、解散的资产清算服务”“法律顾问”等，其中有部分公司的经营范围中包含“律师及相关法律服务”。

（五）数量激增：法律咨询公司数量3年涨3倍

就数量而言，疫情暴发后的3年中，法律咨询公司如雨后春笋般大量涌现（见图3)，业务范围从法律顾问、债务处理、破产逾期到停息挂账等不断演进。

从企业成立年限来看，如图3所示，自2020年以来，法律咨询公司的数量急剧增长，在2021年和2022年分别新增了3.3万余家和4.3万余家。而与此相比，2022年我国新增设立的律师事务所仅有2096家，法律咨询公司数量增长的速度远超国内律师事务所数量增长的速度。

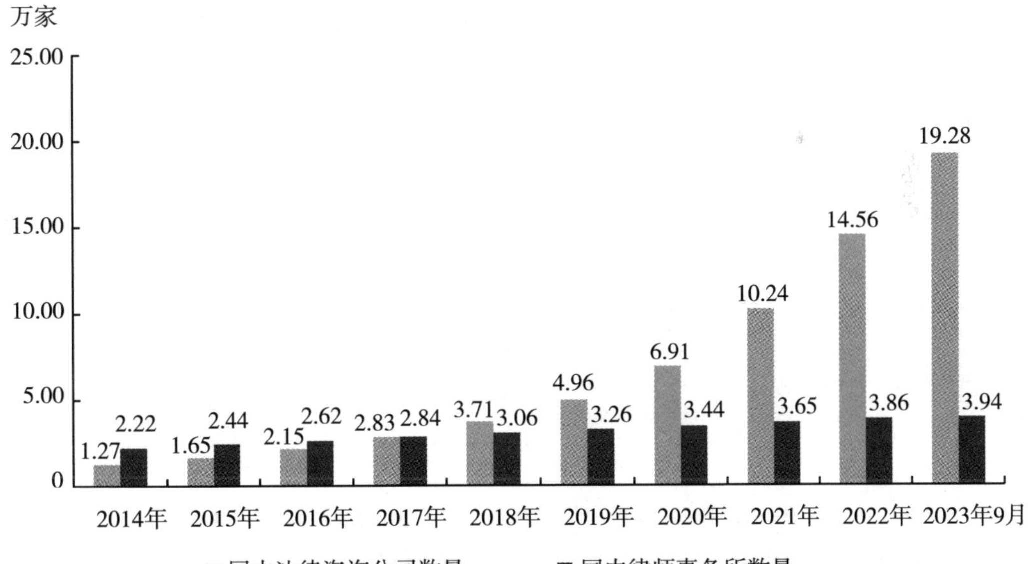

图3 2014~2023年国内律师事务所与法律咨询公司数量增长情况

注：2014~2021年律师事务所相关数据来源为中国统计年鉴，2022年来源为司法部网站，2023年来源为中国法律服务网。

2014~2022年国内法律咨询（服务）公司数量通过企查查以“企业成立时间”进行筛选获得。

（六）乱象丛生：5200余家法律咨询公司被吊销执照

正是我国法律服务市场的强大需求，慢慢催熟了这个行业。法律咨询公司的行业性质，很难用简单的好坏评价，用“存在即合理”更显得公允。但不可否认的是，一些原本非法律诉讼的业务，也套上法律的外衣在法律咨询公司中进行，其中乱象频出，风险也不少。

当前很多法律咨询公司确实存在违规承诺、打价格战、虚假营销等问题。一些法律咨询公司在承揽业务时存在违规行为，例如，在提供法律咨询服务时，他们可能会作出不合理的预测，甚至承诺“将案件交给我们必胜无疑”，误导当事人。这些公司和相关从业人员可能会随意收取代理服务费用，没有遵守律师服务费用的上限规定，有些公司以法律文书费、差旅费等名义私自收费（而且不提供发票），个别公司和工作人员与当事人约定按一定比例分成的方式收费。当这些过度承诺无法兑现时，当事人往往感到极度愤怒，这导致了大量投诉。笔者发现，经营状况异常且存在经营风险的法律咨询公司为数不少（见图4）。

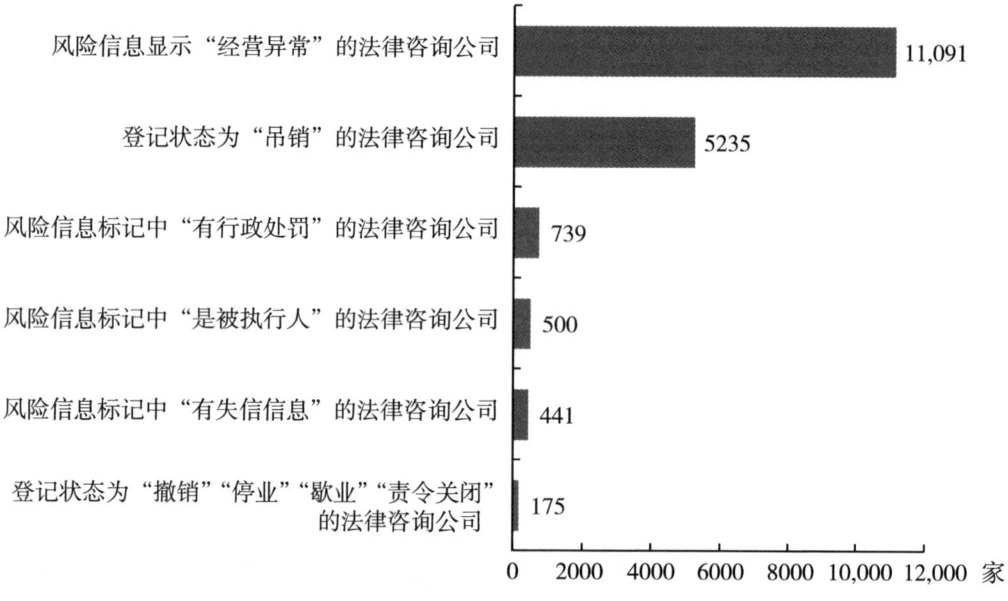

图4　国内法律咨询公司中登记状态异常及存在经营风险企业数量

注：统计通过企查查以前文法律咨询公司数量为基础进行筛选。

如图4所示，相关资料显示，目前仍在运营但被标记为“经营异常”的法律咨询公司有1.1万家，而涉及虚假宣传、违规收案等违法行为而被吊销营业执照的法律咨询公司有5200余家。此外，还有700余家公司因乱承诺案件结果、违规收费等问题而受到行政处罚。这不仅严重扰乱了法律服务市场秩序，也损害了法律咨询公司整体的声誉和形象。

二、一点思考：是敌是友？共存还是互斥？

（一）看：扰乱市场秩序，吃相难看惹众怒，为什么

当前，针对法律咨询公司的“整顿”工作已然开始，整顿的重点主要集中在市场投诉比较高的违规收案、盗用/违规使用律所名号和虚假承诺等方面。已有不少地方的律协发文倡议，呼吁律所、律师不得与法律咨询公司开展任何形式的合作，不得承接来自它们的任何案件……甚至有消息称，有些地方已经不准注册带有法律咨询字眼的公司或商业组织（暂停法律咨询公司市场准入，已经设立的法律咨询公司，不得在整顿期间变更、注销等）。

尽管目前这些措施仅在个别地区实施，不是全国性的动作，但这些行动已经足以表明法律咨询（服务）公司已“名声狼藉”。

其惹“众怒”的部分原因可以追溯到近年来法律咨询公司数量的急剧增加。如图5所示，这些公司中近70%成立时间不足3年。数量庞大且成立时间短暂，导致市场上其质量参差不齐，也应了俗语“林子大了什么鸟都有”——当样本数量够多的时候，小概率事件总会发生。

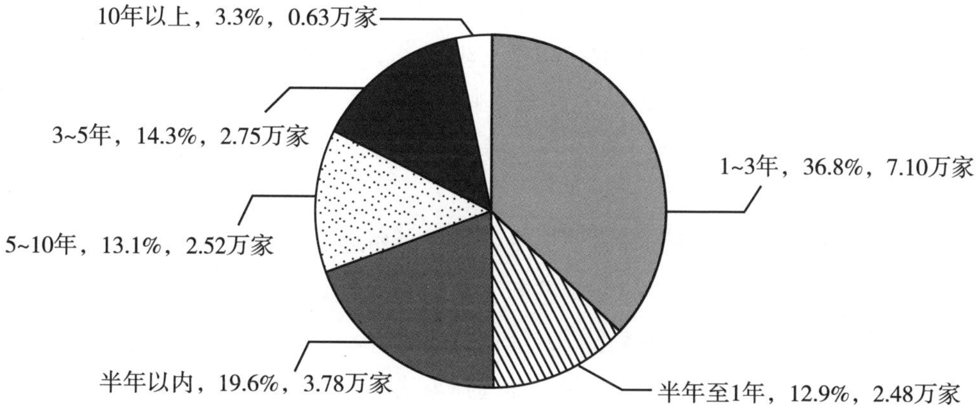

图5　国内法律咨询公司成立年限

不可否认的是，法律咨询市场已经在全国范围内形成了相当可观的市场规模。自2022年9月以来，新成立的法律咨询公司数量已达到5.26万家，超过了全国范围内的律师事务所总数。但仍然有一个问题：为什么会有这么多法律咨询公司涌现？

（二）聊：1年新增5.26万家，为何法律咨询公司如此兴盛

对于法律咨询公司，有一种观点认为，它们的繁荣只是短期现象，与相对宽松的行业监管有关。相较于传统的律所，法律咨询公司的设立和运营更为简单，从业人员

无须拥有律师执业资格，也不必具备诉讼代理权，门槛相对较低。因此，许多人看到了这一领域的机会，导致该领域公司数量快速增长。然而，随着行业监管的加强和对乱象的整顿，这种“牟利模式”最终将消退。

另一种观点认为，法律咨询公司的兴起是律师行业的一种演化。律师行业一半是专业、一半是商业。根据大卫·H. 梅斯特在《专业服务公司的管理》一书中的 3E 战略理论，法律服务通常可以分为三类：流程型服务、经验型服务、专家型服务。

- 流程型服务（Efficiency）：也称效率型服务，这种服务旨在解决客户低风险的常见商业问题，这些问题客户通常也能够自行解决。客户之所以选择外包，是因为外包更高效、更可靠、更经济。例如，简单的离婚案件、银行的催收业务以及大量的律师函发出业务都属于这一类。
- 经验型服务（Experience）：这类客户更倾向于找一家在处理某类特定问题上有丰富经验的专业服务公司。在解决类似问题上的丰富经验，要比高超的智力水平或者省钱更有价值。
- 专家型服务（Expertise）：当面对重大、复杂、高风险且非常规的问题时，客户最需要的是最前沿的专业知识及技能，而且这类可供选择的高水平服务提供商很少。

通过法考者不断涌入律师行业，2018～2022 年，全国执业律师人数从 42. 3 万人增至 65. 16 万人，增长了 54. 04%，反观律师人均办案量，5 年间却下降了 22. 53%，人均办案数量从 25. 25 件降至 19. 56 件，考虑到实习律师的数量，可能人均办案量还要再打个折扣。

除了律师数量的大幅增加导致业务竞争日趋激烈之外，近年来，全国性律所垄断了全国性高端案源，而地方性律所则垄断了本地的资源案源。这使大多数个普通个体律师、小微律所不得不努力寻找案源，降低执业成本。

在竞争激烈的市场环境下，一些律师选择与法律咨询公司合作，以获取更多的客户和项目。因此，与其说法律咨询公司的存在导致了大量简单案件被“抢走”的情况，不如说法律咨询公司为普通律师提供了另一种生存的途径。

但由于当前法律咨询公司的成立时间较短，市场尚未完善，这类公司接手案件之后，因为自己不代理具体法律事务，就转手给律师或者律所，后面办案的律师就拿着低收入忙着大量案件。这些律师沦为这类公司的打工机器。

（三）思：整顿、规范后的法律咨询公司是敌是友

根据市场规律，竞争与合作关系是由市场决定的。不存在绝对的对抗关系，也不存在绝对的合作关系。法律咨询公司以市场营销为驱动力，而律所则以专业为驱动

力。尽管它们并存于法律服务市场中，但实际上是两个不同的“物种”。

当前，绝大多数法律咨询公司都处于初级发展阶段。它们主要关注市场，业务量有限，对中大型律所的影响可以忽略不计。虽然中小法律咨询公司缺乏律师的专业优势，但却在中小律所相对缺乏的营销和运营上有优势。

与规模化进程一样，市场可以推动那些拥有专业优势的律所获得强大的市场拓展和运营能力，成为超大型集团化律师事务所。市场的发展同样可以推动那些拥有强大运营能力的法律咨询公司获得优势，从而成为法律咨询服务集团。

任何能够让法律服务向触手可及、便捷、价格合理、便民的方向发展的举措都符合社会进步的需求。短期内，法律服务行业也许不太可能发生大范围和深刻的改变，但可以确定的是，它必将发生变革。未来，法律服务提供者的形式可能会多种多样，法律咨询公司、律所以及其他形式主体并存的格局将出现……而这一天或许并不遥远。

三、结语

任何行业在迈向成熟的同时，都伴随对整合创新、提升效率和降低成本的不懈追求。随着行业监管趋严，当市场乱象被肃清，法律咨询公司整体将回归正轨，它们服务的企业用户会越来越多，运营能力会不断提升，最后可能产生巨型法律咨询集团。

而到那个时候，法律服务行业的竞争是否将更激烈，价格战会不会再次爆发仍要打个问号。但对于律师而言，无论是就职于法律咨询公司还是律师事务所，我们都不会被驱逐，相反我们可以选择不同的方式迎接法律服务行业的未来。

国际市场篇

起诉律所，一个法律战略家开枪了*

李亦儒 | 智合研究院

一个法律斗士因哈佛败诉案一战成名后，他又将战火引向了自己所在的律师行业。

国外律所正面对“多元化困境”，国内律所还有必要坚持D&I（多元化与包容）战略吗？

一、自称“红娘”的法律人

他是一个头发花白、胸前挂着老花眼镜的律师。正是他成立的组织，在美国最高法院，让哈佛大学败诉了。可以说，他终结了美国大学在招生过程中遵循《平权法案》[1]的历史。

他的名字叫爱德华·布鲁姆，最近，他将战火引向了律所：2023年8月22日，他起诉了两家美国大型律所——博钦（Perkins Coie）和美富（Morrison Foerster），理由是这两家律所的奖学金计划也存在“多元化”的问题，因为分种族设立奖学金涉嫌种族歧视。

在此之前，媒体甚至已经对此作出预言。2023年7月，一篇名为《奋斗多年后，他终于推翻了平权法案，他还没完》的长篇访谈中写到：爱德华·布鲁姆在最高法院取得了胜利，将种族因素从大学招生中拔除，这是他长期斗争的结果，那么他的下一个战场会在哪？是工作场所吗？

第2个月，爱德华·布鲁姆就用起诉书宣告了答案：是的，并且还是他的同行们工作的场所。

可以想见律所管理者的无奈：多元化政策作为公司治理政策的一部分，本就是某

---

* 本文首发于“智合”微信公众号2023年10月7日，文中收录数据的日期截至2023年10月6日。

〔1〕 Action无“法案”之意，但为方便阅读，本文将Affirmative Action翻译为《平权法案》。

种程度上的“人设建设”——为了避免自己被扣上种族歧视帽子而生的管理政策，反倒开始被诟病为种族歧视。

爱德华·布鲁姆之前创立的组织名为“学生公平入学组织”，后来他又创立了“美国平等权利联盟”，这个联盟的第一个靶子即博钦和美富。“这种等级歧视从来都是不合法的，就像之前哈佛违法一样。”——针对博钦的诉讼在得克萨斯州北区法院被提出，针对美富的诉讼在佛罗里达州南区法院被提出。

博钦和美富一开始均拒绝对诉讼发表观点。

博钦甚至很强硬，哈佛败诉后，博钦曾在自己的网站表态：我们重申我们的承诺，建立一个更加多元、包容的工作场所和法律行业。

美富则率先让步，修改了诉讼针对的核心奖学金项目的措辞：之前是为“法律行业历史上人数不足”群体——包括黑人、拉丁裔、美国原住民和 LGBTQ +（女同性恋、男同性恋、双性恋、跨性别、对性别认同或性取向有疑问的人等）人士设立的奖学金，现在改为“申请者只需根据自己的适应能力、文化传承性、精神复原力、生活经历为律所带来多元化视角”。

“文化传承性”“精神复原力”这些用词的意思转为笼统，可以预见，随着爱德华·布鲁姆不断进攻商业机构，世界上又会出现更多实际意义难以捉摸的词汇。

目前，两家律所都聘请了外部律所组建法律团队，准备应诉。其中博钦聘请的是达拉斯一家擅长复杂诉讼的精品律所。

“一个人生来是什么人种、民族，这既不应该给他带来好处，也不应该给他带来损害。”爱德华·布鲁姆说，他称自己是“媒人”，因为他总是在寻找原告，为他们与律师牵线搭桥。自 20 世纪 90 年代以来，他已经提起过 20 多起诉讼，目的均是将种族概念从美国法律中剔除，以追求人人机会平等。

二、中国律所的 D&I 试探

美国律所设立的奖学金，是招聘前端的一个环节，被认为是为律所输送人才的一种途径，代表了律所对团队构成的整体规划。于是，是否考虑种族因素是一项奖学金从设立开始就需要确定的管理理念。

钱伯斯亚太及大中华区 2023 年榜单中设有 D&I 奖项，其中唯一入围的中国内地律所是汉坤，可惜汉坤并未获奖，获奖者们显然更具优势。

获奖的个人是新西兰一家律所的律师，他在律所内部的招聘和留任领域培养了“毛利文化”；机构获奖者是我国香港地区的 Mayer Brown 律所，这家律所为法律专业的女生量身定制进入法律行业的计划，并为性少数群体（Lesbians，Gays，Bisexuals，

Transgender，LGBT）群体设置了专门的学习与发展课程。

在公益服务（ProBono）方面获奖的是新加坡的 Rajah & Tann，他们为新加坡的残疾人、老年失智群体提供法律援助。

获得最佳内部法律团队奖的是印度 TATA 航空公司的法务团队，“TATA 的法律团队在推进 D&I 方面取得了长足进步，更新了许多政策和流程，其中的亮点是根据《变性人法》更新了公司规定，并在公司内展开宣传”。

如此相比，入围但未获奖的汉坤在 D&I 建设上自然显得有些“薄弱”。汉坤合伙人王舒曾公开表示：“汉坤优秀的女性合伙人非常多，在行业内，我们女性合伙人的占比也是非常高的。女性律师只要在业务上做得好，在汉坤完全可以有很好的职业发展。”另外，汉坤还设有汉坤青年法律奖学金。

对照国内，提及 D&I 的律所本身就是少数，在这个基础上，其在多元化与包容性方面的探索也较为表面——多停留在律所官网某个版块的文字介绍，暂未能看到律所们的更多具体措施。

比如，金杜的官网有支持多元文化的页面，其中提到“促进性别平等，促进对 LGBTI 群体的包容”等内容；君合的官网在社会责任一栏中提到：“以开放、坦诚、互助和共享的内部文化，竭力为雇员提供和谐、健康的职场环境。为使每一名员工都能实现自我成长，我们将重点放在‘尊重人权’上。”

有人称这是中国律所不够先进的表现，也有人认为这正是中国律所，乃至中国商业机构在当今全球媒体环境下的优势——不在“人设”维护上付出过多，集中更多精力为客户服务。

三、中国律所，可隔岸观火？

爱德华·布鲁姆点燃的，是一场范围更大的战火，因为人们开始知道，那些高校只是第一个战场，然后是以律所为代表的工作场所，今后将会是各行各业。

美国最高法院首位女性大法官桑德拉·戴·奥康纳曾在 2003 年表示，因为黑人曾经遭受过不公平待遇，他们在某段时间内可合法享有一定程度的优待，比如大学在录取学生时可以将种族因素纳入考虑范围，但这得有期限，这个时间可能是 25 年。

但今天，显然种族这个因素不仅没有逐渐淡去，反而上升为组织多元化战略的一部分。在社交媒体上 cancle 文化盛行的背景下，这甚至成为一种必要的包装与保命符。

越来越多的大企业推出了多元化计划。《财富》发布的数据显示，1/5 的世界 500 强企业都有专门的首席数据官（Chief Diversity Officer，CDO）。很多企业定下了具体的数据目标，比如彭博就有彭博性别平等指数（GEI）及相关研究分析。联合航空曾高调宣布："到2030年培训出5000名新飞行员，至少一半是女性和有色人种。"

当然，还有前文中提到的美国大型律所，它们在女性员工比例、少数族群比例方面都设立了想要实现的目标。

公平与公正一直是一个争议不断、让人左右为难的话题。根据《彭博法律》2023年9月27日的消息，爱德华·布鲁姆在金融领域的公平斗争不算乐观，他输掉了对一家风险投资机构的首次挑战——那家基金为黑人女性经营的企业提供资助计划，而法官驳回了他初步提出的禁令请求。

但美富彻底妥协，据《华盛顿邮报》消息，针对美富的种族歧视案已撤诉，因为美富修改了奖学金计划：从一直以来只向少数群体开放，改为向所有一年级法学生开放。

爱德华·布鲁姆已在法律行业"攻城略地"，即便博钦仍在坚持。

中国内地的律所离这些纷争暂时较远，这与中国各类企业的境地类似。务实、生存、扩张，往往是中国企业的代名词，在走出国门时也如此。

D&I与中国律所更相关的话题，是女律师能否获得公平的机会。

女律师少于男律师、女合伙人比例低于男合伙人是律师业常态，但空谈单一行业男女比例并无意义，这一现象广泛存在于各行各业。而中国律师行业的男女比例早已经在全世界领先，与英美不相上下，远超韩国。

从国内大所女合伙人过往公开言论来看，绝大多数女合伙人认为并不存在所谓的"晋升魔咒"，一个女律师能否成为合伙人，主要还是看业务能力是否过硬；除了刑事律师外，大多数女合伙人认为客户主要还是关注实力，而不是看性别。

近年数据的显示，多元化程度越高的公司，其经营表现越佳。比如《财富》发布的数据显示，多元化水平较高的公司取得更高利润的概率会提高27%。

但一个商业主体的业绩表现与多重因素相关，加之往往业绩好的大所，才有能力在管理方面投入更多。所以，很难判定多元化水平高是高利润的因还是果。

外资撤离潮中的逆行者，将客户维系 100 年*

李亦儒 | 智合研究院

回顾 2023 年至今的美国法律服务行业，摩根路易斯律师事务所（Morgan，Lewis & Bockius LLP）是值得同行多多揣摩的一家机构。

这家成立于 1873 年的老牌律所，在过去相当长的一段时间内，仅是 Vault 榜单中排名第三四十位的、一家亮点不太多的律所。但是近年，尤其是疫情前后，这家律所表现抢眼。

根据《美国律师》杂志（*The American Lawyer*）“2023 Global 200” 榜单，摩根路易斯的年度创收在之前几年稳步增长，并在 2022 财年位列全球第 9 名。

2022 年，摩根路易斯的总创收是 27.45 亿美元，律师人数增加到了 2036 人，权益合伙人平均利润是 191.2 万美元、律师平均创收是亮眼的 134.8 万美元，总创收排名从 2022 年的第 13 位跃升至第 9 位。

更值得注意的是，在外资律所纷纷从国内市场撤离、关闭中国办公室的趋势下，摩根路易斯 2023 年在深圳开设了新的代表处，继续扩大在中国的业务布局。

开设深圳代表处是摩根路易斯继在北京、上海和香港开设办公室后在华的进一步扩张，摩根路易斯官方微信公众号发布的信息显示，其深圳代表处“由知识产权合伙人朱韶斌担任首席代表，唐波出任代表”。

据 ALB 消息，摩根路易斯的深圳代表处旨在扩大在中国的知识产权业务，深圳团队将承接各类知识产权争议案件，包括专利和商业秘密纠纷，也将代理合同的协商及起草业务，并主导交易及尽职调查。

“深圳是中国科技产业的中心，是中国创业公司密度最高的城市，也是来自世界各地的大型高科技公司的集结地。”摩根路易斯律师事务所主席杰米·麦基恩（Jami

* 本文首发于“智合”微信公众号 2023 年 12 月 28 日，标题略有改动。文中收录数据的日期截至 2023 年 12 月 27 日。

McKeon）表示。摩根路易斯希望深圳代表处能够将该地区科技和生命健康企业的需求，和其承办亚洲、中东、欧洲及美国法律事务的能力连接在一起，帮助客户处理涉外法律事务。

一、留住客户100年

摩根路易斯官网自豪地写道，自己拥有11,000名客户，其中77名客户已与摩根路易斯合作超过50年，并且80%的财富100强公司都在它的客户名单上。

其中，联合天然气改良公司（the United Gas Improvement Company）也就是后来的UGI公司，是美国最大的天然气和电力公司，也是摩根路易斯的第一个重要客户，摩根路易斯为其服务的时间超过一个世纪，与其保持着密切的联系。

在客户服务方面，摩根路易斯大胆地称自己的战略是“反专业化”：“我们的重点是成为一家‘关系型公司’，与客户建立深厚的合作关系，处理他们的所有需求——从与公司有关的事务到日常事务。”

摩根路易斯希望自己对客户来说，是“打破了专业化趋势的全方位服务公司”。当然，它并不反对专业化服务，摩根路易斯采取建立精英团队的战略，尽力使自己的团队在所有业务领域都有深厚而全面的专业知识。为此，摩根路易斯建立了12个专门的行业团队，因为它认为了解客户所在的行业是一件极其重要的事。

总部位于《独立宣言》签署地费城的摩根路易斯，是费城最大的律所。2022年，摩根路易斯被《金融时报》评为北美15家最具创新力的律师事务所之一，被Vault评为最受尊敬的律师事务所，并被Law. com评为科技法律创新领导者。

这一切都为摩根路易斯树立了自己良好的品牌形象——对客户来说，选择摩根路易斯，安全且正确。

除了规模与业绩，摩根路易斯更有名的标签还有“对女性最友好的律师事务所”“在多元、平等与包容方面做得最好的律所”“由女性任主席的最大律所”，此外，它还是提供公益服务时间最长的律所。

2017年，“metoo”（我也是）运动兴起，摩根路易斯就凭借在公益领域的积累与长期以来的良好声誉，成为需要相关服务的客户的首选公司，这些服务包括：工作场所文化评估、法律知识培训、工作场合调查以及出具政策报告。摩根路易斯说，是自身发达的“同理心”和构建健康职场文化的丰富经验，让其成为客户值得信赖的合作伙伴。

摩根路易斯的领导层还公开承诺支持多元、平等与包容，并将其作为律所文化的核心组成部分，通过设立专门的委员会和团队来推动这一议程。

二、讲政治的律所的 B 面

将自己打造成一个讲政治的律所的摩根路易斯，其实在这之前走过弯路。

在特朗普担任美国总统期间，摩根路易斯曾为其提供法律服务。特别是在特朗普的总统任期结束后，摩根路易斯的一些律师参与了特朗普及其团队在多个诉讼中的辩护工作。

特朗普在 2020 年美国总统选举中落败后，他的团队发起了一系列挑战，试图质疑选举结果。摩根路易斯的律师在这些诉讼中为特朗普提供了法律支持。然而，这些诉讼大多未能成功，因为法院普遍认为特朗普团队未能提供足够的证据支持他们的主张。

雪上加霜的是，特朗普在任期结束后还面临多起法律调查，涉及税务问题、商业实践以及与俄罗斯的潜在联系等。在这些调查中，摩根路易斯的律师也为特朗普提供法律咨询和辩护。

当时的一些舆论认为，在为特朗普提供法律服务时，摩根路易斯可能会面临道德和职业操守方面的挑战，因为他们需要在维护客户利益和遵守法律职业伦理之间找到平衡。最严重的时候，摩根路易斯被其中一个金融机构客户公开解雇，那个客户还将解雇信公开在互联网上，以表达自己对特朗普与摩根路易斯的不满。

摩根路易斯很快结束了为特朗普的代理，并且在之后律所 150 周年的宣传与历史介绍中，对自己曾为包括特朗普在内的多位政客代理的过往只字不提。

与之相对，摩根路易斯把品牌塑造的重点，放在其文化的先进性与对公益事业的付出上——放大亮点，规避争议之处，然后成功为自己赢得了良好的声誉。

近期，摩根路易斯还宣布与汤森路透在法律科技层面达成合作，该合作将使摩根路易斯的律师尽早接触人工智能产品并提供反馈。据“Law. com”消息，汤森路透表示摩根路易斯是一个合适的合作伙伴，因为其在多样化领域的实践，可以为产品的测试提供很多数据。

三、中国律所，可向摩根路易斯学习什么

1. 客户管理

很多律所都强调以客户为中心的服务理念，能将客户留住 100 年的摩根路易斯的具体做法是首先确保其法律服务能够满足客户的特定需求——这包括提供定制化的解决方案，以及对客户业务的理解。它建立了 12 支专业的行业团队，以更深入地理解客户的业务及所处的行业。

另外，摩根路易斯注重与客户的长期关系，通过定期沟通和反馈来维护和增强这种关系，包括定期的客户满意度调查和参与客户的业务发展计划。前文中提到的摩根路易斯的百年客户美国联合天然气改良公司，摩根路易斯就与其建立了长久而十分密切的联系，甚至摩根路易斯的律师去该公司任职法律顾问等也是常事。

在当前经济环境下，中国律所面临的挑战是如何在提供高质量服务的同时，提高服务的性价比。摩根路易斯的行业团队模式和定期与客户沟通的机制，或许可以为中国律所提供一种解决方案，即通过专业化和个性化服务来提升客户满意度和忠诚度。

2. 品牌建设

摩根路易斯的其他优势与品牌建设相互促进。创建一个包容性和多样化的工作环境不仅有助于吸引和留住顶级人才，也有助于更好地服务来自不同背景的客户，更是在品牌形象层面为一家律所加分。

摩根路易斯的品牌形象越来越正面、开放，其知名度也不断提升，当一些企业客户面临内部的合规问题，或制订与工作环境相关的政策规划时，本身就拥有良好声誉的摩根路易斯常常是他们想起的第一个服务机构。

随着越来越多中国律所提出“适度规模化”的发展战略，如何在扩大规模的同时维持品牌形象，是它们必须回答的问题。摩根路易斯在这方面的实践经验，例如，为什么它总能留住那些最优秀的人才与客户、保证分所服务品质的一致性，乃至其更深层的架构设计、文化塑造经验，都可以为中国律所提供宝贵的参考。

全球最赚钱律所，如何在艰难时期以小博大*

李亦儒 | 智合研究院

一、两倍于同行的赚钱效率

这是一家行业越艰难，自身经营状况越突出的律师事务所——Wachtell，Lipton，Rosen & Katz LLP（沃奇尔·立普顿，以下简称 Wachtell）。Vault 将其评价为“最赚钱的律所”，没有加“之一”。

Wachtell 在美国百强律所中规模最小，但从合伙人人均利润来看，又常常排名第一。根据 Law. com 的数据，2022 年，它的合伙人平均每人赚了 730 万美元，仅仅低于私募股权领域的强所 Kirkland & Ellis，但是，如果以律师人均利润来衡量，Wachtell 的赚钱效率几乎是其他优秀律所的 2 倍。

在 2023 年美国律所的涨薪潮中，Wachtell 也将自己的薪酬体系与“Cravath 标准”匹配——Cravath 是美国各大律所公认的制定薪资标准的律所，其薪酬标准被称为“Cravath scale”。

Wachtell 涨薪后，业内有评论称 Wachtell 哪怕不跟涨，其薪资也早已达标，且一直领先于市场。对人均利润超高的 Wachtell 来说，跟涨只是一种礼貌性动作。

2023 年 Wachtell 承接的最出名的案子，是马斯克收购 Twitter 案。在这项交易中，Wachtell 被 Twitter 的原管理层聘请，以确保交易的顺利进行。当马斯克试图终止收购协议后，Wachtell 协助 Twitter 管理层打消了马斯克放弃收购的念头，最终促成了这笔交易。

Wachtell 在收购领域的业务能力远超同行，收购 Twitter 案也让观者再次惊叹于 Wachtell 的盈利能力。Wachtell 在此案中赚取了高达 9000 万美元的律师费，一时间成为同行艳羡的对象。在马斯克接管 Twitter 前的最后几个小时，这笔钱被完整支付给 Wachtell。当马斯克接手 Twitter 的母公司后，他甚至因为觉得这笔费用过高，而想另

---

* 本文首发于“智合”微信公众号 2023 年 12 月 25 日，文中收录数据的日期截至 2023 年 12 月 25 日。

聘请律师，把 Twitter 被收购前付给 Wachtell 的律师费讨要回来。

但聚光灯下的收购案只是 Wachtell 每年参与的众多交易中的一起。重大并购、反垄断、大型重组以及高金额的房地产投资案中，都有 Wachtell 的身影。

“他们拒绝的案子比他们接的案子都多。和其他所有竞争对手不同，他们的酬劳不按小时收取，他们只针对案件一次性收费。有一次 K – Mart（大型连锁超市）要打一场并购官司，这家律师事务所为两个星期的诉讼工作收取了 2000 万美元，K – Mart 马上同意，并且双方合作得非常愉快”，马尔科姆·格拉德威尔在《异类》一书中如此惊叹 Wachtell 独步天下的赚钱能力。

二、“毒丸计划”发明者，为客户抵挡“野蛮人”

这家由纽约大学法学院毕业生创立的律所成立于 1965 年，管理这家律所的，一直以来都是少数几个才华横溢的律师。

Wachtell 的创始合伙人之一 Martin Lipton（马丁·利普顿）是“毒丸计划”（Poison Pill）的发明者。

“毒丸计划”是一种反收购策略，旨在保护公司免受敌意收购的侵害。“毒丸计划”最早出现在 20 世纪 80 年代，当时许多美国公司面临敌意收购的威胁。Martin Lipton 为保护公司利益，设计了这种策略。

“毒丸计划”的主要原理是，当一家公司面临敌意收购时，公司可以采取一系列措施，如发行优先股、债券等，以提高收购方的收购成本，从而阻止收购。这种策略可以让公司在面临敌意收购时有更多的时间和空间寻求其他解决方案，如寻找“白衣骑士”进行收购，或者与敌意收购方进行谈判。

“毒丸计划”推出后受到很多公司董事会的欢迎。《经济学人》说，到 1986 年，约 1/3 的财富 500 强公司采用了这种策略，“当激进分子在 21 世纪为董事会带来新困扰时，企业高管们发现 Martin Lipton 先生是一个有力的捍卫者。现在，公司掠夺者已经基本上失去了獠牙，激进主义也不再像十年前那样猖獗，但 Martin Lipton 的影响力依然存在”。

Martin Lipton 在商界的影响力还不止于此。

在“门口的野蛮人”越来越少的近 10 年间，Lipton 又完善了“利益相关者资本主义”（stakeholder capitalism）的概念。

相比经济学家弗里德曼在 1970 年提出的“股东至上”观点，“利益相关者资本主义”强调企业应关注所有利益相关者的利益，而不仅仅是股东。

2019 年，这一理念被商界领袖联盟“商业圆桌会议”采纳，在当时的声明里，

Wachtell 呼吁企业领导者不能只顾股东的利益，要关注所有利益相关者的利益，包括员工、客户、供应商、社区等。

这份声明得到了许多顶级企业 CEO 的支持，包括亚马逊的贝佐斯、苹果的库克和播音公司的米伦伯格。也就是说，Lipton 在企业家群体中的影响力并没有随着“毒丸计划”的“过时”而减退，他不断在商业领域更新、输出观点——这帮助 Wachtell 建立并维护了自己在法律服务行业的专精领域——为美国企业在进行重要交易时提供服务。

2023 年 11 月 8 日，Wachtell 有两位新的联席主席上任，即公司律师 Andrew Nussbaum（安德鲁 · 努斯鲍姆）和诉讼律师 William Savitt（威廉 · 萨维特）。

Nussbaum 于 1993 年加入 Wachtell，担任合伙人近 25 年。2022 年，他所在的团队参与了 AT&T 以 430 亿美元将 WarnerMedia（华纳）分拆并与电视公司 Discovery（发现）合并的项目，他还为 Salesforce 提供了一系列咨询服务，包括在 2021 年以 277 亿美元收购 Slack。

而诉讼部门的领导 Savitt 于 2000 年加入 Wachtell，正是他代表 Twitter 完成了与马斯克的收购博弈。

三、学 Wachtell，具体能学什么

Wachtell 的高利润与小规模，引起了不少媒体与研究机构的兴趣。中国律所具体应该向 Wachtell 学习什么？综合国外各大法律媒体的评价以及哈佛商学院的案例，我们总结出如下三个方面。

1. 管理方法

Wachtell 的运营模式，经常被认为只有在提供高价值服务的小律所中才能发挥作用，这恰好符合当下国内不少律所的下一阶段发展主题。在 2023 年智合论坛中，有不少律所都提到，下一阶段的目标是停止规模化，在专业化方面深耕，提高律所利润。

过去这些年，当其他律所广泛规模化，在全世界设立办公室时，Wachtell 只在曼哈顿雇用了不到 300 人，并仅考虑在伦敦设立分部。

Wachtell 采用少数准合伙人模式取代大批量律师模式，从而提高利润率。另外，比起其他律所，Wachtell 每位合伙人拥有的初级工作人员（助理律师）更少。

如此看来，Wachtell 是经济增长放缓新常态下再合适不过的研究与学习对象。

2. 战略思维

创始合伙人 Lipton 的经济与战略思维，不仅让他用“毒丸计划”这 4 个字为自

己的律所做了最专业化的代言，他对市场趋势敏锐的洞察力、他把握市场动态和预测法律业务发展方向的能力，都为 Wachtell 现在的地位奠定了基础。

虽然盈利能力一骑绝尘，但 Wachtell 却将“不是商业企业”写入公司手册，以提醒合伙人钱永远不是最终目的。“我认为法律是一种职业，而不是一门生意，钱应该被视为工作的副产品，而不是工作的主要原因。”Lipton 曾如此说道。

3. 精英文化

Wachtell 以规模小、高效著称的背后，是其多年如一日贯彻的精英文化。律所文化的重要性是 Lipton 一直以来所强调的，他认为律所不是一份买卖，而是一群伙伴。

在分配方面，Wachtell 采用 Lockstep（计点制）的薪酬分配方式，薪酬等级包括创始合伙人、高级合伙人、普通合伙人三级，普通合伙人会随着资历的增加而向上晋升，直至升为高级合伙人。工作时长、客户开拓、公司管理都不会影响合伙人的“计点”。

Wachtell 之所以能一直坚持严格地按资历确定薪酬等级制度，而不怕有投机取巧者让团队觉得不公平，与其精英文化密不可分。精英文化使律所获得整体绩效和凝聚力，又同时避免很多团队问题。

四、结语

成功经验往往受到“幸存者偏差”的诟病，但经历过多个大小经济周期的 Wachtell，是我们应该尽量克服这种偏差，更仔细去了解其成功经验的对象。

Wachtell 以小规模撬动高利润，不是“以小博大”的投机，而是“以小博大”的发展策略，这种管理方式使其在经济形势较好时高速增长，但往往也将其隐藏在时代的洪流中，只有当潮水退去、经济增速放缓，它的优势才会真正得以显现。

美国大所涨薪潮，全都是泡沫？*

张照栋 | 智合研究院

美国律所，又涨薪了……

2023 年 11 月 28 日，美国律所 Cravath，Swaine & Moore 通知员工，该所将根据资历给律师涨薪，幅度在 1 万到 2 万美元之间，律师基本薪资将提高至 22.5 万美元到 42 万美元。

美国律所 2023 年的涨薪潮，就此掀起。普衡、德杰、宝维斯、霍金路伟、贝克·麦坚时、凯易等一众美国头部大所纷纷紧跟 Cravath 律所步伐，宣布加薪，且加薪幅度基本与 Cravath 一致。

这一声势颇为浩大的涨薪潮，似乎昭示着美国作为全球第一大法律服务市场鲜花着锦、烈火烹油般的火热态势。然而，在复盘这波涨薪潮、细究其原因后，我们发现，大所争相涨薪似乎只是虚假繁荣的泡沫，美国律师行业的光景并不明媚。

一、“较劲”引发的涨薪潮？

掀起这波涨薪潮的律所，是 Cravath；但最早宣布涨薪的，却是另一家美国顶尖大所——Milbank。

2023 年 11 月 7 日，Milbank 发布内部备忘录，宣布全体员工涨薪 1 万美元。一年级律师的基本薪资将从 21.5 万美元上涨至 22.5 万美元，八年级律师的基本薪资则涨至 42.5 万美元；备忘录还称，律所将根据资历给予 2023～2016 级律师 1.5 万美元到 11.5 万美元不等的年终奖金。

值得注意的是，在近两年的美国律所涨薪潮中，Milbank 都是一马当先，最早宣布涨薪。2021 年 6 月，Milbank 率先宣布调薪，将一年级律师基础薪资上调至 20 万美元，并在该月底再次上调，达到 20.5 万美元；2022 年 1 月，Milbank 又一次率先

---

* 本文首发于“智合”微信公众号 2023 年 12 月 15 日，文中收录数据的日期截至 2023 年 12 月 15 日。

宣布将一年级律师基础薪资上调至21.5万美元。

几波涨薪潮下来，Milbank在美国律所薪资标准制定方面的影响力大幅上升，大有挑战Cravath律所之势，后者是美国各大律所公认的薪资标准制定者，其薪酬标准被称为“Cravath标准”。

2023年Milbank率先宣布涨薪后，美国其他律所一直按兵不动，持续观望；直至3周后Cravath宣布涨薪后，才纷纷宣布涨薪。由此可见，Cravath在薪资标准方面的影响力依然举足轻重。

根据美国法律媒体“Above the Law”披露的“Cravath标准”，Cravath律所低年级律师的薪资涨幅与Milbank一致，都是1万美元；四年级律师（2020年入行）的薪资涨幅为1.5万美元，比Milbank高5000美元；五年级及以上的律师薪资涨幅则是2万美元，是Milbank的2倍。(见表1)[1]

此外，Cravath还宣布给予2023～2017级律师1.5万美元～10.5万美元不等的年终奖金，数额与Milbank持平。

表1　Cravath律所薪资标准

律师年级	薪资/美元	涨薪幅度/美元	备注
2023级	225,000	10,000	和Milbank持平
2022级	235,000	10,000	和Milbank持平
2021级	260,000	10,000	和Milbank持平
2020级	310,000	15,000	比Milbank高5000美元
2019级	365,000	20,000	比Milbank高10,000美元
2018级	390,000	20,000	比Milbank高10,000美元
2017级	420,000	20,000	比Milbank高10,000美元

Cravath宣布涨薪后，麦克德莫特（McDermott）、普衡、宝维斯、贝克·麦坚时、普士高、德杰、霍金路伟、世达、盛德、诺顿罗氏、斐锐、瑞格、凯易等众多美国头部大所在接下来的几天里纷纷宣布涨薪，涨薪幅度和奖金设置标准基本对标Cravath。

Cravath引领大所涨薪潮，彰显其在美所薪资标准制定领域的话事人地位；而打响涨薪第一枪的Milbank，则似乎对自家薪资标准被压一头颇为不甘。

---

〔1〕 Kathryn Rubino, *Cravath Announces Raises – – Comes Over The Top of Milbank Scale (For Some Associates)*, Above the Law (Nov. 28, 2023), https://abovethelaw.com/2023/11/cravath-announces-raises-comes-over-the-top-of-milbank-scale-for-some-associates/.

2023 年 12 月 5 日，Milbank 再度宣布涨薪，提高该所资深律师的涨薪幅度，与当前市场的最高薪资水平相匹配。在 1 个月前第一次公布的薪资标准中，Milbank 资深律师的涨薪幅度较小，八年级律师（2016 届）的薪资为 42.5 万美元；经过这波涨薪后，Milbank 的薪资标准将完全对标 Cravath 律所，最高薪资涨至 43.5 万美元。

经过这波律所薪酬的“军备竞赛”，美国大所的薪资标准连续第 3 年上涨，再加上律所的年终奖，一年级律师的全年收入能达到 24.5 万美元，八年级律师的全年收入则达到 55 万美元。(见表 2)

表 2　美国大所平均薪资

律师年级	薪资/美元	奖金/美元	总收入/美元
2023 级	225,000	20,000	245,000
2022 级	235,000	30,000	265,000
2021 级	260,000	57,500	317,500
2020 级	310,000	75,000	385,000
2019 级	365,000	90,000	455,000
2018 级	390,000	105,000	495,000
2017 级	420,000	115,000	535,000
2016 级	435,000	115,000	550,000

二、涨薪，行情真的变好了

（一）这波让行业震惊的涨薪潮

涨薪，通常发生经济繁荣、行业兴盛时期。比如 2021 年，交易市场的火热推动美国律所业务量达到顶峰，员工需求量大，美国律师行业陷入前所未有的人才争夺战。

2023 年美国律师行业的行情也如两年前一般火热吗？显然并不是。

2023 年是美国律师行业低迷的一年，客户费率创纪录增长、出现裁员潮、律所横向招聘减少、百年大所斯特罗克（Stroock & Stroock & Lavan）倒闭……

富国银行（Wells Fargo）的一份报告显示，2023 年前 3 个季度，美国大型律师事务所的平均收入增长不到 5%，且增长主要集中于规模较大的律所；伦敦证券交易所集团的数据则显示，2023 年 9 个月的交易量创下自 2013 年以来的最低纪录，大多数律所的主要收入来源——并购咨询业务因此大幅减少。[1]

---

〔1〕 路透社：*US Law Firm Pay Raises Spread for Second Year in A Row*，https://www.reuters.com/legal/legalindustry/us-law-firm-salary-raises-spread-second-year-row-2023-11-29/。

如此惨淡的境况之下，美国大所的**这波涨薪潮“让业内感到震惊”**。[1]

美国律师事务所咨询公司 Zeughauser Group 的法律行业研究顾问肯特·齐默尔曼（Kent Zimmermann）说道：“行业的基本面不支持大多数律所加薪。招聘在减少，**许多律所的律师人数已经超出了他们的实际需求**。”

富国银行法律行业研究部门的顾问莱斯–斯塔克（Les Starck）则表示，**这波涨薪“发生在我们所见过的律师生产力处在最低水平的时期”**。

（二）律师计费率飙升

对于涨薪的原因，带头的 Milbank 和业内标杆 Cravath 都没有公开回应。

Milbank 的总裁斯科特·爱德曼（Scott A. Edelman）在一份内部邮件中表示，“我们整个律所仍然非常忙碌，预计今年剩余时间将继续保持高水平的活动”。爱德曼称，律所度过了“非常非常忙碌的一年”，生产率大幅提高，员工生活成本不断上升，“增加一些工资是合理的”。

爱德曼的言论只是 Milbank 的一家之言，**富国银行法律专业研究部门则将这波涨薪潮归因于美国律师计费率的飙升**。

该机构的一份调查显示，2023 年前 9 个月，美国最大的 50 家律师事务所的净收入平均增长 5.2%，主要原因是律所的计费率平均增长了 8%，这是该机构有记录以来“计费率增长最快的一年”，并且预计 2024 年计费率增长将保持在同一水平。

律师计费率的大幅增长，让众多美国大所即使在业务需求低迷时期也能保持收入增长，这也是他们选择加薪的底气。斯塔克说道：“律所能推动更高的计费率，他们有底气继续这样做。”

（三）“繁荣”之下，寒冬依旧

1. 顶尖大所随波逐流，普通律所雪上加霜

除了计费率大幅增长这一原因外，美国大所这波**涨薪潮的另一大原因则是“羊群效应”**——在竞争激烈的行业，当“领头羊”的举动吸引了大家的注意力时，整个“羊群”就会纷纷效仿。

“一旦有一两家知名律所采取了这样的举措（加薪），律所为了自身的竞争力和声望必定要和‘市场行情’保持一致，这意味着理性和严格的财务层面的可行性都将被抛到一边。”美国法律行业研究人员布鲁斯·麦克尤恩（Bruce MacEwen）说道。

---

〔1〕 Justin Wise, *Cravath Salary Raises Pressure Rivals Who Can't Afford Match* (2), *Bloomberglaw* (Dec 1, 2023), https://news. bloomberglaw. com/business – and – practice/cravath – salary – increases – pressure – rivals – who – cant – afford – match.

参与此次涨薪潮的霍金路伟律所的 CEO 米格尔·萨尔迪瓦尔（Miguel Zaldivar）则在接受采访时表示："我们都在争夺这个行业最聪明的人才"，"在竞争激烈的环境中，你无法参照其他律所的基准，你需要做的是对市场变化作出反应，做好准备。"

像霍金路伟这样的顶尖大所有能力跟随 Cravath 加薪，但**对于绝大多数的美国普通律所而言，这波涨薪潮让他们本就艰难的处境雪上加霜**。

美国律师事务所咨询公司 Zeughauser Group 的彼得·泽格豪瑟（Peter Zeughauser）表示，对于利润较低的律所来说，他们可能拒绝参与这一轮涨薪潮。

"对大多数律所而言，加薪完全没有必要，而且这对行业而言将非常昂贵。"泽格豪瑟表示，Cravath 的加薪将"给很多律所带来压力"，一些律所将拒绝加薪，并且承受"被挖走更多人"的代价，而那些有能力支付顶级薪酬的律所将成为这波加薪潮的受益者。

2. 涨薪归涨薪，裁员不耽误

一家接一家美国大所的涨薪消息让人眼花缭乱，但这并不妨碍律所裁员浪潮的持续蔓延。

"Above the Law" 2023 年 12 月 8 日发文称，美国 Top50 大所 K&L Gates 宣布该所在芝加哥、波士顿、华盛顿和匹兹堡的办事处正进行裁员，原因是律师的工作量过低。文章直言：**"不要因为大所的涨薪消息分心，裁员仍然是行业的现实问题。"**

美国律师行业的裁员潮，从 2022 年开始蔓延：2022 年 11 月，科律裁员 150 人；2023 年 3 月，凯易裁员数十人；5 月，德杰裁员近百人；6 月，礼德裁员 50 人；同月，奥睿宣布裁掉 90 名员工，并且称还将继续裁掉全球 6% 的员工……

在肉眼可见的未来，裁员的乌云还将盘踞在美国律师头上相当长一段时间。

那边涨薪如火如荼，这边裁员接二连三，虽然看起来有些吊诡，但这实际上是律师行业长期存在的现象。

涨薪是各家律所对核心资产"人才"的重视和争夺；裁员则是律所降本增效、人才优化的有效策略。"涨薪 + 裁员"，就是通过"大棒加胡萝卜"激发律师活力。在当前的经济形势下，这种"边涨边裁"的现象或将成为美国律师行业的常态。

三、结语

2023 年年末出现的这波涨薪潮，无疑给惨淡了一年的美国律师行业注入了一股活力，也在一定程度上彰显了美国法律市场的韧性和顶尖大所的强大实力。但这并非整个美国律师行业的真实写照，在涨薪的"繁荣"表象之下，一些阴影不能忽视：行业整体增长乏力、市场需求低迷不振、律所人才和业务焦虑越发严重、裁员潮持续蔓延……

对于同样处在行业寒冬中的中国律所而言，美国律师行业的这波涨薪潮是一次难得的经验。如何在竞争激烈的环境中吸引和留住顶尖人才？如何平衡薪资支出和盈利能力？如何进行灵活的战略调整以应对突然的市场变化？这些问题同样是中国律所当下的焦虑之所在，中国律所也要根据行业实际情况，处理好这些问题。

世纪大合并！一桩各取所需的联姻？*

张照栋 | 智合研究院

2023 年 10 月 13 日，安理国际（Allen & Overy）和谢尔曼·思特灵（Shearman & Sterling）发布联合声明，宣布两家律所合伙人投票通过提案，合并成立 A & O Shearman 律所。声明称，两家律所投票中赞成合并的票数均超过 99%，合并预计在 2024 年 5 月前完成。

这一行业有史以来最大的合并，将缔造一家拥有约 3950 名律师、800 名合伙人、分布于全球 48 个办公室、年总收入可达 35 亿美元的全球顶尖律所——这个数据在“2023 Global 200”榜单中，足以超过贝克·麦坚时，位列第四。

两家律所在联合声明中用“无可比拟”来形容合并后的 A & O Shearman 律所，并放出豪言：“A & O Shearman 将成为全球唯一一家‘一站式’律师事务所——在英国法、美国法以及全球其他主要市场的法律领域均具备同等的一流执业及服务能力。”

安理国际的高级合伙人维姆·德容赫（Wim Dejonghe）称：“这是两家律所乃至整个法律行业的重要历史时刻。此次合并是法律行业变革性的创举，我们非常欣喜地看到合伙人以压倒性多数投票支持此次合并。”

谢尔曼·思特灵的高级合伙人亚当·哈基（Adam Hakki）称：“通过合并，两家律所将在各自市场领导地位和品牌优势方面实现互补，形成在全球所有市场的领先优势……我们正在共同打造一家全新的、真正具备全球服务能力的领军律所，对未来，我们充满期待。”

这桩英美大所的“联姻”真如他们所言那般美好吗？

一、一桩各取所需的联姻

究其本质，这场世纪大合并不过是在全球经济下行大环境下，两家律所面对各自

---

* 本文首发于“智合”微信公众号 2023 年 10 月 18 日，文中收录数据的日期截至 2023 年 9 月 20 日。

困境所做的一次取舍。

安理国际，成立于“大萧条”时期的1930年，五大“魔圈所”之一，无可争议的英国顶级律所。

过去几十年，英国律所一直致力于涉足美国法律市场，但面对强势的美国本土律所，英国律所的扩张可谓举步维艰；雪上加霜的是，这些英国律所还被“偷家”，美国律所多年来在英国市场不断攻城略地，大幅挤压英国本土律所的生存空间。即使是作为顶尖英所的安理国际，也一直处在这种困境中，迟迟无法破局。

安理国际此前曾尝试与美国美迈斯律师事务所（O’Melveny & Myers）合并，但双方于2019年谈判破裂。此次与谢尔曼·思特灵律所合并，无疑会帮助安理国际在利润丰厚的美国法律市场占据一席之地，增强其在北美区域的客户服务能力和人才影响力。

谢尔曼·思特灵比安理国际的历史还要长，成立于1873年，是有着150余年历史的纽约顶尖老牌律师事务所之一。但多年来，谢尔曼·思特灵一直在和美国同行的竞争中节节败退。

2020年，谢尔曼·思特灵的年收入缩水11%，跌至8.61亿美元，权益合伙人人均利润（PPEP）下降23%，跌至190万美元以下；2021年，该律所业绩略有起色，年总收入超过10亿美元；但到了2022年，全球经济下行，谢尔曼·思特灵的年总收入又回跌至9.07亿美元，PPEP也下降了17.5%。

面对惨淡的经营状况，谢尔曼·思特灵选择通过合并来破解困局。

在安理国际之前，他们于2022年12月曾找美国头部律所霍金路伟（Hogan Lovells）进行早期合并谈判，但双方谈判最终在2023年3月破裂。此事也导致谢尔曼·思特灵陷入动荡，该律所人员尤其是合伙人层面的人才大面积流失。

此次和安理国际合并，对谢尔曼·思特灵的第一大利好就是能稳定军心，结束动荡；此外，谢尔曼·思特灵也能通过此次合并获得更多的全球业务，进而提高盈利能力。

二、英所要在美国市场雄起了吗

安理国际与谢尔曼·思特灵的合并，破了多年来英国“魔圈所”开拓美国市场的僵局。“安理国际终于打入了美国市场，迄今为止还没有一家‘魔圈所’能真正做到这一点。”美国律所管理咨询公司沃威克普莱斯（Warwick Place）的顾问罗伯特·巴塔（Robert Bata）评论道。

在此之前，高伟绅、富而德等“魔圈所”在美国法律市场拓展业务，主要通过个人招聘和团队招聘来实现。法律行业知名猎头公司梅尔顿法律搜索（Melton Legal Search）的顾问汤姆·摩尔（Tom Moore）表示："这次合并改变了传统的英国魔圈所的商业模式。两家律所合并表明，魔圈所现在做好准备以一种新方式开拓美国市场，在过去他们因为风险太大而不敢采用这种方式。"

安理国际与谢尔曼·思特灵合并，的确提振了英国律所开拓美国市场的信心；但是，把信心转变为现实，则是另外一回事。

两家律所，尤其是大所的合并，往往需要双向奔赴。适合与英国"魔圈所"合并且能帮助其开拓美国市场的美国律所，往往盈利能力比这些英国所强得多，他们完全有能力从这些"魔圈所"里挖来人才，没必要选择合并。

从这个层面来看，安理国际和谢尔曼·思特灵的合并案并不具有普适性，英国律所似乎注定要通过人才和团队招聘来发展其美国业务，即使这很艰难。

三、合并≠合力

尽管两家律所的合并提案以压倒性的99%合伙人投票赞成得以通过，但这并不意味着后续的合并事宜就会一帆风顺。

合并并不等于合力。两家全球性大所合并，而且并不是以"联盟"的形式合并，而是要"共同打造完全一体化的全球顶尖律所"，这意味着安理国际和谢尔曼·思特灵必然要花费不少时日进行磨合。

首先要解决的就是合伙人利润分配问题。据《美国律师》报道，谢尔曼·思特灵2022年的PPEP约为248万美元，安理国际的PPEP则为239万美元。两家律所此前都曾表示，它们的薪酬结构不难整合。安理国际一位发言人表示，合并后的新律所将采用"改进后的lockstep薪资制度"，新制度将基于绩效和服务时间等因素来计算薪资。

此外，合并后的A&O Shearman律所还要解决管理层的结构安排、两家不同律所的文化冲突、全面的财务整合、规模扩大带来的巨大运营压力等一系列的问题。

英国律所CM Murray合伙人、律所合并专家Zulon Begum评论道："清晰的战略、强有力的领导以及对人员、文化、财务、薪酬结构和运营的有效整合，将最终决定这次合并是否能取得长远的成功。"

毋庸置疑，安理国际和谢尔曼·思特灵这两家英美大所合并，是行业历史上的一次伟大实践，但这桩"联姻"最终结局如何，还有待观察。

精专所：不仅“小而美”还可以“大而强”*

孙麟飞 | 智合研究院

通常，人们认为律所要么“规模庞大”但缺乏专业深度（业务多元、专业标签不明显），要么“精专”但规模较小（分所少、律师人数少）。精品律所常被视为“小而精”的代名词，往往被打上“专注于某个业务领域”“团队规模不大”“服务专业”等标签。

综观国内外，当前的千人大所，几乎清一色都是综合性律所，但也有例外。有一家律所从创立之初就致力于实现“精而强”的目标，它就是有着“全球最强悍的诉讼律所”之称的昆鹰（Quinn Emanuel Urquhart & Sullivan）。

自1986年创立至今，昆鹰已拥有逾千名律师，在全球设有33家办公室，遍及欧亚、澳洲及北美。其规模扩张速度绝不亚于当今国内一些规模律所。昆鹰的发展之路是如何铺展的呢？

一、昆鹰进阶之路：一项业务，跨足全球

（一）聚焦：长于此道，专注做好一项业务

昆鹰真正的与众不同之处是只做诉讼这一项业务。“目前我们在18个法域拥有800多名律师，在四大洲九个国家设有办公室，但是所有办公室都只做一类业务——争议解决。”2018年，智合访问昆鹰伦敦办公室，时任执行主任理查德（Richard East）如是说[1]。

这一坚定的定位迄今为止从未改变，也使昆鹰在商事诉讼领域积累了无可比拟的

* 本文首发于“智合”微信公众号2023年8月16日，标题略有改动，文中收录数据的日期截至2023年8月15日。

[1] 参见吴剑霞：《我们和顶尖律所的差距，在于四个方面》，载微信公众号“智合”2018年10月6日，https://mp.weixin.qq.com/s/PLlhL0o0rK0oTzlozyG3hA。

经验，尤其是开庭经验。据 BTI 咨询集团对数百家财富 500 强公司法务总监的调研，昆鹰多次被选为“最令人忌惮的”律师事务所。

无论代表原告还是被告，昆鹰都有极其丰富的经验和精深的专业能力，昆鹰的加入往往给争议对方带来巨大的压力。正因如此，昆鹰将这样一句口号挂在了官网上：“诉讼就是一场零和游戏，有人赢，就有人输。而我们通常会赢。”

这句话口气很大，但它确实做到了——高达 86% 的胜诉率，为原告当事人赢得超过 700 亿美元的赔偿金，权益合伙人人均利润（Profits Per Equity Partner，PPEP）自 2008 年起连续 10 年位居世界第二，被《华尔街日报》称为“商业诉讼领域的全球领导者”。

昆鹰的业务模式简单而彻底，其专注、精湛的商事诉讼能力使昆鹰几乎包揽了顶尖层次的跨境争议解决业务，同时其不做并购等其他业务，也使团队间少了很多利益冲突，少了很多掣肘。

其在诉讼领域的卓越表现使其获得“诉讼帝国”“地表最强诉讼之王”的美誉。截至目前，诉讼仍为昆鹰的唯一业务领域，其在各细分领域的业务能力均在全球范围内处于顶尖水平。

（二）发展：17 年，29 家办公室

如表 1 所示，昆鹰在 1986 年设立时仅有两名创始合伙人和两名律师，2023 年在全球设有 33 个办事处，覆盖 12 个国家，拥有 1000 多名律师。梳理昆鹰的发展历史，我们不难发现一些关键要素。

表 1　1986～2023 年昆鹰发展情况

年份	律师人数/人	合伙人人数/人	权益合伙人人数/人	办公室数量/家	办公室所在区域
1986	4	2		1	美国（洛杉矶）
2006	292	84	68	4	美国（洛杉矶、旧金山、纽约、硅谷）
2007	352	94	79	5	亚洲—日本（东京）
2008	400	104	78	6	欧洲—英国（伦敦）
2009	398	121	77	7	美洲—美国（芝加哥）
2010	457	131	94	8	欧洲—德国（曼海姆）
2011	647	146	111	10	美洲—美国（华盛顿）；欧洲—俄罗斯（莫斯科，已关闭）
2012	697	168	121	11	欧洲—德国（汉堡）

续表

年份	律师人数/人	合伙人人数/人	权益合伙人人数/人	办公室数量/家	办公室所在区域
2013	673	184	133	15	亚洲—中国（香港）；大洋洲—澳大利亚（悉尼）；欧洲—法国（巴黎），德国（慕尼黑）
2014	710	200	147	17	美洲—美国（休斯敦）；欧洲—比利时（布鲁塞尔）
2015	674	214	156	18	美洲—美国（西雅图）
2016	718	230	162	20	亚洲—中国（上海）；欧洲—瑞士（苏黎世）
2017	770	244	170	23	中东—卡塔尔（多哈）；欧洲—德国（斯图加特）；大洋洲—澳大利亚（珀斯）
2018	829	250	168	24	美洲—美国（波士顿）
2019	827	261	157	24	
2020	821	267	155	24	
2021	900	280	173	29	美洲—美国（亚特兰大、奥斯汀、迈阿密、盐湖城）；欧洲—法国（纳伊拉德芳斯）
2022	1016	281	189	31	美洲—美国（达拉斯）；欧洲—德国（柏林）；中东—沙特（利雅得）
2023	—	—	—	33	亚洲—中国（北京）；中东—阿联酋（阿布扎比）

数据来源：ALM（American Lawyer Media）美国律所百强榜（AM LAW 100），全球律所百强榜（ALM Global 100）。

注：整理、制表：智合。

自创立以来，昆鹰通过合伙人办理一系列知名案件，逐渐在美国建立了声誉；依靠精准的业务定位，打造独特的服务标签，在业界拥有知名度。到了 2006 年，昆鹰在美国已设有洛杉矶、纽约、旧金山和硅谷 4 家办公室，拥有 292 名律师。

随着国内业务的不断发展壮大和海外法律市场的繁荣，昆鹰在 2007 年设立了其第一家国际办公室——东京办公室。东京办公室成立 1 年之后，2008 年，昆鹰将扩张步伐延伸至伦敦。紧接着在 2010 年，昆鹰进军德国，在曼海姆设立办公室，进一步打入英国以外的欧洲市场。随后，昆鹰又相继在德国慕尼黑、汉堡和斯图加特等地设立办公室，还在比利时、法国和瑞士等国共开设了欧洲分所。与此同时，昆鹰的创收也飞速增长（见图1）。

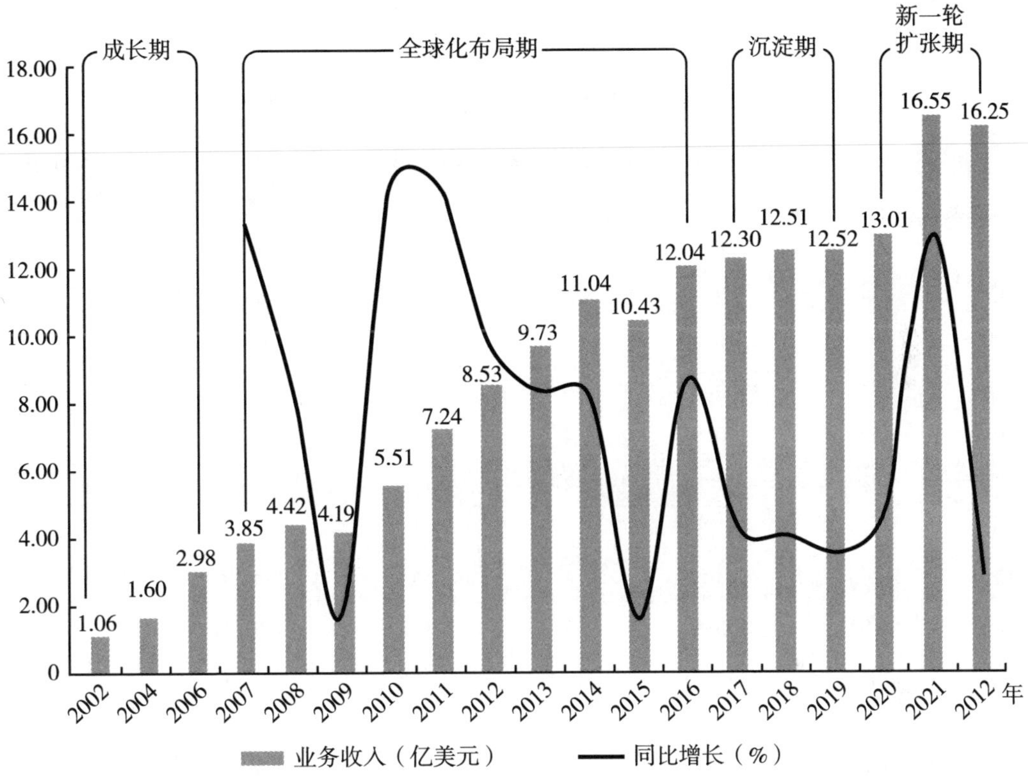

图1　2002～2022年昆鹰律师事务所业务收入增长情况

注：整理、制图：智合研究院。
（数据来源：AM Law 100，ALM Global 100/200）

整体创收方面，如图1所示，2004～2014年是昆鹰创收飞速增长的10年，每5年便翻一番还多。昆鹰在欧洲大规模布局大致成型后，实际上便已度过了图表中创收飞速增长的10年。随后几年，其国际扩张的步伐逐渐放缓，直至2020年。疫情之下，昆鹰开始在未设立办事处的美国城市招聘诉讼团队和合伙人。律所负责人表示，设立一家办公室可能耗时数月甚至数年，还要支付巨额开支。如果直接雇用优秀的合伙人，让他们以技术手段实现远程办公，同样能达成目的，何乐而不为呢？

2021年及2022年，昆鹰似乎将扩张步伐迈回了美国，相继设立了奥斯汀、亚特兰大、迈阿密、达拉斯等办公室，其中奥斯汀、达拉斯两家办公室继续发扬了昆鹰在知识产权领域的传统优势。目前，这几家办公室均未特别注重规模大小，律师以远程工作为主。昆鹰的总创收也在此时达到了创所以来的顶峰——16.55亿美元；2022年总创收略有下降，但仍达到16.25亿美元。

如表2所示，人均方面，根据AM LAW 100的数据，2022年昆鹰律师人均创收（Revenue Per Lawyer，PRL）为160万美元（约合人民币1076万元），排名第13；PPEP则达到了惊人的522.9万美元（约合人民币3517万元）。

表2 昆鹰律师人均创收、权益合伙人人均利润情况

年份	律师人数/人	人均创收/万美元	AM LAW 100排名	权益合伙人人数/人	PPEP/万美元	ALM Global 100/200排名
2006	292	102	13	68	243	
2007	352	109	9	79	301	5
2008	400	110.5	8	78	333.5	2
2009	398	105.5	10	77	313	2
2010	457	120.5	4	94	362	2
2011	647	112	12	111	416	2
2012	697	122.5	7	121	443.5	2
2013	673	144.5	3	133	448.5	2
2014	710	155.5	3	147	492.5	2
2015	674	154.5	3	156	442	2
2016	718	167.5	3	162	501.5	2
2017	770	159.7	3	170	473.5	2
2018	829	150.9	7	168	453.3	5
2019	827	151.4	10	157	455.6	5
2020	821	158.5	11	155	466.9	7
2021	900	183.9	8	173	574.6	8
2022	1016	160	13	189	522.9	暂无

数据来源：AM LAW 100，ALM Global 100/200。

特别引人注目的是，自2007年首次进入ALM Global 100以来，昆鹰的PPEP连续10年（2008～2017年）稳居第二，仅次于沃奇尔·立普顿（Wachtell，Lipton，Rosen & Katz）。

这种成功很大程度上归功于其主要承接高标的额的复杂疑难案件。昆鹰官网显示，他们已为客户赢得7个9位数美元的陪审团判决、51个9位数美元的和解以及20个10位数美元的和解，累计通过判决和和解为客户赢得了700多亿美元。

二、昆鹰发展之道：管理之下，精品之上

过去十几年间，昆鹰的扩张速度绝不亚于当今国内一些规模律所。昆鹰或许可以为精品律所的发展提供一些启示。

（一）以专业定位为基础的规模化

“昆鹰的扩张往往是战术性的而非战略性的”，约翰·奎因（John B. Quinn）在福布斯采访中表示[1]。

过去十几年间，昆鹰在全球设立办公室，搭建全球一体化平台、持续输出律所的专业实力。表面上，规模扩张是昆鹰成功之道——密集扩张的年代，律所创收也水涨船高。但我们也看到，昆鹰不是盲目扩张，而是以专业为基础进行规模化。

通常，律所在追求增长时往往遵循既定模式，即通过扩大业务领域进一步拓展业务。而昆鹰始终专注于诉讼，通过逐步扩大规模提升服务能力，但仍保持专业。昆鹰的规模化是为了更好地支持其核心业务。

“我们从来没有制定过宏伟的五年计划；相反，每个新办公室的背后都有一个独特的故事”，约翰·奎因表示。从办公室的分布来看，其布局大致遵循了一条整体思路：根据现有的优势领域锚定布局。

第一，利用知识产权诉讼的优势地位和客群基础，选择性设点。比如，东京办公室即瞄准了日本公司在美国的良好发展前景，德国4家办公室也继承、发扬了昆鹰的专利业务优势，2023年在美国得克萨斯州设立的奥斯汀、达拉斯同样看准了两座城市在科技领域丰富的客户资源。

第二，以诉讼业务为中心，在重要地区设点布局。伦敦、巴黎、香港、上海等几家办公室均是基于这一思路建立的。

（二）在细分领域横向发展

昆鹰值得学习的另外一点，就是在主营业务下的细分领域横向拓展。昆鹰的发展过程更符合精品律所的“正统”发展路线，即以争议解决为业务核心向下探索、发展细分领域，实现核心业务领域的综合化。

截至目前，昆鹰在争议解决项下共细分了51个子领域，几乎可以涵盖诉讼的所有方面，包括如知识产权诉讼、证券集体诉讼、金融诉讼以及政府调查、白领犯罪等业务。

---

[1] David Prosser, *How John Quinn Built The World's Largest Litigation Specialist*, Forbes (Aug 15, 2023), https://www.forbes.com/sites/davidprosser/2022/01/19/how-john-quinn-built-the-worlds-largest-litigation-specialist/?sh=485103201b3e.

在一项行业调研中，受访者认为，昆鹰的律师能够做到：

1. 迅速将新的法律需求与索赔联系到一起，为客户谋取利益；
2. 超前进行案情评估，掌握一些鲜为人知的事实并加以利用；
3. 在不断反思中吸取经验、培植信心，并迅速采取行动；
4. 总能在现有规范框架下找到新的解决方法，让对方措手不及。

此外，昆鹰的分配机制不会考虑案子是谁介绍来的，这是谁的客户，昆鹰的律师完全是按照为客户赢得诉讼的标准，调动全所的力量搭配队伍，以为客户提供最专业的法律服务。全球协调一致的团队让办案更具效率，也使昆鹰在争议解决领域具备更强的竞争力。

（三）先人才后布局的原则

“昆鹰从未通过兼并或者收购大型团队来扩张。”昆鹰的扩张全部通过从顶尖法学院招聘最优秀的学生，以及十分严苛的合伙人横向招聘进行，确保团队的专业素质，即“先人才，后布局”，紧抓业务优势、挖掘最优秀的专业人才。昆鹰对专业有着更高的标准，因而更重视对于人才的培养。昆鹰一半以上的合伙人来自内部培养。

早年，昆鹰曾因一段采访视频走红于各高校。当时，创始合伙人约翰·奎因 T 恤、牛仔裤配人字拖的打扮，打破了不少法学生对于律师的刻板印象。尽管那时昆鹰在美国已小有名气，但论人才吸引力仍与一众老牌律所相去甚远。但出乎意料的是，这段采访走红后，昆鹰吸引了不少名校毕业生加入。这种随意的着装也成为昆鹰的律所文化之一，至今其仍未有约束律师着装的规定。

优质人才所具备的精湛的业务能力会给律所创造源源不断的利润。内部培养和选拔机制二者相辅相成，形成可持续发展的闭环，使昆鹰的诉讼招牌所向披靡。

三、结语

在行业发展初期，精品律所通过明确的定位建立起律所优势。然而，随着规模大所的资源整合效应逐渐显现，这种优势似乎在逐步淡化。如果律所同样选择规模化扩张，则难以保证下设分所的专业度，反而会消解原来在专业领域建立的品牌优势。精品律所转型面临的最大困难，是留给它们探索试错的时间并不多。而昆鹰的存在为业界理解“精专所”的发展提供了一个有益的视角。

一家不设总部的律所，何以成为全球巨无霸*

张照栋 ｜ 智合研究院

多年以后，若有人为美国法律行业著史，瑞生（Latham & Watkins）和凯易（Kirkland & Ellis）毋庸置疑是21世纪前叶最耀眼的“双骄”，二者在美国律师行业传统豪强“白鞋所”群雄并立的局面下，异军突起，后来居上，成为如今仅有的年营收超50亿美元的巨无霸律所。

然而，相较于凯易的崛起之路备受争议，瑞生的成长道路更为行业所称道——“强大的领导力、清晰的战略和令人羡慕的律所文化，使它的崛起势不可挡”〔1〕。对于当下的中国律所而言，瑞生无疑是更值得学习的榜样。

一、不仅能赚钱，名声还好

瑞生是全球最大的律师事务所之一，在世界各地的30个办事处拥有3000多名律师，业务遍及美国、欧洲、中东和亚洲的所有主要司法管辖区，并承接拉丁美洲和非洲的公司业务。

根据钱伯斯榜单，瑞生在公司交易、环境法、金融事务、诉讼和审判、税务服务、私募股权等众多业务领域处于全球领先地位。

根据《美国律师》发布的“2023 Global 200”榜单，瑞生2022年全年营收53.21亿美元（约合人民币357.57亿元〔2〕），位居全球第二，远超第3名欧华律所36.85亿美元的营收。

此外，瑞生在人均营收数据（RPL）、权益合伙人平均利润数据（PPEP）这两个

---

* 本文首发于“智合”微信公众号2024年1月2日，文中收录数据的日期截至2024年1月1日。

〔1〕 Alex Novarese, Comment: Latham vs Kirkland means everyone else loses – They own the global elite now, Legal Business (Apr. 9, 2020), https://www.legalbusiness.co.uk/blogs/comment-latham-vs-kirkland-means-everyone-else-loses-they-own-the-global-elite-now/.

〔2〕 参考中国人民银行2022年度平均汇率折算。

衡量律所赚钱能力的重要指标上的表现同样出色。瑞生 2022 年律师人数为 3298 人，位居全球第 12。RPL 为 161.4 万美元，在“2023 Am Law 100”榜单上位列第 12；PPEP 为 515.4 万元，位列第 8。

衡量一家律所的实力，除了创收、RPL、PPEP 这些财务数据外，无形的声誉同样至关重要，这直接影响着律所吸引客户和顶尖法律人才的能力。

根据美国业内最认可的 Vault 排行榜，瑞生在“2024 Vault 100”上位列第 4，较上一年上升一个名次；而在创收上压瑞生一头的凯易在这份榜单上位列第 7。此外，瑞生和世达是美国仅有的在营收和声誉两方面进入前 5 的律所。

“瑞生以提供高质量服务而闻名。员工之间相互关爱和支持，他们享受在一起的社交时光，也尊重那些想给家庭一些时间的人。合伙人平等、友善对待律师。律所强调沟通和透明度。”Vault 服务给予瑞生高度评价，并且充分赞赏瑞生在帮助初级律师成长、帮助律师平衡工作与生活、支付较高的薪酬、多元化和包容性等方面的工作。

“在我看来，瑞生的员工充满干劲、雄心勃勃、追求完美，但他们通常能在友善、专业和尊重他人之间取得平衡”，一位瑞生律师说道，“我最欣赏律所文化的一个点是，你不必参加每个活动，不必成为一个超级社交咖，如果你有家庭要回家，人们似乎也会真的理解你”。

另一位瑞生律师说道：“整个律所的文化首先是相互尊重，律所不遗余力地确保合伙人、法律顾问和律师在任何情况下都能坚守这一价值观，包括在客户的强压之下工作时。”

二、从小而精到巨无霸，历经周期依然充满活力

1934 年，美国正从大萧条中复苏，日后将担任美国国税局局长的达纳·莱瑟姆和合伙人保罗·沃特金斯在洛杉矶共同创办瑞生律师事务所，专做税法和劳动法业务。之后的几十年里，瑞生专注于“小而精”的定位，直至 1970 年，律师数量也没有超过 50 人。

20 世纪末，瑞生转变发展策略，雄心勃勃地在全球范围内大举扩张。到 2007 年，瑞生成为全球第 1 家年收入超过 20 亿美元的美国律所。然后瑞生的扩张之路就遭遇重大挫折——2008 年金融危机爆发，瑞生在此次危机中元气大伤，一口气裁掉 190 位律师，严重损害了瑞生的律所形象和声誉，当时“Getting Lathamed”一词甚至成为业内被解雇的“黑话”。

瑞生扛住了这次挫折，并且迸发出强大活力。2014 年，瑞生创收 26 亿美元，首次问鼎全球律所创收榜冠军；2015 年，瑞生势头不减，创收涨至 26.5 亿美元，保持

全球第一；2017 年，瑞生创收超过 30 亿美元，成为全球首家创收超过 30 亿美元的超级律所；2018 年，瑞生杀回 Vault 100 榜单前 5 名，并且在此后基本上都稳居前 5。

尽管业务规模庞大，最大的办公室坐落在纽约第六大道，但瑞生一直否认总部和“卫星办公室”的概念，而是自豪地宣扬其**“一体律所”（One Firm）**的理念。基于这一理念，瑞生在其员工委员会中纳入同等数量的律师和合伙人，该委员会在律所对律师的评估、律师晋升以及确定合伙人薪酬和其他政策问题中发挥着核心作用。

此外，瑞生十分重视对初级律师的培养，专门制订**“未分配计划”（Unassigned Program）**。初年级律师可以体验跨领域的工作任务——包括环境法、项目融资、医疗保健、证券等诸多业务领域；瑞生还会在各个层面为律师提供广泛且实用的培训，包括法律研究、说服性写作、合同起草、业务管理、文件审查、尽职调查、沟通和领导力技能等。

瑞生最为人称道的，还有律所文化中的**人文关怀**。瑞生早在 2009 年就设立“LiveWell Latham”平台，关注员工及其家属的福祉和健康。具体措施包括聘请知名医生进行员工压力管理和抗压培训，经常举办运动会、在洛杉矶和纽约办公室配备护士、物理治疗师和心理健康辅导员，在 120 名人体工程学专家的帮助下提高办公室的舒适度和安全性等；此外，瑞生还被誉为**对女律师最友好的律所之一**，不仅为女律师提供 26 周的带薪产假，还为休完产假归来的女律师提供长达 6 个月减少工作量的优惠政策。

除了上述令行业羡慕的律所文化外，瑞生保持蓬勃发展活力的秘诀还在于他们的**创新精神**。2023 年 12 月，瑞生被英国《金融时报》评为 2023 年度“北美最具创新力律师事务所”。“（瑞生）是 20 年前最早有意识地将创新纳入其业务发展核心战略的美国律所之一。瑞生擅于运用创新的方式开展法律工作，致力以更公平的财务分配激励合伙人，以及全方位支持初级律师，促成其盈利增长”，《金融时报》如此评价道，“瑞生长期积累的无形资产，例如知识管理及应对变化的能力（如今还包括利用人工智能驱动未来发展），将造就其成功”。

三、中国律所该怎么向瑞生学习

齐白石有言，“学我者生，似我者死”。这句话对有志于向美国同行学习的中国律所而言，同样适用。生硬地模仿瑞生的律所模式和文化，最终结果很可能是南橘北枳、“水土不服”；中国律所要做的是，从瑞生的成功之路中汲取经验，结合自身情况，走适合自己的发展道路。

行业寒冬之下，国内律所的案源焦虑越发严重：客户从哪儿来？又该怎么留住现有客户？业务该怎么拓展？在充满不确定的大环境中，律所又该怎样保持战略定力？怎样团结律所上下，提高执行力和战斗力？

基于这些痛点，我们综合国外各大法律媒体，提炼总结出瑞生值得中国律所借鉴的成功秘诀。

1. 精准定位高价值客户

律所理想客户的法律服务需求往往巨大，要求律所的多个办公室协作，处理多个领域的业务。瑞生精准定位这些客户并锲而不舍，他们的业务拓展目标和工作重点就是争取和发展这些客户。

瑞生的目标客户通常是资金量大的行业中规模最大的公司，这些公司有持续的法律服务需求。瑞生充分运用了这一策略选择客户，帮助他们持续成功。

2. 重视客户维护和开发

如果不了解、不能及时回应客户的想法，律所就不可能成功。

瑞生的客户团队已经有十多年的历史，久经考验，并且获得了律所在资金、人员、工具、培训等各个方面的支持。客户团队会积极与律所客户联系交流，及时获得客户反馈，并以此为依据推动律所业务改善。

瑞生还十分重视对现有客户的开发，这不仅是其战略的一部分，也是其文化和业务拓展系统的一部分。当瑞生选择开发新客户时，会选择最契合其战略和工作方式的客户，这些客户也往往是最大的法律服务消费群体。

3. 制定清晰的战略且坚定执行

瑞生的战略简洁清晰，且充满活力和激情，能激发全律所的热情。一旦战略敲定，瑞生内部几乎没有反对者，那些抵触律所战略方向的律师通常不会留下来。

在战略执行阶段，瑞生会坚持计划并进行监测和调整，保持耐心，给予员工足够的时间取得成功。如果战略的中期结果不符合预期，其会改变执行策略，但不会改变战略目标。

4. 重视业务拓展

为律所内积极进取的合伙人提供充足支持，必须配备强大的业务拓展队伍。据外媒报道，全球最顶尖的三大律所平均每 4.6 个合伙人就有一名业务拓展人员；而在 Am Law 200 榜单中的美国律所中，平均每 6.2 名权益合伙人就有 1 名业务拓展人员。目前，国内部分律所虽然也设置了市场团队，但多以举办线下活动为主，开拓客户的重担主要还是落在合伙人身上。

瑞生非常重视业务拓展，并且对业务拓展的各个环节给予充分激励。只要发起、提供支持甚至只是作出推荐就能分享功劳，不一定要完成销售任务才有功劳。在这种模式下，一单业务的所有关键员工的努力都得到认可，这激励所内每一位律师积极为瑞生开拓新业务。

四、结语

从 20 世纪的大萧条到今天，从偏居加州一隅的小所异军突起成为全球顶尖的巨无霸大所，瑞生历经经济周期依然充满活力，其卓越的成就为全球律所树立了标杆。

对于当下处在行业寒冬中的中国律所而言，瑞生的成长路径、生存智慧、发展战略以及律所文化等，绝对值得研究、学习和借鉴。

律所管理篇

特别合伙人制度：律师行业的深度变革与未来展望*

史建三 | 锦天城律师事务所

近年来，律师行业颇有些沉闷。人数激增，而业务的增长速度却未能与之匹配，近70万律师大军挤在固有的法律服务领域，仿佛陷入一场无休止的内卷竞赛。每位律师都渴望在这有限的空间中展现自己的才华，但光芒却被层层叠叠的同行所遮挡，难以尽显。

然而，上海却如一缕新风，带来了变革的希望。2023年12月，上海市政府发布《发挥城市功能优势 做强律师事务所品牌 加快推动上海国际法律服务中心建设的若干措施》。上海推出的这一新方案，宛如一场及时雨，滋润了这片干涸的土地。“特别合伙人管理制度”更是如同一把金钥匙，为律师们打开了通往更广阔天地的大门。

这一制度的推出，是对传统律师行业的一次深刻反思和创新尝试。它打破了固有的框架，为律师们提供了更多元、更灵活的发展路径。特别合伙人们将以其独特的视角和丰富的经验，为律师事务所注入新的活力，推动整个行业向前发展。

一、方案的出台背景

上海，这座东方的明珠，历来都是中国改革开放的前沿阵地。它不仅承载着国家的经济重任，更在法治建设上不断迈出坚定的步伐。而今，随着全球化的深入发展，对法律服务的需求也日益增长，上海亟须一个与之相匹配的国际法律服务中心。

为了进一步做强律师事务所品牌，提升专业法律服务能级，上海市政府经过深思熟虑，出台了《发挥城市功能优势 做强律师事务所品牌 加快推动上海国际法律

---

* 本文首发于“智合”微信公众号2024年1月8日，文中收录数据的日期截至2024年1月8日。

服务中心建设的若干措施》。这份文件如同一份宣言，昭示着上海在国际法律服务领域的雄心壮志。

这一方案的出台，不是偶然的。它是上海这座城市对法治的坚守与追求，是对全球化背景下法律服务市场变化的敏锐洞察。它意味着上海不仅要成为中国的经济中心，更要成为世界的法律服务中心。

二、特别合伙人管理制度出台的背景与意义

在传统的律师事务所结构中，合伙人通常仅限于具备法律专业背景的人士担任。然而，随着法律服务市场的日益复杂化和多元化，单一的法律专业背景已无法满足客户的需求。因此，上海市政府决定打破这一限制，引入其他专业领域的人才作为律师事务所的特别合伙人。

特别合伙人管理制度的建立，意味着律师事务所可以吸纳注册会计师、注册税务师、注册造价工程师、专利代理人以及党建、人力资源管理、信息技术等专业人才。这些人才的加入将为律师事务所带来全新的视角和思维方式，有助于提升律师事务所的综合服务能力和竞争力。

特别合伙人制度的出现，不仅是律师行业的一次简单创新，更是一场深远的变革。

1. 拓展法律服务范围与深度

传统的律师事务所往往以法律专业背景的人才为主，这在一定程度上限制了法律服务的范围和深度。而特别合伙人制度的实施，使律师事务所能够吸纳具备其他专业背景的人才，如注册会计师、注册税务师、注册造价工程师等。这些专业人才的加入使律师事务所能够为客户提供更加全面、专业的法律服务。例如，在处理涉及财务、税务、工程造价等领域的复杂案件时，特别合伙人能够利用自己的专业知识和经验为律师事务所提供更加准确、专业的法律建议，从而提高法律服务的质量和效率。

2. 增强律师事务所竞争力

在激烈的市场竞争中，律师事务所的竞争力直接关系到其生存和发展。特别合伙人制度的实施，使律师事务所能够整合各方面的资源，提高综合服务能力。具备多元化专业背景的特别合伙人能够为律师事务所带来更多的业务机会和客户资源，从而增强律师事务所的市场竞争力。此外，特别合伙人的加入还能够为律师事务所带来更多的创新思维和业务拓展模式，推动律师事务所向专业化、规模化方向发展。

3. 促进跨行业合作与交流

特别合伙人制度打破了传统律师事务所的人才结构限制，促进了律师行业与其他行业的跨界合作与交流。通过与其他行业的专业人才共同合作，律师事务所能够更好

地了解客户的需求和市场动态，为客户提供更加精准、高效的法律服务。同时，跨行业合作与交流还能够为律师事务所带来更多的业务拓展机会和发展空间，推动律师行业的创新发展。

4. 提升律师行业整体形象与地位

特别合伙人制度的实施，使律师事务所能够更加专业、高效地为客户提供法律服务，从而提升律师行业的整体形象与地位。随着社会对法律服务的需求不断增加，律师事务所作为提供法律服务的主要机构之一，其形象与地位对于整个行业的发展至关重要。特别合伙人制度的实施将有助于提升律师事务所的专业水平和服务质量，进一步树立律师行业的良好形象与地位。

然而，特别合伙人制度的深远影响并不仅限于此。它还在潜移默化地改变着律师行业的生态和文化。特别合伙人的加入使律师事务所变得更加开放和包容，更加注重多元化和跨界合作。这种新的生态和文化，将为律师行业的未来发展奠定坚实的基础。

三、"特别合伙人"的提法，对做强律所的特别意义

在此次上海市政府的文件中，一个引人注目的亮点是"建立特别合伙人管理制度。制定《上海市律师事务所特别合伙人管理规定》，明确注册会计师、注册税务师、注册造价工程师、专利代理人和党建、人力资源管理、信息技术等专业人才成为律师事务所特别合伙人"的提议。

其中，对党建、人力资源管理、信息技术等专业人才的创新性应用构想，标志着律师事务所发展进入了一个新阶段，为律师事务所带来了新的发展机遇，同时也深层次揭示了做强律师事务所的特别意义。

1. 党建专业特别合伙人与律师事务所的政治定位和社会责任

在全面依法治国的大背景下，律师事务所的角色已经发生了深刻的变化。它们不再是单纯的法律服务提供者，而是法治建设的重要支柱。这一转变要求律师事务所必须具备更高的政治觉悟和社会责任感。党建专业人才的引入，特别是作为特别合伙人引入，正是为了满足这一需求。

党建专业特别合伙人不仅能够帮助律师事务所建立健全的党组织体系，确保党的路线、方针、政策在律所内部得到有效贯彻，还能够通过开展形式多样的思想政治教育活动，提升律师的政治觉悟和职业道德水平。他们的存在将使律师事务所能够更好地履行社会责任，积极参与社会公益活动，以实际行动践行法治精神，维护社会公平正义。

2. 人力资源特别合伙人与律师事务所的人才管理和培养、激励机制

人才是律师事务所的核心资源，也是其竞争力的根本所在。然而，随着法律服务市场的日益成熟和竞争的加剧，传统的人才管理模式已经难以适应新时代的发展需求。人力资源管理专业人才的引入，特别是作为特别合伙人引入，为律师事务所带来了新的人才管理和培养理念。

人力资源特别合伙人具备深厚的人力资源管理理论知识和丰富的实践经验，能够帮助律师事务所构建更加科学、系统的人才管理体系。通过设计精细化的人才选拔方式、个性化的培训计划、多元化的激励方案等，他们能够有效地提升律师的专业素养和服务能力，激发员工的潜能和创造力。这不仅有助于律师事务所吸引和留住优秀人才，还能够提升整体绩效和服务质量，为律所的长远发展奠定坚实基础。

人力资源特别合伙人的引入为律师事务所提供了变革传统提成制分配模式的新视角。人力资源特别合伙人能推动律师事务所建立科学的多元化激励机制，以替代传统的提成制分配模式。这种机制能综合考虑律师的办案数量、收费、团队协作、客户维护、知识分享等多个方面的情况，更加全面地评价律师的绩效。

通过推行科学的多元化激励机制，律师事务所可以更好地激发律师的工作动力和创造力，提升整体服务水平和竞争力。同时，这种机制也有助于营造积极向上的工作氛围，增强律师对律所的归属感和忠诚度。

3. 信息技术专业人才与律师事务所的数字化转型和智能化升级

随着信息技术的迅猛发展和广泛应用，数字化转型已经成为各行各业不可逆转的趋势。律师事务所作为法律服务的主要提供者，同样需要紧跟时代步伐，积极探索数字化转型和智能化升级之路。信息技术专业人才的引入，特别是作为特别合伙人引入，为律师事务所带来了创新动力。

信息技术特别合伙人具备深厚的信息技术理论知识和丰富的实践经验，他们能够帮助律师事务所制定科学合理的信息化建设规划，推动律所的信息化建设进程。通过加强数据分析与应用、优化业务流程、提升服务效率等措施，他们能够帮助律所实现法律服务与信息技术的深度融合，为客户提供更加便捷、高效、优质的法律服务。这不仅有助于律师事务所拓展服务领域和模式，还能够提升律所的核心竞争力和市场影响力。

综上所述，上述提法对做强律师事务所具有特别的意义。它不仅为律所带来了新的发展机遇和挑战，更在深层次上揭示了律所做大做强的内在逻辑和必然趋势。

四、“等”字引发的对律师跨界服务延伸的想象

上述文件中明确提出，注册会计师、注册税务师、注册造价工程师、专利代理人

以及党建、人力资源管理、信息技术**“等”**专业人才可作为律师事务所的特别合伙人。**“等”**这一字眼为律师行业的跨界服务提供了无限的想象空间。这个字不仅意味着政策的开放性和包容性，更预示着律师行业未来可能出现的多元化服务模式。

特别合伙人制度本身就是一个创新的尝试，它打破了传统律师事务所的人才结构，引入了非法律背景的专业人才。而“等”字的使用，则进一步强调了这种跨界融合的趋势。它告诉我们，未来律师事务所的特别合伙人不仅局限于注册会计师、注册税务师、注册造价工程师、专利代理人以及党建、人力资源管理、信息技术等专业人才，还可能包括更多其他领域的人才。

例如，随着金融科技的快速发展，律师事务所可能需要引入具有金融科技背景的人才，以便更好地为客户提供法律服务。再如，在医疗纠纷日益增多的背景下，律师事务所也可能需要引入具有医学背景的人才，以便更准确地理解案件事实和证据。

此外，“等”字还引发了对于律师跨界服务的深入思考。在传统的法律服务模式下，律师主要扮演法律顾问和诉讼代理人的角色。但在特别合伙人制度框架下，律师的功能可能会进一步延伸和拓展。

例如，特别合伙人可以利用自己的专业知识和经验，为客户提供更加全面的咨询服务。他们不仅可以解答客户的法律问题，还可以为客户提供商业策略、市场分析等方面的建议。再如，特别合伙人还可以利用自己的社交资源和影响力，为律师事务所拓展更多的业务机会和合作伙伴。

总之，“等”字的使用为律师行业的跨界服务提供了广阔的想象空间和发展机遇。在特别合伙人制度的推动下，我们有理由相信，未来的律师行业将会变得更加多元、开放和包容。

五、特别合伙人制度对律师事务所品牌建设和市场拓展的助力

在竞争激烈的法律服务市场中，品牌建设和市场拓展是律师事务所发展的重要战略。特别合伙人制度对于提升律所的品牌形象和市场影响力具有积极作用。

一方面，特别合伙人的加入可以拓宽律所的专业领域和服务能力，有助于律所拓展新的业务领域和市场空间。例如，党建专业特别合伙人可以帮助律所更好地服务政府和公共机构客户，提升律所在公共法律服务领域的市场份额；人力资源特别合伙人则可以通过优化人才管理和培养机制，提升律所对优秀人才的吸引力，进而提升律所的整体竞争力。

另一方面，特别合伙人的社会声誉和专业影响力也为律所带来了无形的品牌价值。他们的加入不仅能提升律所的专业形象和社会认可度，还可以为律所带来更多的

商业机会和合作伙伴。这些都有助于律所在激烈的市场竞争中脱颖而出，实现持续稳健的发展。

六、特别合伙人制度对律师事务所国际化发展的推动作用

随着全球化的深入发展，法律服务市场的国际化趋势日益明显。律师事务所要想在激烈的国际竞争中立足，必须不断提升自身的国际化水平。特别合伙人制度对于推动律师事务所的国际化发展具有重要意义。

首先，特别合伙人制度有助于律师事务所吸引和留住国际化人才。具备国际视野和跨文化沟通能力的专业人才是律师事务所国际化发展的关键。通过引入具有海外背景和国际经验的特别合伙人，律师事务所能够进一步提升其人才队伍的国际化程度，为律所的国际化发展提供有力的人才保障。

其次，特别合伙人制度能够促进律师事务所与国际市场的对接。特别合伙人往往具备丰富的国际业务经验和资源，他们能够帮助律所更好地了解国际市场的需求和规则，拓展国际业务合作渠道，提升律所在国际法律服务市场中的竞争力。

七、特别合伙人制度对律师事务所文化建设的积极影响

律师事务所的文化是其发展的灵魂和根基。特别合伙人制度对于律师事务所的文化建设具有积极的影响。

一方面，特别合伙人的加入为律所带来了多元的文化元素和思维方式。不同专业背景的特别合伙人具有不同的价值观和工作风格，他们的加入能够促进律所内部的文化交流和融合，形成更加包容、开放和创新的文化氛围。

另一方面，特别合伙人自身的言行和实践能够塑造和传播律所的核心价值观和文化理念。他们作为律所的领军人物和榜样，对于律所文化的形成和传播具有重要的引领作用。通过特别合伙人的示范和带动，律师事务所能够进一步凝聚共识、激发活力，形成独具特色的律所文化。

八、结语

特别合伙人制度是上海在律师行业中推出的一项重大创新举措。它不仅为律师事务所带来了新的机遇和发展空间，还为整个律师行业的变革与进步注入了新的活力。相信在不久的将来，我们定能看到这片土地上生机勃勃、繁花似锦的景象。那时，特别合伙人制度将成为上海乃至中国经济发展的一张亮丽名片，向世界展示着我们改革创新、勇攀高峰的坚定决心与不凡气魄。

律所涨薪后，吸引力反而下降？*

孙麟飞 | 智合研究院

在全球经济下行的大背景下，尽管世界各地的经济都面临不小的压力，但头部律所却掀起了新一轮“涨薪潮”。然而，与此同时，一些律所却传出了“裁员”的消息，这种反差使人们不禁深思：在经济下行的冲击下，律所的“裁员式涨薪”策略是否能够持续发挥吸引力？有数据显示，2020～2023 年，大型律所对于毕业生的吸引力已经惊人地下降了 20%。本文将从多个角度探讨这一问题。

一、走向复苏的美国律师业

（一）律师失业率降至 10 年来最低水平

尽管美国整体经济状况不佳，但其律师行业似乎仍然保持着相对的活跃。2023 年以来，美国律师行业呈现蓬勃复苏的迹象。如图 1 所示，美国劳工局发布的数据显

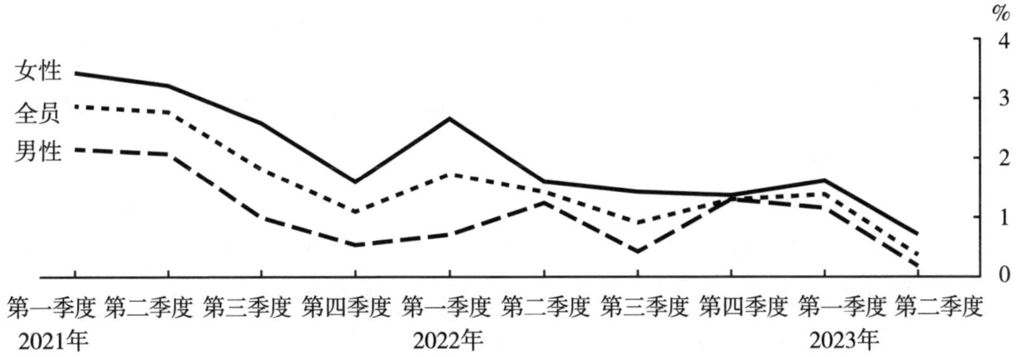

图 1　2021～2023 年第二季度美国法律行业失业率

注：该统计涵盖的法律职业包括律师、律师助理、辅助人员等。
［数据来源：彭博法律（Bloomberg Law）］

---

* 本文首发于“智合”微信公众号 2023 年 8 月 30 日，文中收录数据的日期截至 2023 年 8 月 30 日。

示，2023 年第二季度全美法律领域总失业率从第一季度的 1.4% 下降至 0.43%，创下近 10 年来的最低水平。

（二）大所招聘规模回归疫情前水平

与失业率降低相呼应的是，美国大型律所初级律师的招聘规模已回归疫情前水平（见图 2）。

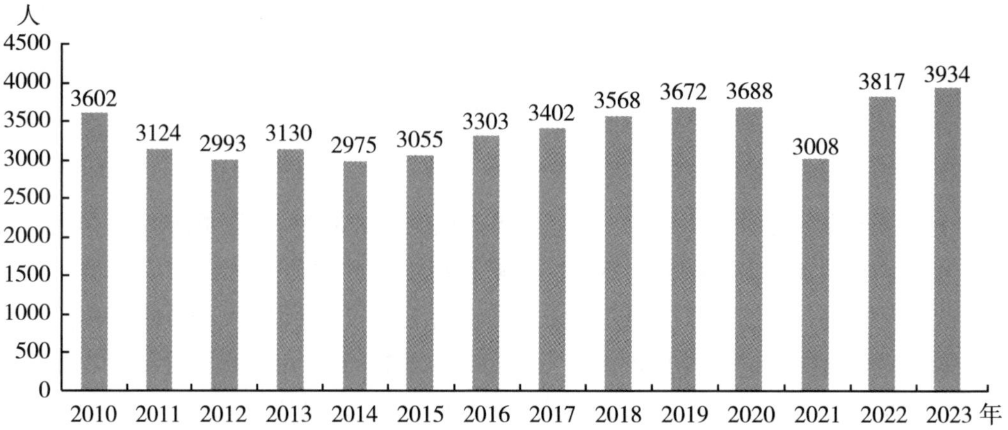

图 2　2010～2023 年 63 家美国大型律所初级律师招聘人数

［数据来源：钱伯斯（Chambers）］

钱伯斯（Chambers）发布的数据显示，在经历了 2021 年的波动后，美国大型律所的员工增长已恢复甚至超过了衰退前的水平[1]。2018～2023 年，全球部分大型律所初级律师的招聘人数如表 1 所示。

表 1　2018～2023 年全球部分大型律所初级律师招聘人数

单位：人

律所名称	2018 年	2019 年	2020 年	2021 年	2022 年	2023 年
凯易（Kirkland & Ellis）	251	298	285	221	356	347
瑞生（Latham & Watkins）	163	160	169	184	262	253
欧华（DLA Piper）	34	51	39	36	48	87
世达（Skadden）	187	165	138	—	—	159
伟凯（White & Case）	108	111	80	75	93	92
高伟绅（Clifford Chance）	28	23	28	28	37	32

〔1〕 Chambers Associate, *Tracking Law Firm Hiring over Eleven Years*, at https://www.chambers-associate.com/law-firms/law-firm-intake-sizes, Aug. 30, 2023.

续表

律所名称	2018 年	2019 年	2020 年	2021 年	2022 年	2023 年
瑞格（Ropes & Gray）	135	167	165	—	154	168
安理国际（Allen & Overy）	21	18	15	46	15	21
摩根路易斯（Morgan Lewis & Bockius）	56	76	79	79	84	79
吉布森（Gibson Dunn）	100	107	120	126	151	168
年利达（Linklaters）	22	17	11	16	12	15
众达（Jones Day）	150	165	157	167	119	161
富而德（Freshfields）	18	18	17	22	43	46
盛信（Simpson Thacher）	105	104	108	104	148	140
科律（Cooley）	51	54	22	91	129	131
高赢（Goodwin）	50	69	72	90	157	141
达维（Davis Polk & Wardwell）	129	115	130	107	160	57
威嘉（Weil）	102	105	151	125	124	110
宝维斯（Paul Weiss）	101	117	122	65	78	72
孖士打（Mayer Brown）	50	59	40	60	73	82
耶茨和（King & Spalding）	35	34	54	59	62	55
礼德（Reed Smith）	46	46	54	42	45	50
佳利（Cleary Gottlieb）	120	94	92	50	82	66
奥睿（Orrick）	51	51	56	48	28	40
艾金岗波（Akin Gump）	53	51	53	48	58	49
高盖茨（K&L Gates）	51	48	43	48	47	60
博钦（Perkins Coie）	42	36	59	52	58	49
奥斯顿（Alston & Bird）	46	46	39	38	50	53
谢尔曼·思特灵（Shearman & Sterling）	58	48	50	25	47	45
盛智（Sheppard Mullin）	30	30	33	35	55	49
克雷瓦（Cravath）	92	61	74	84	70	89
文森艾尔斯（Vinson & Elkins）	68	67	78	77	75	73
普盈（Pillsbury）	37	29	31	37	39	32
贝克博茨（Baker Botts）	56	56	56	63	44	32
凯腾（Katten）	23	21	20	30	35	39
凯威莱德（Cadwalader）	21	30	24	25	25	34
德茂欣（Duane Morris）	15	20	21	12	11	13

数据来源：钱伯斯（Chambers）。

如表 1 所示，多数大型律所的招聘人数是增加的，其中凯易、瑞生、欧华、吉布森、高赢等所初级律师招聘规模显著增长。

（三）大所带头，初级律师薪资水平持续上涨

1. 美国律所：薪资中位数比 2021 年增长了 21.2%

法律圈一直流传着一种说法，说律师是一个可以穿越经济周期的职业。过去几年，疫情引发了法律行业的诸多不确定性，但事实上却并没有使初级律师的薪水暴跌，大所的初级律师薪资水平还出现了明显的上涨。（见图 3）

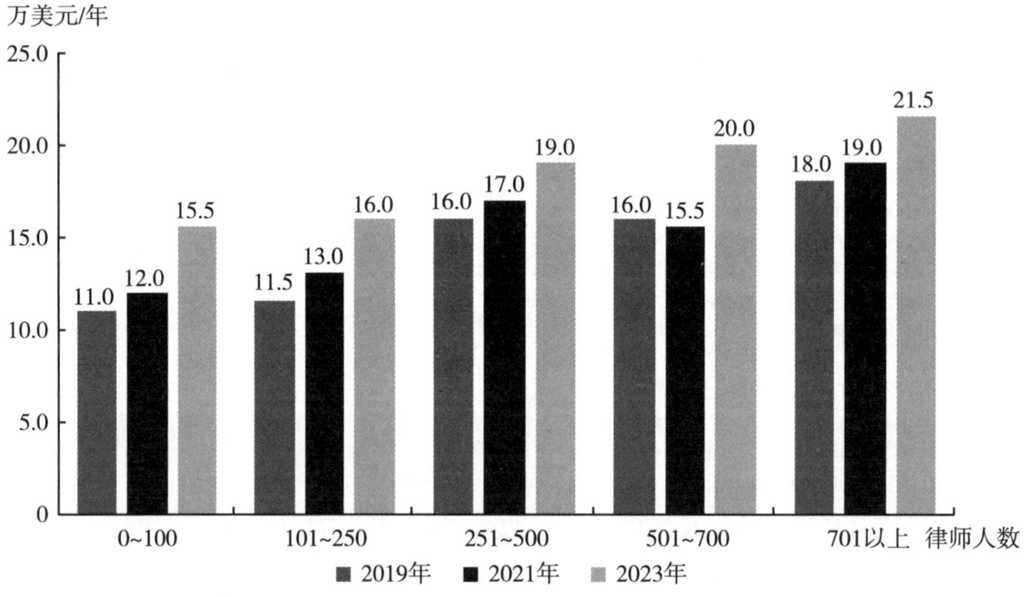

图 3　2019～2023 年美国一年级律师薪资中位数变化趋势

（数据来源：美国全国法律就业协会）

如图 3 所示，据美国全国法律就业协会（National Association for Law Placement, NALP）2023 年 5 月发布的 2023 年员工薪资调查报告，与 2021 年相比，各规模律所一年级律师薪资均有所增长。

协会执行董事尼基娅 – 格雷（Nikia L. Gray）表示，在过去两年的“火热的招聘市场”中，一年级律师薪水涨幅明显，2023 年一年级律师的基本工资中位数达到 20 万美元（按汇率 7 计算，为人民币 140 万元），比 2021 年的最后一次调查上涨了 35,000 美元。

2. 英国律所：“魔圈所”带头涨薪

而在英国，如表 2 所示，2023 年以来已有安理国际、年利达等多家律所先后宣布提高伦敦办公室新晋员工的薪资，进一步推高了行业的薪资水平。

表2 2023年部分国际律所伦敦办公室新晋员工薪资增长情况

律所名称	概况	增幅/%
贝克·麦坚时（Baker McKenzie）	由11万英镑提高至11.8万英镑	7.3
麦克法兰斯（Macfarlanes）	由10.75万英镑提高至11.5万英镑	7.0
司力达（Slaughter and May）	由10.75万英镑提高至11.5万英镑	7.0
欧华（DLA Piper）	由9.5万英镑提高至10万英镑	5.3
博凯立（BCLP）	由9.5万英镑提高至10.5万英镑	10.5
霍金路伟（Hogan Lovells）	由10.75万英镑提高至12万英镑	11.6
安理国际（Allen & Overy）	由10.75万英镑提高至12.5万英镑	16.3
年利达（Linklaters）	由10.75万英镑提高至12.5万英镑	16.3

- 贝克·麦坚时的伦敦新晋律师薪资提高至11.8万英镑，增长了7.3%；
- 麦克法兰斯和司力达的伦敦新晋律师薪酬提高至11.5万英镑，增长了7.0%；
- 霍金路伟的伦敦新晋律师薪酬提高至12万英镑，增长了11.6%；
- 安理国际和年利达的伦敦新晋律师薪酬提高至12.5万英镑，增长了16.3%。

美国大型律所的一年级律师薪资已超20万美元/年，而英国头部律所新晋律师的薪资也在不断攀升。这无疑对年轻人投身于律师事业极具吸引力。

然而，大型律所尽管薪资水平提升，但对法学生的吸引力却呈逐渐下降之势。2023年的一项调查显示，法学院的学生对于大型律所的职位表现出明显的兴趣下滑，相较2020年已经下降了20%。

二、起薪狂飙，为何吸引力不增反降

如图4所示，根据2023年美国招聘机构MLA（Major, Lindsey & Africa）对250名年龄在21至28岁之间的学生和年轻律师的调查，仅有39%的受访学生表示更倾向于在大型律所工作，与2020年的比例59%相比出现了明显下降[1]。

这引发了一个问题：大型律所薪资涨幅巨大，为何它们的吸引力却在减弱？这一趋势可能是由多种因素共同造成的。除了长期存在的高门槛录用、高强度工作、严格要求的合伙人以及工作氛围不好等客观原因外，还受到哪些因素影响？

〔1〕 Tatyana Monnay, *Big Law Career Draw Falls for Students Since* 2020, *Firm Says* (1), (Bloomberg Law, May 11, 2023) https://news.bloomberglaw.com/us-law-week/big-law-career-appeal-drops-for-students-since-2022-survey-says.

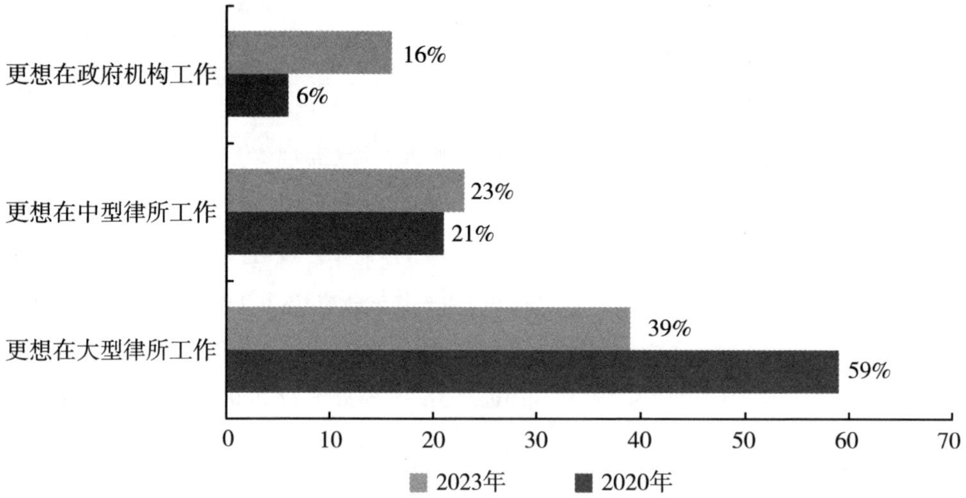

图4　2020 年及 2023 年部分岗位工作对法学院学生与青年律师吸引力情况

［数据来源：MLA（Major，Lindsey & Africa）］

（一）经济下行，业务受挫

律所基业长青的核心是什么？八成行业从业者会回答：人才。而提高起薪是律所较为常见的吸引人才的手段。提高起薪一方面代表着律所实力，另一方面也代表着律所对人才的重视。

律所能够支付给年轻律师更高的薪水，背后一定是律所创收或者净利润的增加，即律所负担得起低年级律师的高薪，这是律师薪酬增加的根本原因。但现实是：

1. 大所总创收喜忧参半

据 2023 年美国律师百强榜单（AM Law 100），尽管 2022 年全美 100 家最大律所总收入提高了 2.7%，但一半以上（59 家）律所的收入出现了下降[1]。

2. 生产力陷入历史低谷

2023 年上半年，美国富国银行法律专业组（Wells Fargo's Legal Specialty Group）对美国 130 家律所（其中包括 66 家美国 100 强上榜律所）的调查结果显示，上半年美国大型律所律师人数增加了 3.9%。然而，律所面临的需求下降导致生产力（Productivity，律师平均产出）下降了 4.1%；在计费工时方面，每名律师的年计费

〔1〕 参见《ALB 年度雇主 6 家律所新上榜；2023 Am Law 100 发布；富而德、安理国际、高伟绅、海华永泰等所晋升多名合伙人 | 律所动态》，载微信公众号“智合”2023 年 4 月 21 日，https://mp.weixin.qq.com/s/idyKsjy_-G7y4OTUVuXaAw。

小时数创近年来的新低，仅为 1538 小时（2021 年为 1688 小时）[1]。

（二）裁员式涨薪，边涨边裁

1. 裁员潮袭来，律所无法“独善其身”

律所创收不涨，律师人均创收下降。在当前的经济环境下，涨薪的“钱”从哪里出成了新的问题。律所开始了互联网行业的网友看了直呼内行的“降本增效”——裁员。

2023 年 6 月，创收 13 亿美元、排名全美第 32 的律所奥睿（Orrick Herrington & Sutcliffe）已经辞掉了 90 名员工，并宣布还将继续裁掉全球 6% 的员工，其中大部分是律师。几乎同一时间，国际律所礼德（Reed Smith）也以“整个行业对法律服务的需求减少”为由裁减了 50 名员工和律师[2]。

理论上，大型律所的抗风险能力要强于中小律所，因此大型律所裁员的概率自然也就小些。但在经济低迷的背景下，大型律所未能幸免，也相继采取节约成本的举措，开启了自保模式。除了核心人员，其余“皆可抛”。

自 2022 年 11 月以来，据不完全统计，当前已有科律（Cooley）、高赢（Goodwin Procter）、德杰（Dechert）、谢尔曼·思特灵（Shearman & Sterling）、戴维斯·莱特·特里梅因（Davis Wright Tremaine）等多家大型律所以各种缘由宣布裁员，裁员主要指向连续两年实际回收率低于 25%、计费工时不足、晋升潜力不足的员工。其中裁员用得最多的理由就是工时不够。

即使是全球创收排名第一的凯易（Kirkland & Ellis），也根据“以绩效为基础的决策”“律师评审过程的结果”，在 2023 年 3 月于美国加利福尼亚、得克萨斯州、犹他州和芝加哥进行了裁员。

看似涨薪，实则裁员，“调涨的薪水来源很有可能就是裁员节省下来的成本”。在大所就职不仅没有面临更小的裁员压力，还叠加了行业内卷所带来的高强度的工作压力和竞争等诸多问题。这也使大型律所、头部律所的人才吸引力逐步下降。

2. 行业观察——裁员与涨薪并非孤立的事件

事实上，作为一个面向市场的行业，裁员和涨薪本就是并行的。很多律所采取裁员以及涨薪的策略从而提高效益，维持业务的稳定发展。其实无论是裁员还是涨薪，

---

〔1〕参见《大成、京师、联盛等所晋升加盟多名合伙人；瑞生宣布关闭上海办事处；ALB China 十五佳成长律所榜单公布 | 律所动态》，载微信公众号“智合”2023 年 8 月 25 日，https://mp.weixin.qq.com/s/F0vDG1QcNepl0l2NzC2BZg。

〔2〕参见《全国律师超 65 万人；2 家 Big Law 裁员；方达、汇业、金诚同达、植德、嘉润晋升/加盟多名合伙人；广州、宁波数据公布 | 律所动态》，载微信公众号“智合”2023 年 6 月 16 日，https://mp.weixin.qq.com/s/TVFu66iq7NODfMo_Vfcdew。

律所都是为了保证最大化盈利。

• 涨薪是各家律所对核心资产“人才”的重视和争夺，即通过薪酬的竞争力，来保持其在业务人才上的优势。“高薪抢人”的策略或将奏效，进一步带动一线律所人才素质的提升，或将使行业内“强者恒强”的局面加剧。

• 裁员方面，各家律所给出的理由多是以新换旧、以低换高、以强换弱，优化性价比低的律师。一方面，裁员看似沉重，但实际上是一个律所“去腐以求新生”的机会；另一方面，这一机制的采用必然会加剧同一律所内部律师之间的竞争，除了在业绩上一较高低之外，可能也会引发其他方面的恶意竞争，加剧“办公室政治”。

在当前的经济形势下，律所的裁员可能也会越来越普遍。在“涨薪＋裁员”的模式下，采取末位淘汰制裁员或成为未来常态。虽然各家律所方式不尽相同，但有共性。稀缺人才永远是拉拢的对象，多数律所在裁员的同时，依然在广纳贤才。

三、结语

从法律行业发展更为成熟的海外市场来看，不少大型律所的崛起都是因为有优势业务领域，而这得益于专业水平过硬的人才队伍；反过来，一些大所衰败的原因之首，也在于人才流失。律所涨薪无疑是吸引人才的一种方式，但它并非唯一方式。当下的年轻人在选择职业时不仅看重薪资，还重视个人成长、发展空间、工作成就感和培训机会等。

在未来的发展中，若“重赏之下无勇夫”，当“高薪”带来的吸引力无法支撑律所的人才密度时，律所管理者就需要深入思考如何平衡薪资和工作压力的关系，避免过度竞争和高强度的工作环境导致人才流失。构建更加有吸引力的工作环境，可以在留住优秀人才的同时，使律所长期、可持续发展。

“穷养”律师，还是“富养”律师？*

刘元坤 | 智合研究院

“职场其实是你为自己寻找的第二个原生家庭。”

“它会极大地塑造你的能力与性格。”

“这个环境可以被分为“富养”型职场环境与“穷养”型职场环境。”

近期，职场学习博主“姜 Dora 在此”发布了名为“原来真的会有公司花两年 100w 培养新员工啊？职场被‘穷养’与‘富养’区别有多大”的视频，并提出上述这些有趣的观点。

这个视频迅速得到广泛关注，视频目前在 B 站播放近 40 万次，在抖音获点赞 2.2 万次。视频发布后引起了连锁讨论，领英中国针对“富养”“穷养”这一话题发放问卷调查职场环境现状；三联书店旗下新媒体“三联生活实验室”刊发文章，介绍形形色色被“富养”和“穷养”的职场人。“富养”还是“穷养”型职场环境的话题一时引起了不小的反响。

“富养”还是“穷养”职场环境热点的背后，是被触碰到神经的职场打工人。对于管理者而言，也是一个排除管理上的故障警告的契机。

一、滋养还是榨干，你的律所是哪种职场环境？

（一）什么是职场“富养”“穷养”

“富养”型职场环境指的是公司愿意提供各种学习资源并花大价钱培养员工，而“穷养”型职场环境则是说公司不仅舍不得在员工身上投入资源，员工自我提升机会较少，反而还存在许多消耗员工能量的人和事。

被职场“富养”是一种什么体验？根据视频中的观点，“富养”型职场环境有三

* 本文首发于“智合”微信公众号 2023 年 4 月 3 日，标题有改动。文中收录数据的日期截至 2023 年 4 月 2 日。

个特征：

1. 不会任由员工野蛮生长，而是提供一套“升级打怪”的成长地图；

2. 不会让工作成为员工的唯一，而是认可员工作为人的需求，鼓励员工拥有自己的生活；

3. 滋养员工而非榨干员工。

视频邀请世界500强企业员工作为“富养”型职场环境员工代表进行了一番介绍：企业为不同角色的员工拟定成长地图，提供相应的课程资源，提供海外岗位的学习机会并承担学习期间开支，在管培生身上投入百万以上培养成本，尊重、认可甚至鼓励已婚未育阶段女性职场人的生育需求……

（二）律所的“穷养”还是“富养”型职场环境是什么样

前述对“穷养”还是“富养”型职场环境的解释可以概括为：“富养”是滋养你，而不是榨干你；“穷养”，是不拿律师当人才，而把律师当耗材。

翻译成律所管理领域的常用表述，“富养”型职场环境具有**完善的职业成长路径、大量的教育培训资源、真诚的人文关怀**。

那么“富养”与“穷养”在律所中有哪些具体表现？

1. 职业成长路径是否完善

“富养”的律所针对不同律师制定科学、详尽的职业发展路径，根据业务发展需求、人才成长需求、职业发展方向制定专门的培养方案，每一位律师都可以在这套体系中找准自己的定位，看到自己的未来。

“穷养”的律所则对律师的未来缺乏比较明确的预期和承诺，对成长和晋升的时间、条件、几何讳莫如深，让律师觉得像在画饼。

2. 教育培训资源是否齐备

“富养”的律所建立了覆盖所内不同律师群体的全方位、系统化培训体系，构建层次丰富、形式多样的各类线上、线下教育培训资源，也有的律所利用全球化布局优势为优秀青年律师提供海外交流学习机会。

“穷养”的律所则在人才培养上几乎没有成型的模式，初入职场的律师钱少活多，身兼多职，独自面对捶打和碾压，全靠自学成才。一些忙碌的合伙人甚至感觉所里的律师没什么存在感。

3. 所内人文关怀是否周到

被“富养”的律师基本需求得到尊重和认可，拥有自己的生活、社交，有更多时间和家人待在一起，休息时间得到基本尊重，律所营造的文化氛围相对平等、开放、包容。

“穷养”律师的律所则缺乏对律师身体、精神和时间的基本尊重，律师的工作成绩得不到认可，职场 PUA 事件时有发生。

二、忽视职场环境建设？律师恐将招不来留不住

对“穷养”还是“富养”的讨论，看起来好像是求职人员对未来雇主的美好期许，普通员工对凄惨遭遇的悲愤控诉，带有一丝丝只管满足自己，不切实际地想要更多、更好待遇的嫌疑。

然而事实真的是这样吗？

1. 就人才引进角度而言，职场环境已成为律师评价律所的关键因素

人才资源是律所的核心资源，如今的律所普遍在人才竞争中面临激烈的争夺战，律所必须拥有足够强大的吸引力才能在人才争夺中占据更大的优势，赢得更多发展空间。职场人士越来越关注自己的工作环境，职场环境事关工作舒适程度、自我成长提高、未来发展空间，这都是求职者作出决定的重要参考因素。

根据智合过往研究，2017 年 ALB 最佳雇主的律所榜单显示，律所最受员工认可的前三项要素分别是：工作氛围好、重视员工培训和晋升道路透明（见图 1）。而在 5 年后的 2022 年度 HRTier 顶级雇主榜中，律师最关注的前三项要素仍然是工作氛围、员工培训、晋升通道。

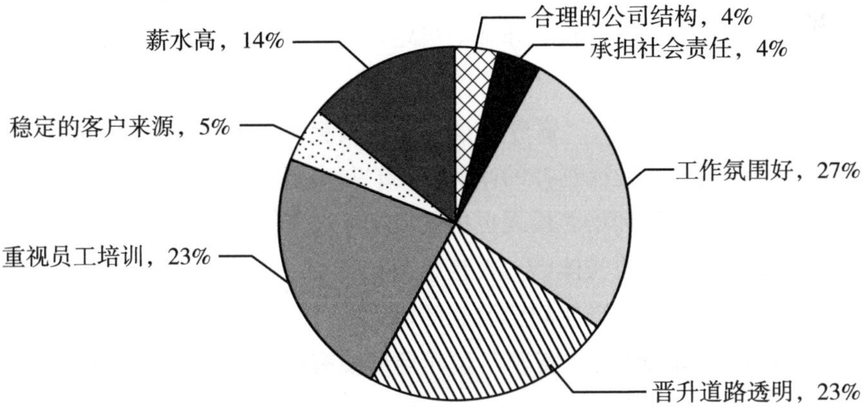

图 1　2017 年 ALB 最佳雇主的律所榜单中律所最受员工认可的要素

或许有人会说，要吸引人才尤其是新人律师，有足够竞争力的薪酬才是第一位的。

是，但也不是。

说是的原因在于：

物质回报是工作的基础。根据马斯洛需求层次理论，生理和安全是最基础的需

求。新人律师物质资源和生活条件相对有限，首先需要满足基本物质需求，而足够有竞争力的薪酬正满足和迎合了这部分需求。

说不是的原因在于：

其一，在上述2017年和2022年两份雇主榜单中，薪酬在律师关注要素中排在工作氛围、员工培训、晋升通道之后，仅位列第四位。

其二，无论律所给新人律师多么丰厚且具有竞争力的薪酬，能够开出同等薪酬的律所绝对不止一家，即便是开出3万元/月的薪酬，也会有一批具有同等支付能力的同行迅速跟上。当你的薪酬无法对其他律所保持优势时，职场环境的重要性会更为凸显。

2. 就团队稳定角度而言，“穷养”型职场环境或将加剧人才流失

随着新生代群体生存发展观念的转变和社会群体性工作氛围的变化，与高压挂钩的高薪也越来越不受待见，如果律所无法满足律师的成长需求、学习需求，无法提供适宜的职场环境与文化氛围，直接的后果就是律所人才的流动性升高，影响律所的人才供应与梯队建设。

对于那些迫于现实压力，选择在律所获取稳定收入的律师而言，当其专业技能过硬且客户和收入都比较稳定以后，他们已经在马洛斯需求的金字塔中上升到尊重需求和自我实现的层次。如果他们对人文关怀和职场环境的需要无法得到满足，他们或许将考虑“用脚投票”。

律师流动性提高，无论对在职律师的稳定性还是正在开展的业务，都将造成较大的冲击和负面影响。

3. 就人才培养角度而言，“富养”型职场环境更易培养出价值趋同的人才

对律师而言，初入行业所选择的律所是为自己寻找的第二个“原生家庭”。对很多律所而言，其人才招聘和培养模式也更倾向于应届毕业生，通过内生式培养来壮大律所的人才队伍。完善的成长体系、教育培训和得到一致认同的文化氛围，将有助于培养出符合律所工作习惯、秉性和价值观的律师。

4. 就业务提升角度而言，“富养”型职场环境有助提升律师执业能力

律师行业是知识密集型行业，注重知识传承，教育资源、培训资源、知识管理的投入能帮助低年级律师提升专业技能，直接转化为生产力。

同时，“富养”型工作氛围让新人获得作为律师的职业尊严，心灵得到滋养，进而增强对律所的认可。

三、条件有限，拿什么“富养”律师

无论是律师还是律所管理者，相信多数人还是希望律所的职场环境越来越好。很多律所也并不是不想为律师创造优渥的成长环境，但是相比于世界500强企业或者行业头部律所的“财大气粗”，普通律所的资源、能力和经验确实有限。

首先，是高昂的成本。无论是设计制定完善的人才成长体系，还是搭建完善的培训系统，乃至提供海外交流学习机会，都意味着律所需要投入大量的前期资金，并付出精力和时间成本。后续专门团队的持续运营也有成本。律所早期的资源投入集中在案源、业务上，团队管理并没有及时跟上，这也和团队发展阶段和管理水平发展阶段相关。

其次，是律所的决策水平。高昂的成本来自合伙人的创收，大量的资源投入意味着合伙人收益的减少，是否能对作出上述投入、投入的程度、持续的周期达成一致意见是对律所管理水平的一个考验。

最后，律所还要承担投入“打水漂”的风险。没有律所可以保证律师不会离开，律师离职则意味着单个律师平均投入成本越高，律所损失越大。

“‘富养’还是‘穷养’型职场环境”这一观点借鉴自家庭教育理念。在家庭教育方面，除了“富养”与“穷养”，还有大量的“普通家庭”。正如普通家庭也可以有不同的教育理念，对于律所而言，律师并不是非“富养”不可，应结合自己的综合实力量力而为。

最重要的是对“富养型职场环境”予以思想认识上的重视，虽然对于一些处于成立早期或者规模相对较小的团队和律所而言，精力需要更多放在案源和业务上，但也要注重对律师的投入。理财领域有一句名言，“你不理财，财不理你”，其意思正是无论财富多少，重要的是树立理财意识与观念，律所职场环境建设同样如此。

中小律所人才困境，怎么破*

蔡 爽

中小律所，难。

业务难，发展难，具体到律所的发展中，最直接、明显的影响就是——人。

律所作为最典型的人合组织，律师是事务所最大的资本。寻找合适的、携手共进的小伙伴的重要性可能会从律所创立之初开始被强调。近些年，品牌大所、全国大所下沉二三线城市开设分所，对于当地中小型律所的冲击极大——大所有品牌、有平台、有声誉、有业务，自然对优秀的人才有足够的吸引力。那么中小律所呢？

我们曾经做过调研，在 50 人左右的律所管理者的反馈中，律所发展过程中最大的瓶颈除了业务便是人才。很多主任坦言：

“留不住人啊，一开始进来待遇、发展什么的都谈得好好的，但是人培养好了，转头就走了。”

“我们也清楚自身的平台比不过红圈所，人家为了发展一定要继续向更好的平台进阶。”

中小型律所如何承受住大所在人才方面的冲击，探索自己的独特的“吸引人才之路”？

一、用客户思维对待员工

客户选择你的律所，一定有一个决定性因素——即便中小律所也会有一批忠实客户，客户选择它们可能是因为质量、价格，或者精专的业务方向。在吸引人才时，律所的管理者要善用客户思维：像对待客户一样对待想要招聘的员工。

首先，要有一个明确的重点及方向。这涉及律所发展的全局战略和发展方向——客户需要看到你的实力。而细化到人才层面，则要求律所对于人才培养有一个系统的

---

* 本文首发于“智合”微信公众号 2023 年 5 月 1 日，文中收录数据的日期截至 2023 年 4 月 30 日。

选人及育人计划，要让候选者对你有信心。

其次，要将计划逐步推进、落地。HR 在介绍律所的时候免不了像产品营销一样，略有修辞。但是在实际过程中，律所如果和“图文”略有不同，基本上都能理解，但是如果是严重不符，客户就要投诉律所“虚假宣传”了，如果心理预期与实际情况差距太大，留不住人会变成常态。

最后，像重视用户体验一样重视员工感受。做好反馈与被反馈的管理工作，**员工要有向上反馈的途径**。中小律所的优势在于扁平化管理，层级少，管理更为简单。中小律所要尽可能发挥“小”的优势，提升员工的幸福指数。

二、人才培养前置

律所需要的人才与律所的业务类型、文化氛围、运行模式息息相关。律所对于理想的员工一定有一个具体的人才画像，除去基本的能力、品格等情况，尤其在**“三观一致”**这一个价值观层面一定要契合——只有意气相投、彼此认可的人，才可以共事。

很多合伙人会遇到一个问题：招进来的一些人，不管是在工作风格、工作习惯还是对事务所整体认可方面，感觉都差一截。

有些时候是因为招的人带着“前任”的烙印——源于前一个公司/事务所，或者带着他最初入职公司/事务所的痕迹。

这就是为什么很多企业喜欢校招——它们懂得人才培养前置的重要性，因为筛选比改变更简单。

大厂或者知名律所每年都会参与高校校招，花大手笔挖掘人才。华为的天才计划中便不乏百万年薪的“新人”。

大部分初出校园的职场新人身上蕴藏着无限可能，他们勇于拼搏、乐于奋斗、不怕吃苦、充满激情。普遍认为，从“白纸”开始培养的员工，对企业有种天然的信任——类似于学生与母校的关系。这种“内生式”的人才培养模式培养出来的员工，对事务所的文化、价值观的适应性相对更高，更容易融入，与事务所的运行机制、业务风格也更契合。

从另外一个维度来说，律所的文化需要持之以恒的新血液，也需要有人长时间坚守——“自己人”无疑是最好的选择。

三、减少“学历滤镜”

所有老板都希望有最优秀的员工。

但这个优秀绝不仅限在学历上。律所管理者要想清楚，律所自身的业务与哪类人才更为匹配：对于优秀的人才而言，学历必然不是排在首位，资源、情商、专业性远比学历重要。

高学历人才一来有留不住的担忧——学历高代表着学习能力强、有潜力，但他们同样对律所有着较高期待；二来学历高不代表能力强，律所付出的高薪可能收不回想要的效果。

另外在人员招聘上，可以不囿于面试、笔试等常规手段。可以借鉴一些优秀企业、律所的经验，组织无领导小组讨论、辩论会、模拟业务现场，设置压力测试、情绪测试等综合选择，挑选出更为契合本律所的人员。

某国际所的地区负责人曾分享过他们独特的选人方法：在最终决定之前，合伙人会组织一场两天的“团建”，邀请所有候选人参与，两天时间内，合伙人会近距离接触候选人，并在团建过程中设置一些临时性的演讲、模拟谈判等活动，考验他们对于业务的反应力、掌控力与协调能力，最终进行综合选择。经合伙人反馈，这种方法效果很好，虽然比常规的面试多花了一些时间，但是试错成本大大降低。

另外，律所管理者需要对人员招聘的事务更加上心。一来要做好人才储备工作——你永远不清楚你的员工会因为什么突发情况离开岗位；二来需要有超前的眼光去未雨绸缪，一旦项目或者业务有需要，储备人员可以第一时间上岗，而不至于面临“菜都上齐了，饭还没煮”的尴尬情形；三来对于核心岗位人员的招聘一定要亲自过问——知人善用是一个企业、单位能否走得更远的关键。

哪怕是知名企业的 CEO 如李彦宏、雷军、张一鸣等，也都表示会花大量的时间在招人上。一个错误的人选带来的损失远不只需要支付的工资和花费的时间，其背后的商业机会、试错成本才是最大的“花费”。

四、薪酬改革避免“工资倒挂”

在国内大所一轮又一轮的薪酬改革的大潮下，很少有律所再继续“岿然不动”。中小律所本就竞争力不强，如果薪酬这部分再缺乏竞争力，想获得求职者的青睐着实有点难。

所以，提高薪酬福利对于很多律所来说，是为律所注入新鲜血液的必要手段。提高薪酬本身没有问题，但是需要特别注意——避免“工资倒挂”，即新人比事务所的老人工资更高。

国内曾有一个新一线城市某大所的团队，为了提高竞争力将律所新人的入职底薪从 4000 元提高至 8000 元，同时设置了相应的职级—薪资结构，这原本是一件皆大欢喜的事情，但是这个范围却不包括老员工，甚至有 2 ~ 3 年资历的律师收入不敌刚入职的新人，“新人新办法，老人老办法”划分得清清楚楚。

“只见新人笑，哪闻旧人哭。”老员工无一不愤懑，甚至嘲讽道：“是不是我现在离职再入职比我现在的工资更高？”

引进新人是律所持之以恒发展的基础，但是注意绝不能伤了老员工的心。在做好薪酬保密制度的基础上，也需要关照老员工的情绪，否则团队必然会人心不稳，像上文提到的团队，一年内核心成员离开了 3 位，损失不可谓不大。

五、既走之，则“善”之

这里的善是妥善处理之意，是对离职者的善意。

大家都在讨论如何挑选出最优秀、最合适的人，但是天下没有不散的筵席。律所制度再完善、氛围再好，也会有人选择离开。重要的不是阻止他们离开，而是从中发现问题。

著名的管理大师彼得·德鲁克（Peter F. Drucker）曾说：*管理的本质，就是激发和释放每一个人的善意*。管理者要做的是激发和释放人固有的潜能，使他们创造价值，为他们谋福祉。

妥善处理好“离别”——这其实是最好的展现领导者的“善意”和发现团队中潜在问题的机会。

入职 6 个月以下的员工选择离开，大概率是无法与律所氛围、律所业务契合，又或是 HR 面试的时候夸大其词导致现实与期待差异太大。可以好好问问这些人离职的原因，对于优秀者也可以提出为其推荐其他律所或者企业。

麦肯锡的管理者曾坦言，麦肯锡每年在培养年轻人方面花费大量成本，但是他们绝不会阻止任何一个想要离开的人，离开不是断交，更不是交恶，相反，麦肯锡会主动联系它的客户，为其推荐从麦肯锡离开的优秀年轻人。

很多从麦肯锡离开的人随着时间的推移变成了高管、合伙人甚至企业老总，麦肯锡的善意让很多人再回头重新选择麦肯锡——他们成为麦肯锡的客户。

入职 1 年以上的员工选择离开，除去一些私人原因，大概率是累了，心累或者身体累——心累是受委屈，身体累是没有得到应有的回报。此时，管理者需要好好审视团队内部是否有一些“内耗”的措施如无意义的加班和形式化的汇报，或者团队人员之间矛盾，又或者直系领导是否没有给员工应有的反馈和善待。

此时对合适的人应适当挽留，适当询问，适当反馈。

而当老员工离开时，安排一场非正式场合的谈话很有必要。问问原因，问问规划，陪伴这么多年的员工已经不仅仅是工作上伙伴了。很多企业的员工离职后，还会在特殊的节日收到前单位的祝福甚至福利——好聚好散也体现着一个企业的魄力。

六、总结

中小律所在人才的选择、培养与流失上有一些相同的、常见的困境：选不好人、养不好人、留不住人。

诚然，中小律所在平台与品牌上无法与大所媲美，但是依然有很多中小律所在市场上声誉良好，甚至让很多优秀毕业生趋之若鹜，哪怕他们与红圈所、综合所有很大差距。

中小律所要发展，优秀的人才必不可少，但是罗马非一日建成，人才的选择也不可能一步到位，重要的是思维上的改变，在这一方面，优秀的律所需要一步步的积累。

“不积跬步，无以至千里”，事业如是，人才亦然。

从合伙人晋升看律所：内生式人才策略是必然选择吗*

黄晓慧 | 智合研究院

“**外部引进 + 内生式**”同步并举的人才吸纳模式在律师事务所中长期存在。

当一家律所的规模持续扩大、业务领域不断拓宽时，从外部横向招聘合伙人往往是性价比更高的选择。自带大量案源和成熟业务能力的合伙人级别人才更是能够快速补齐团队短板，实现资源共享、优势互补。

然而，根据智合观察，律所“向外求”行业高端人才的吸纳模式，在近两年热度逐渐消退。更多依靠内生力量成长起来的人才，成为聚光灯下的主角。

一、外部招聘还是内部晋升

根据智合的不完全统计，2023 年 2 月至 6 月，有 43 家律所通过晋升或加盟的方式，共产生 335 位新合伙人。

（一）横向引进合伙人所均数量远低于内部晋升合伙人所均数量

数据显示，2023 年 2 月至 6 月，30 家律所选择横向招聘，从外部引入共 113 位合伙人，所均引入数量约为 4 人。另有 24 家律所通过内部晋升的方式选出 222 位新合伙人，所均晋升数量约为 9 人。[1]

出于多元化发展的考量，许多律所依旧有条不紊地吸引不同领域的精英人才，以快速解决当下人员不足的问题，与现有业务模块形成互补优势。但如何更合理地控制人力成本，也成为各位管理合伙人不可忽视的问题。

尽管选择横向加盟合伙人的律所数量明显多于在内部挑选律师晋升合伙人的律所

---

* 本文首发于“智合”微信公众号 2023 年 8 月 24 日，文中收录数据的日期截至 2023 年 8 月 23 日。

〔1〕 其中 11 家律所同时存在合伙人外部加盟和内部晋升的情况。

数量，但在所均数量的表现上，却呈现截然相反的情况。面对宏观层面的下行压力与挑战，律所对横向招聘的态度开始回归冷静和保守。

（二）在同一家律所内部，内部晋升合伙人数量远大于外部引进合伙人数量

2023 年 2 ~ 6 月，被“一周律所动态”[1]收录的 43 家律所中，我们选取了选择在外部招聘和内部晋升上同时发力的律所，见图 1。

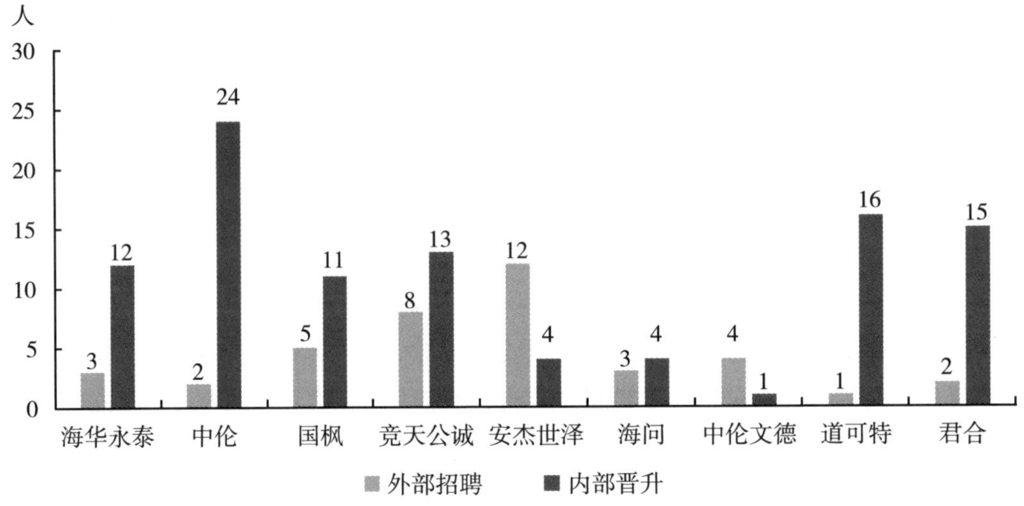

图 1　2023 年 2 ~ 6 月律所合伙人晋升与外聘数据

在这 9 家律所中，除了中伦文德和安杰世泽在合伙人招募上呈现外聘多于晋升的数据特点外，其余 7 家律所内部晋升的合伙人数量均大于外部吸纳的合伙人数量。

二、内部晋升的背后　一举多得的考量

（一）创造多赢局面的激励杠杆

“人”一直被视为律所发展壮大的战略资源，在当今客户对律师团队提出更多资质与经验要求的新形势下，优秀的法律人才已成为律所必争资源。但如何在将人才招揽进来后，有效留住人才，防止人才流失，也成为一道摆在律所面前的现实难题。

既然想要长久地留人，就要设身处地换位思考：他们需要什么？

律师选择平台，不只是简单地权衡金钱回报。各种组织理论和激励理论的研究结果表明，高收入诚然是一种有效的物质激励因素，但在物质需求被满足之外，人仍有归属需求、得到尊重的需求和自我实现的需求。

---

[1] 图 1 中的数据来源于智合公众号“一周律所动态”于 2023 年 2 月至 2023 年 6 月收录的法律专业人员晋升与加盟新闻，各律所表述存在差异，晋升与加盟职位包括各级合伙人。

国内律所合伙人晋升的时间周期普遍在8～12年之间，并且律所内部遴选合伙人的标准与流程严密且严格。晋升合伙人是对被提拔人长久以来对律所所做贡献和付出的认可。

另外，成为合伙人是身份的象征。它源于成功晋升后对内拥有的分红权，甚至是经营事项的决策权以及战略方向的知情权。对外，合伙人有机会接触更多类型的业务，可以为个人品牌优势“背书”。

而对于律所的新进人员，他人的成功经验无形中释放出“只要努力奋斗，人人都有机会获得晋升机会”的信号，能够激励更多有事业心的青年律师向更高的目标看齐，产生“把律所事务当成自己的事业去奋斗”的意愿，提升团队凝聚力和士气，激发团队内部的“良性斗志”。

（二）“做大做强的愿景”与“理性抉择的现实”之间的权衡

规模化浪潮是近些年中国律所发展的主旋律，国内一批批律所纷纷在各地设立分所、扩大人员规模。在疫情后的今天，经济增速放缓，人工智能大行其道，部分行业进入深度整合期。处在难以看清社会未来如何发展变化的时代，管理者也开始对未来转为审慎乐观的态度，并面临降本增效的压力。

从外部招揽人才，首先会面临高额的引进成本。在公开平台或中介处发布招聘信息，广告费、招聘和应聘人员的差旅费属于无法规避的显性金钱成本。在合伙人招募的整个过程中，人员筛选谈判难度大、决策链条长、新合伙人需要考察期和磨合期等问题也不可忽略。

正是基于此，优先选择内部律师晋升合伙人可以最大限度地节省前述成本，其诸多好处也不言而喻。

（三）启稳行远，离不开内部协同

如果把一家律所比喻为一艘在风浪中前行的船桨，所内的主任、律师、助理在船上扮演着大副、二副、船长、水手等不同角色。大家在各司其职的同时，更需要对视野、战略目标、权力分配保持高度协同，才能在大风大浪里稳定航行。

然而，许多律所从外部吸纳的合伙人和团队，没有发挥出预想中的“1+1>2”的协同效应，价值观冲突或许是其中一个原因。每家律所都有自己独特的规则，而新加入的合伙人也早已在以往工作中形成了自己的习惯和风格，这对双方都会形成一定程度的冲击。

对新入伙的律师而言，如果不能在短时间内快速融入新所、理解其运行规则，那生存就很困难。而对律所而言，保证新加入合伙人的利益，帮助他们融入，才能既激发其潜力达成目标又不会对律所原有架构产生破坏。

而内生式的人才晋升理念，意味着一名新人从开始就在律所成长，经过长年累月的共事配合，工作习惯、文化理念、价值观与律所有较大的趋同性，在这样一个不确定性增大的年代，这一人才吸纳模式得到青睐也就顺理成章了。

三、内培“小树苗”如何使内生式人才吸纳模式焕发活力

在人才争夺越发激烈的环境中，人才管理的重要性不言而喻，许多律所早已将其放在组织战略层面的核心位置，并在运营管理工作中付诸实践。意识转变的背后，是“人力资源是第一生产力”这一理念日渐成为管理层的共识。

但人才引进和培养不是一锤子买卖，要想使律所的“人力蓄水池”得到充实，真正激活内生式制度的活力，律所可以有哪些作为？

（一）选人环节　靶向发力

促进律所与人才的双向协同，关键在于两者间的深度融合。这就对律所的人才筛选环节提出要求。

选人是人才管理中的第一道环节，也是最核心的环节。一旦选错人，不仅前期投入的精力和资源会付诸东流，还可能错失很多机会。这些隐藏成本可能远远高于招聘和雇用一个人所需的费用。

结合当前业内的种种探索经验，在选人环节，可以考虑以发现培养为前提，摒弃“广泛撒网”的做法，转为“重点捕捞”。律所可以通过组织推荐、专项考核和日常观察等方式，挑选一批潜在的合伙人。另外，可以根据青年律师的工作背景、专业领域、发展潜力和成熟程度等多个维度，分类建立未来合伙人数据库，并进行动态补充更新。

（二）合理育才　不落窠臼

人才培养是律所永恒的主旋律，许多律所都已构建起所内培训的机制，但近年来关于事务所内部培训的不同声音时有传来。

部分律所的培训流于形式化，培训内容脱离实际，缺乏针对性，也没有建立起真正与人才长远发展配套的培训管理体系。显然，内部培训不能停留在空中楼阁式的框架层面，而要依赖系统性的管理制度真正落地见效。

如今的法律服务市场对合伙人的期待，越发向“六边形战士”靠拢，业务理解与执行能力、客户营销能力、沟通协调能力、战略规划能力、团队管理能力、心理抗压能力样样不能差。律所筛选出有成长潜力的人选后，需要对其进行全面培养，引导青年律师不断完善自身，鼓励其向合伙人级别迈进。

在完善培训体系设计和将其系统落地方面，许多律所已先行先试，针对“未来

合伙人”推出多维度的培养举措，包括不限于邀请资深专家、行业大咖定期进行业务培训，带来领先视野；为“未来合伙人”撰写专业文章和研发产品提供专项资金支持，帮助“未来合伙人”树立专业形象等。

四、结语

在核心人才吸纳方面，外部引进和内生式两种模式仍会长期并存。面对不稳定的外部环境，重视和强化内在力量，也许是当下穿越复杂周期的有效法门。当一支数量充足、结构合理、梯次接续、充满活力的高素质专业化人才队伍成长起来，律所即拥有了源源不断的新鲜血液。

但有效激发内部潜能的大前提，是律所在“选用育留”的每一个环节夯实基础，为内生式人才的培育和壮大提供良好的环境。

做律师太卷，转行当法务不卷吗*

应文文 ｜ 智合研究院

一个法律人在接受多年的法学教育后，在司法考试前往往要废寝忘食地备考，好不容易拿到了毕业证和法律职业资格证，又面临人生中的一个抉择：究竟是选择进入公司，成为风险把控的最后一关，还是进入律师事务所，成为风光满面的律政新人？

做律师还是法务似乎一直是法律人职业选择中绕不开的问题。这个选择看似简单，实则关系职业生涯的走向和未来的发展。

做律师和做法务，究竟有什么不同呢？

法务与律师，都是从事法律专业工作的人员，都是具有专业技能的服务提供者，但法务与律师的不同，可以从职责、自由度、稳定性、薪资与晋升等多个方面来进行分析。

一、职业的差异在哪里

1. 角色定位

律师面对的是多样化的案件，需要应对复杂的法律程序。他们主要为客户提供法律咨询、代理诉讼等服务。

企业法务则更专注于公司内部事务，致力于保障公司合法合规经营，处理合同、知识产权、劳动法等法律事务。

例如，一位律师可能会代理一桩复杂的商业纠纷案件，而一位企业法务则可能主要负责公司内部的合同起草和知识产权保护。

2. 工作强度

律师在工作中面临的挑战更多，需要经常应对紧急的法律需求，压力也更大，加起班来可能顾不得时间或空间，半夜接到客户电话、加班到凌晨一两点、在高铁上处

---

* 本文首发于“智合”微信公众号 2023 年 10 月 23 日。

理案件都是常有的事情。

而法务的工作强度比律师稍小一点，企业法务更注重规律的日常工作，工作强度相对较稳定。虽然需要处理大量的例行性法律事务，但随着对公司业务逐渐熟悉，工作也会更得心应手。

3. 自由度

律师的工作自由度一般较高，可以选择案件类型、客户和工作时间。他们可以选择独立执业或加入律师事务所，相对较为自由。当然，自由度高也意味着要随时处理案件，当案件任务比较紧急时，甚至需要没日没夜地工作。

法务和企业内其他员工一样，需要坐班，上下班需要考勤打卡，根据公司需求安排工作任务，需要更好地融入公司体系、与公司其他部门协作，自由度和律师相比较低。

4. 稳定性

律师的收入受案源和客户需求等因素影响较大，往往不稳定，没有案源就没有收入，因此需要不断拓展业务来维持稳定的收入。

法务是企业的员工，有固定的月薪，收入比较稳定，时间上一般朝九晚五，与律师最大的区别是“旱涝保收”。

5. 初始薪资

律师要从实习律师开始做起，除了少数如红圈所能给应届生开出高薪外，大部分一线城市实习律师的工资都比较低，在3000～5000元/月，三、四线城市甚至更低。

法务的初始工资取决于所在行业和企业，头部行业的法务甚至与红圈所的收入相差无几。随着法治化程度的提高，法务已经成为很多公司的常备岗位，正规法学专业的毕业生要找一份法务专员的工作并不难。在一线城市，法务的起步工资基本在7000元/月甚至可以达到1万元/月，除此之外还有“五险一金”、餐补、交通补贴等福利。

二、职业的未来在哪里

在法律这个看似拥有无限可能的领域里，律师和企业法务在这些方面有着截然不同的体验。那么，从更长远的视角来看，律师和法务的职业未来在哪里？在职业发展方面，大多数人最为关心的就是薪资和晋升（发展前景），律师和企业法务在这些维度上也存在显著的差异。

1. 薪资对比

在薪资方面，律师和企业法务之间的差距显而易见。

根据法律媒体《公司法务杂志》（*Corporate Counsel*）发布的2023年法务总监薪酬报告（General Counsel Compensation Report），排名第一的瞩目（Zoom）法务总监年薪为2804万美元，是全球第一律所凯易律师事务所权益合伙人年薪的3.7倍（752万美元）。

苹果公司的法务总监年薪（2715万美元）是排名第二的律所瑞生律师事务所的权益合伙人的5.3倍（515万美元）。

亚马逊法务总监的年薪是1818万美元，这个水平约等于6位高伟绅律师事务所权益合伙人的收入（人均292万美元）的总和。

同样，惠普公司的法务总监年薪是909万美元，相当于5位贝克·麦坚时律师事务所权益合伙人的收入（人均189万美元）的总和。

而根据研究机构Equilar发布的一项研究，法务总监平均薪酬超过310万美元。

可以看到，在国外金字塔的最顶层，企业法务的薪资收入远高于律师在律所的收入。

但与此同时，根据罗英人才发布的2023年法律行业薪酬福利报告，我们可以更清晰地了解国内的数据情况：

法务总监的年薪多为150万元/年，高薪者可达到250万元/年。

而在律所，多数权益合伙人年薪可达到300万元/年，高薪者可达到500余万元/年。

大所权益合伙人的平均收入几乎是客户公司法务部负责人的两倍。

这与国内企业和法律服务的发展情况也有很大的关联。但近年来，企业和行业越发重视法务的专业价值，法务的工资报酬也开始向上突破。很多行业如科技、互联网或者高净值行业的法务，年入百万也很正常。

2. 晋升机会

除了薪资，律师和企业法务在晋升机会上也存在差异。在律所内，律师的晋升通常依赖于个人业绩和客户开发能力。随着案件经验的积累和客户资源的拓展，达到一定创收之后，律师可以晋升为律所的合伙人。

从发展前景看，律师的业务水平是决定职业天花板的关键因素，可以说这是一个没有天花板的职业，发展前景也更被大家看好。虽然“二八定律”在律师界同样适用，但在努力提高自己业务水平的基础上，大多数律师熬过3～5年的困难期后，基本有着不错的业务表现。

相较之下，在企业法务部门，晋升更多地依赖法务对公司的贡献、专业技能和团队合作能力。表现出色的企业法务专员有可能脱颖而出，但企业内部晋升的机会相对有限，大多数法务的天花板就是法务总监，但一个企业通常也只需要一位法务总监。

从发展前景看，法务的前景与行业、单位部门架构有很大关系。金融、保险、大型互联网等类型企业，对法务的需求更高，其法务部门甚至是公司重要业务的组成部分，法务发挥的作用往往更大，公司地位也较为显赫，发展前景更为广阔。传统行业的法务岗不一定是公司的重要部门，许多企业甚至没有独立的法务部，这种情况下，法务的话语权不高，未来除了转岗从事管理类工作，很难有更多的发展机会。

三、职业选择的困境与迷思

以上这些差异不仅反映了两个领域的职业特征、发展路径，也直接影响着从业者的职业选择。而就像大多数的职业一样，律师和法务也存在“围城”。

曾在国内某红圈所资本市场领域的律师，后来跳到了外企，从一名律师转变成法务。当问及转型的原因时，她坦言：

主要是因为身体吃不消，体检报告都是红字，我之前是在IPO业务，经常加班，对身体的损耗很大，实在是熬不动了。而且律师其实很需要人脉和资源，我自己本身的性格是比较内向的，不太喜欢和别人打交道，所以到后期积累案源就比较困难，我想律师可能不太适合我。

跳到外企之后，我才感受到什么才是生活。朝九晚六的工作、WLB的状态，是我发自内心觉得很享受的，也有了更多动力去精进自己的专业、更多的时间发展自己的爱好。

但也有些同学，从法务毅然决然地转型成为一名律师。

一位在大厂担任法务的周同学，在2023年转行去了一家律所。他的想法又有些不同：

我毕业的时候就通过了法考，也一直很想当律师。但后来了解到实习律师的工资太低了，法务的工资要高很多，而且比较稳定，当时我家里条件不是太好，所以最后选择去了法务。

公司的平台还是不错的，不管是福利待遇，还是发展机会，都比我一些去中小企业当法务的同学要好很多。但“一个萝卜一个坑”，很快我就感觉到了职场上的天花板。

在和同学交流的过程中，我听说他回了二线城市直接做律师，现在也有了自己稳定的案源和相对不错的收入。想去做律师的心，又开始蠢蠢欲动了。

经过和家人沟通，盘点了自己的存款、辞职后可以利用的人脉和资源，我想自己是做好转型的准备了，这才辞去了法务的工作。

现在我在一家律所当实习助理，刚开始薪资可以说是断崖式下降，但也在慢慢变好。整体来说，我并不后悔当初的选择。

在职业发展充满各种不确定性和可能性的当下，法律人的发展路径并不再是“一条道路走到底”，而是可以作出各种选择、尝试和探索。

然而，无论是从律师转行当法务，还是从法务转行成为律师，哪条路适合自己都需要亲身探索。

中小所走公司制？先考虑好这三个问题 *

吴梦奇 丨 智合研究院

对于许多认真钻研过律所管理的合伙人/律师而言，“公司制”就像一处“桃源”：那里分配合理、协作高效，去过的人一半赞不绝口自此融入，一半因适应不了其中的生活知难而退。

无论如何，为了寻求更优的存在形式，至少体验/尝试一次公司制成为很多管理者脑中挥之不去的想法。即便囿于种种条件无法实行公司制，也得退而求其次通过“团队公司制”来实现一定效果，否则他们心中总会有为时代潮流所抛弃的隐忧。

近些年，不少公司制律所逐渐达成共识，选择将内部分工归为“前台”“中台”和“后台”三大块，各自需要解决的问题则是利益分配、业务运作以及运营支持——这三个问题，也是现阶段公司制律所面对的核心问题。

一、利益分配：比起切“蛋糕”，做“蛋糕”更难

一些管理者倾向于将分配方式理解为公司制律所的核心议题，也提出过诸如“只要合伙人的分成谈好，律所运营就基本不会出大问题”的观点。

在公司制律所中，合伙人的利益分配很重要，但如果将其放在律所发展的首要位置，无疑与提高协作效能、增强整体服务能力的初衷相悖，有本末倒置之嫌。

要让公司制律所的能力发挥得更充分，合伙人不可避免要作出一定牺牲。纯粹计点制（Pure Lock Step）也好，经改良的本土化的计点制（Modified Lock Step）也好，本质上都是在背离传统提成制律所“Eat What You Kill”的分成模式，尝试更为公平、更注重整体的蛋糕分配方式，二者的区别仅仅在于背离程度的大小。

以三家公司制律所的分配模式为例：

A 律所将分配要素划为三块：一块是创收，是主要考量因素；一块是股权，权重

---

* 本文首发于“智合”微信公众号 2023 年 4 月 18 日。

大致在 20%；一块是工作内容，主要以系统记载的工作时间为准。为了弥补分配体系激励性弱的缺点，A 律所还提取 30% 左右的案件收入作为提成奖励。

B 律所年终统一考核，考核内容分为软、硬两方面。硬指标以工作时间、年资等为代表，软指标则由内部专职考评人员根据律师在管理、协作、公益等方面的实际成绩进行评估和折算。

C 律所体量较小，内部设置了几个细分业务方向，不同方向根据具体工作内容设置了年资、工作时间等方面的权重，统一评估和发放工资；合伙人层面则根据案源情况在年终计算奖金。

可见，三种模式殊途同归，最终落脚点都是在兼顾一定激励性的前提下，实现更均匀的分配，避免所内收入差距悬殊。

实际上，这三家律所面临的核心问题也并非分配，而是如何在现有基础上进一步扩容、增收。公司制确实为它们内部团结发展提供了助益，但也让它们一定程度上处于“小富即安”的陷阱边缘。

二、业务运作：机制设计，考虑好了吗

一般提成制律所会面临的专业建设问题，在许多公司制律所中往往不是问题，因为他们能更便捷地调度人力、资金来开展系统性的专业建设工作。但作为代价，更频繁的业务协作和所务建设也给公司制律所的业务机制设计带来了更大考验。

在非特定业务领域，公司制律所需要应对更多的同行转介情形，设置合适的案源分成比例来维持这一生态的健康性；部分特定领域的协同度更高、合作情形更丰富，必然要求律所从机制层面对于如何协作、如何划分责任、如何分配等方面情形作出细致规定，确保整个制度长久平稳运行。

仍旧以上述三家律所为例，在业务运作机制上：

A 律所仅针对案源转介情形作出规定，按照案源两成、执行八成的配比对收入进行分配，同时设置了第三位合伙人专门对案件质量进行监督，为其提供少量奖励。不同团队、律师间的业务协作，具体分成由律师商定。

B 律所在内部 OA 系统的基础上开发了一套简要的业务分析、归类系统，对于需要多个律师、团队合作的业务，先由系统进行初步判断，计算出责任和收入的分配比，再由行政部门人员进行复核。

C 律所由于案源基本来自律所主任以及律所官网，在业务机制层面缺乏相关需求，对于跨团队协作案件，会在结案后遵循一定原则评估各自贡献度后对收入进行分配。

考虑到3家律所体量均未超过50人，业务机制层面其实都还不够成熟，但对于中小体量的公司制律所已足资借鉴。如果律所有更进一步的发展需求，可能就得考虑通过参访等形式更广泛地博采众长，寻求适合自身的方法。

三、运营支持：从负责到赋能还有多远

理论上，公司制律所侧重管理运营的特性会驱使律所重视其中后台建设，并以强大的中后台持续为律师赋能，帮助律师将更多精力聚焦在提升专业上。但从实际情况来看，目前公司制在许多中小型律所中还停留在“资源统筹”的阶段，在一些事务和活动中能达到比提成制律所更高的决策效率，但还远没有到能够对律师执业、拓业起到足够助益的程度。这一方面，即便是一些业务表现相当优秀的中小所也不敢说自己能做到。

这也是当下的一个现状：从财务角度考虑，中小所更容易在公司制的路上快速起步，但要想完全实现公司制的种种优势，不达到一定规模纯属空想。中小所实现规模化很难，大型所公司化改革也很难，从任一方向突破都很考验管理者“走钢丝”的水平。

在运营支持方面，上述3家律所自然也就表现平平了：

A律所将后台划分为行政和宣传两支团队，两支团队人数均占律所总人数10%左右。行政团队由合伙人牵头，分管所内各类行政事务和财务事项；宣传团队则主要负责组织对外沙龙、维护客户关系、汇编律师文章等事宜，也取得一定成果，如出版了案例汇编、专业著作、产品手册等。

B律所由于业务类型相对单一，没有设置专门的品宣团队，而是在信息建设方面投入较多资源，与外部第三方供应商合作搭建了定制化的OA系统，行政、人力、财务等后勤部门皆由OA系统高度统筹在负责合伙人手中。

C律所仅保留数名基本的行政人员，负责行政、人力、财务、公众号运营等基础性事务，实际运作方式更类似于一个财务独立核算的公司制团队。

这也佐证了上文的观点：没有足够的规模，就很难充分发挥公司制的优势，中小所公司制看似很美，但要让这种美好长期延续，就必须充分意识到未来发展的重重挑战，并为之做好资源和心理上的双重准备。

四、机制是手段，而非目的

公司制绝非“完美机制”，也有很多缺点。

比如管理过“紧”，严苛的内部管理机制和对外输出标准都与律师职业崇尚自由

的特性相冲突；比如分配复杂，做不好难以“服众”，做好了也不一定在收入上形成对同等体量提成制律所的横向优势；比如运营成本过高，律师往往擅长在管理事务中提意见、做“减法”，公司制本就偏高的运营成本则会在机制不够健全的情况下，让涉及费用支出的决策更难落地。

但为什么还是有那么多管理者、合伙人追逐“公司制”？

除却公司制本身的种种潜力外，可能还因为对于当下的律所管理者而言，探求和实践公司制这一行为本身，也已经带有了“追求最优管理路径”的情感色彩——公司制不是目的，做好管理的唯一目的是搭建一个更优的律所平台，让律师更自在地实现自我追求。

如果有朝一日，律所在管理层面“卷”出了更优机制，今天对公司制心心念念的管理者们，也许会立即转而对新机制心生期许。

但这又有什么不好呢？志在进取才是行业长期存续、不断发展的关键。

律所运营进阶进行时：当个“非律师”，可能也不错？*

张照栋 ｜ 智合研究院

在很长一段时间里，律所运营岗都不是很“体面”。

大部分律所都没有给运营以足够重视，一些律所管理者会粗暴地把这部分工作定位为“给律师打杂的”，他们甚至还会为了控制成本而削减运营工作的开销。

相较于为律所创收的律师，众多运营岗位上的“非律师员工”更多是没啥存在感的配角，默默无闻地承担着辅助工作。

这种状况一直在发生改变。近年来，传统的律所运营正向着专业化、精细化的方向发展，越来越多的律所管理者意识到，运营工作的意义不仅是维持律所日常运转，它们还可以创造更多的价值。

例如，协力于 2021 年进行了管理团队“去律师化”改革，探索专职化运营新模式；道可特在计划中明确提出“运营赋能”理念，投入巨大精力打造运营体系；浩天律所全国董事局主席蒋琪则在 2022 年放言，要建立强大的律所运营“中台”，打造以客户为中心的律师事务所……

汹涌的律所运营革新浪潮之下，我们不妨把视野聚焦，看看如今的律所运营工作包括哪些内容，以及它们是如何创造价值、为律所赋能的。

一、运营如何提高律所服务质量

律所运营的目的，在于节省律师时间，降低成本，提高服务质量，助力律所业务始终以客户为中心展开。

因此，运营首先要把律师从日常的行政工作中解放出来，让这部分工作由非律师

---

* 本文首发于“智合”微信公众号 2023 年 9 月 13 日。

人员承担。例如，律所的财务团队负责开具账单、制作财务报表、薪资管理；人力资源团队负责招聘、入职和人事管理；市场营销团队则负责目录提交、准备律师简历和组织客户调查等工作。

对于这些相对日常的运营工作，大部分律所早已习以为常甚至视而不见。他们如今更看重的是律所运营在处理日常行政工作、保证律所基本运转之外的“赋能”价值——提高律所交付服务的质量和效率，让律师专注于他们最擅长的法律业务。

例如：

·法律项目经理负责管理大型客户项目，他们会利用更智能的工具和项目管理技能，将工作分配给成本较低的律师或团队，更好地实现律所资源优化配置。

目前，法律项目管理岗在国外接受度较高，在领英上搜索“法律项目管理”会出现数百个由霍金路伟、贝克·麦坚时、高伟绅、欧华等律所发布的职位需求[1]。

·法律技术专业人员能快速部署新技术，加速律所法律产品的产出，简化律师在交付法律产品时的常规程序，提高效率。

·定价专家则能通过深入的市场分析和在销售、市场营销及客户管理等方面的经验，在与客户谈判时争取更好的价格，进而达成协议，实现客户和律所双赢。

此外，不断发展的律所财务团队也在提升律所服务质量方面发挥了重要作用：他们能统计律师工作时间数据，向律所管理人就改进工作分配方式或减少人员配置提出建议，以节省成本，提高效率；当出现争议时，财务团队也能帮助合伙人和客户协商，避免律所收入减少。

二、运营如何帮助律所获客

过去，增加客源的任务通常落在律师肩上，他们凭借自身过硬的专业能力开拓客户，为律所创收。但如今，律所内部负责市场拓展的非律师人员正越来越多地肩负起这项工作。

他们主要通过以下几种方式帮助律所提高获客能力：

·在外部市场树立起律所的品牌形象；

·甄别筛选潜在客户，然后向他们定向推销律所的法律产品和服务；

·准备高质量标书，支持律所参与的招投标活动；

·建立起与客户高效沟通的机制。

非律师人员运用他们的专业技能、从业经验和创造力，不仅为律所创造更多的增

---

〔1〕 Anna Marra, Todd Hutchison: The Rise and Future of Legal Project Management, (Lawahead, Jan. 11, 2023) https://lawahead. ie. edu/the - rise - and - future - of - legal - project - management/#_ftn3.

收机会，而且也减轻了律师的工作压力，让他们可以将精力集中在法律业务上。

美国顶尖科技领域律所威尔逊（Wilson Sonsini Goodrich & Rosati）之所以能长期维持 Google、特斯拉等全球 500 强的客户群，秘诀就是坚持本土市场深挖与前沿业务精进并重的市场策略。此外，威尔逊还在其市场拓展部门的牵头下制定了商业头脑计划（Business Acumen Program）培养律师的商业敏锐度，以更深入地了解客户需求。

不仅大规模律所，小规模律所也十分重视市场拓展。汤森路透 2022 年的一项调查显示，改进市场拓展方式将是小规模律所发展的第三大重要目标（前两大目标分别是扩大律所规模与提高内部效率），30% 的小规模律所将把“改进市场拓展方式”作为接下来发展的主要目标。在 2023 年，29% 的小规模律所将增加在市场拓展领域的投资。

有了新客户之后，律所下一步工作就是管理维护好与客户的关系，把他们发展成长期客户。而这部分工作，仅仅靠律师的业务能力是远远不够的。

客户开发经理能通过更深入地了解客户需求和他们所在的行业，与客户建立更深厚的关系，并为进一步的业务合作创造机会。

具有客户经验的非律师人员能够从自身出发，提出对律所流程的建议，使律所内部的流程对客户来说没有那么烦琐。这有助于律所以客户为中心，提高客户留存率。

三、运营如何让律所更具吸引力

首先是品牌的塑造。以往律所的品牌形象，依靠的是律所业务的广度和深度、律师的业务能力和经验，但现代律所的品牌形象塑造远不止于此。

律所品牌，并不仅仅指律所的标志与外观，还包括市场对律所的认知定位、律所理念、律所员工的特质等，这些都极大地影响客户是否会购买律所的法律服务或者雇佣律所律师。品牌专家的工作就在于此，他们可以帮助律所塑造品牌，在市场上树立好形象，吸引更多客户。

除了对外吸引客户，律所内部也要增强凝聚力，提高员工的忠诚度。这需要律所的人力资源团队承担起更多的责任，提升律所的“员工价值”。除了基本的薪资待遇外，律所还要营造良性的办公室文化，给员工提供职业发展机会等，以此提高员工留存率。

律师行业是一个高压行业，律所的运营团队要给律师提供高质量关怀。目前，已经有一些律所设立了专门负责员工福利的运营岗位，如高伟绅律所 2023 年聘请了一位全球“福祉和员工体验官”。

此外，运营团队还要帮律所肩负起社会责任，这虽然不能直接为律所创造利润，但可以改善客户和员工对律所的认知，帮律所在公益事业、可持续发展、多样性和包容性等议题上建立良好声誉。

国外的许多律所已经设立了多元化管理岗，主要职责是协同人事部门和多元化部门以及律师招聘与发展部门一起实施律所的多元化计划，包括但不限于完善人员入职、发展和培养、晋升等流程，以达成律所人员构成更加多元、形成包容的律所文化以及增强律师归属感的目的。

如今客户在选择法律服务时越来越重视律所的价值观，律师挑选律所执业时也是如此。

四、如何应对高昂的运营成本

这是每一家希望“运营赋能”的律所必然要面对的难题。繁多的运营岗位必然导致律所“非收费收入者”（non - fee - earners）[1]人数大量增加，巨大的成本让律所管理者不得不考虑投资运营的性价比。

不过，这个问题并非没有解决之道，参考当前经验，律所可以采取以下几个措施降低成本：第一，优化流程，简化如客户入驻等的程序，提高效率，节省人力成本，减少资源浪费。第二，将服务标准化，将律所日常的服务和流程标准化，以便员工遵循，并降低日常工作的成本。比如律所可以为律师设置自助平台，让他们自行完成一些常规工作，如查找法律文件或提交报告等，减轻行政人员的工作负担。第三，用科技辅助人工。律所可以引入流程自动化机器人（RPA）技术，把内部行政工作中的人工步骤自动化，从而大幅减少行政人员处理日常工作所需要的时间；AI 或者 ChatGPT 可以生成关于判例和相关法规的摘要，或者根据既定先例创建标准文件，这同样可以降低人力成本。

此外，律所降低成本的措施还包括：定期进行成本分析、将非核心业务外包、把账户管理等工作转移至劳动力价格较低的地区等。

五、你会怎么选

现今的律所运营正经历前所未有的变革。至少，许多国内律所的非律师运营人员都已经不局限于曾经的“打杂”角色，且往往有着专业律师并不具备的优势，能凭借其多样化的背景和专业知识，给律所带来新的视角和活力，进而帮助律所在竞争激

[1] 《世界法律词典》释义：指不通过向客户收费为雇主创造收入的雇员。

烈的法律市场中脱颖而出。

无论是提升服务质量、提高律所获客能力还是加强律所品牌效力、增强员工凝聚力，运营工作的巨大价值正日益受到重视，越来越多的律所开始投身于这场律所运营的革新浪潮之中。随着律所运营的不断演进，将有更多令人瞩目的成果和改变，为整个法律行业带来新的活力和可能。

区域观察篇

从广深到湾区，法律服务高质量发展的“广东模式”下一步怎么走*

顾文倩 | 智合研究院

从古代的海上丝绸之路的起点、对外贸易的窗口，到近代的革命斗争和改革开放的重要舞台，广东作为中国南方的重要省份，在历史上始终扮演重要角色。

广东省毗邻香港特别行政区和澳门特别行政区，形成了独特的经济合作区域。这一地理位置赋予其得天独厚的对外贸易条件和外资吸引力，成为中国对外经济合作的重要门户，而广东省的发展成果也确实证实了这一定位的卓越之处：2022 年，广东省全年国内生产总值（GDP）达到 12.91 万亿元，逼近 13 万亿元大关，连续 34 年全国第一。（见图 1）

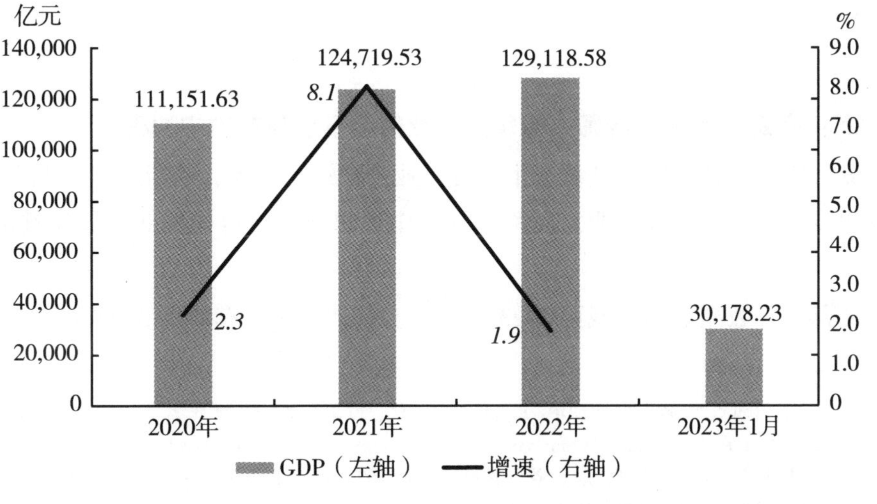

图 1　2020～2023 年广东 GDP 变化情况

---

* 本文首发于“智合”微信公众号 2023 年 8 月 22 日，文中收录数据的日期截至 2023 年 7 月 19 日。

2020年以来，受新冠疫情、通胀高企、能源价格暴涨、供应链紊乱等不确定因素的内外冲击，中国GDP增速波动剧烈。

国家统计局数据显示，2022年中国GDP达1,210,207亿元，同比增长3%。此后，各地也陆续发布了2022年的经济数据。截至本文完稿已揭晓的31个省份中，已有8个省份GDP超过5万亿元大关，其中，广东省超过12万亿元，GDP连续34年位居全国第一。[1]

2023年经济复苏，2023年上半年全国GDP达593,034亿元，同比增长5.5%，比第一季度加快1个百分点。分季度看，第一季度GDP为284,997亿元，同比增长4.5%，[2]第二季度增长6.3%。[3]其中，广东省第一季度GDP达30,178.23亿元，同比增长4.0%。[4]

多年来，中国经济对世界经济增长的贡献保持在30%左右，担任着全球经济复苏的引擎。法律行业发展与经济发展同频共振，经济复苏背景下，目前广东的法律市场现状如何？又面临哪些机遇与挑战？

本篇核心看点：

（1）南北、国内国际律师业格局变化，粤港澳一体化发展，广东法律市场整体趋势如何？

（2）新经济崛起，广东业务蓝海方向在哪？业务趋势如何把握？

（3）数字智能时代，律师行业数字化如何转型？模式创新下的律师业如何打出差异化？

一、暗涌：突破7万人，律师人数领跑、业务量下滑叠加内卷加剧

国家经济创造性持续发展背景下的各行业都在迅猛发展，与市场经济配套发展的法治建设要求造就了律师行业，而两者双重作用的涟漪使得律师业的圈层逐渐扩散、放大。

司法部公开数据显示，截至2023年7月1日，全国共有律所3.97万家，百人所

---

〔1〕参见林小昭：《盘点31省份去年GDP：8省份超5万亿，广东总量连续34年第一》，载微信公众号“第一财经”2023年1月25日，https://mp.weixin.qq.com/s/mF9f-vSE1371qnexxNt6wQ。

〔2〕参见《一季度经济运行开局良好》，载国家统计局网2023年4月18日，http://www.stats.gov.cn/xxgk/sjfb/zxfb2020/202304/t20230418_1938732.html。

〔3〕刘志强：《中国经济半年报：增长5.5%！》，载微信公众号“人民日报”2023年7月17日，https://mp.weixin.qq.com/s/rKJx-1KUQOhpib1sxt_HGg。

〔4〕《一季度广东GDP达30178.23亿元　同比增长4.0%》，载中国经济网2023年4月24日，https://baijiahao.baidu.com/s?id=1764039067881883351&wfr=spider&for=pc。

532家，执业律师68.27万多人。2022年全国执业律师人数65.16万多人，比上一年度新增7.68万人，涨幅超13%，律所3.86万多家。与律师人数的持续攀升不同的是，2022年新设律所相较于2021年的增速为5.75%，增速逐渐放缓。（见表1）

表1　2020～2023年全国律师增长变化情况

年份	律师数量/万人	增速/%	律所数量/万家	增速/%	律师人数超过1万人的省（区、市）/个	律师人数超过3万人的省（市）/个	业务量/万件	增速/%
2020	52.20	10.36	3.4	6.25	21	北京、上海、江苏、山东、**广东**	1114.5	-0.4
2021	57.48	10.11	3.65	7.35	22	**广东**、北京、江苏、上海、山东、浙江、四川	1308.5	17.41
2022	65.16	13.36	3.86	5.75	23	**广东**、北京、江苏、上海、山东、浙江、四川、河南	1274.4	-2.61
2023.7.1	68.27	—	3.97	—	—	—	—	—

数据来源：司法部，截至2023年7月1日。
注：整理/制表：智合研究院。

在此期间，广东律师业发展速度仍领跑全国，作为全国第一律师大省，其律师人数已突破7万人。2022年，广东律师人数增幅超过14%。（见表2）

表2　2020～2022年广东律师增长变化情况

年份	律师数量/人	增速/%	律所数量/家	增速/%
2020	55,136	12.60	3496	6.40
2021	61,946	12.35	3857	10.33
2022	70,885	14.43	4163	7.93

数据来源：广东省司法厅。
注：整理/制表：智合研究院。

“这是一个必然趋势，中国律师人数将会越来越多。”天达共和律师事务所管理合伙人、大湾区管委会主任林泽军认为，从历史因素及社会经济发展角度看，中国律师人数的快速增长是符合发展逻辑的自然进程。而广东地处中国南部沿海，战略位置优越，作为改革开放的前沿阵地，经济日益繁荣，与之相应，对法律服务的需求就愈加旺盛。“譬如北上广深等一线城市、江浙沿海经济发达地区，随着经济的繁荣，律师的绝对数量呈现快速增长，这是自然而然的事情。”林泽军说。

如今，这种流动更加双向：中国企业借此更多地走向全球，而外资不仅关注中国无与伦比的制造业和物流资源，还关注中国消费者和世界级企业日益增长的财富。广东在历经40多年的高速发展后，已成为中国最富裕与最大的外贸出口省份。

“广东拥有广州、深圳两个超一线城市，可以说很难有与之匹敌者，其带来的业务机会，也很难不让人瞩目。”在成立近30年的深圳本土律所——广和律师事务所主任、首席合伙人童新看来，“深圳独特的科技中心定位，带来了法律服务需求的持续走高，即使在疫情经济受创的压力下，律师仍能根据客户的付费能力，满足中高端或者是一般化法律服务的多样化需求。”他认为，其实质是法律服务市场根据区域的经济发展，同频共振。

广州和深圳并立于岭南大地，屹立于改革开放潮头，是我国内地除直辖市以外，经济体量最大的两座城市。广州是全国执业律师人数最多的城市之一，最新官方数据显示，截至2022年12月底，广州律师人数达22,864人，律所906家；深圳律师人数与广州相近，达21,995人，律所1174家，其中专职律师人数和律所数量位列北京、上海之后，位居全国第三。（见图2和图3）

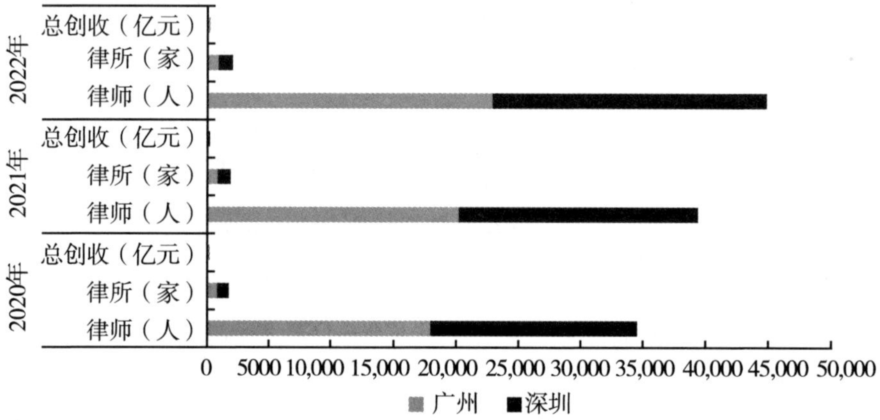

图2　2020～2022年广州、深圳律师行业数据

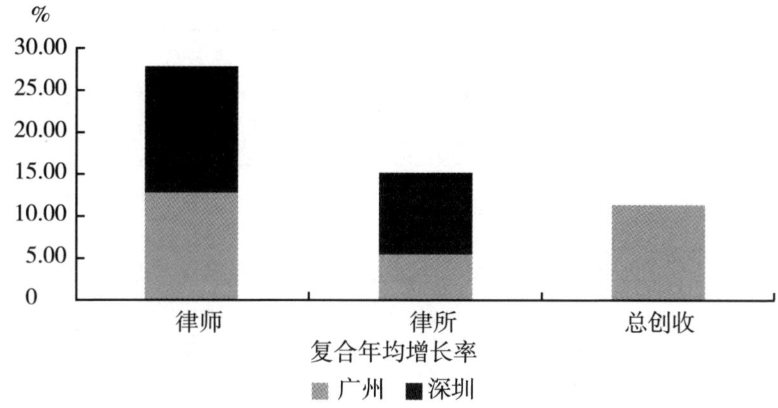

图 3　2020～2022 年广州、深圳律师行业数据

虽然从全国律所增速放缓的数据中，能够明显感受到中国律所管理者对于律所扩张与新设持有更加谨慎的预期，但随着经济快速发展，律所规模化已经成为势不可挡的趋势。外地规模化律所的进驻与深度下沉一定程度上导致了广东律师行业的发展不平衡。

2022 年，广东律所持续扩张，较 2021 年新增律所 306 家。以律师总人数为依据，截至 2023 年 7 月 16 日，广东规模排名前十的本土律所如表 3 所示。

表 3　广东规模排名前十的本土律所

序号	律所	成立时间	律师数量/人	总分所数量/家	总所律师/人	总所所在地区	国内分所布局
1	华商	1993 年 12 月 22 日	1818	43	888	深圳	香港、北京、广州、天津、成都、武汉、长沙、南京、西安、南昌、郑州、兰州、长春、赣州、三亚、黄山、义乌、秦皇岛、柳州、永州、泉州、汕头、珠海、惠州、东莞、佛山、揭阳、龙岗、光明、龙华、盐田、合肥、杭州、昆明、南宁、沈阳、青岛、坪山、华商林李黎（前海·广州）联营、华商林李黎（前海·坪山）联营、华商林李黎（前海）联营、华商萧一峰（海口）联营、华商希仕廷（福田）联营

续表

序号	律所	成立时间	律师数量/人	总分所数量/家	总所律师/人	总所所在地区	国内分所布局
2	广和	1995年10月16日	1019	23	584	深圳	北京、长春、长沙、成都、东莞、赣州、光明、广州、海口、龙岗、龙华、隆子、茂名、前海、深汕、顺德、武汉、芜湖、乌鲁木齐、厦门、中山、珠海
3	广信君达	1993年1月29日	949	18	760	广州	北京、上海、武汉、深圳、海南、珠海、中山、东莞、清远、佛山、梅州、平远、南沙、横琴、花都、黄埔、白云、西藏林芝工布江达
4	金桥百信	1995年4月24日	829	12	515	广州	长沙、东莞、佛山、黄埔、江门、三亚、深圳、烟台、云浮、肇庆、中山
5	法制盛邦	1983年8月8日	753	6	549	广州	东莞、江门、三亚、深圳、肇庆
6	国晖	2004年12月14日	714	33	271	深圳	宝安、北京、长春、长沙、潮州、东莞、佛山、福州、光明、广州、贵安新区、哈尔滨、海口、杭州、合肥、惠州、江门、揭阳、昆明、龙岗、龙华、梅州、南宁、坪山、前海、青岛、上海、汕头、天津、武汉、湛江、中山
7	卓建	2007年7月18日	635	18	362	深圳	长春、重庆、大连、东莞、福州、光明、广州、杭州、龙岗、龙华、马鞍山、坪山、深汕、西安、湛江、郑州、中山
8	金鹏	1993年1月29日	489	14	308	广州	白云、东莞、佛山、花都、黄埔、惠州、江门、荔湾、茂名、深圳、中山、珠海、家裔（横琴）联营

续表

序号	律所	成立时间	律师数量/人	总分所数量/家	总所律师/人	总所所在地区	国内分所布局
9	普罗米修	2002年3月27日	426	24	172	深圳	阿里、宝安、北京、长沙、大连、东莞、佛山、福田、光明、广州、惠州、呼伦贝尔、景德镇、龙岗、龙华、茂名、梅州、南阳、坡头、前海、汕头、武汉、中山
10	国信信扬	1998年4月18日	397	13	256	广州	成都、东莞、佛山、赣州、河源、花都、黄埔、江门、南沙、番禺、汕头、深圳

数据来源：全国律师执业诚信信息公示平台，检索时间截至2023年7月16日。

注：整理/制表：智合研究院。此统计不包含国外布局情况。

外省尤其是北京、上海两大城市的品牌大所在粤布局也仍在继续，以广州、深圳为例，截至2023年7月16日，广州百人所中11家是北京、上海律所的分所，深圳百人所中外省分所共19家，除北京、上海外，西南地区规模强所泰和泰也位列其中。（见表4）

表4 广州、深圳外省分所百人所

序号	律所	广州分所律师数量/人	深圳分所律师数量/人	总所所在地区
1	盈科	772	845	北京
2	大成	412	380	北京
3	京师	—	637	北京
4	锦天城	177	310	上海
5	德恒	131	329	北京
6	中伦	124	209	北京
7	德和衡	220	103	北京
8	隆安	151	172	北京
9	金杜	141	177	北京
10	炜衡	153	163	北京
11	泰和泰	—	309	四川
12	康达	147	110	北京
13	君泽君	—	150	北京
14	中银	—	147	北京

续表

序号	律所	广州分所律师数量/人	深圳分所律师数量/人	总所所在地区
15	国浩	—	145	北京
16	中闻	—	136	北京
17	金诚同达	—	124	北京
18	万商天勤	—	122	北京
19	浩天	—	117	北京
20	天元	116	—	北京

数据来源：全国律师执业诚信信息公示平台，检索时间截至 2023 年 7 月 16 日。
注：整理/制表：智合研究院。

广东律师的增长速度已是律所增速的两倍，在为律所提供源源不断的人才的同时，一个更为显著的事实是：律师行业人数大幅增加导致业务竞争加剧，掀起了更为激烈的争夺战。

从数据来看，2022 年，广州及深圳律师代理的各类法律业务数量有所减少。其中，广州办理诉讼案件数量 247, 549 件，较 2021 年减少约 4. 1 万件；非诉讼案件数量 61, 946 件，较 2021 年减少约 1. 5 万件。深圳律师办理各类业务较 2021 年，民商事诉讼降低 12. 44%，刑事诉讼降低 28. 39%，行政诉讼降低 6. 71%，常年法律顾问降低 4. 52%。[1]（见图 4）

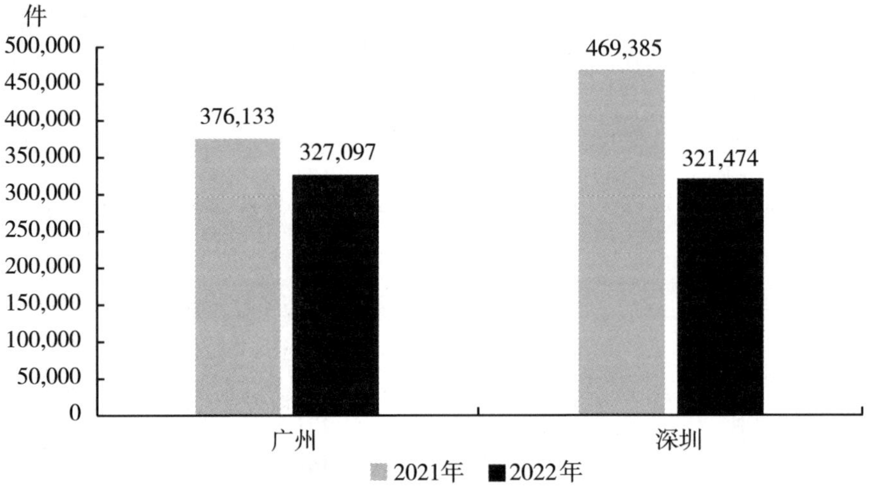

图 4　2021 ~ 2022 年广州、深圳律师行业业务状况

---

〔1〕 参见《九个维度，一图畅读〈深圳律师行业发展报告（2022）〉》，载微信公众号“深圳律协” 2023 年 5 月24 日，https://mp. weixin. qq. com/s/FgySGdWZBDz7quPuCHVL_w。

对此，广信君达律师事务所主任邓传远认为："广东法律服务市场的发展极为迅速，市场竞争日趋激烈。律师要更加注重专业化、精细化，选择适合自己的法律服务领域，避免成为'万金油'，同时还需要学习新领域的法律知识，适应新时代、新领域、新业态的发展需求。"

如何把握速度与质量的双兼顾？如何促进广东律师行业的高质量发展？激烈的竞争给律师和律所管理以及行业发展都带来了挑战。

量跃升、质突破。在童新看来，律师人数稳步增长仍是未来长时间内的大趋势，而高质量的发展应该聚焦"四化"的提升，即规范化、专业化、品牌化以及国际化。"律所的运营要合乎行业要求，律师的专业化程度要匹配适应广东经济社会发展需求，要思考律所品牌如何更好树立与出圈，还要探索涉外人才的培养与建设。"据此，作为老牌律所的广和也在积极求变，变革管理、深耕专业、创新方式，如加强管理、共建共享，建设 14 个专业委员会专业化精耕细作，将青年律师培养作为全所战略性任务。

在律师规范和律所管理层面，林泽军则表示："一方面，律师人数扩张加剧业务竞争，造成律师无序/恶意竞争；另一方面，疫情以来的经济放缓形势与律师绝对数量增加之间的矛盾逐渐浮出水面。这些都为律所管理增加了隐形成本。"应对挑战，天达共和着重在合伙人招募以及优秀团队建设上发力，并有针对性地进行市场拓展，投入大量的人力、财力及物力在细分领域研发法律服务产品，以为客户提供更优质的服务为最终落脚点。

"目前不同年龄人才结构比例、业务专业化发展、信息化建设方面面临一定的调整"，邓传远认为需要通过实行精细化管理，精即精准，细则是具体，主要以制度化、流程化、标准化、信息化来应对当下挑战。在制度流程化、标准化的基础上，广信君达采用信息化手段开展律所的有序管理和服务；细分 20 多个专业领域，设立 16 个专业部门和研究中心，并让律师做好两主两辅的业务登记，以便于律所了解律师的业务发展特色，更有针对性地展开专业化建设。

可见，作为中国最富裕的省份，广东本地经济的强劲增长以确实数据反映在对法律服务的需求上。但对许多人来说，经济上的繁荣只意味着一场无休止的斗争，他们既要抵御竞争对手，又要迫切地寻求新路径以实现收入多元化。

在竞争白热化之际，这个中国动力引擎创造的"蛋糕"，会被如何分割？

二、变局："AI"强势入场，新增法律蓝海在哪里

近年来，由于其他行业发展机遇空间变小，不少精英转换赛道加入法律服务业；

加之近几年法学毕业生就业形势不乐观，最后大多数都进入律师行业。在林泽军看来："服务供给端增长而需求端尚未出现明显增长，律师行业被迫'内卷'。"尤其是2018年以来，全国累计340余万人报考司法考试，其中2018年至2021年57万余人通过考试取得法律职业资格，2022年法律职业资格考试报考人数再创历史新高，达81.6万人。

当然，凡事都有正反两面：执业律师的激增，激发律师整体专业服务能力快速提升，客观上促进了法律服务市场的规范和正向发展；同时，客户对专业律师提供服务内容的甄别判断能力迅速提升，对律师的专业化分工和精细化作业、全流程管理等也产生了非常大的影响。

此外，2023年爆火的ChatGPT，引发关于人工智能应用的普及以及行业数字化转型的探索，数字化创新也给法律行业带来了新的挑战，法律科技也成为必不可少的组成部分。

面对新的发展形势，有人积极拥抱，有人"谈虎色变"。天达共和在两者中选择前者的同时，探索出另一种应对方式，即动态管理。林泽军介绍道，"一方面，在特殊时间段的细分领域找寻新的市场，在传统业务里寻找新蓝海，例如，利用律所合伙人在不同法域执业的经验发展特定细分领域的跨境法律业务，以比较优势深入拓展细分领域业务。另一方面，要拥抱技术的发展，用数字化赋能律所建设，扩宽律师业务渠道。"为此，天达共和已有实践——设立了全国第一家数字化律所。

"人工智能能够处理知识性、程序性、重复性的法律业务和工作，解放律师部分劳动力，提高工作效率；律所及律师能够借助相关宣传平台链接更多法律服务需求，借助工具快速查阅案件相关信息。"在邓传远看来，数字化、科技创新和人工智能带来的优势不言而喻，广信君达也组建了律所的软件系统开发团队，研发一套完全契合律所实际、符合律所发展方向的软件，逐步促进广信君达的数字化发展。

广和则在法律机器人开发上已有构想。童新认为，人工智能和法律的结合是一场新时代的法律创新。"通过人工智能和自然语言处理技术，实现智能法律服务系统的建立。"将律师从烦琐的事务型的工作中解放出来，降低人工成本，提升效率。法律机器人可以帮助处理诸如：语音法律咨询建议、知识产权管理、数据合规性检查、证据收集指引、合同起草修改以及法律意见分析……"要与时代同步，才不至于被时代抛弃。"

以上律所的诸多实践，也向行业再次证明，广东法律市场的韧性与创新力不容忽视。

三、机遇：粤港澳大湾区一体化，被扩大的市场

近20年来，北京和上海一直引领整个中国律师行业发展。随着新时期的重大变化，中国律师行业的格局实际上正在重新定位，以前是北强南弱，现在则是逐渐走向均衡，不少大所正处于蓄势调整阶段。

疫情以来，一些规模所出现发展乏力等情形，主要原因在于前期大规模扩张带来的高昂成本压力，加之近年国内外形势巨变，大所在国际上的影响力有所下降，业务随之减少。南北、国际律师业格局之变，给大湾区律师腾出的空间越来越多。

随着国家“引进来”和“走出去”战略、粤港澳大湾区建设的不断推进，大湾区对于中国未来区域经济发展格局的战略重要性也将进一步升级。三地之间的经济、文化和人员流动日益增加，对跨境法律服务的需求也日益提高。

广东在粤港澳大湾区一体化发展中扮演重要的角色，广东省统计局数据显示，2022年大湾区内地9市地区生产总值104,681亿元人民币。截至2022年12月底，广东共有境外律师事务所驻粤代表机构34家，其中外国律师事务所驻粤代表机构8家，我国香港地区律师事务所驻粤代表机构26家；粤港澳合伙联营律师所16家，粤港协议联营律师事务所1家。

港澳律师的加入，为广东法律服务市场注入了新的活力，广东也正积极通过各种形式迎接港澳律师的来临。港澳律师秉持国际化的视野和专业水准，在跨境交易、知识产权保护、仲裁等领域提供高质量的法律服务，这一过程中，港澳律师与国际化律所合作，共同促进大湾区法律服务市场的国际化水平的提升。司法部截至2023年6月29日的数据显示，已有270名粤港澳大湾区律师在广东9市执业。大湾区律所分布情况如表5所示。

表5　大湾区律所分布一览

地区	律所
广州	广信君达
	金桥司徒邝（南沙）联营
	金杜（广州）
	广悦
	卓信
	北京市盈科（广州）
	宏安信陈（广州）联营
	中伦（广州）

续表

地区	律所
广州	德恒（广州）
	健伦君
	金桥百信
	天商
	锦天城（广州）
	金诚同达（广州）
	天达共和（广州）
	安华理达
	华商（广州）
	环球经纬
	康浩
	南方福瑞德
	南国德赛
	三环汇华
	胜伦
	伟途
	耀辉
	中元
	中联（广州）
深圳	邦仪
	金阳
	李伟斌（深圳）
	金杜（深圳）
	竞天公诚（深圳）
	安恪
	世辉（深圳）
	海派
	天驰君泰（深圳）
	梦海
	中伦文德胡百全（前海）联营
	中银—力图—方氏（横琴·深圳）联营
	诚公冯黄伍林（前海）联营

续表

地区	律所
深圳	华商林李黎（前海）联营
	星辰（前海）
	普罗米修（前海）
	国晖（前海）
	华商
	泰和泰（深圳）
	奋迅（深圳）
	隆安（深圳）
	鸿湾
	广和
	卓建
	京师（深圳）
	敬海（深圳）
	广信君达（深圳）
	大成（深圳）
	观韬中茂（深圳）
	君泽君（深圳）
	贤杰
	信达
	汇仲（深圳）
	景达
	德和衡（深圳）
	雨仁（深圳）
	晟典
	盈科（深圳）
	君悦（深圳）
	金诚同达（深圳）
	恩典
	邦仪
	金阳

续表

地区	律所
珠海	盈科（珠海）
佛山	南天明
	泽康
东莞	德恒（东莞）
中山	香山
江门	巨信
	江达
肇庆	天量
	刚钲

数据来源：网络，检索时间截至 2023 年 7 月 19 日。

注：整理/制表：智合研究院。

随着粤港澳大湾区建设的不断推进，粤港澳三地的经济、文化、人才流动将日益增加，衍生出许多新型的法律服务需求，同时也吸引了高水平的专业法律人才，大湾区律师与本土律师合作交流时，能够提高律师的综合素质和专业能力，帮助提升广东律师行业的法律服务质量和水平。

邓传远认为，港澳律师加盟内地律所能够发挥桥梁和衔接的作用，内地律师与港澳律师合作，能够满足境内外客户的法律服务需求，帮助客户“走出去”“引进来”；同时，内地律师通过港澳律师能够更好地了解普通法系国家的法律规则，特别是站在国家政治政策、经济投资安全的角度，可以有效防范客户寻找境外律师时出现的一些法律风险。为此，广信君达从组建一个部门、搭建一个平台、构筑一座桥梁三个方面做好保障工作，为港澳律师解决工作需求。“粤港澳大湾区作为我国重要的战略部署，具有明显的区位优势，我们也将会利用好这一优势，部署律所在粤港澳大湾区的整体法律服务布局。”

“粤港澳大湾区融合发展的这种特殊历史发展，带来的机遇将远大于挑战。”天达共和也紧随国家发展战略展开全国布局，在粤港澳大湾区设立广州办公室，扩大深圳办公室，并在我国香港地区组建分所，与当地实力律所进行联营，共同形成大湾区办公室，林泽军认为，大湾区独有的格局，在跨境投融资、私人财富规划、跨境争议解决等业务领域催生新的业务蓝海，为粤港澳三地律师提供广阔的前景。“为此，天达共和大湾区办公室采用一体化管理，招募在细分领域有影响力的合伙人和专业人才，用一体化战略吸引优秀的同行加入，共同深耕大湾区法律服务市场。”

推动大湾区法律服务聚集发展不仅符合法律服务行业从分散走向聚集的潮流和趋

势，也有助于大湾区优化法治化营商环境，实现规则衔接、机制对接，是新时代大湾区法律建设的重要内容。

法治是促进大湾区建设的一把利器，也是粤港澳三地融合发展的最大公约数。“粤港澳大湾区建设是一项前所未有的重大工程，其特殊性也将为跨境法律服务带来新的业务增长点。”对于港澳律师的加入，童新表示充分肯定，广和也通过各项举措帮助大湾区律师融入内地法律市场，借助港澳律师所独有的国际化经验背景，推动广东本土律师涉外服务能力的提升，衔接境内境外资源，助力中国企业“走出去”发展。

落实我国香港地区法律执业者和我国澳门地区执业律师在大湾区内地 9 市执业试点工作，推动出台港澳律师到内地执业工作指引及解决利益冲突规则；建立完善港澳律师人才库，打造大湾区律师人才高地……可以看到聚焦大湾区法律服务需求的政府行动也极为活跃。

四、升级：高质量发展的“广东模式”

聚焦广东法律行业下一步发展规划，广东省政府制定广东法治建设“一规划两纲要”：《法治广东建设规划（2021—2025 年）》《广东省法治社会建设实施纲要（2021—2025 年）》《广东省法治政府建设实施纲要》，表明：完善法律援助值班律师制度，持续开展刑事案件律师辩护、法律帮助全覆盖工作，保障律师辩护权利；建立律师行业扶持发展机制，加大对跨领域、复合型法律服务人才培养力度，注重培养青年律师；纵深推进粤港澳大湾区、深圳先行示范区建设，高水平建设横琴、前海、南沙三大平台等。

广东律师行业如何高质量发展？广东省司法厅正努力打造法律服务高质量发展“广东模式”：大力发展涉外法律服务业，加强律师事务所专业化品牌化建设，聚焦国家重大发展战略，服务保障纵深推进“双区”和三大平台建设。

广东法治建设“一规划两纲要”着力推进广东各方面工作法治化，为广东在全面建设社会主义现代化国家新征程中走在全国前列、创造新的辉煌提供有力法治保障，在社会经济发展、政府依法行政方面广东律师将大有可为。邓传远表示，广信君达高度认可广东法治建设的未来前景：“区域内的律所需要在业务发展、服务提质、人才培养方面狠下功夫，在专业化品牌化建设方面取得新突破；要形成更多叫得响的广东特色亮点服务品牌；以高水平的法律服务保障粤港澳大湾区建设、高水平对外开放、民营经济发展、基层社会治理等方面。”

“‘一规划两纲要’吸引了全国各地的优秀的法律人才到广东来执业，为广东律师行业奠定了人才基础。”林泽军表示，“从经济发展角度来说，纵深推进粤港澳大湾区融合建设，广东属于粤港澳大湾区中的重要区域，其发展同样是一种探索、创新，对于法律行业的创新也提出了新的要求，是挑战同时更是无限机遇。”

“律师业务的发展要在政府重点打造的产业方向及布局上，做好超前研究。”聚焦深圳本土政策发展，童新认为律师业务要依市场需求、政府规划、产业规划等提前布局，“在此基础上，未来的广东法律市场的发展机遇在于，要有强专业性的律师，能够面对来自北京、上海专业强所的竞争，这是广东律所普遍面临的难点，也是现在重点发展的方向。”

广东律师行业正以“广东模式”为指引，通过政府制定的法治建设规划和纲要，不断推进高质量发展。这一努力将为广东在全面建设社会主义现代化国家中发挥引领作用，吸引更多优秀法律人才，扩宽法律服务的热土。同时，律师行业应紧跟市场需求、政府规划，提升专业性，用乐观的心态应对激烈竞争。

五、结语

2022 年 1 月 25 日，司法部印发《全国公共法律服务体系建设规划（2021—2025 年）》，其中规划了到 2025 年全国执业律师达到 75 万人的目标。与此同时，律师行业人数的持续增加必将给行业格局带来深刻影响——广东律师业面临竞争与压力，但同时也蕴含着发展的机遇。

为破局，广东律师需要积极拥抱科技创新，开拓多元化的服务领域，并不断提升自身素质。广东这个地域蕴含的独特底蕴，孕育了广东律师敢闯敢拼、敢于开拓创新的气魄，使他们持续以卓越之姿在激烈竞争的洪流中昂首阔步，不曾退缩。

律师不足万人，吉林为何还能吸引知名大所纷纷落子*

刘元坤 | 智合研究院

2023 年 6 月，司法部发布 2022 年律师行业信息。数据显示，在全国 34 个省级行政区中，有 23 个省份律师都已超过万人规模。

吉林，正是律师不足万人的省份之一。近年来，东北告急的讯号时常响起，东北地区由“黑吉辽”构成这一调侃也显示出吉林的存在感较弱。

然而，近年来，不断有全国性知名律所出现在吉林法律服务市场。

全国性知名律所为何纷纷加入吉林，吉林法律服务市场又发生了哪些变化？

一、吉林法律服务市场概况

（一）吉林律师行业历史

吉林，并不是一个年轻的法律市场。早在 1912 年，北洋政府颁布《律师暂行章程》后吉林便有律师开展业务活动，并建立了吉林律师公会进行律师行业管理。1979 年律师制度恢复后，吉林律师行业同全国一样，掀起发展和改革的热潮：1979 年，榆树县法律顾问处在全省率先成立；1988 年，吉林省第一个合作制律师事务所——白城市三维律师事务所成立[1]；1994 年，吉林省第一个合伙律师事务所——吉林省大华律师事务所成立[2]……

1979～2004 年，吉林律师数量从无到有增长至 2348 人，律师执业机构增长到 332 家（含法律顾问处、律师事务所）。1979 年，吉林律师服务收费还只有 1100 元，1980 年已增长至 1.7 万元，2004 年一举超过 1 亿元。（见图 1～图 3）

---

* 本文 2023 年 8 月 29 日首发于“智合”微信公众号，文中收录数据的日期截至 2023 年 8 月 29 日。

〔1〕 田景春：《吉林省志·卷十二·司法公安志·司法行政》，吉林人民出版社 2000 年版。

〔2〕 吉林省地方志编纂委员会编纂：《吉林省志（1986～2000）·司法行政志》，吉林人民出版社 2017 年版。

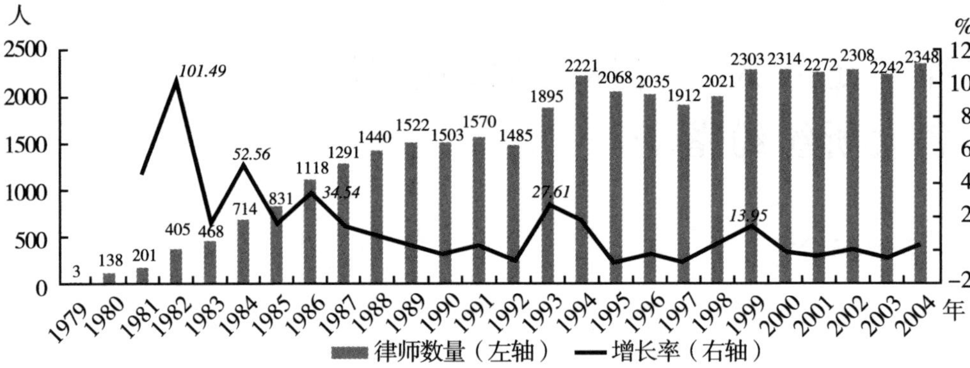

图 1　1979 ~ 2004 年吉林律师数量及增长率

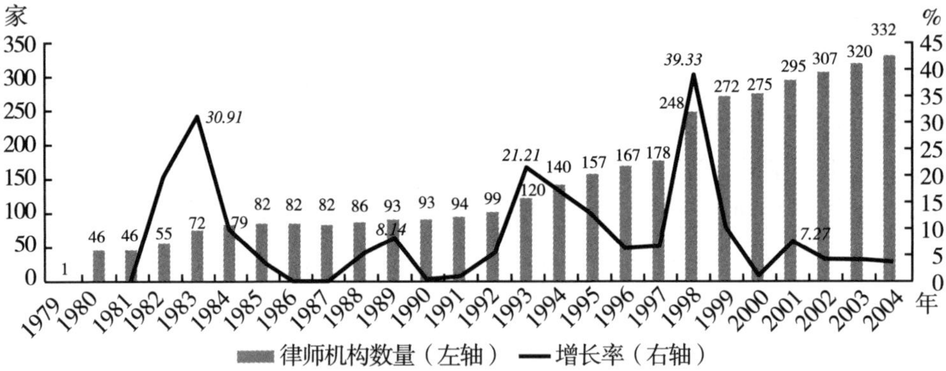

图 2　1979 ~ 2004 年吉林律师机构数量及增长率

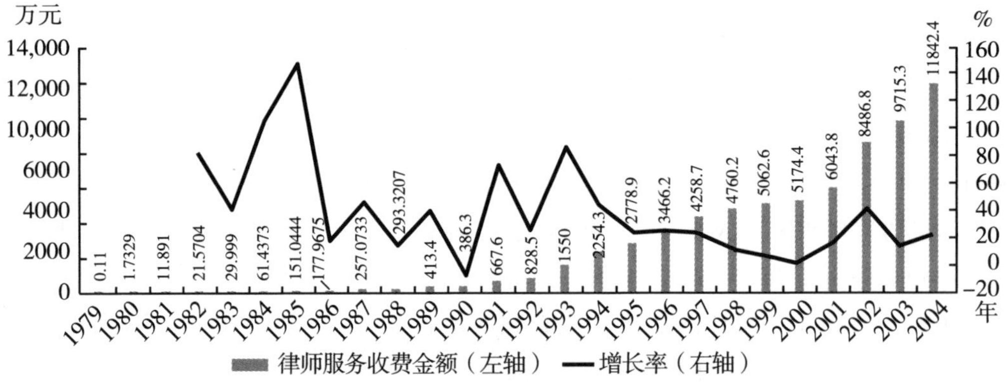

图 3　1979 ~ 2004 年吉林律师服务收费金额及增长率

注：整理/制图：智合研究院。

[数据来源：《吉林省志・卷十二・司法公安志・司法行政》、《吉林省志（1986 ~ 2000）・司法行政志》]

改革开放行至20世纪90年代末与21世纪初，东北地区重工业体系在市场经济的冲击下步履维艰，国企普遍困难，社会保障与就业面临巨大压力。东北地区难以适应市场经济体制，经济发展与其他地区的差距逐渐拉大，步入后发地区的行列。这一变化同样出现在律师行业，吉林律师人数在全国律师人数中占比也逐渐下降。（见图4）

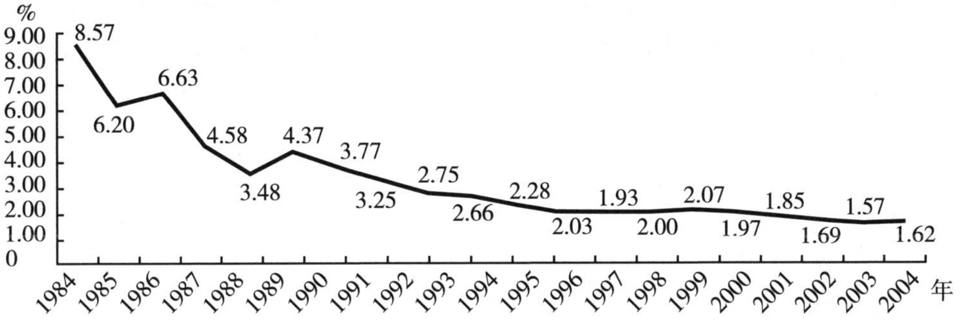

图4　1984～2004年吉林律师人数在全国律师人数中占比

注：整理/制图：智合研究院。

［数据来源：《吉林省志·卷十二·司法公安志·司法行政》，《吉林省志（1986～2000）·司法行政志》，《中国统计年鉴》（1986年、1992年、1994年、1995年、1999年、2004年、2010年、2017年、2022年）］

1984年，吉林律师占全国律师数量的8.57%。随着我国律师行业的持续发展，吉林律师在全国律师人数中占比逐渐下降，直至2000年掉出2%后一直维持在这一水平以内。而在2022年，北京和上海的这项数据分别为7.19%和5.89%。

2003年，为解决东北地区日益凸显的矛盾，中共中央、国务院印发《关于实施东北地区等老工业基地振兴战略的若干意见》。东北振兴战略的实施促进了东北的发展，2003年后的10年一度成为改革开放后东北地区经济增长最快的时期，10年间增长速度超过全国的平均水平[1]。这期间律师行业也经历了持续稳健发展的时期。

（二）"新东北现象"时期

2014年，东北经济增速经历"断崖式下跌"，人口不断流出、生育持续低迷等问题也亟待解决，东北"告急"的声音不绝于耳，被舆论称为"新东北现象"。聚焦到吉林而言，其既有东北地区的共性问题，也有吉林省个性现象。吉林的基础省情也决定了法律服务行业的市场特点。

1. 市场规模有限、增长潜力较大

吉林省经济规模和人口规模在全国而言均属于相对有限的水平。2022年，吉林

〔1〕参见乔榛、路兴隆：《新中国70年东北经济发展：回顾与思考》，载《当代经济研究》2019年第11期。

省生产总值为13,070.24亿元[1]，排名全国第26；第七次全国人口普查显示吉林省共有2407万余人[2]，排名全国第24。

囿于吉林整体经济体量和人口规模，吉林法律服务市场相比发达地区而言总量也比较有限。

从律师与律所数量来看，2021年，吉林共有624家律所，7473名律师，是全国律师人数低于1万人的省市区之一。2012～2021年吉林律师机构和律师数量情况如图5和图6所示。

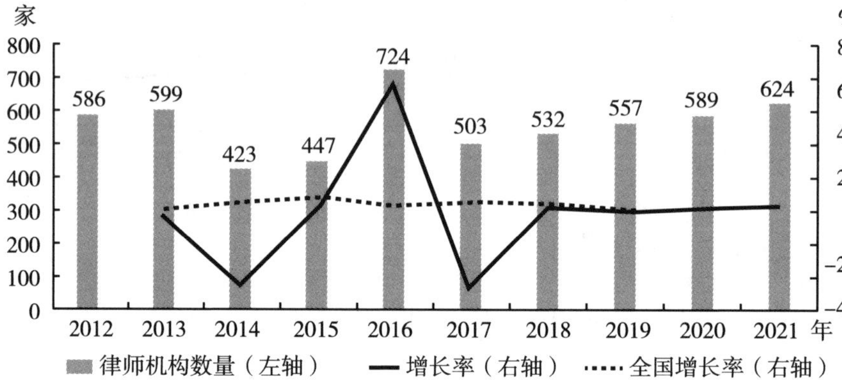

图5　2012～2021年吉林律师机构数量及增长率

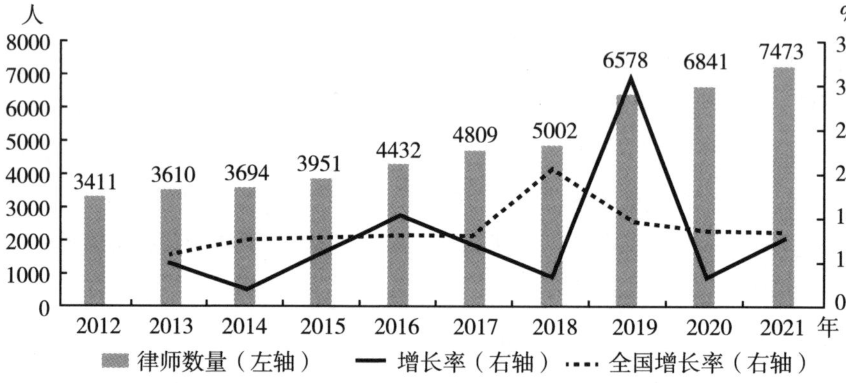

图6　2012～2021年吉林律师数量及增长率

注：整理/制图：智合研究院。

[数据来源：《吉林统计年鉴》（2014年、2017年、2020年、2022年）]

从案件数量与律师业务收入上来看，2017～2021年，吉林全省法院年均受理案

[1] 参见《吉林省2022年国民经济和社会发展统计公报》，载吉林省统计局2023年4月1日，http://tjj.jl.gov.cn/tjsj/tjgb/ndgb/202304/t20230401_8687326.html。

[2] 参见《第七次全国人口普查公报（第三号）》，载国家统计局2021年5月11日，http://www.stats.gov.cn/sj/tjgb/rkpcgb/qgrkpcgb/202302/t20230206_1902003.html。

件和审执结案件分别约48万件[1]。2021年，吉林律师办理民事、刑事、非诉、咨询代书、仲裁业务共约12.7万件[2]。据北京大成（长春）律师事务所主任、第九届吉林省律师协会会长、第十届吉林省律师协会名誉会长王哲介绍："近年来，吉林律师服务年收费总额规模为13亿左右。"

王哲认为："虽然吉林法律服务市场总量偏小，但也意味着未来的巨大上升空间和较高增长速度。"

金杜律师事务所合伙人、北京市金杜（长春）律师事务所负责人唐逸韵认为："近年来东北宏观经济情况在全国来看不是很靠前，法律服务机构的集中度也不如发达地区，但随着东北地区各类企业的不断发展以及对本地就近法律服务需求的提升，本地法律服务市场具有一定发展潜力。"

2. 政府国有企业主导、传统业务居多

东北地区曾因雄厚的工业基础被称为"新中国工业的摇篮"和"共和国长子"，大型国有企业遍布各地。重工业为主的产业结构和国有经济占比较高的特点一直延续到今天。2022年，吉林汽车产业产值占吉林工业总产值的41.1%[3]，中国民营企业500强中仅有3家吉林地区企业入围。(见表1)

表1　2022年中国民营企业500强榜单中吉林地区企业

位次	企业
第159位	修正药业集团
第465位	吉林省长久实业集团有限公司
第492位	新星宇建设集团有限公司

数据来源：全国工商联《2022中国民营企业500强调研分析报告》。
注：整理/制表：智合研究院。

身处重工业占比较高、国有经济集中、民营经济薄弱的经济环境之中，吉林法律服务市场也相应呈现出政府与国有企业类客户占主导地位、律师业务以传统业务为主的特点。

王哲介绍道："吉林法律服务市场的客户主体主要集中于政府、大中型国企与公民个人，这种市场主体特点导致政府法律顾问、政府债券融资、公共法律服务、国企

---

〔1〕参见徐家新：《省高级人民法院工作报告（摘要）——2023年1月16日在吉林省第十四届人民代表大会第一次会议上》，载《吉林日报》2023年2月5日，第2版。

〔2〕《吉林统计年鉴2022》，载吉林省统计局，http://tjj.jl.gov.cn/tjsj/tjnj/2022/ml/indexc.htm，访问日期2023年8月22日。

〔3〕韩俊：《政府工作报告——2023年1月15日在吉林省第十四届人民代表大会第一次会议上》，载吉林省退役军人事务厅网2023年1月28日，http://www.jl.gov.cn/zw/jcxxgk/gzbg/szfgzbg/202301/t20230120_8662908.html。

公司治理等法律服务在市场中占主导性地位。此外，刑事、建筑工程与房地产、民间借贷、人身损害赔偿、侵权、婚姻家庭继承等传统业务也是比较重要的法律服务领域。”

吉林功承律师事务所独立管理人，吉林大学法学院教授、博士生导师，中国法学会律师法研究会特约研究员孙学致分析认为：“从功承的情况来看，业务的基本面还在传统范围内，新兴业务还处于培养形成阶段。即使如国企合规这一类业务，在国资占主导的本地市场也未出现积极的需求。医药、电动汽车、新能源、生物制药、农业等行业的法律服务目前所占的比重也不高。”

对于吉林法律服务市场的业务格局，王哲进一步介绍道：“从业务格局上看，传统法律服务占所有业务领域的半壁江山，破产、知识产权、并购重组等业务占比次之，海商海事、企业上市、复杂金融组合、涉外法律服务等业务份额占比更小。就业务类型上而言，诉讼业务占据主导，利用法律顾问、仲裁业务以外的非诉讼法律手段为企业服务的业务占比较少。”

3. 资源集中明显、省会占比过半

长春市作为吉林省会在省内经济首位度较高，经济总量几乎占全省一半。法律服务市场的资源集中也比较明显，长春集聚了多数的律师行业资源，律师、律所在全省占比均为50%左右。吉林市是吉林省第二大城市，集中了全省约15%的律所和约12%的律师。其他城市的律师资源分布较为分散，占比普遍为个位数。

在律所规模上，吉林省共有北京盈科（长春）律师事务所、北京大成（长春）律师事务所、吉林衡丰律师事务所3家百人以上规模律所，占全省律所的0.44%。占比近80%的十人以下中小律所则是绝大部分吉林律所的常态。（见图7）

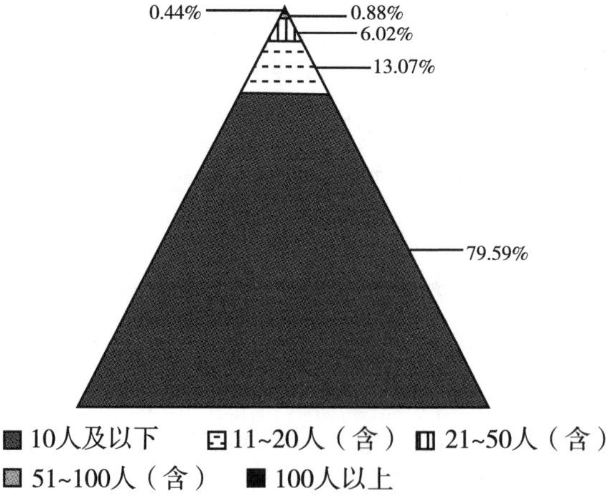

图7　吉林省律所规模分布

注：整理/制图：智合研究院。
（数据来源：中国法律服务网，2023年8月29日）

二、吉林法律服务市场机遇

（一）产业结构调整

东北面临的传统重工业结构过重、国有企业活力不足、民营经济发展不充分、市场化程度不高、营商环境不完善、新兴产业发展偏慢、改革滞后、缺乏创新等矛盾和问题，归根结底是产业结构、经济结构问题[1]。2016年，中共中央、国务院出台《关于全面振兴东北地区等老工业基地的若干意见》，拉开了新一轮全面振兴东北的大幕。针对东北多相叠加的病因，新一轮东北振兴提出要推进经济结构调整和优化升级，培育新产业新业态，支持民营经济发展。

在此背景下，吉林省提出要打造汽车、旅游、农产品加工与食品3个万亿级产业，壮大医药健康、化工、装备制造、冶金建材、电子信息等多个千亿级优势产业，培育新材料、新能源、商用卫星、通用航空、生物医药、冰雪、新型汽车等新兴产业，加快发展现代物流、金融服务、研发设计、商贸流通、医疗美容、休闲康养等现代服务业，超前布局新型显示材料、激光通信、人工智能、量子技术等未来产业。

随着产业结构的优化升级、新兴产业的培育发展、非公经济市场活力的激发、国有企业的深化改革，吉林产业结构的平衡优化和增长动能的新旧转换或将促使法律服务市场需求发生深层次结构变化，创造新兴增长空间，吉林律师的业务领域也可能将面临新的发展前景。

王哲认为，东北振兴战略将为吉林律师行业创造三个方面机遇："一方面，市场对法律服务的需求将会持续增长，提升吉林法律服务市场总量。另一方面，市场增长也将催生更多包括民企、外企、中小企业等在内的市场主体，促进市场主体从政府、国企主导向多元化、综合化转变，促进吉林律师业务格局从传统业务为主向传统与新兴业务并举转变。最重要的是，市场总量的扩大与业务领域的多元化，将敦促吉林律师深入研究专业业务，推动吉林律师不断提升专业化服务水平，从而在激烈的同质化市场竞争中发展差异化服务，满足新兴法律服务需求与复杂业务服务需求。"

为满足吉林的法律服务需求，金杜长春分所也作了相应筹划。唐逸韵介绍说："作为一体化管理的律所，金杜将通过长春分所向吉林乃至东北地区市场提供全链条法律服务，东北企业也可通过金杜长春分所对接到金杜在国内其他地区以及全球的资源。目前，以金融证券、争议解决、知识产权为主要执业领域的合伙人和律师已入驻金杜长春分所。其中，在诉讼领域，金杜在设立长春分所之前就已开始为东北的国企

---

〔1〕 参见何立峰：《全面振兴东北地区等老工业基地的行动纲领》，载中国政府网，https://www.gov.cn/xinwen/2016-06/16/content_5082871.htm。

和民营企业、金融机构提供重大综合疑难诉讼代理服务。知识产权业务作为金杜与‘国际化’并行的战略之一，历来是金杜的强项，可与大型重组整合、债务重组化险、重大疑难案件、跨境投资并购、综合前沿合规等其他金杜较擅长的业务领域一起，适当填补吉林相关需求缺口，与本地其他法律服务机构形成错位发展的势态。”

（二）市场环境变化

“新东北现象”中，营商环境是广受诟病的焦点。若想借助发展新兴产业、壮大民营经济的举措调整传统重工业和国有经济占比过重的失衡产业结构，需要以市场化手段招引外部企业、培育本土企业，从而补齐短板、增添动能。这些都必须建立在良好营商环境的基础上。时任国务院总理李克强在吉林考察时曾直言：“营商环境过了关，投资就能跨过山海关。”

2016年开启的新一轮东北振兴不仅重点强调要调整产业结构，也将优化营商环境作为改革重点。法治是最好的营商环境，营商环境的优化需要律师的广泛参与。律师向社会提供法律服务有助于通过市场化、法治化手段保护产权、维护契约、调整各类市场主体的利益关系，促进“熟人社会、关系社会、人情社会”向“契约社会、规制社会、法治社会”转变，活跃国有企业、民营企业、外资企业等各类市场主体公平竞争的法治生态。律师既可以在建设法治化营商环境中发挥作用，也将在法治化营商环境中受益。

2022年7月，吉林打造法治化营商环境的重要举措——长春智慧法务区正式揭牌。长春智慧法务区计划建设为立足吉林、服务东北、面向全国、影响东北亚的法律服务高地。长春智慧法务区招来了众多律所和法律生态企业入驻。2022年，金杜、君泽君、华商、大成、锦天城等26家律所和企业与长春新区签署项目合作协议〔1〕。

对于长春智慧法务区在打造法治化营商环境方面的作用，孙学致表示：“长春智慧法务区为法律服务行业提供了集中的办公和活动场所，集聚了一批律所及相关配套法律行业资源，包括功承在内的律所开展了系列行业活动，形成了局部独特的法治化营商环境。长春智慧法务区目前处于起步阶段，其未来对于市场的连接传导和影响促动有待持续关注。”

法律服务高地的辐射作用也在金杜长春分所有所体现。对此，唐逸韵介绍说：“吉林是东北地区的地理中心，长春智慧法务区是面向东北的法律服务高地，金杜将通过长春分所，立足吉林、辐射东北，就近为本地政府、各类企业和院校机构提供高效高质的法律服务，让优秀法律人才能够来到东北、留在东北。”

---

〔1〕 参见徐雁秋、孙红丽：《长春新区：推进长春智慧法务区建设 打造法治吉林新名片》，载《吉林日报》2022年7月25日，第6版。

近年来，不仅吉林律师所参与建设的营商环境迎来了新动作，律师行业本身的市场环境也出现一些变化，一些知名的全国性律所品牌陆续出现在吉林。2018 年以来，共有广和、锦天城、鑫诺、汇业、国晖、兰迪、华商、道成、金杜、卓建、奉仁、建纬 12 家外省市律所品牌亮相长春。（见表 2）

表 2　2018～2023 年外地律所在吉林新设分所

成立时间/年	律所	总所地点	分所地点
2018	广和	广东	长春
2018	锦天城	上海	长春
2019	鑫诺	北京	长春
2021	汇业	上海	长春
2021	国晖	广东	长春
2022	兰迪	上海	长春
2022	华商	广东	长春
2022	道成	北京	长春
2023	金杜	北京	长春
2023	卓建	广东	长春
2023	奉仁	辽宁	长春
2023	建纬	上海	长春

数据来源：中国法律服务网，2023 年 8 月 29 日。

注：整理/制表：智合研究院。

对于多年担任吉林省律师协会会长的王哲而言，他对近年来这种变化也有独特体会："近些年外部法律服务市场形势发生很大变化，国内知名律所仍在寻求扩张，存在规模化不断延伸和发展的需要。与此同时，吉林律师眼界、格局以及固有思想也在发生转变，品牌意识逐渐提升。吉林律所品牌发展、管理运营、业务提升的内因需要与国内知名律所规模扩张的外因需要相结合，催生了本土律所与国内知名律所相结合的局面。"

三、吉林法律服务市场挑战

（一）吉林律师仍需补齐短板应对挑战

在吉林法律服务市场未来发展前景面前，对吉林律师而言重要的是如何补齐短板、抓住机遇。

2023 年 6 月，总投资超 444 亿元的奥迪一汽新能源汽车配套产业园暨奥迪 PPE

配套项目在长春开工，为奥迪一汽新能源汽车配套生产核心零部件[1]。在该项目旁边不远处，中国第一家奥迪纯电动工厂一年前落地长春，计划总投资358亿元，投产后可形成800亿元年产值、3000亿元规模产业链[2]。

作为推动吉林汽车产业集群向高端化、智能化、绿色化发展的重大项目，奥迪新能源汽车相关项目涉及的法律服务链条覆盖从项目投资、可行性研究到市场销售、企业合规等多种业务类型，但其中却鲜少能看到吉林律师提供重要法律服务的身影。

类似的现象在其他业务领域也有显现。

在金融领域，早在1993年，吉林省金融证券律师事务所杨继方和温尚杰等律师就担任了通化东宝股票发行上市专项法律顾问，填补了吉林省律师办理证券业务的空白[3]。然而，目前吉林省48家A股上市公司中由吉林律所担任首发经办律所的仅占少数（见表3）。

表3　吉林地区A股上市公司首发经办律所与首发经办律师

证券简称	首发上市日期	首发经办律所	首发经办律师
富奥股份	1993年9月29日	—	—
欧亚集团	1993年12月6日	中信律师事务所	王志雄、郑淑君
ST金圆	1993年12月15日	深圳特区经济贸易律师事务所	—
金浦钛业	1993年12月15日	深圳市金融房产律师事务所	—
通化东宝	1994年8月24日	吉林省律师事务所	杨继方、温尚杰
亚泰集团	1995年11月15日	—	—
吉林化纤	1996年8月2日	吉林省律师事务所	—
一汽富维	1996年8月26日	北京地石律师事务所	董安生、叶林、潘文军
吉林敖东	1996年10月28日	大连联合律师事务所	—
万方发展	1996年11月26日	辽宁省律师事务所	—
ST金鸿	1996年12月10日	中银律师事务所	—
长春高新	1996年12月18日	吉林省律师事务所	—
东北证券	1997年2月27日	大连市联合律师事务所	—
苏宁环球	1997年4月8日	吉林省律师事务所	—

〔1〕 参见张建、张骁：《总投资超444亿元！奥迪一汽新能源汽车配套项目启动》，载新华网2023年6月30日，http://www.jl.xinhuanet.com/20230630/420dc53943de408e8de56bc2e90cae1b/c.html。

〔2〕 参见《奥迪一汽联手全球供应商——打造高端新能源汽车发展长春高地》，载新华网2023年7月3日，http://www.jl.xinhuanet.com/20230703/956a63a11603438ababdaf829669019f/c.html。

〔3〕 参见吉林省地方志编纂委员会编纂：《吉林省志（1986～2000）·司法行政志》，吉林人民出版社2017年版。

续表

证券简称	首发上市日期	首发经办律所	首发经办律师
通化金马	1997年4月30日	吉林省律师事务所	—
一汽解放	1997年6月18日	通商律师事务所	—
诺德股份	1997年10月7日	北京市大成律师事务所	江华、鲍卉芳
长春一东	1998年5月20日	信达律师事务所	陈利民、徐育康
泉阳泉	1998年10月7日	吉林省经济律师事务所	于淑贤、丛义
中钢国际	1999年3月12日	吉林省经济律师事务所	丛义、于淑贤
派斯林	1999年9月9日	吉林省经济律师事务所	丛义、于淑贤
长春燃气	2000年12月11日	北京市大成律师事务所	彭雪峰、鲍卉芳
ST通葡	2001年1月15日	吉林卓识律师事务所	杨继方、温尚杰
华微电子	2001年3月16日	信利律师事务所	丁志钢、邢冬梅
吉电股份	2002年9月26日	—	—
启明信息	2008年5月9日	吉林兢诚律师事务所	马维山、陈秀丽
亚联发展	2009年12月9日	北京市中伦律师事务所	邹晓冬、许志刚
奥普光电	2010年1月15日	北京市金杜律师事务所	刘延岭、花雷
吉林高速	2010年3月19日	国浩律师集团（上海）事务所	—
*ST吉药	2010年8月25日	北京市天银律师事务所	朱振武、谢发友、刘煜
利源股份	2010年11月17日	北京市华联律师事务所	金俊、谢炳光
益盛药业	2011年3月18日	北京市国枫律师事务所	杨权、郑超
皓宸医疗	2011年10月18日	北京市君致律师事务所	刘小英、孙学运、王海青
吉视传媒	2012年2月23日	北京德恒律师事务所	黄鹏、李哲
长白山	2014年8月22日	北京市金杜律师事务所	周宁、唐丽子
迪瑞医疗	2014年9月10日	北京市君泽君律师事务所	许迪、施伟钢
金冠股份	2016年5月6日	北京市金杜律师事务所	宋彦妍、李长辉、高怡敏
ST通脉	2016年12月2日	国浩律师（北京）事务所	李懿雄、程贤权
吉大通信	2017年1月23日	上海市瑛明律师事务所	黄晨、姜莹、黄娟娟
奥来德	2020年9月3日	北京德恒律师事务所	谷亚韬、丘汝、刘元军、张杰军
研奥股份	2020年12月24日	北京市环球律师事务所	王睿、梁俊杰
吉大正元	2020年12月24日	北京国枫律师事务所	曹一然、代侃、陈志坚
英利汽车	2021年4月15日	北京市中伦律师事务所	杨开广、田雅雄
致远新能	2021年4月29日	北京市天元律师事务所	黄婧雅、张德仁

续表

证券简称	首发上市日期	首发经办律所	首发经办律师
朱老六	2021 年 5 月 27 日	北京德恒（深圳）律师事务所	贺存勖、施铭鸿
百克生物	2021 年 6 月 25 日	北京国枫律师事务所	杜莉莉、郭昕
吉林碳谷	2021 年 8 月 31 日	北京市铭达律师事务所	赵轩、杨霄
西点药业	2022 年 2 月 23 日	北京海润天睿律师事务所	陶涛、李冬梅

数据来源：Wind。
注：整理/制表：智合研究院。

在知识产权领域，中国一汽、中车长客、长光卫星等企业在汽车、轨道列车、商业卫星领域处于行业领先地位，但“能满足复杂知识产权服务需求的吉林律师数量还比较有限，复杂知识产权业务能力水平也有待提升”王哲介绍说。

除此之外，吉林从产业升级与城市发展两个方面统筹“一主六双”产业空间布局，产业转型与科技创新项目分布各地，如位于吉林市投资 339 亿元的吉林石化 120 万吨乙烯转型升级项目，位于松原市投资 450 亿元的中车新能源产业基地项目，位于白城市的绿电产业新型储能产业园项目等。

相较于吉林经济社会的转型升级速度，吉林律师服务经济发展的能力与发达省市相比还有待提高。王哲指出：“除了长春、吉林以外，白城、松原、延边、四平、辽源、通化、白山等其他城市法律服务业务基本上以建筑工程与房地产、民间借贷、婚姻家庭继承、侵权、人身损害赔偿、劳动争议等传统业务类型为主。”

在未来发展机遇与现实挑战之间，吉林律师还存在一些短板。王哲认为：“吉林律师一是新兴业务研究敏感度不高、传统业务深度挖掘不够，习惯做熟悉业务，缺乏拓展精神。比如在新兴业务方面，作为国企占比较高的省份，从事企业合规业务的律所和律师还比较少。在类似婚姻家庭等传统业务方面，局限于传统继承分配、离婚诉讼，对家族财富传承等领域挖掘不够。二是律师业务专业化水平有待提高，只有加强律师专业化建设、提升专业化能力水平，才能通过差异化竞争更好满足服务吉林经济转型发展的法律需求，吉林律师在律师专业化发展的观念认识上亟待转变。三是法律服务行业化基本还处于空白。从事法律服务要兼顾法律事务与行业特点，深入了解行业特点，深耕行业领域。四是律师在开拓市场方面信心和能力不足，思维固化、观念守旧、方法陈旧、手段单一，采用互联网、第三方等软性市场开发手段的律所占比很小。”

这些短板导致吉林律师的法律服务能力与法律服务需求还有差距，传统业务同质化竞争严重。王哲认为：“吉林律师迎难而上、抓住机遇首先要改变固有思维方式和观念，放开眼界、提高格局、改变心态，把握和洞悉中国乃至世界法律服务市场趋势。其次要以培养专业律师和行业律师作为行业发展重点，通过培养吉林的专业大律师、行业大律师，提升吉林法律服务的深度与广度，进而提升法律服务整体水平，带动吉林律师行业发展。最后要提高律师法律服务市场的开拓能力，不断研究法律服务市场的变化。”

（二）较慢增速或将引起律师外流与律所整合

面对未来可能迎来的新兴机遇，吉林律师需要补齐短板。而在宏观政策所创造的行业红利落地之前，吉林律所仍需持续面临现实运营和发展问题。

孙学致介绍说：“国家宏观政策对吉林法律服务市场产生影响需要一个长期的传导过程。在吉林民营经济不够活跃和发达的市场环境下，国资企业在对法律服务的重视程度、对法律产品价值与价格的评价、对律所与律师关系的处理等方面变化幅度还比较有限和缓慢。在这种相对缓慢的市场份额增长和并不十分活跃的市场环境中，律所与合伙人可以通过控制成本、下调法律服务价格以巩固现有客户。”

基于市场增长和变化需要一定时间、过程的现实情况，律所的上述举措可能将引起新的变化。

孙学致分析认为，在律所与律师之间利润分配、大律所与小律所价格竞争这两种矛盾下：“未来三到五年左右时间，吉林可能出现优秀的年轻律师、资深律师去经济活跃地区寻找市场的现象。中小律所在生存压力越来越大的情况下，可能会向较大规模律所进一步靠拢，省内律所格局还会进一步整合，本土律所加盟全国性品牌的情况还会持续。”

（三）新晋力量需要克服环境差异、稳步发展

对于金杜等非以本土律所加盟方式进入吉林的新晋力量而言，未来发展也同样面临挑战。

唐逸韵介绍说：“金杜此前在吉林有一定业务基础，许多金杜合伙人和律师也是出生于、受教于吉林，但这里的整体法律环境与市场生态对我们来说还是需要时间逐步熟悉和了解的。主管部门对金杜的指导和支持也让我们切实体会到了当地促进法律行业高质量发展的决心。”

面对新环境的挑战，未来如何发展是摆在金杜长春分所面前的一个课题。唐逸韵介绍说：“在发展节奏上，金杜长春分所将从较小的体量起步，以稳为主，不会追求快速规模扩张。在业务开展上，金杜长春分所将发挥金杜‘一体化’管理模式的优势，并将在业务上与当地机构差异发展、互补增强，形成良性互动。在社会责任上，金杜长春分所将投入更多精力在公益事业中，通过多种方式贡献于东北的振兴发展。在同业交流上，我们希望能依托主管部门、行业协会、法律院校等平台，与吉林同人

开展社会课题、行业论坛、立法调研、公益分享等合作，形成友好互动的合作氛围，众志成城，互补互助，为东北振兴献智献策，在实现社会价值的过程中增进友谊、共同进步。”

四、结语

2003年，中共中央、国务院印发《关于实施东北地区等老工业基地振兴战略的若干意见》，开启首轮东北振兴国家战略，让东北生产总值与城乡居民收入翻了两番，解决了当时最突出的“吃饭”问题，这是上一轮东北振兴的最大成果[1]。

2016年，中共中央、国务院再度印发《关于全面振兴东北地区等老工业基地的若干意见》，该意见提出，到2020年东北地区转变经济发展方式和结构性改革取得重大进展，在此基础上争取再用10年左右时间实现全面振兴，走进全国现代化建设前列。

优化升级经济结构、培育扶持新兴产业、鼓励发展民营经济、深化改革国有企业、优化法治营商环境……新一轮东北振兴针对东北地区发展存在的突出问题作出了系统调整。对于吉林法律服务市场而言，国家战略正在为未来发展创造广阔前景。

但是，从当下视角出发，吉林产业结构和经济发展还有很大调整和增长空间，法治化、市场化营商环境有待持续改善，新旧发展动能还处于转换过程之中。在实现全面振兴的路途中，吉林律师仍需面临和解决当下存在的规模有限、增长较缓、人才外流等行业现实问题。

从未来视角出发，面对吉林未来的产业升级与结构优化及其所可能创造的增量法律服务市场，吉林律师服务本省经济发展和转型的眼界格局、业务能力、专业化与行业化水平、市场拓展能力等，仍存在很大发展空间。

吉林法律服务市场未来可期，但也任重道远。

近年来，吉林法律服务市场相关主体通过本土加盟、力邀合作等方式，引进全国性知名律所品牌，品牌意识逐渐提升。这些现象也折射出吉林律师行业对当下困境的思考与变化。而对于未来发展将呈现怎样的走向，则需要交给行动和时间来回答。

---

〔1〕 参见何平等：《事关全局的决胜之战——新常态下“新东北现象”调查》，载新华网，http://xinhuanet.com/politics/2015-02/15/c_1114383801.htm。

迈入成熟期的浙江法律市场，如何逆势再增长*

蔡　爽

境内最大的河流钱塘江，因江流曲折，称“之江”“折江”，后衍化成浙江，省以江名，这是“浙江”的由来。

古诗云：“东南形胜，三吴都会，钱塘自古繁华。”

形胜之地浙江，历史悠久，古有“丝绸之府”“鱼米之乡”之称，现有“网红之都”“数字化城市”之名。古往今来，这片热土上诞生了无数文人墨客、商业奇才与英雄豪杰，钱塘江的滔滔江水承载着浙江的历史沉淀和繁华兴衰，见证了无数商贾往来和文化交流。

如今，这个地方不仅是古老文明的传承者，更是现代创新的摇篮。2023 年的浙江省，生产总值（GDP）全国排名第五、科技创新能力全国第四、城乡差距全国最小，省会杭州市，是国内首个承办 G20、亚运会的城市，是新一线的“代言城”。

繁荣发达的浙江，是文化与商业交织的代表，这里又孕育着怎样独具特色的律师行业呢？本篇让我们一起深入浙江法律服务市场，探寻浙江律师的机遇与挑战。

本篇核心看点：

浙江省近几年律师行业发展如何？在全国占据何种地位？其发展背后的原因有哪些？

后疫情时代，浙江省业务有什么新的发展趋势，新蓝海领域在何方？

中小律所、青年律师如何穿越时代迷雾？

一、源起：“源于浙江，立于浙商”

中国经济之韧性、之活力，浓缩在民营经济的发展之中。而民营经济活跃的代表

---

* 本文首发于“智合”微信公众号 2023 年 9 月 5 日，文中收录数据的日期截至 2023 年 9 月 5 日。

省份正是浙江。浙江省委书记易炼红在2023年中国民营经济发展（台州）论坛开幕式上概括了浙江民营经济的5个鲜明特质：

是首创经济，有着敢为天下先、勇于立潮头的鲜明特质；

是活力经济，有着既铺天盖地、又顶天立地的鲜明特质；

是韧性经济，有着有土壤就扎根、给阳光就灿烂的鲜明特质；

是开放经济，有着线上通线下闯、买全球卖全球的鲜明特质；

是富民经济，有着处处是商机、人人能创富的鲜明特质。

浙江民营经济的快速发展，撑起了钱塘经济的“半壁江山”，勇立潮头的浙商精神驱使许多浙企在政策的支持下蓬勃发展。

同时，浙江又以“块状经济”为特色。这种经济模式在特定区域内促成了产业的密集集聚和高度专业化，也融合了鲜明的地方特色，典型代表如义乌的小商品、嘉善的木材、海宁的皮革、温州的电器等。“藏富于民”“藏富于业”，是对于浙江人民最直接的诠释。

“源于浙江，立于浙商”，则是浙江法律人对于这片土壤最贴切的评价。

对于浙江的律所来说，相较于去省外开疆辟土，深耕本土市场、重点服务本地浙商更有价值。一方面，规模化发展下，浙江本地律所难以在外地市场与已经完成全国布局的京沪大所直接抗衡。另一方面，相较于国内其他省市，浙江律所更有深挖和耕耘本地市场的资本和条件，原因主要在于以下几点。

（一）经济基础多元且强大

“2022年，浙江全省在册民营企业308万户，个体户604万户。在中国民营企业500强榜单中，浙江企业总数已连续24年居全国首位。”[1]

“浙江民营经济贡献了全省67%的生产总值、71.7%的税收、82.6%的出口、87.5%的就业和92.5%的企业数量。”[2]

“在《财富》发布的2023年世界500强排行榜中，浙江有8家企业入围。在《财富》发布的2023年中国上市公司500强排行榜中，浙江有47家企业入围。”[3]

“2022年浙江民营企业营收超过5亿元的公司有1387家，数量和增量均居全国

[1] 《浙江这个民营经济“大本营”，保驾护航民企有何实招硬招?》，载“半月谈”微信公众号2023年3月29日，https://mp.weixin.qq.com/s/IP8MRmtI2_iKhzCb6DHvIg。

[2] 《2022年浙江省国民经济和社会发展统计公报公布》，载“浙江发布”微信公众号2023年3月16日，https://mp.weixin.qq.com/s/cbmgjQeoDvl6gN86f0ezWw。

[3] 《8家浙企入围2023〈财富〉世界500强》，载《浙江日报》2023年8月3日，https://baijiahao.baidu.com/s?id=1773098483205059569&wfr=spider&for=pc。

第一，即便是人口最少的城市湖州，亦有高达108家民营企业上榜。”

总部位于杭州市的天册律师事务所，是在商事、争议、金融领域享誉盛名的综合型律所，所内执业律师人数已超过300名。自2002年开始，天册定位于“服务浙商，深耕浙江市场”，紧跟浙商步伐，坚定浙江法律服务市场，对于向外扩张保持着审慎的拓展战略，仅在京津冀、长三角、粤港澳三个国家重要区域设点。

在全省律所中拥有律师人数最多的浙江泽大律师事务所，设立的17家分所中，除1家位于成都、1家位于西安外，其余15家均分布在浙江省内。同样地，浙江金道律师事务所共8家分所（不含总所），所有分所均落于省内；而浙江海泰律师事务所更是坚定地深耕宁波市场，5家分所（不含总所），4家均坐落宁波。

浙商经济，可见一斑。

（二）商业生态繁荣又蓬勃

除浙江省长期的经济积累外，在促进经济发展层面，为了实现金融强省建设、盘活市场经济的计划，浙江省政府在2022年更新了“凤凰计划2.0”，“凤凰计划”是浙江省政府2017年提出以推进企业上市和并购重组为核心行动的计划，更新后计划2021～2025年新增境内外上市公司350家以上，到2025年年末境内外上市公司达1000家；与此同时，各市区也同步出台对企业境内外上市的激励政策，各市区补贴金额100万～1000万元不等（见表1）。

表1 浙江省各市区对企业境内外上市的政策补助

市区	补助标准
杭州市	本市企业在境内外直接上市的（公司以自己的名义直接提出申请并获准在证券交易所上市），给予一次性300万元资金补助[1]
宁波市	在境外上市的企业，或以红筹方式上市的企业，补助标准：最高300万元[2]
湖州市	企业境外上市： （1）在证券交易所挂牌上市后奖励1000万元； （2）募集资金到位后，再按募集资金在湖州市的实际投资金额（以上市当天人民币汇率中间价为准）的1%给予企业奖励，最高不超过600万元（合计最高1600万元）[3]
绍兴市	绍兴市行政区域内注册设立、成功实现境外上市的企业扶持标准：境外上市奖励100万元[4]
金华市	境外主流证券交易所直接上市的企业奖励200万元[5]

续表

市区	补助标准
衢州市	对成功在境外主流证券交易所上市的企业，给予上市公司一次性奖励300万元[6]
丽水市	企业实现首次境外上市奖励500万元[7]

注：1. 参见《杭州市深入推进经济高质量发展“凤凰行动”计划（2021—2025年）》，载http://www. hangzhou. gov. cn/art/2022/1/27/art_1229618357_7373. html，最后访问日期：2023年8月15日。

2. 参见《“凤凰行动”宁波计划专项资金管理办法》，载http://jrb. ningbo. gov. cn/art/2022/2/22/art_1229622155_1735474. html，最后访问日期：2023年8月15日。

3. 参见《湖州市人民政府办公室关于进一步支持企业上市的若干意见》，载http://jrw. huzhou. gov. cn/art/2022/1/24/art_1229561879_1664714. html，最后访问日期：2023年8月15日。

4. 参见《金融支持经济高质量发展若干政策实施细则》，载http://www. sx. gov. cn/art/2021/12/31/art_1229265243_1856204. html，最后访问日期：2023年8月15日。

5. 参见《金华市人民政府关于推进企业上市和高质量发展“尖峰行动”的意见》，载http://www. jinhua. gov. cn/art/2021/8/28/art_1229160382_1765608. html，最后访问日期：2023年8月15日。

6. 参见《衢州市人民政府办公室关于高质量实施企业上市“3030”行动的若干意见》，载http://www. qz. gov. cn/art/2022/4/28/art_1229561563_2402555. html，最后访问日期：2023年8月15日。

7. 参见《丽水市人民政府办公室关于支持企业股改上市的九条意见》，载http://www. lishui. gov. cn/art/2020/9/4/art_1229283446_2146543. html，最后访问日期：2023年8月15日。

根据统计数据，浙江省在香港上市数量在“凤凰计划”提出后有明显上升，即便是在三年疫情期间，也依然保持较快发展速度，详细数据如图1所示。

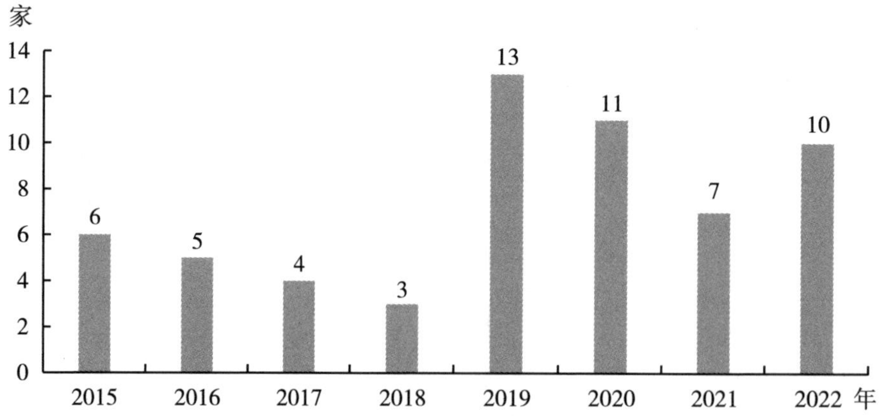

图1　浙江省在香港上市公司数量及增长率

以企业上市和并购重组业务为主要业务方向的律所，相较于以诉讼业务为主的律所，近几年受到的疫情与经济的影响相对较少。

根据北京德恒（杭州）律师事务所执行主任马宏利反馈，近几年德恒杭州所的非诉业务占比不降反升，从 2019～2020 年的 35%，上涨到 2020～2022 年的 45%，并且有持续上涨的趋势。马主任表示，资本市场的业务由于复杂程度高、要求严格，目前在省内的竞争远没有诉讼业务激烈。

（三）营商环境开放兼包容

除最直观的经济因素外，浙江省整体的营商环境以及政府、企业对法治的认可度也同样是国内领先。营商环境是经济发展的根基，也是法律服务市场的依赖。

最新一期的《万家民营企业评营商环境报告》显示，全国营商环境最好的省份为浙江，营商环境最好的 10 大城市中浙江城市上榜 3 市——杭州、温州、宁波。在机制保障层面，2018 年以来，浙江省主动对标世界银行营商环境评价体系，率先开展全国企业开办标准化规范化试点，全力构建“一窗受理、一网通办、一次验证、一表填报、一次领取、一日办结”模式，打造企业开办“一站式”办理平台。

除此之外，浙江省政务系统的口号从“最多跑一次”发展为“一次也不用跑”，智慧政务系统全国领先。在提升营商环境和法治观念方面，浙江省一直秉持着“不矢志于至善，而恪求于更优”的理念。

（四）客户信任感稳定并持久

浙商对于本地律所的信任与选择也是浙江律所更坚定地深耕这片土地的又一原因。

通常来说，外来分所的入驻会对本地律所造成较大的冲击，造成人员、业务的大幅流失。但是出乎意料的，浙江多家律所负责人表示：其实浙江客户的本土“黏性”更高。

浙江金道律师事务所王全明主任说：“相对来说，国企、央企对于品牌的要求会更高一些，但是浙江的经济体系以浙商的民营经济为主，这些本地的企业对本地律师有天然的信任感，原因不仅仅是目前信息壁垒已经打破——本地律师在专业层面也同样优秀，且本地律师的触达频率相较于外地律师明显更高。”

无论是源自浙江人民“共赢”“和气”的精神，还是扎根于本地律所自身的卓越竞争力，无一不昭示着浙江人民的智慧、民营企业的锐意进取，以及浙江律所在这和谐局面中的至关重要角色。这种相辅相成的关系，既是浙江精神的继承和创新，也是民间力量与法律智慧的巧妙融合。

二、当下：高速发展期趋于结束，向结构性调整的成熟期迈进

在浙江省律协 2021 年发布的《“十四五”时期浙江律师业发展规划纲要》中，提出了如下发展指标：力争到 2025 年，引进培养不少于 1000 名涉外法律服务人才，我省常住人口每万人拥有律师比超过 5. 2；全省 100 人以上规模律师事务所数量达到

30 家以上；齐头并进建设专业化特色化律师事务所，培育和扶持省内具有鲜明专业特色的律师事务所。

近三年来，浙江省法律服务市场发生了哪些变化？对于律师业发展规划的达成程度是怎样的？

我们将近三年浙江省相关数据进行梳理[1]，结果如表 2 所示。

表 2　浙江省近三年法律服务市场相关数据一览

时间	律师人数	年涨幅/%	律所/家	年涨幅/%	创收/亿元
2023 年 6 月 21 日	38, 198	6. 82	1787	3. 65	—
2022 年	36, 938	19. 58	1755	2. 93	—
2021 年	30, 889	13. 14	1705	4. 22	160. 45
2020 年	27, 302	15. 51	1636	4. 07	139. 38

根据司法部公布的最新数据，2022 年为近年来全国律师人数增长速度最快的一年，达到 13. 36%。同样地，2022 年浙江省全省执业律师人数增长率达 19. 58%，亦是历年中增长最快的一年，并大大超越全国平均增长率，可以一定程度展现浙江对于律师人才的吸引力。

相较于律师人数的高速发展，律所的发展更显稳健。律师人数暴增的 2022 年却是律所数量增长最缓慢的一年，甚至低于 2023 年上半年的增长速率。

根据浙江省司法局官方信息，我们统计了最新的浙江省百人所数据[2]，结果如表 3 所示。

表 3　浙江省百人所一览

序号	律所名称	成立年份	人数	位置
1	浙江泽大	1998	418	杭州
2	北京盈科（杭州）	2014	353	杭州
3	浙江京衡	1997	337	杭州
4	浙江天册	1985	337	杭州
5	浙江六和	1998	324	杭州
6	北京大成（杭州）	2008	267	杭州
7	浙江金道	2006	253	杭州

〔1〕本文成稿时 2022 年浙江省区域数据暂时未公布，故创收等数据有待检索；2023 年数据涨幅以半年变化基准计算全年增长率。

〔2〕数据来源：全国律师执业诚信信息公示平台，检索时间 2023 年 7 月 12 日。

续表

序号	律所名称	成立年份	人数	位置
8	浙江和义观达	1984	221	宁波
9	北京德恒（杭州）	2009	207	杭州
10	国浩律师（杭州）	2001	204	杭州
11	北京炜衡（杭州）	2015	169	杭州
12	北京京师	2017	156	杭州
13	浙江嘉瑞成	1994	153	温州
14	浙江杭天信	1998	152	杭州
15	浙江浙杭	1985	147	杭州
16	浙江震瓯	1998	129	温州
17	浙江合创	2001	128	宁波
18	北京大成（宁波）	1995	128	宁波
19	上海正策（杭州）	2021	124	杭州
20	浙江六和（温州）	2018	123	温州
21	浙江融哲	2014	122	杭州
22	北京盈科（宁波）	2012	122	宁波
23	北京德恒（温州）	2015	122	温州
24	浙江智仁	2009	112	杭州
25	北京盈科（温州）	2016	111	温州
26	浙江海浩	1999	110	杭州
27	浙江导司	2001	107	宁波
28	浙江海泰	1992	107	宁波
29	浙江光正大	1996	106	杭州

截至2023年6月，浙江省全省律所总数1787家，百人所共29家，占比1.6%，浙江省的“十四五”规划提出的30家百人所规划目标几近达成。

但是数据也同时说明，中小律所占据市场绝大多数的整体态势并无明显变化。

回过头来看，律师人数和律所数量的显著增长是否代表着行业趋势的利好？

答案可能是否定的。

从案件数据来看，2019年浙江省总办案数量为71.36万件，2020年有所降低，为68.36万件，2021年为76.44万件，2022年达到83万件。整体来看，律师人数的快速增长并没有带来办案数量的显著增加，相反人均数量有明显的下降趋势。

这与全国的普遍情况是大致相同的，代表着法律行业一个最明显的趋势：高速规模发展的红利期宣告结束，结构性调整的成熟阶段已然到来。有以下几个比较明显的信号。

（一）头部大所的发展方向发生转变

近两年，曾经以规模化发展为主要发展趋势的浙江头部律所，都开始逐渐转变思路——控制律所人数，提高服务质量，增加人均创收。

马宏利主任认为："一家律所大而不强，那么其规模化并未给其带来竞争上的优势，律所完成适度规模化下一阶段必然要向规模强所发展。"而何为强所？马主任的标准是："在规模所基础上，律所人均创收至少要达到本地人均创收的2倍以上。"

以德恒杭州为例，其已经完成从10余人所到目前200余人综合所的蜕变，下一步的发展将重点聚焦于所内业务与人员的优化，首先对所内的业务结构和团队分工作出相应的调整，采取"同一专业多个团队""提升专业厚度与广度"等措施，加强所内良性竞争。其次是加强对所内人员结构的优化，从外部看，立足目前大量高素质人才涌入行业的当下，德恒杭州打算基于品牌优势，加强对高学历、高素质、高专业化人才引进；从内部看，提升高级合伙人晋升的门槛条件，对于专业特色不明显的律师创收要求增至500万元。

浙江海泰律师事务所邬辉林主任也坦言："早在2019年海泰所便已经达到百人所规模，但纯粹的数量增长带来的负面效应也渐显。近几年律所管理层有意在控制人数增长，更多关注律所风控、业务市场、内部治理等问题。目前所内处于相对稳定发展的阶段。"

"基于目前可能存在相对较长的下行宏观经济形势与法律行业竞争环境考虑，律所管理者需要敏感意识并作出律所发展节奏、策略上的调整。"邬辉林主任补充道。

（二）中小律所的发展环境更为苛刻

目前国内律所结构和规模分布已经大致成形，并有大中型律所向二线城市法律市场逐步下沉的趋势，中小型律所的发展空间已被严重压缩。

以浙江省为例，国内头部大所金杜、中伦、国浩、康达等一线大所均已在杭州市设立分所。

一方面，中小型律所（30人以下）已经失去规模化的最佳窗口期，即2010～2020年这十年高速发展的红利期。从全国律所发展态势看，强者恒强的马太效应明显，北京、上海的律所在全国各地攻城拔寨开设分所已成趋势，省会城市以上体量的城市已经成为北上律所扩张的主战场，并且已经开始向二线以下城市下沉。中小型律所没有与大所相抗衡的资金实力与品牌吸引人才，不仅无法引进，甚至可能面临大所下沉的冲击——人才的流失问题。另一方面，在经济态势向下、预算普遍收紧的大环境下，企业对于法律服务产品的支出更为谨慎，选择价格更低、品牌更响的律所对于客户来说既是务实之选，也更有保障。

（三）青年律师发展更为艰难

人数的快速增长对于低端法律服务市场的影响尤其明显。一方面，市场份额的挤压导致低价竞争现象屡见不鲜。另一方面，常见的诉讼案件如婚姻家事、道路交通、劳动仲裁等，以往都是新手律师进入律师行业入手的“第一关”，但是根据邬辉林主任实际调研反映，近年来游走于灰色边缘的“司法黄牛”、法律咨询公司通过各自特色的营销手段与产业链条运作，已经对这类基础的个人法律服务市场广泛渗透并严重冲击了新律师执业起步之初的基础业务市场。

越来越多的业内人士已经意识到，年轻律师已经不像他们前辈那样能够经常接到这类案件度过自己执业起步阶段。

对于青年律师来说，执业成长初期需要此类案件提升执业技术，但现状是青年律师无法在此类基础案件的拓展上得到竞争优势；此外，低价竞争、扰乱市场现象还会催生后续一系列的青年律师信心不足、发展停滞、对执业未来充满悲观的社会现象。

三、未来：活力经济下的蓝海业务领域在何处？

2023 年，所有法律人都感受到了凛冬已至的气息：预期不足、信心减弱，对于律所来说，转型的工作迫在眉睫。

而转型工作的前提，是要做“业务管理”：抓住目前的蓝海领域，拿下关键客户，则是“业务管理”的首要。

对此，邬辉林主任提出了一个观点，即开拓业务要结合浙江市场经济特点，重点要抓住：“以客户群为要点，以客户为中心。”

根据几位受访主任的分析，以下领域在未来几年有潜力成为新蓝海业务领域。

（一）网红经济与直播电商

随着互联网技术的发展，以直播为代表的 KOL 带货模式给消费者带来更直观、生动的购物体验，转化率高，营销效果好，逐渐成为电商平台、内容平台的新增长动力。

艾媒咨询（iiMedia Research）的数据显示，近年来中国 MCN 市场规模迅速扩大，2022 年市场规模达 432 亿元，预计 2025 年达 743 亿元。以直播电商、短视频为代表的新兴网红经济正在崛起。

而杭州作为电商的鼻祖城市、网红的“聚集地”，其背后拥有的经济体量不可小觑。同时，网红经济引起的合规管理、IP 权属、MCN 机构的合同纠纷、侵权责任纠纷等，都是目前律所可以着眼布局的新业务趋势。

（二）家族财富管理与传承

胡润研究院《2022 意才 · 胡润财富报告》中的数据显示，中国拥有千万元资产的"高净值家庭"数量已达211万户，拥有亿元资产的"超高净值家庭"数量达到13.8万户。"2022中国高净值家庭省份排行榜"浙江省排名全国第四，高净值家庭数量达216,000户。

浙江是我国家族企业最活跃、最发达的地区，家族企业作为民营企业的主力军，推动着经济持续稳定地发展。然而，在全球经济一体化和市场国际化的潮流下，以及国际和国内竞争的双重挑战下，越来越多的家族企业面临交接承传、经济成长放缓以及产业升级转型等三重挑战。

根据对浙江地区的调查数据结果可知，高达90%的民营企业采用家族制管理模式。目前，改革开放后成长起来的民营企业家大多45岁以上，未来5~10年内，将有80%的企业步入交接承传的阶段。接班人成长体系的整体性缺失，已成为制约企业持续发展的最大"瓶颈"。同时，大多数民营企业处于产业价值链低端，面临严峻的转型升级压力和生存危机。

如何在完成代际传承的同时，有效地应对危机与波动的风险，实现企业的持续成长，已经成为这些家族企业所面临的重要议题。在这个背景下，定制化的财富传承工具和专业化的法律服务需求在近年来日益凸显，需要更多律师参与其中。

（三）破产业务

近年来，受到新冠疫情及经济结构变化的影响，我国经济增速放缓，信用违约现象加剧，不良资产规模正在持续增长。

中国银保监会相关数据显示，2022年，银行业金融机构全年累计处置不良资产3.1万亿元。我国银行业不良资产年处置规模已然迈入了"3万亿+"时代。

破易云数据显示，2016年至2023年6月30日，全国范围内已公开的破产案件共计277,894件，破产案件数量呈快速增长趋势（见图2）。

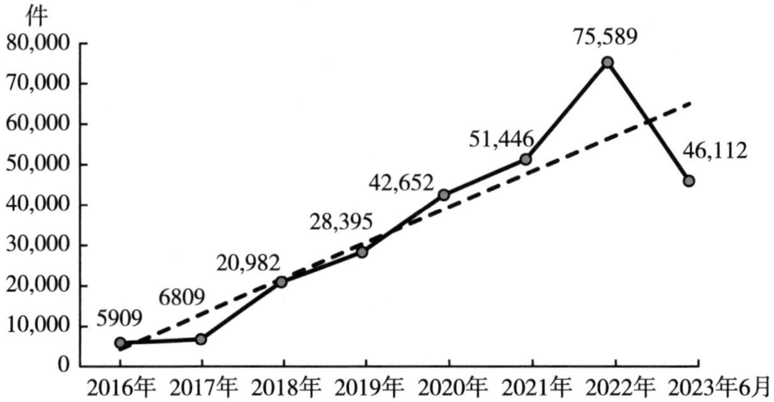

图2　2016~2023年破产案件增长趋势

从案件类型分布来看，2016年至2023年6月30日，全国范围内已公开的破产案件数量排名前三的省份是：江苏、浙江、广东。其中浙江省总计破产案件数量36,218件，占比13.03%，主要集中在温州市、杭州市、金华市；其中温州市9576件，杭州市5862件，金华市4413件。

对于律师业务而言，当下的环境中机遇与挑战并存。从机遇来看，未来破产清算、预重整、个人破产案件会越来越多，浙江省发达的民营经济则注定会受到更大冲击，带来更多此类案件。但随之而来的“二八定律”在法律服务领域也会更加显著，头部企业的破产业务几乎被红圈等头部律所垄断，剩余律所的竞争会更为激烈。

另外，虽然个人破产业务的收费规模比较有限，且在程序上，个人破产和企业破产一样，都需要付出大量时间和精力，但目前国内一些地区启动了公职管理人制度，由国家财政拨款负担个人破产案件的费用，故该领域仍有继续探索的空间。

除此之外，眼下热门的企业合规、绿色环保新能源、数字经济、银发经济等领域都存在可以探索的“蓝海”业务，法律服务行业变革的当下，向前看的思维，必不可少。

四、迷雾：如何穿越经济寒冬，寻找破局之道

（一）中小律所如何发展破局

上文曾经提到，对于目前行业结构相对固化、部分领域律师已经显著结构性过剩的浙江法律市场，本地中小律所已经错过发展的最大红利期，再想在当下的经济形势下快速崛起，相对来说难度更大。

但是市场上中小律所的比例仍占据90%以上——这不仅是浙江的发展现状，更是全国的行业现象。

作为最具潜力冲击现有格局、为行业发展注入更多活力的群体，中小律所还可以在哪些层面守住当下、穿越寒冬？

邬辉林主任认为：中小律所发展首要是保证律所的人才稳定。

邬主任说：“律所的发展永远离不开人。在当下的环境下，中小律所不论是在人才还是客户的竞争上，都存在竞争劣势。所以首先要做的是稳住现有的局面，包括客户和人才——减少流失率比提升流入率更重要。一家地方律所，人才流失带来的负面影响，会冲击甚至掩盖律所引进人才的成效。”

而稳住现有的人才除了提高所内人员待遇与福利，更重要的是需要提升律师执业幸福感与期待值——这就是另一个重要的板块，青年律师的培养制度。

其次，对于本地中小律所来说，实现规模化与品牌化最直接的方式是经过一轮乃

至数轮的强强合并或者吸收合并。在规模化潮流和浙江律师行业政策的支持下，近几年有多家本地律所尝试通过此种方式来增强竞争力。

而马宏利主任则认为，律所想要谋生存、求发展，必须坚持以大客户为中心，以品牌客户为重点。

大客户于律所而言，意味着三大竞争优势：一是付费能力强，这个自不必多言；二是易出大案，利于律所品牌影响力的形成；三是疑难案件多，可以综合提升律所办案专业能力。所以当下律所发展之路，首先就要坚持以大客户为中心，以品牌客户为重点。

对于中小律所来说，在发展过程中除了关注业务创收外，更要重视自己的客户结构、业务结构，并为此制定长期发展战略。

经过三年的疫情考验，事实证明，业务结构稳定、客户结构多元的律所，在外部环境不确定时更容易抗住风险。

而坚持大客户战略的另一个维度则是加强律所专业化建设，没有专业化分工的律所就像一盘散沙，一旦外部有“性价比更高”的律所竞争，就会对律所核心客户造成冲击。

此外，大客户之所以大，还在于其法律需求规模和业务的复杂性。在这个背景下，大客户对法律的需求也是多元化、多层次的，而非单一性的。目前很多律所追求的“一站式”服务，就是为了适应客户的需求。

王全明主任则认为：保持优势领域发展，是他们律所近三年依然保持业务稳定增长的秘诀。

金道是一家传统的以争议解决为优势的本地律所，并且相较于其他本地所，金道的诉讼业务占比可能更高——占据所有业务比例超 60%。就算过去三年受到疫情的影响，金道依然展现出持续强劲的增长态势。这一成就的背后并非偶然，而是得益于金道不仅在选定的高潜赛道上大胆前行，还对其优势领域进行了深入挖掘和精耕细作。

王主任认为：“争议解决领域永远都是一片绿洲。”然而，要想在竞争激烈的市场中脱颖而出，就必须在选择合适的赛道的同时，对所涉领域进行深入耕耘。以争议解决为例，最典型的就是基础建设与房地产领域，即使在当下，这些领域仍能为经济发展注入活力，无可忽视。与此同时，这些领域所带来的法律需求与法律服务也持续蓬勃发展。而重大疑难纠纷的解决领域，是他们保持业务增长的另一驾马车。

（二）青年律师如何穿越周期

对于青年律师而言，在目前这个竞争越来越激烈的大环境下，进入法律服务行业更需要长足的勇气和耐心。尤其在浙江这样一个民营经济相对发达的市场，竞争环境更考验个体的策略和定力。

对此，三位主任都给予了不同的建议。

“放平心态，长远合规发展。”这是王全明主任给青年律师的第一个建议。“很多青年律师涌入这个行业是因为看到了太多青年律师、头部律师成功的案例，但是现实远没有那么简单。所以首先心态要放平，切不可急功近利。”

“其次一定要避免走极端、用违规违法的方式去获取业务。”王全明主任解释道，很多青年律师为了获取业务不择手段，这是非常短视的，青年律师一定要把专业基础学扎实，慢慢地成长——“先做人，再做事。”

邬辉林主任对此给出的建议则是：“先了解，多积极，避免被动。”

青年律师就业前首先一定要做好职业规划和就业调查。眼下的律师行业存在从业人员结构性过剩问题，外部法律服务市场水平和客户需求习惯与发达国家差距较大，行业内部门槛拉低导致的劣币驱逐良币的内卷现象屡见不鲜，绝大部分律所高端业务做不了、年轻律师上不来。行业“老龄化”严重，改革开放后中国律所改制后的第一代律师很多依然活跃在行业内，而青年律师成长为一名独立优秀的律师所需周期却越来越长。

其次要愿意花精力去钻研。“二八定律”乃至“一九定律”在这个行业里尤为明显，有限的业务量与逐年增加的执业人数，都是压在青年律师头上的大山。积极主动是青年律师快速成长的不二法门，“多去讲座、多去演讲、多写文章、多去触达，正确认识到律师职业的强社交属性，就可以超越被动等待的百分之八十的群体。”

“青年律师要做的是选择好城市、好平台、好团队，然后要坚持长期主义。”马宏利主任认为首要是要选择一个有活力、有潜力、有发展前景的城市，然后选择优秀的律所平台，再选择合适的团队进行专业化学习，最重要的是——坚持长期主义、长远发展，耐得住寂寞。

综观三位主任的建议，无一例外都提到了“长期主义、长远发展、坐好冷板凳”——这不仅是当下环境对于青年律师的考验，也是对于这个时代、这个市场环境最简练直白但不会过时的应对策略。

五、结语

浙江这片土壤，孕育了踏实、勤劳、优秀的浙商，发展了开放、包容、和谐的互联网经济，而这些，则共同成就了合规发展的浙江法律市场。对于浙江法律服务市场的未来，三位主任仍然充满期待。

“客观认知行业规律，积极主动规划发展。”邬辉林主任如此希冀。

“储备高质量人才，发展高端商事业务、涉外及合规业务。”马宏利主任如此说道。

王全明主任则强调要依托浙江的经济基础，形成浙江特色：“加强浙江特色的法律服务，依托浙商发展机制，走向全国，走向国际。”

飞速发展中的浙江，是“敢想敢为又善作善成”的代表，在这个充满活力的地方，勇于创新、锐意进取的浙江律师正以卓越的表现继续书写着自己的辉煌篇章，下一个5年，浙江法律市场会发展何如，让我们拭目以待！

山东律师业，行至半山路更陡*

孙麟飞 | 智合研究院

泰山巍巍固天下、黄河汤汤入渤海。

素有“齐鲁圣地、礼仪之邦”之称的山东，也许在人们心中勾勒出的第一印象就是淳朴厚实的山东人。

“好客山东，情义齐鲁”绝不是一句空喊的口号。2023 年 3 月以来，在短视频流量助推下，山东淄博晋身“顶流”网红城市，“组团到淄博吃烧烤”频登热搜，从网民留言可以看到，“厚道实在”“足斤足两”“热情好客”成为评价高频词。

在走红近两个月时间里，政府一波又一波的“组合拳”持续引发关注，网民纷纷表示“这操作太圈粉了”“看得目瞪口呆”，淄博市的“顺势而上、主动作为”成为不亚于特色烧烤的另一道城市风景，稳稳占据舆论话题 C 位。

从热情好客的酒文化，到义气诚信的好性格，山东令人称道的绝无仅有这些。但似乎除了这次的“淄博烧烤”的爆火出圈，很多人会诧异为什么经济总量全国第三，人口总数全国第二，作为北方第一经济大省的山东，存在感比很多西部省份都要低？

山东正如山东人的个性一般，朴实无华，但绝对不差。在这篇文章中，我们试图摒弃种种刻板印象，从发展环境、市场特点、业务机遇和行业挑战四大方面，解码“律师大省”——山东。

一、发展环境

（一）山东省近年经济发展概况

山东无疑是中国区域经济最值得研究的省份之一，也是最特殊的省份之一。山东是我国的制造业大省、农业大省和人口大省，也是我国的老牌经济大省。在近现代中

---

* 本文首发于“智合”微信公众号 2023 年 9 月 12 日，文中收录数据的日期截至 2023 年 9 月 11 日。

国经济发展转型中，广东、浙江、辽宁这几个区域经济代表性省份都有过大起大落，而山东一直比较稳定。

经济总量方面，早在20世纪80年代，山东省生产总值一度蝉联全国榜首。进入21世纪，其经济总量也在工业化进程引领下，始终在第一名至第四名之间浮动。经济增速方面，随着前些年山东开始调整经济发展方式，在新旧动能转换期遭遇了“阵痛”，山东经济发展速度一度放缓，更是有些言论称山东经济正在逐渐“东北化”。事实胜于雄辩，如表1所示，2020～2022年山东省生产总值增速连续三年超过全国水平。2022年增长3.9%，在前五经济大省中位居第一名。2023年上半年，山东省生产总值总量达44,125亿元，排名稳居全国第三。

表1　国内各省（市）生产总值、常住人口前五名

序号	2023年上半年生产总值，名义增速	2022年生产总值，同比增速	2021年常住人口
1	广东：62,909.8亿元，5.7%	广东：129,118.58亿元，1.9%	广东：12,684万人
2	江苏：60,465.3亿元，6.2%	江苏：122,875.5亿元，2.8%	山东：10,170万人
3	山东：44,125亿元，5.8%	山东：87,435亿元，3.9%	河南：9883万人
4	浙江：38,717亿元，6.8%	浙江：7,7715亿元，3.1%	江苏：8505万人
5	河南：31,326亿元，1.8%	河南：61,345.05亿元，3.1%	四川：8372万人

数据来源：国家统计局，中国统计年鉴。

注：整理、制表：智合研究院。

但山东的经济也有很明显的不足，突出表现就是大而不强、壮而不精、全而不优，其影响力与其全国第三经济大省的地位不符[1]，以至于很多人会惊讶山东竟然是比浙江生产总量还大的前三省份。作为服务经济发展的晴雨表之一，目前山东的法律市场现状是否也有类似情形？

（二）山东律师行业发展回顾

1. 律师人数

根植于良好的经济和司法土壤，山东省的律师业发展速度也居于全国前列。1980年10月，山东省第一次律师代表大会召开；1981年12月，山东省司法厅审批了全省第一批共196名律师[2]。随后的40余年里，山东省律师队伍不断发展壮大。

---

〔1〕参见王明远：《山东经济如何从“鲁大壮”到“鲁大强”》，载微信公众号“齐心鲁力”2023年2月6日，https://mp.weixin.qq.com/s/63OVSOQI50fJec4ZazCMPg。

〔2〕参见山东省律师协会：《改革开放40年，山东律师的40年之一（1978—1988）》，载微信公众号“山东省律师协会”2018年12月17日，https://mp.weixin.qq.com/s/IaX3TwHhcRwN37FFZz-mIg。

就行业规模而言，智合研究院的整理数据显示，2009 年，山东省的律师数量首次突破 1 万人；2012 年，这一数字增至 1.5 万人；而 2015 年，山东省的律师数量超过 2 万人。到了 2020 年，山东省的律师人数已经超过 3 万人。截至 2022 年 6 月底，山东省司法厅数据显示，山东全省律师人数已达到 37,655 人[1]，在全国范围内排名第五。（见图 1）济南市律师协会副会长，国浩（济南）办公室主任、管理合伙人郑继法认为："山东律师人数的增长与其展现出的特征与山东整个地域经济息息相关，律师业其增长率和全国排名与山东省自身经济增长情况具有明显、紧密的正相关。"

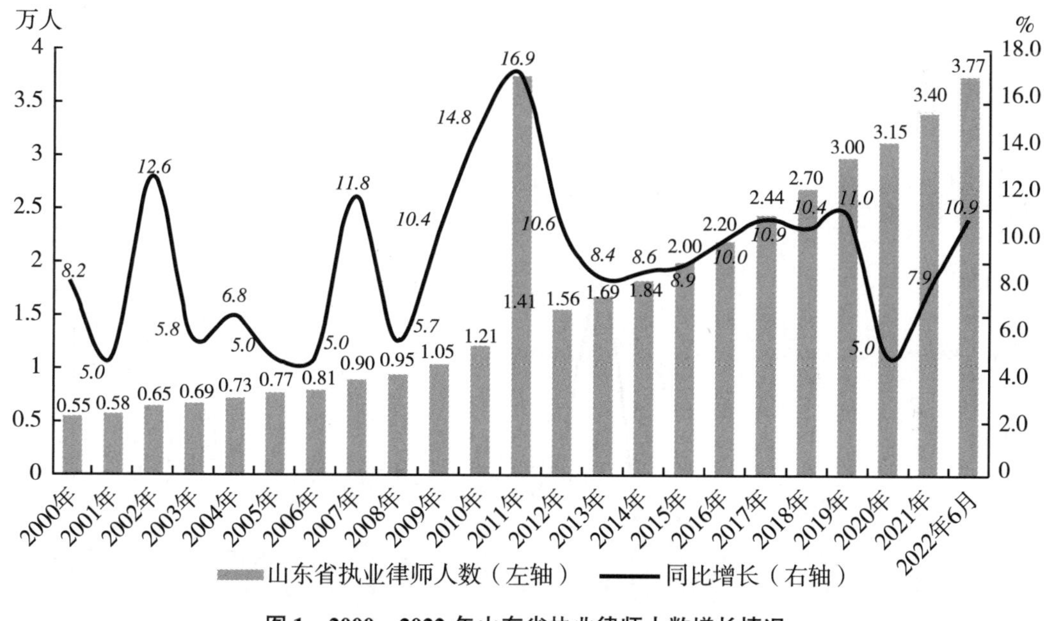

图 1 2000～2022 年山东省执业律师人数增长情况

注：整理、制图：智合研究院。
（数据来源：山东省统计年鉴，山东省律师协会）

就增长速度而言，从 2012 年年底的 15,633 人到 2022 年 6 月底的 37,655 人，山东省的律师数量增长达到惊人的 140.9%。值得注意的是，2020 年由于受到新冠疫情等复合因素的影响，省内执业律师人数的增长率降至 5.0%。虽然在 2021 年，增速回升至 7.92%，但仍低于全国整体增速 9.86%。对此，山东省律师协会律所管理与指导委员会主任、山东文康律师事务所主任张志国表示："在过去的 11 年中，山东省的律师数量共净增加了 22,000 名。平均来看，每年都会增加约 2000 名律师。因此，

---

〔1〕 参见齐鲁网－闪电新闻：《截至 2022 年 6 月底，山东共有律师事务所 2522 家、执业律师 37655 人》，载网易号 2022 年 9 月 23 日，https://www.163.com/dy/article/HHVDDL3O0514CFC7.html。

某一或两个年份的增加多或少并不会对总体产生太大的影响。”

同时，虽然律师行业的增长会受到经济发展的制约，但律师行业自身的增长往往较国内或省内整体经济周期具有一定的滞后性。山东德衡律师事务所管理合伙人、总裁李旭修表示：“近年来，司法考试的难度较往年有所降低，直接导致新获得执业资格的律师数量增加。然而，执业律师数量的增长可能存在滞后效应，通常会在两年或三年之后显现出来。尽管近年来考试通过率相对较高，但从往年的数据来看，新增律师的数量要在两三年后才会显著增加。”

2. 律所数量

律所方面，如图2所示，截至2022年6月底，山东全省律师事务所达到2522家。全省律师事务所由2012年年底的1283家增长至2022年6月底的2522家，增长了96.6%。

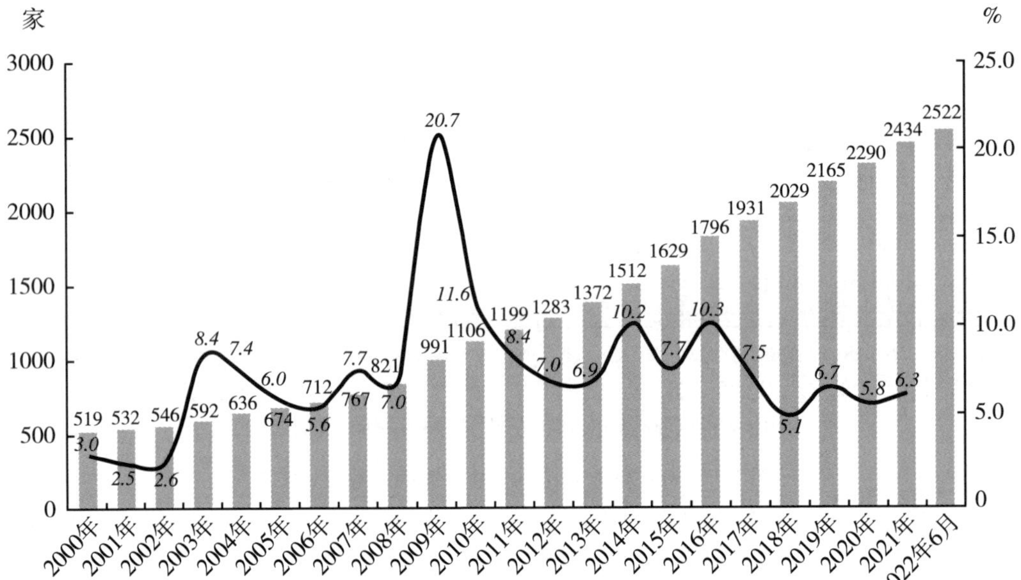

图2　2000～2022年山东省律师事务所数量增长情况

注：整理、制图：智合研究院。
（数据来源：山东省统计年鉴，山东省律师协会）

如表2所示，从律所结构来看，与全国整体结构一致，山东省律所仍以小型律所为主，10人以下律所占比为64.52%，优于全国整体情况，但与江浙等南方省份仍有差距。

表2 全国及部分省（市）律所人数规模结构对比

单位：%

地区	各种规模律所占比				
	律师人数100人以上	律师人数51~100人	律师人数21~50人	律师人数11~20人	律师人数10人以下
全国整体（2022年）	1.29	2.03	10.44	20.74	65.50
山东	0.96	2.54	10.98	21.00	64.52
广东	1.93	2.16	10.48	19.18	66.25
浙江	1.61	3.66	14.27	23.76	56.69
江苏	1.25	2.78	12.75	26.76	56.46
河南	1.29	2.59	16.88	28.80	50.43
四川	1.22	1.91	12.21	22.57	62.09

数据来源：《2022年度律师、基层法律服务工作统计分析》，中国法律服务网（检索时间2023年7月31日）。

注：整理、制表：智合研究院。

在百人所数量方面，如表3所示，截至2023年7月31日，从单个办公室来看，山东省律师人数100人及以上律所已达26家，主要分布在济南、青岛等地。另据山东省律师协会《2020年山东省律师行业发展报告》，山东已有15家律师事务所业务收费过亿元，174家律师事务所业务收费过千万元。

表3 山东省律师事务所人数规模Top50（截至2023年7月31日）

序号	律所名称	成立时间	类型	所属地区	团队规模/人
1	北京市盈科（济南）律师事务所	2012年1月	全国所	济南	288
2	山东众成清泰（济南）律师事务所	2015年9月	本地所	济南	279
3	泰和泰（济南）律师事务所	2015年5月	全国所	济南	222
4	山东齐鲁律师事务所	2003年7月	本地所	济南	221
5	北京市盈科（青岛）律师事务所	2010年9月	全国所	青岛	208
6	国浩律师（济南）事务所	1998年5月	全国所	济南	195
7	上海锦天城（青岛）律师事务所	2014年4月	全国所	青岛	182
8	山东德衡律师事务所	1993年12月	本地所	青岛	176
9	山东圣义律师事务所	1994年10月	本地所	济南	172
10	北京大成（济南）律师事务所	2006年1月	全国所	济南	165
11	山东文康律师事务所	1995年4月	本地所	青岛	164

续表

序号	律所名称	成立时间	类型	所属地区	团队规模/人
12	山东国曜琴岛（济南）律师事务所	2009 年 3 月	本地所	济南	146
13	北京大成（青岛）律师事务所	2009 年 6 月	全国所	青岛	137
14	山东国曜琴岛（青岛）律师事务所	2001 年 1 月	本地所	青岛	129
15	国浩律师（青岛）事务所	1995 年 5 月	全国所	青岛	124
16	山东睿扬律师事务所	2009 年 7 月	本地所	济南	123
17	山东众成清泰（青岛）律师事务所	2015 年 9 月	本地所	青岛	122
18	北京德恒（济南）律师事务所	2007 年 1 月	全国所	济南	121
19	山东康桥律师事务所	2000 年 10 月	本地所	济南	120
20	山东舜天律师事务所	1999 年 5 月	本地所	济南	114
21	北京金诚同达（济南）律师事务所	2014 年 9 月	全国所	济南	113
22	上海锦天城（济南）律师事务所	2015 年 9 月	全国所	济南	110
23	山东衡正源律师事务所	2002 年 5 月	本地所	临沂	105
24	山东正之源律师事务所	2002 年 5 月	本地所	临沂	103
25	上海段和段（济南）律师事务所	2017 年 6 月	全国所	济南	103
26	山东环周豪才律师事务所	1997 年 11 月	本地所	济南	100
27	山东求是和信律师事务所	1993 年 4 月	本地所	潍坊	99
28	山东载熙律师事务所	2021 年 11 月	本地所	德州	97
29	北京市京师（济南）律师事务所	2017 年 1 月	全国所	济南	93
30	山东齐鲁（青岛）律师事务所	2007 年 1 月	本地所	青岛	92
31	山东青大泽汇律师事务所	1994 年 6 月	本地所	青岛	90
32	北京市盈科（淄博）律师事务所	2019 年 2 月	全国所	淄博	88
33	山东国曜琴岛律师事务所	2021 年 5 月	本地所	济南	88
34	北京市盈科（烟台）律师事务所	2019 年 2 月	全国所	烟台	86
35	山东铭星律师事务所	2002 年 10 月	本地所	临沂	86
36	山东德衡（济南）律师事务所	1998 年 12 月	本地所	济南	85
37	北京德和衡（青岛）律师事务所	2014 年 4 月	全国所	青岛	82
38	北京市中伦（青岛）律师事务所	2014 年 9 月	全国所	青岛	79
39	北京市京师（青岛）律师事务所	2015 年 5 月	全国所	青岛	79

续表

序号	律所名称	成立时间	类型	所属地区	团队规模/人
40	山东中昊律师事务所	1984 年 9 月	本地所	济宁	79
41	山东公明政和律师事务所	1981 年 8 月	本地所	济宁	77
42	山东诚功律师事务所	1996 年 12 月	本地所	青岛	76
43	北京德恒（青岛）律师事务所	2021 年 1 月	全国所	青岛	76
44	山东民桥律师事务所	2006 年 9 月	本地所	济宁	76
45	山东颐衡律师事务所	2000 年 12 月	本地所	青岛	76
46	山东鑫士铭律师事务所	1991 年 3 月	本地所	烟台	74
47	山东舜翔律师事务所	1999 年 12 月	本地所	济南	74
48	山东博翰源律师事务所	2000 年 6 月	本地所	济南	73
49	山东鸢都英合律师事务所	1984 年 4 月	本地所	潍坊	72
50	山东鲁衡律师事务所	2010 年 10 月	本地所	聊城	71
51	山东众成清泰（德州）律师事务所	2010 年 5 月	本地所	德州	70

数据来源：中国法律服务网（检索日期：2023 年 7 月 31 日）。
注：整理、制表：智合研究院。

从律所品牌来看，全国律师信息平台数据显示，目前山东律所（以单个办公室计）前 50 中，北京、上海等全国律所山东分所，共 19 家，占比 38%，山东本土律所共 31 家，占比 62%。

3. 业务收费

2010 年山东全省律师办理各类法律事务 85.9 万件，居全国第一位，业务收费总额 13.9 亿元[1]。2015 年，山东全省律师办理各类法律事务 101.9 万件，比 2010 年增长了 18.6%；业务收费总额 34.28 亿元[2]，比 2010 年增长 147%。至 2020 年年底，山东律师行业业务收费已突破 100 亿元[3]，较 2019 年同比增长 22%。见图 3。

---

〔1〕 参见山东省律师协会：《山东省律师业 2011—2015 年发展规划》，载山东律师网，http://www.sdlawyer.org.cn/025/201239668439.htm。

〔2〕 参见山东省律师协会：《山东省律师业 2016—2020 年发展规划》，载山东律师网，http://www.sdlawyer.org.cn/025/201667273090.htm。

〔3〕 参见山东省律师协会：《2020 年山东省律师行业发展报告》，载山东律师网，http://www.sdlawyer.org.cn/021/2022329365854.htm。

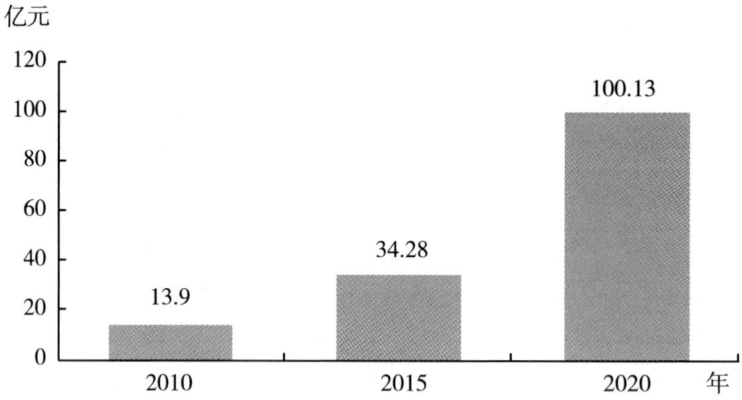

图 3 历年山东省律师业务收费总额

注：整理、制图：智合研究院。
（数据来源：山东省律师协会）

在谈及山东律师行业实现创收突破的原因时，郑继法表示："人员的增长是不可或缺的。首先是数量方面，律师人数的增长至关重要，律师规模的扩张为律所的专业化分工创造了可能性。其次是质量方面，人员的素质同样非常重要，人员增长将带来优质人才的增加，而优质人才也会为自身带来相应的业务量和配套，从而带来大量的业务。"

张志国表示："就文康而言，自 2017 年至今的 7 年间，我们经历了一次显著的飞跃，尤其是在疫情期间，文康表现出更为明显的逆势增长。2017 年年初，我们仅有 100 多名员工，而到 2023 年上半年，员工数量已增长至 530 人，初步估计到年底，文康的人员规模将实现接近 400% 的增长。"

与此同时，文康的机构数量和业绩等方面也实现了大致同步的增长。疫情发生后到现在机构数量增加了 11 家。"值得一提的是，在 2022 年疫情影响较为严峻的背景下，文康的业务仍实现了 15% 的增长，这样的发展速度在全国律师行业的增速中应该位居前列。ALB（Asian Legal Business）已连续两年（2022 年、2023 年）将文康列为中国十五佳成长律所。"[1]

经济的快步发展，给法律服务行业带来了深刻改变。而伴随山东法律服务业的持续壮大，山东法律服务市场呈现出什么样的地域特色？相较于国内其他省份，山东律所们的业务又展现出了什么样的特点呢？

---

〔1〕 汤森路透 ALB：《榜单公布丨2023 ALB China 十五佳成长律所》，载微信公众号"汤森路透 ALB" 2023 年 8 月 21 日，https://mp.weixin.qq.com/s/gm44FLNTGSBJy2KblWYx5A。

二、市场特点

（一）"双中心"引领，梯次式分布

1. 整体："双中心"的省内分布态势

"山东省法律服务业相对于全国许多省份的最大特点之一，就是总体而言各地区发展比较平衡。"郑继法表示。

随着国民经济的飞速发展，许多经济大省都面临区域发展不均的问题。与此相对应，绝大多数省份的法律服务市场呈现出"人才和业务量均向省会城市聚拢"的"强省会模式"。例如，成都之于四川——2020 年成都律师人数约占四川全省的 2/3；再如，杭州之于浙江——2020 年业务总收入占浙江全省的半壁江山（50.2%）。而山东的发展则与之不尽相同，呈现出相对均衡的分布特点。

如果制作一张山东省律师业分布图，以颜色深浅来标注各区域密度。就会发现，无论是律师人数还是律所数量，山东的分布都相对均匀。而其中又有两个城市最为突出——济南、青岛是密度最高的深色，而烟台、潍坊、临沂则是密度次之的蓝色。济南、青岛旗鼓相当，烟台、潍坊等环海城市紧随其后——构成了山东省律师行业的总体格局。

这也与山东省政府、发改委 2020 年提出的构建"一群两心三圈"的区域发展格局相契合。"一群"即打造具有全球影响力的山东半岛城市群；"两心"即支持济南、青岛建设成为国家中心城市；"三圈"即推进省会、胶东、鲁南三大经济圈区域一体化发展。省会经济圈包括济南、淄博、泰安、聊城、德州、滨州、东营 7 市，胶东经济圈包括青岛、烟台、威海、潍坊、日照 5 市，鲁南经济圈包括临沂、枣庄、济宁、菏泽 4 市。

2. 第一梯队：济南、青岛

济南和青岛作为山东省内经济的"双子星"，一个是底蕴深厚的千年古城，一个是近代开埠的国际港口；一个是儒家农业文化的传承，一个是海洋商业文明的代表。

相应地，青岛、济南律师行业也稳居山东省内的第一梯队。郑继法解释道："与其他省份的传统'一城独大'的格局不同，山东省没有一个城市是独大的，我们的特点在于济南和青岛的双中心发展，两个中心城市的首位度不高。"在数据方面，截至 2023 年 7 月 31 日，济南现有律师人数 7798 人，律所 506 家，其中有 12 家百人律所；青岛律师人数为 7456 人，律所 540 家，其中有 8 家百人律所。

（1）济南

作为第三经济大省的省会，济南是全国首位度最低的省会城市。2022 年，郑州

市的生产总值（GDP）占到河南全省的21.09%；合肥市占到安徽省的26.7%，而济南市仅为山东省的13.76%，还不到15%的占比。“我曾在2010年年初到2013年年底担任过德衡济南分所的主任，回忆起当年律协公布的数据，在2009年，青岛的律师业务总收费达到了4亿元，而当时济南的整体律师业务收费为2.5亿元。”济南居于山东中西部腹地，周边六城的经济相对欠发达，它要承担的责任是，努力带好这些“兄弟”。李旭修表示：“尽管起初青岛在律师人数、律所数量和业务收费等方面都远远超过济南，但近年来济南通过强劲的增长实现了赶超。济南作为省会城市和省级司法机关、政府机关所在地，政府资源、省级平台公司、金融机构大量汇聚，司法资源也更为丰富。因此，在政府常年法律顾问等业务方面，济南律所与省内其他地区律所相比具有明显优势。”

（2）青岛

外贸是山东的第二大动力源，青岛港是山东外贸活跃的一个缩影。2023年上半年青岛港实现货物吞吐量全国第三，仅次于上海港、宁波—舟山港。“青岛是一座典型的沿海城市，与烟台、威海、潍坊、日照一起被称为‘胶东五市’。这些城市相互联动，共同构成了与‘省会经济圈’相呼应的‘胶东经济圈’，为山东省的高质量发展和经济增长提供了强大的支撑。而作为全国首批沿海开放城市和国际港口城市，因海而生，向海而兴的青岛其海事、海商和涉外业务一直是当地律师行业的传统强项。”张志国表示。

3. 第二、三梯队

法律服务行业的蓬勃发展依赖于经济的繁荣。论经济体量，山东省下辖的每一个城市都不是泛泛之辈。除济南、青岛两座万亿之城外，烟台2023年上半年经济延续增势，总量稳居全省第三，志在冲击“万亿俱乐部”。第二梯队还包括潍坊、临沂、济宁、淄博4个过千亿元的市。据《2023年上半年城市GDP百强榜》，山东省16个地级市中有12个进入百强，上榜率高达75%，是全国拥有百强城市第二多的省份。

郑继法表示：“县域经济决定了规模，由于经济体量有限，律师事务所的容量也相对有限。然而，从另一个角度来看，山东省律师资源的分布形成了一个相对合理的梯度。这不仅体现在济南和青岛这两个发达的城市，还包括了烟台、威海、淄博、潍坊、临沂等区域中心，以及许多实力雄厚的小城市。相比许多中西部省份的情况，山东省的律师资源分布更加均衡，没有像其他省份那样资源高度集中于省会等少数一两个城市。”

（二）国企业务占比较高

1. 产业结构完善

中国是世界产业结构最完善的国家，但是中国内部，山东省又可谓经济结构最完善的地区。联合国经济分类中的 41 个工业大类山东全部拥有，666 个工业小类中山东省有 526 个，并且实力都不太弱，41 个工业大类中有 9 个位居全国第一，31 个进入全国前五[1]。

如图 4 所示，山东省一、二、三产业比例为 7∶40∶53，整体映射着中国产业结构特质。工业和农业是一个国家或经济体的基础和经济体系的底盘。靠实体经济立省的山东，是中国庞大经济体系的强大稳定器之一。同时，山东省还是全国唯一兼具海洋性优势和内陆性优势的省份。这种资源天赋的均衡优势，使山东经济具有经济门类齐全和县域经济发达的特点。

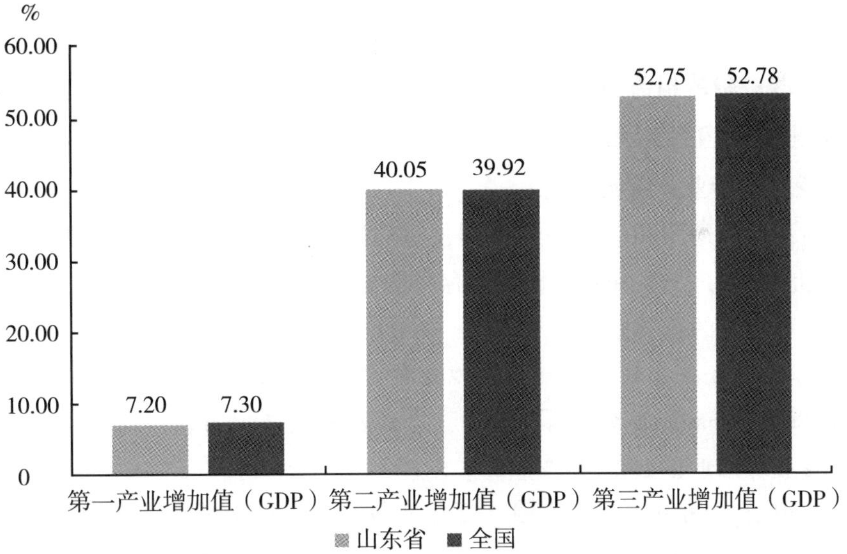

图 4　2022 年全国整体与山东省三产结构对比

注：整理、制图：智合研究院。
（数据来源：国家统计局、山东省统计局）

作为曾经的全国第一经济大省，随着对外贸易比重的增加，互联网大潮的落后，山东从此与第一名宝座无缘。但山东的优势或强势产业都属实体经济领域，也都是关系国计民生的基础性产业，使山东的经济在产业格局一轮又一轮的洗牌中，始终屹立不倒。

---

〔1〕 参见王明远：《拒绝“东北化”！中国经济第三大省，起来了》，载微信公众号“齐心鲁力”2023 年 2 月 8 日，https://mp. weixin. qq. com/s/g－QF0aapQqmybMTpgszNnA。

2. 国有经济占比大

当前山东经济还是以国有企业、基础产业、资源领域为特点。民营经济发展不充分，最直接的表现是占比低，2022 年民营经济增加值占比约 51.8%[1]，而全国为 65%，低于全国平均水平 13% 个百分点。在全国前十个经济大省中，山东的民营经济占比是最低的。因此，本轮受访律师均表示，当前以国浩、德衡为代表的山东省内的头部律所主要客户中，国有企业和政府部门的比例较高。

不过近年来，在山东奋力推进民营经济转型升级、高质量发展背景下，民营企业的法律服务需求有望进一步提升。“以文康的并购业务为例，近期，尤其是 2023 年上半年，文康在并购领域的客户构成发生了快速且明显的变化。民营企业客户的比例迅速提高，占到了 50% 左右。”张志国介绍，这一变化一方面源于国企平台公司自身在费用安排及付费能力方面出现了较为明显的下降，文康积极主动地作出了应对和调整；另一方面也是旨在顺应山东省深入推进民营企业发展壮大的整体趋势。

三、业务机遇：趋势和蓝海

（一）业务结构的发展更替

1. 诉讼、非诉业务结构变化

基于对法律的运用和表达场景不同，法律服务在业务方向、工作思维、办理模式、专业方向、客户类型和收入振幅上存在明显的差异。诉讼与非诉讼一直作为一项区分律师业务范围的分类标准。

“诉讼和非诉讼业务结构实际上可以看作经济状况的‘晴雨表’。一般来说，经济形势好转时，非诉讼业务占比会增加，占比相对较高。而在经济形势不好的情况下，诉讼业务的比重会上升。”李旭修表示。

张志国表示：“相比于六七年前，文康的业务结构发生了显著的变化。在六七年前，我们的诉讼和非诉讼业务比例大致是 55∶45，差不多各占一半。而 2022 年和 2023 年上半年，我们的争议解决领域，尤其是诉讼业务的收费和案件数量方面已经接近 80%。”

郑继法也表示：“目前国浩（济南）以非诉讼业务为主，其中投资并购占据较大比例。其次是公司有关的解决争议业务，第三个主要方向是建筑和房地产领域。”

2. 业务机遇

在山东产业结构转型优化背景下，律师行业也迎来了一些新的业务机遇。

---

[1] 海报新闻：《海报时评丨厚植优势乘风起，推动山东民营经济做强做大》，载山东省工业和信息化厅官网 2023 年 5 月 18 日，http://gxt.shandong.gov.cn/art/2023/5/18/art_15171_10328904.html。

(1) 破产重整

郑继法表示，破产案件增长是近年来山东法律业务的一大趋势。“在现阶段优化营商环境背景下，并购、破产重整业务需求有明显提升。”

山东省司法厅数据显示，2018 年以来律师参与办理各类破产案件 6267 件，化解不良资产约 7000 亿元，盘活存量资产约 1300 亿元，安置职工约 18.5 万人，为依法稳妥处置“僵尸”企业、推动新旧动能转换提供了优质高效的法律服务。

张志国表示，经济不景气导致大量破产业务的发生：“在过去，破产业务并不是文康的优势领域，但随着近年来的快速扩张与资源整合，文康总部以及部分分所已在破产业务上取得了显著的成绩。未来，破产重整业务也会是文康高度重视、持续发力的重点方向之一。”

(2) 环保、低碳、资源保护

李旭修表示：“山东德衡在环保、低碳、资源保护等方面积累了丰富的经验。与此同时，与青岛作为港口城市和沿海城市的定位相一致，山东德衡将未来进一步深耕环保业务领域，协助客户在合法合规的前提下应对复杂的法律和监管挑战。”

(3) 数据合规

张志国表示：“未来文康将重点关注包括数据合规、人工智能、区块链等新兴领域业务机会。”随着我国《个人信息保护法》与《数据安全法》2021 年正式生效，个人信息与数据保护已成为企业合规的重要内容。文康在 2021 年成立数据合规中心后，又于 2022 年积极响应青岛市司法局的组织号召，编制完成山东省首部《企业数据合规工作指引》。

(4) 数字经济领域

李旭修表示；“随着人们全面进入信息时代和数字经济时代，数据成为最为重要的生产要素。在数字经济时代，数据的价值越发凸显，掌握数据意味着掌握了主动权。”德衡在数字经济领域进行了深入的布局。2023 年 2 月，山东德衡与北京德和衡（青岛）率先在青岛成立了德和德衡数字经济法律研究院。研究院旨在结合山东和青岛的数字经济发展大势，进行数字经济领域的法律创新性研究和前瞻性研究。

(二) 吸收、合并、融合提速

1. 律所间合并整合加快

近年来，中国律师行业发展日新月异，地方律所加盟全国律所的情况并不鲜见，地方规模所进行区域整合、强强联手也时有发生。其中就包括国浩。国浩律师（济南）事务所，原名为山东德义君达律师事务所，由原山东德义律师事务所和山东君义达律师事务所合并更名而来，于 1998 年 5 月设立，2014 年 11 月更名为国浩律师

（济南）事务所。

郑继法表示：“近两年，跨区域的整合加速。从山东规模较大的律所的角度来看，大多数律所在全省范围内的布局尚未结束，它们将继续发展壮大。然而，从地市级中等城市的中型律所的角度来看，它们面临较为迫切的整合需求。原因是仅仅依靠自身品牌已经不足以与许多外来品牌进行竞争。”

2. 走向全国意愿越发强烈

就规模、品牌而言，从山东省走出来的全国性规模大所仍在少数。山东省内律所经营、律师发展较难突破地域限制。从数据来看，当前包括德衡、国曜琴岛、齐鲁、文康、众成清泰在内的山东本土规模律所都已基本实现了山东省的16个地级市的全覆盖。然而，山东本土头部律所突破地域限制，实现全国范围的布局仍然面临一些客观难题。

一方面，律所是否能够成功在全国范围内布局往往取决于其所依托地域的影响力。相对于总部位于北京和上海等大城市的律所采取“自上而下”的方式面向全国布局，山东律所本身“自下而上”的方式就相对来说更为困难。

另一方面，按照司法部现行的《律师事务所名称管理办法》（2010年3月1日施行，司法部令第120号），律所名称必须包含省（自治区、直辖市）行政区划地名。而基于我国东部、中部、西部地区发展不平衡的现状，省级行政区划地名本身含有一定的不同社会评价。这也在某种程度上使得区域律所品牌在全国范围内传播时，容易受到其“出身地”地域属性“三六九等”的社会评价的影响，甚至在市场竞争中遭受由地域偏见印象带来的阻碍。

张志国表示：“目前国内有许多像文康一样的区域头部律所，都有着一个在全国范围内扩张和布局的愿望。但如果顶着‘山东’二字在全国范围内推广，特别是到北京、上海等大城市发展，可能会给人一种‘戴着草帽进京’的感觉。这使得区域律所在品牌宣传方面，与总部位于北京、上海的律所相比存在天然的劣势；在人才吸引和市场竞争等方面，必然也增加不合理的障碍。”

值得一提的是，在2021年的“两会”已有政协委员提出了《关于律师事务所名称中统一删除行政区划地名的提案》，对此司法部也作出：“有必要进一步完善律师事务所名称命名规则”的明确回复。在已经实现本地全覆盖目标之后，如果未来能够去掉律所名称中的“山东”字样，山东本土规模大所很可能会加速向全国范围扩展。

四、行业挑战：如何破局

（一）青年律师：人才流失之困

1. 现状：全省存在1万人缺口

青年律师是律师行业的未来和希望，也是律师行业持续健康发展的重要后备力量。山东省司法厅2022年印发的《山东省公共法律服务体系建设规划（2022—2025年）》提出：强化公共法律服务人才保障，大力发展律师、公证员、仲裁员数量，到2025年全省每万人拥有律师数达到5。按照当前山东省1亿常住人口计算，到2025年山东省律师人数需超过5万人（50,850人），而截至2022年6月底，山东执业律师人数仅为37,655人，仍有1万人的缺口。

在此背景下，郑继法认为："实现这个目标仍然相当艰难。2020年到2022年的增长率实际上并不高，目前这个态势并没有太大变化。"这个问题产生的部分原因源自山东地区本身的吸引力不足。地处京津冀和长三角两个经济中心之间，山东在人才命题上的存在感并不强，律师行业亦是如此。

（1）本地人才难留

李旭修表示："山东的法科学生并没有全部回到山东，这是最大的一个问题。北京、上海，甚至浙江、深圳等地通常是人口净流入的地区，而山东则呈现人口净流出的状态，即山东培养的法科学生并没有全部回到山东。"

从地理位置来看，山东地处"京津冀"和"长三角"两大城市群之间，人才难免被虹吸。数据显示，山东2022届非本地户籍毕业生平均留存率仅为32.07%[1]，剩下七成毕业生几乎都流向了京津冀、长三角城市群。

李旭修解释称："从年轻人自身的感受来讲，南方如上海、深圳这样的大城市，以及杭州甚至苏州等新兴城市，他们觉得机会更多一些，因此对于山东的法学生的吸引力更大一些。"

（2）外地人才难觅

"从我们所收到的简历情况来看，主要还是山东本地的学生，很少看到山东省外的生源。"李旭修表示："山东培养出去的考生可能未必愿意回来，除了更偏北一些，比如东北三省、中西部省份外，其他地方，尤其是南方地区，很少有人选择到山东投递简历。"

从齐鲁人才网的数据来看，2021年，人才向山东流入的前五大省份分别为黑龙

---

〔1〕参见齐鲁人才网：《近9成2022届驻鲁高校毕业生"就选山东"，高学历毕业生留存率攀升》，载搜狐网2022年8月26日，https://www.sohu.com/a/580037422_99959899。

江、河北、河南、吉林、辽宁，合计占比达61.09%，高于2020年的60.11%。从去向看，2021年，山东人才外流的前五大地区分别为北京、江苏、上海、天津、浙江，合计占比达65.39%[1]。

李旭修说："这情况反映出一个问题，即山东对律师的吸引力较为有限。造成这一问题的原因可能是人们对山东持有一些陈旧偏见，认为山东的制度和机制较为僵化，观念存在一些保守因素。"由于山东国有经济占比较高，而山东代表性的民营企业也多为国有企业改革或集体企业改制而来，主要经营领域集中在资源密集型行业，如化工、钢铁、有色金属等。这些企业受国企和政府政策影响较深，在管理和与政府关系方面保留了计划时代的惯性。这也导致人们普遍认为山东政府在资源配置中的权力仍然很大，市场发挥作用不充分，各类经营主体的竞争程度较低。"这种观念可能导致一些毕业生不愿意前往山东发展。改变这种观念和认知，展示山东开放、包容和创新的一面，有助于增强山东在律师领域的吸引力。"李旭修补充道。

2. 怎么办：留下来，传帮带

在律所层面，人才是最重要的生产力。无法吸引新生力量回流可能会阻碍发展。面对山东的人才流失现状，律师业应该如何寻求突破?

(1) 在"留下来"上下功夫

郑继法表示："实际上，律师事务所的规模和增长很大程度上取决于市场需求和业务增量。如果法律服务市场没有增长环境，仅通过行政手段实现每万人律师数为5的目标可能会面临困难。因此，大型律师事务所在吸纳和培养新人方面发挥带头作用是必要的。"

然而随着近年来的严峻经济形势和"逃离北上广"的热议，山东也出现了发展机遇。李旭修表示："从我们律所的感受来看，近年来在青岛、济南等城市招聘律师，发现名校毕业生的数量逐渐增多。这可能是个机遇，我们应该抓住这些有潜力的人才。"此外，名校的山东籍毕业生也表现出愿意回到山东工作的趋势。李旭修继续指出："对于大中型律所来说，吸纳和培养新人的能力较强，应该鼓励大所多吸纳人才，为未来的发展做人才储备。对于一些中小型律所而言，因受到前几年疫情影响和经济状况影响较大，自身的发展空间面临更大的困难，吸纳人才的能力有限。因此，人才吸引方面更多的还是要靠大所、规模化的律所去带头。因为只有具备一定规模的律所才有团队、才能建立起团队，才能有更大的吸纳、储备并逐步培养人才的能力。"

---

[1] 参见凤凰网山东：《山东GDP全国第三却留不住人才？7张图带你走近真相》，载凤凰网2022年9月20日，https://sd.ifeng.com/c/8JQsIZpn4GS。

（2）在“传帮带”上下功夫

“志不强者智不达”，政策引领是首要之重。张志国认为：“律师行业的发展需要不断健全的法治化建设作为支撑。同时，司法行政部门、律师协会等各层面应聚焦于青年律师的支持政策，为青年律师提供更好的发展空间。通过‘传帮带’来培养能胜任时代重任的律师行业后备人才。”李旭修强调：“吸收他们进入专业团队，指派资深律师全程指导，确保青年律师学有所得、学有所获。靠事务所的团队去培养新人，让一茬又一茬的年轻律师能够快速成长。”纤纤不绝林薄成，涓涓不止江河生。

（二）竞争加剧：适度规模化，区域联动，协同发展

随着律师行业规模的扩大和竞争的加剧，山东省的律师行业也面临一系列挑战和变革。全国性品牌律所进入山东市场，对本土律所形成了较大的竞争压力，这一趋势在过去的几年中逐渐显现。

张志国表示：“品牌大型律所对于本地律师行业的冲击主要体现在与地方头部律所的竞争中，包括人才吸引和业务竞争。在人才吸引方面，全国品牌效应具有一定的优势。在业务方面，首先在一些招投标业务中，可以借助总部已有的业绩；其次在全国性品牌律所内部交易市场中，已有客户的业务增量使其具备更多业务拓展上的优势。”同时，他也提到本土区域大所在竞争中拥有自身的优势，如更深的本地客户连接、已有的人才积累和培养体系等。

为了应对全国性品牌律所的竞争，山东本土规模律所被动加速了规模化进程。李旭修指出：“规模是专业化的先决条件，没有适度规模化，律所无法建立完整的团队，无法实现专业分工。山东德衡在2023年已经召开了多次律所管理发展工作会议，明确了规模化发展的要求。我们要求各地分所在本地吸纳更多的人才，实现适度规模化。”

郑继法表示：“对于国浩而言，我们在济南和青岛分别拥有一个办公室，都有百人以上的规模，也都是亿元级的律所。我们的目标是在集团一体化的基础上，济南和青岛继续深入打造一体化，发挥内生力量，挖掘内部市场。并与其他潜在合作伙伴建立更深的联系，根据各自的特长来发展。我们的愿景是共同打造一个内部市场。”

（三）脚踏实地专业化，丢掉幻想，直面低利润时代的到来

从各项数据上看，山东省律师行业取得了快速发展，山东省律师行业总收费由2010年的13亿元增至2020年的100亿元，10年间翻了近8倍。增幅显著，与此同时，“草莽生长”环境下的律所管理粗放、团队合作少、缺乏凝聚力、专业化不足等难题，导致行业内业务两极分化现象逐步拉大。

1. 创收涨、但人均不涨

当前律师行业普遍存在一个现象，创收增长主要局限在于规模增长带来的相应增长上，而在一些硬性指标，尤其是人均创收方面，出现了问题——律所的创收增长速度跟不上律所自身的扩张速度。张志国指出："当前律所面临的首要问题是案件数量和收入之间的不对等。律所的案件数量增长迅速，但创收方面并没有与之同步增长。这一现象也在与一些行业头部律所的沟通中得到了一致的认可，大家都意识到，即使要维持与2022年相同的律师收费，工作量和难度也都显著增加，这是一个客观事实。"

2. 低利润时代下的激烈竞争

尽管山东律师行业在过去的几年中取得了快速发展，但也面临一系列问题，如行业内部两极分化、竞争加剧引发法律服务的"价格战"，低价中标、无序竞争又会进而导致行业创新力的消退。多位受访律师均表示，低价竞争问题是山东律师行业未来发展的重要挑战。

挑战在前，如何破局？在采访中，多位律师都谈到了团队化、专业化、长期主义以及更多地向外交流互动。他们认为，山东律师行业应该脚踏实地，专注于提升自身专业化水平，同时要摒弃不切实际的幻想，直面低利润时代的到来。

北方变不成南方，山东搬不到江浙，复制南方经验、照搬江浙模式无法推动山东律师行业发展，只有立足山东基础、资源、条件，进一步在业务多元化的基础上增强自身在各个方面的竞争实力，才能实现山东律师行业真正的可持续发展。

五、结语

征程未有穷期，发展永不停歇。百舸争流，奋楫者先。

作为"齐鲁圣地、礼仪之邦"的山东，山东人务实肯干，注重实效而不图虚名。他们一旦认准了目标，就会一步一个脚印地去奋斗，去追求；干任何事情，务必达到一个目标，否则便认为是徒劳一场。这便是山东律所的风格。这大概就是孔子说的"讷于言而敏于行"吧。

山东律师行业正立足自身特色优势，以厚积薄发的姿态迎来属于自己的新时代。转型升级当下，法律市场中新兴的业务机遇正在萌发，山东地区将越来越受到市场关注，挑战与机遇并存，期待山东律师行业走出一条独具特色的道路。

上海律师行业，正变得更加多元*

吴梦奇 | 智合研究院

入秋的上海，敛去长夏的浮躁，显得更加沉静。

与沉静相对的热闹大多集中在了校园。秋招在60余所高校里先后进行，毕业生们如游鱼入海，自此融入更广阔、更复杂的社会，步入人生的下一阶段。

其中也包括了17所法学院里的法学生。每年，律师行业都会新增数万人，大多是全国各地法学院的毕业生，而北京和上海，又会是众多执业目的地中最受欢迎的两个选择——无论是基于法律服务业依托实体经济发展的行业特性，还是站在抬高个体生涯天花板的角度，这两座城市的地位都近乎无可替代。这两座城市又有所不同，毕竟两座城市各有各的标签。如果说北京承载了来自帝都的深厚底蕴和独一份的影响力，那上海在专业精细和涉外服务上的地位也向来毋庸置疑，由是塑造了一批专业素质和服务质量过硬、拥有国际化视野、擅长精耕细作的“海派律师”。

2021年以来，与经济波动同频，上海法律服务市场也经历了跌宕起伏，甚至较许多区域遭遇了更多。除在业务量和收入层面的直观感知外，一些更深层、更不易察觉的变化也在缓慢影响着上海律师行业。基于此，本文将重点探讨以下几个问题：

- **上海律师行业，正在发生哪些变化？**
- **复杂的内外部形势下，哪些新的机遇正在酝酿或萌发？**
- **哪些属于当下的要素，可能影响上海律师行业的未来发展？**

---

* 本文首发于“智合”微信公众号2023年9月19日，文中收录数据的日期截至2023年9月18日。

一、考验，改变

（一）时代终结与肇启的新篇

如果时光机真的存在，那么2020～2021年可能是它出现的最好时间——对上海律师而言尤其如此。

在新冠疫情初起的2020年，上海律师行业所受波及相对有限，2021年还在整体经济环境的回暖反弹下创下新高，但2022年持续数月的新冠疫情给上海带来了真正的严峻考验，绝大多数律所在业务开展层面遭遇空前危机，随之来的则是收入下滑，部分律所创收甚至同比下降30%～40%。

幸运的是，这轮霜雪已然挺过。根据一些律所反馈，当前律所发展情况整体可以达到2021年同期水平的70%～90%，少部分律所还较2021年同期水平略有增长。这一方面得益于上海保有的强大经济活力，另一方面也与律师行业自身的快速调整适应脱不开干系。

不那么幸运的则是，随着疫情的平复，许多被疫情所掩盖的既有发展问题逐渐现形——寄希望于疫情消失后仍能回到过往飞速增长的时代，已成为事实上的掩耳盗铃。这种变革不仅仅发生在上海，但作为民营经济相对更活跃发达的区域，上海正在发生的变化也在一定程度上具备了更多的代表性、典型性。

锦天城律师事务所高级合伙人孙林倾向于将当下视作**律师行业向下一个发展阶段演进的拐点**："律师制度恢复初期，行业整体可以称为**'牌照红利'时代**，由于律师个体的稀缺性，很容易取得较好的发展收效；21世纪初到2020年前后，行业则进入**'规模红利'时代**，品牌律所在快速扩张的过程中逐步填充仍有较大需求缺口的市场，因而形成了一批体量庞大的规模大所。"

"但到了今天，随着经济和市场需求的变化，经过40年发展的律师行业已然步入拐点，支撑以往高速增长的逻辑已经发生了根本性改变，我认为行业已经走到了**'管理红利'时代**的门前，律所能否通过强化内部管理来提升服务质效、规避风险，可能是这一时代的发展主旋律。"事实上，作为上海规模所"领头羊"的锦天城律师事务所，最近数年里都在对分支机构的扩张速度、合伙人的晋升数量进行系统控制，将更多精力放在提升内部整体效益上。

这种行业态势的变化和发展方针的调整，正逐步扩散为头部律所的共识。建纬律师事务所主任邵万权也提到，在种种内外部因素的推动下，**行业内头部律所对于专业化认识正变得越来越趋同**："相较于之前的规模化发展，如今行业更多聚焦于多个板块的专业化发展，或是专业化和规模化的结合，不仅追求做大，更追求做强。行业内近年来频频提及的‘适度规模化’其实就是沿袭了这一思路。”建纬律师事务所本身即是具备较大规模体量的建设工程专业律所，依照这一路线坚持和更新发展战略顺理成章。

作为少有的源自浙江、北上上海发展的刑事专业律所品牌，靖予霖律师事务所在2022年也遭遇了因刑事业务量下滑而带来的成员离职等影响，但2023年年初，靖予霖重新上扬、焕发生机，入驻BFC外滩金融中心。靖予霖律师事务所主任徐宗新虽然**认同当下上海律师行业面临的客观挑战，但他仍看好周期变化后的发展潜力**：“上海律师行业丰厚的‘家底’，如丰富的高素质专业人才和法律服务产品，居于全国前列的涉外、商事、非诉领域的法律服务实力，充沛的高校资源等，都能持续给律所提供强力支持。如能在目前的逆境中坚持专业化、精细化、前沿化、国际化、高端化的发展路径，一旦经济上行，上海律师行业必将迎来新的快速发展期。”

经济周期变化与行业发展阶段更替相叠加，再加上“国内经济发展领头羊”的身份，上海律师行业所处的复杂形势，可见一斑。

（二）扩张的人员体量，放缓的业务增长？

当然，单从人数增长的数据来看，对当下复杂形势的感知可能还不够明显。根据上海律协公布的数据，2021年上海全市律师人数共35,060人（其中执业律师31,633人）。而根据上海律协第十一届理事会工作报告披露，2022年年底，上海律师总人数已达到38,348人，离4万大关一步之遥，2025年45,000人的规划目标势在必得，见图1。

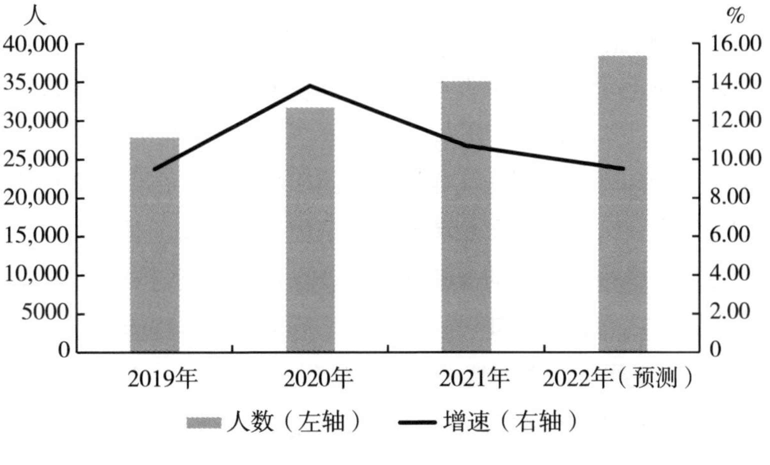

图1　2019～2022年上海律师人数增长情况

（数据来源：上海市统计局、上海律协）

但与此同时，即便不考虑律师行业发展相对于经济发展的滞后性，快速膨胀的人员体量实质上也类似于一柄“双刃剑”：一方面，人数的增长永远是律所乃至律师行业整体服务能力提升的基础；另一方面，在市场格局趋于定型、开拓增量空间难度提升的当下，不断涌入行业的新律师又会让行业内部的竞争越发白热化。

“最近几年，行业内卷已成不争的事实，这种内部竞争体现在律师与律师之间、律师与法务之间等各个层面，正变得越来越‘全方位’。”锦天城律师事务所高级合伙人孙林表示，“激烈的竞争驱动一些成熟律师选择离开行业另辟赛道，而新律师的快速涌入又进一步加剧竞争烈度，这就使得律师行业内的人才竞争格局变得更加复杂”。

“律所最核心的还是人。”建纬律师事务所主任邵万权表示，“律师总量在提升，律所规模也随之增加，可以变相理解为‘人’的资产在增加，可以为律所承接更大的业务量、开发前沿新兴领域提供更充沛的人力。当然，另一方面也会带来更高的运营成本、更频繁的利益冲突，更需要律所规范化内部管理来加以应对。”

与此同时，业务量的增速并没有完全跟上人数增长的步伐。根据上海律协披露的数据，2021 年上海律师办理各类诉讼案件 39. 06 万件，同比增长 12. 56%，但非诉讼业务则从 2020 年的 17. 5 万件小幅下滑到 16. 10 万件。2022 年的数据暂未公布，但有多家律所在调研中反馈业务量较 2021 年存在幅度不小的下滑，2023 年才逐步回升。“在律师业务只有存量、没有增量的大前提下，单纯律师人数的增长，显然对从业人员是不友好的。此外，人工智能的发展还取代了一部分法律咨询工作，律师们的焦虑也在情理之中。”徐宗新表示。

这是好事吗？显然不是，过于内卷的行业环境会进一步挤压从业人员的生存空间，“淘汰”掉不适应生态变化的个体。但，这是坏事吗？也不尽然。激烈的竞争会驱动律所、律师加速进化，为了谋求更好的生存发展环境而一步步改造行业，推动行业走向新的发展阶段。

正如头部律所管理者观察到的那样，当下的律师行业正在步入增长放缓的成熟变革期，律所们也终会迎来需要自我创新换取竞争优势的阶段。对于上海律师而言，唯一的不同是最近数年里频繁发生的变故让这一进程有所加速，为此大家在适应期经历了更多的阵痛。在此之后，就是如何将磨砺转化成更大动力的课题了。

（三）中小律所变局：众生的基底，如何应对压力

将 2018 ~2022 年上海的律所数量增长情况绘成一张图（见图 2），很容易就能看出马太效应的加剧：从 2018 年年底到 2023 年 8 月底，上海律所数量总共增长了不到 300 家，百人所占比则从 2. 12% 增长到了 2. 93%。

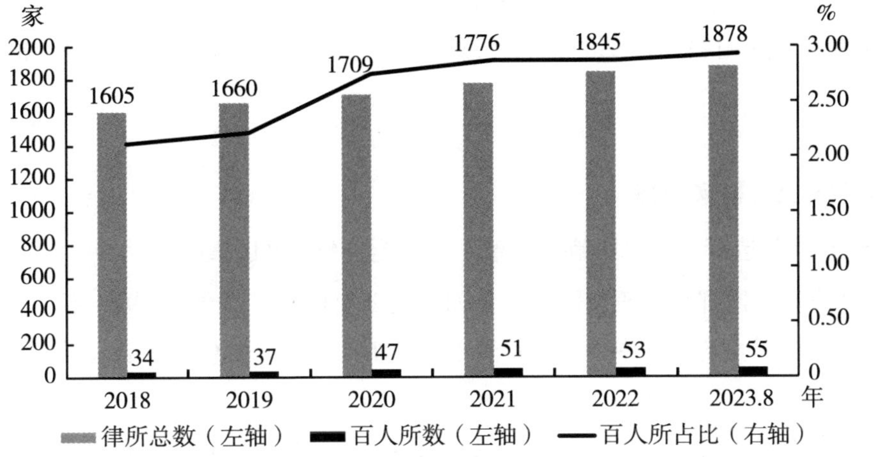

图 2　2018～2022 年上海律所总量与“百人所”变化情况

注：2022 年数据统计截至 2022 年 12 月 26 日，2023 年数据统计截至 2023 年 8 月 24 日。

（数据来源：上海律协、中国法律服务网）

这种头部集聚的态势，进一步增强了品牌大所的服务能力和客户影响力，对占行业绝大多数的中小律所来说，则意味着竞争压力的进一步增大——这一点也不仅仅是上海一地面临的问题。但这并不意味着中小律所就没有生存空间。

“我个人觉得当前区域市场的竞争态势相对明确，未来数年都可能变化不大。头部大所们仍会保有其较强的市场影响力，精品专业所则会有一定的发展机会，市场的参与主体可能更加多元。”孙林表示，“与之对应的是，中小所的发展空间则可能受到更多挤压，需要尽可能通过差异化竞争路径来形成律所标签，让律所品牌获得更高的市场认可度。”

“规模化并不是发展的必然选择，即使在国际公认相对发达的英美法律服务市场，也生存着大量中小律所。所以我始终认为，大所、中小所各有各自的市场空间。”邵万权表示，“值得中小所认真思考的是如何实现长远发展。建纬律师事务所在很多城市的分所也只有 3～40 人的中小体量，但通过走聚焦专业服务的差异化路线，仍能在特定领域与规模大所掰掰手腕，甚至形成优势，这可能是许多中小律所可以考虑的竞争路径。”

徐宗新则认为，律所发展的关键在于产品：“律所竞争力，不在于规模大小，而在于有没有自己独特的产品。以刑事领域小体量精专所为例，是不是坚持做专业聚焦？有没有在专业层面做到行业领先？能不能与其他专业的精专所加强合作、取长补短？这些，才是决定中小律所能不能更好生存的关键问题。”

归根结底，相较于过往对于规模增量的追逐，如今的上海律所管理者更认同差异化的重要性——这基本昭告了纯粹的“规模红利”时代的终结，也与市场发展阶段的演进息息相关。在那之后，变革和变革过程中机构的对应调整，都将接踵而至。

二、当下沪上，机遇何在

（一）战略选择：区域影响力扩散，更“全国性”的上海律所

任何发展阶段都存在正反两面，正如有光才有阴影，即便在1997年、2008年等多次金融危机爆发的过程中，也孕育着下轮变革的胚芽，等候一个合适的契机迸出象征生机的枝杈。

而今的低潮也是如此，在行业发展阶段演进的过程中，必然会有一段挣扎、适应再到引领变革的阶段，但在这一过程中，并不意味着不存在零星的机遇火花。上海法律服务市场，也正在闪烁着这样一些亮光。

举个例子，当我们谈论近年来的区域市场时，区域集聚趋势往往是一个绕不开的话题——客户需求越发“苛刻”的时候，也恰恰是最适合整合服务资源、提升服务能力的时候。在国内比较典型的几大区域性城市群，例如长三角、粤港澳大湾区、成渝都市圈等，都在经济发展层面展现出了更明显的交流互通、协作联动趋势。

这种趋势反馈到法律服务市场，则体现在对**律所区域统筹服务能力**的更高要求。通过对头部律所的动向加以观察，不难看出这些全国性律所普遍都在强化重点区域市场的整合联动。

以锦天城律师事务所为例，现有的杭州、南京、苏州三个办公室和上海办公室一同构成了长三角地区的服务矩阵，办公室间的交叉联动、合伙人间的频繁交流以及业务机会的相互推荐，使锦天城律师事务所对大型客户的覆盖度和为客户提供属地化服务的能力都在持续增强。“包括大湾区，我们正在推动将原先与本地所联营的香港办公室转化升级为可开展实际业务的分支机构，进而与深圳、广州构成完整的服务框架，包括成都、重庆，我们也在推进办公室间的合作联动。”孙林表示，“这种区域聚集的趋势，对于律所开展业务、扩大区域影响力无疑有着明显帮助。”

自身即带有区域联动性质的靖予霖律师事务所也认同这点。“以长三角一体化战略为例，就是以上海为中心，联合、带动四地的整体发展，在全国起到龙头作用。”徐宗新表示，“对上海律所来讲，第一要带头，第二要分享，第三要联合，即使是区域性律所，其业务目标也应该面向全国。对此，靖予霖目前就在和长三角地区的高校合作，尝试打造‘长三角刑辩’品牌。”

“区域性的联动增多，某种意义上也是区域市场开发深度增加的一个特征，也必

然是行业未来的发展趋势之一。”邵万权认为，区域联动会增强律所在展业拓业方面的能力，“不同区域可能在发展侧重点上有所差异，但都具备传统业务领域细分的可能性和新兴业务的开拓机会。例如长三角，就在新能源、合规、政府法律服务、反垄断与竞争法等热点领域有着很大的联动合作空间。这些都是律师、律所有机会把握的发展机遇”。

值得一提的是，孙林还提到锦天城律师事务所当下对于自身的定位：“比起称自己为一家‘上海所’，锦天城更倾向于自我定位为‘一家总部在上海的全国性律所’。”不同的定位意味着视角上会存在差异，进而影响律所的发展路线和战略选择。作为上海律所规模化发展的翘楚，锦天城律师事务所是 ALB2022 年度“中国国内律所 30 强”榜单上唯一一家跻身前 10 的上海律所品牌，其余 9 家则全是北京律所品牌——众所周知，北京律所向来被视作全国化发展的范本，锦天城律师事务所的“全国所”定位，意味着他们已然在用更高、更严苛的标准要求自己。

当然，这样思考的上海律所绝非锦天城一家。如从分布地域和服务范围来看，方达、建纬、通力、申浩、瀛泰等律所都在全国化的路上持续奔行——更“全国性”的上海律所群体，更雄心勃勃的发展志趣，似乎越来越明显。

（二）业务：向内细分，向海外进一步延伸

在专业服务层面，上海律师一贯以精耕细作的服务方式而闻名。随着经济环境的变化，上海律师行业不可避免地出现了更激烈、更多样的竞争与摩擦，但这也驱使律所在专业能力方面做得更加极致，以期凭借专业能力在更多领域形成差异化服务优势。

整体而言，目前上海法律服务市场的业务机会主要体现在两方面：**传统行业、国内市场服务的进一步细分，以及伴随中国企业“出海”而衍生的涉外法律服务**。

由于资本市场领域整体的审核发行速度仍能维持相对正常的水平，头部律所在这一领域的业务相对稳定，但也不可避免地因企业发展战略收缩、客户付费能力下降而迎来更大压力。同样，商事争议解决领域也基本可以维持可观的业务量，且仍有一定的发展空间。

在外商在华投资业务收缩的同时，中国企业向外走的步伐也在加快，对外直接投资（ODI）的相关业务量快速增长。投融资领域表现最亮眼、最强劲的业务则是债务重组和破产重整业务，引领着逆周期业务的发展扩张。

总体而言，传统业务领域随经济波动呈现出此消彼长的发展态势，这也使综合性大所较精品所来说拥有更强的调整和适应能力。

而在新兴业务板块，头部律所们基本上都开展了对 ESG、合规、数字经济等热

门领域，甚至包括财富管理和高净值人群服务等细分蓝海领域的预研和落地。

以锦天城为例，由于专业化建制齐全，锦天城得以依托专业委员会、行业委员会开发对应产品并将之落地。孙林表示："例如 ESG 业务，就由环境与能源行业委员会牵头开展，数字经济、数据合规则是由互联网与信息化行业委员会带动推出了成熟的法律服务产品，包括出口管制经营者集中、IPO 专利狙击等非常细分的业务，锦天城都有律师探索专精。近期，我们也在考虑搭建专门的合规研究中心来推进大合规业务的建设。"

对于精品所而言，形势会相对更复杂。在建设工程和房地产领域，由于相关行业近年来受到的相关影响较大，客户付费能力亦有所下降，因而在非诉领域的业务呈现下行趋势。但这种行业层面的发展困顿也催生了更多争议和纠纷，诉讼业务反而大幅增加——因此建纬整体业务量对比 2021 年同期仍能有小幅增长。

"这是市场发展的客观环境，单靠随波逐流绝对难以支撑律所稳定向前发展。因此建纬也在向整个建设领域进一步渗透，通过向行业上下游延伸来拓展自身的服务面，创造更多机会。"邵万权表示，"例如在行业上游通过参与房地产企业的融资项目来提供更多服务，或是在行业下游处理更多的破产项目，通过衍生业务的开发来'做大盘子'。包括当前比较有发展机会的智能建造、企业合规等业务，建纬都在基于过往的研究成果推动其市场化和具体落地。"

在刑事领域，刑事合规尤其是主动刑事合规是一个正在增长的业务蓝海。"目前靖霖刑事律师就累计办理了 30 余件主被动刑事合规案件，其中数件登上最高人民检察院合规典型案例。"徐宗新表示，"在刑事领域新兴业务这块，一方面要横向发展，通过与其他专业交叉形成新业务，如刑民交叉、刑民行交叉等，或是更具体的刑事建工交叉、刑事知产交叉，这些交叉业务都是黄金业务；另一方面也要纵向发展，由诉讼业务向非诉业务延伸，如诉前刑事风险防范、诉后常年法律顾问等。刑事律师必须与时俱进，才能适时进行横向、纵向的有机结合，发掘更多业务机会。"

（三）人才：区域平衡，与内生式增长

一线城市的人才问题，和其他区域的人才问题不太一样。其他区域即便是省会城市，也存在被一线城市"虹吸"的可能性，而一线城市的竞争，更多集中在城市内部，多数情况下分为辖区竞争和律所间竞争。上海也不例外，庞大的高校数量和优质的教育资源，加之对长三角乃至整个东中部区域拥有的极强的人才吸引力，因此上海并不缺少高端人才的流入，竞争在内不在外。

在辖区竞争层面，除崇明区外的 15 个市辖区的执业律师人数和律师事务所数量呈现出典型的梯级分布态势。从表 1 可见，上海执业律师相对集聚在浦东、静安、徐

汇三个大区：截至 2023 年 8 月 24 日，浦东以律师 8403 人、律所 315 家的体量领先于其他区域，其中包括 14 家百人所（含 1 家千人所）；静安以律师 6752 人、律所 261 家的体量排在第二，坐拥 10 家百人所（含 1 家千人所）；随后是徐汇，以律师 4037 人、律所 189 家的数据揽下第三，包括 8 家百人所。以上 3 个辖区，承载了上海半数以上的执业律师和 40% 的律所。

表 1　上海市执业律师人数与律师事务所数量

地区	律师人数	律所数量	百人所数量	千人所数量
浦东	8403	315	14	1
静安	6752	261	10	1
徐汇	4037	189	8	—
长宁	2968	138	4	—
普陀	2808	181	5	—
黄埔	2505	132	6	—
虹口	1965	97	5	—
杨浦	1605	130	2	—
闵行	1335	103	1	—
嘉定	565	73	0	—
松江	563	67	0	—
宝山	537	67	0	—
奉贤	462	65	0	—
青浦	237	35	0	—
金山	136	25	0	—
崇明	0	0	0	—
	34, 878	1878	55	—

数据来源：中国法律服务网、东方律师网，检索日期截至 2023 年 9 月 19 日。
注：整理/制表：智合研究院。

这种分布与上海的区域经济发展紧密相关——百年繁华的浦西和新近崛起的浦东集聚了上海经济发展的精华，也产生了更多的高端法律服务机会，而这对律所有天然的致命吸引力。相对不平衡的服务能力分布，让各个辖区的司法主管部门采取了种种举措吸引和留住律所律师，包括但不限于提供政策支持、发展补助等。

也有观点认为，政策层面强推律师的均衡分布有悖法律行业实际，因为依附于经济发展的服务业天然会向经济发达区域聚拢，随着上海区域产业的进一步发展，律所律师自然也会向有新兴需求的机遇聚拢。

相比之下，**律所间的竞争**算是“强所云集”的上海法律服务市场在人才层面更紧要的课题。这种竞争是全方位的。孙林表示：“例如律师行业越发激烈的内卷，在持续挤压着新入行者生存空间的同时，也使一些不适应新环境的成熟律师选择跨行转业。一方面，成熟律师的离开会削弱律所的服务能力和竞争力；另一方面，部分成熟律师转做跨度相对较小的法务工作，又会因此进一步过滤企业的法律服务需求，留给律师的更多是复杂疑难的法律问题。”

在越来越激烈的人才竞争下，律所能够提供什么样的机制和平台，就显得尤为重要。“律师群体的年轻化趋势越来越明显，30 岁以下新人的快速涌入，和业务增量的有限，都会驱使律所尝试通过吸收更优秀的人才来竞争有限的业务空间。”邵万权表示，“建纬对此也十分重视，一方面通过在全国范围内与各地法学院校联动来吸引优秀毕业生，另一方面亦在内部设置种种机制，在为年轻人提供执业帮助的同时，还鼓励他们在新兴业务领域大胆探索研发，如 ESG、数据合规等领域，以同成熟律师形成错位竞争。包括传统建工领域在内的细分研究，我们也吸收优秀人才参与，仅 2022 年，建纬承接的全国性研究课题就高达 16 个。”

除提供各种便利外，专业建设亦是吸引人才的一大密钥。实际上，除采取种种策略展业拓业外，“变局中勤修自身”亦是头部律所的共识之一，而这恰恰也是希望获得快速成长的人才所格外看重的。以靖予霖为例，尽管作为刑事专业所在 2022 年的业务量上受到一定冲击，但靖予霖仍选择了不断产出专业化成果的建设路径。“2021 年以来，靖予霖先后成立苏州、沈阳等 6 家分所，出版 3 本专业书籍，研发百余门课程，主办或合办了多期刑事论坛类交流活动。这些丰富的专业建设和成果输出活动带来的一大显著效用，就是今年 4 月以来所内律师或多或少在个人案源上有所增长，体现出专业能力向个人影响力的转化。”徐宗新表示，“后续，靖予霖仍计划坚持内训，推动律师持续学习和专业化，引导成熟律师走‘刑事 +’路线，与建纬等其他精专所‘专专合作’，不断追求极致。”

三、百年“魔都”，与“魔都”律师的下个百年

20 世纪 20 年代，作家村松梢风在数次造访旅居上海后，给这座瑰怪复杂、不可思议的城市留下了“魔都”这一雅号。他无法预见的是，百年后的上海已在飞速发展里变得大不一样，以至于“魔都”这个概念早已不同往昔。生于此、长于此的上海律师行业，自然也就被打上了快速发展更新里留下的复杂烙印，镀上了与其他区域

全然不同的光辉。

那么，该如何总结上海律师行业的特点呢？

> 经常和北京一同被提起，但又不像北京律师行业一样在扩张性和影响力上表现得更为明显。
>
> 以涉外业务闻名，但和同样有大量涉外需求的广深又走出了两条全然不同的道路。
>
> 区域经济的开放度和活力在国内首屈一指，赋予本地律师充沛的业务机会和弹性。
>
> 兼具开放与雅致的海派文化，让律师服务的专业度、精细度、颗粒度更上一层楼。

这是不同律师口中所凝练出的共性特点，也是让上海律师和区域市场得以区别于其他地区律所的一张张鲜明标签。今天的标签未必能代表未来的走向，在这样一个关键的变化阶段，上海律师后续数年的选择和发展情况，或许还不足以决定下个百年的成败走向，但一定会有着较往日更深重、更长久的影响。

从目前来看，整个法律行业生态内部正在出现一些自我改变和革新的新方法、新理念、新趋势，有些已在尝试落地，有些还只是苗头，甚至不乏质疑。

（一）内部集聚与国际化：尝试容许质询，但从未停滞

法律服务聚集区是近年来在多地出现并持续推进的潮流之一，如海丝中央法务区、天府中央法务区等都已经在“产业集聚＋法律服务赋能”方面进行了数年探索。**目前，上海亦在临港、虹桥形成了类似的区域集聚态势**。

自2020年相关政策发布后，得益于临港新片区在发展离岸金融贸易等领域的独特区位优势，不少律所选择奔赴设点，其中包括十余家上海律所同城分所。2023年8月1日，临港又发布了《中国（上海）自由贸易试验区临港新片区促进法律服务业发展若干政策》，采取大额资金奖励、补贴等形式，大力支持律所入驻，推动涉外法律服务发展。

而在虹桥，随着作为区域经济增长新引擎的国际中央商务区的持续发展，聚焦商事仲裁、知识产权保护等领域，力图打造高端法务资源集聚地的虹桥国际中央法务区也步入快速推进阶段。截至2023年6月，虹桥国际中央法务区已吸引超过50家律所和泛法律服务机构入驻，如建纬就在法务区的核心区域——虹桥汇T9设置了办公室。

除上海律所外，亦有诸如广信君达等外地律所选择在此设点，有业内人士认为，

集聚区内的同行良性竞争将有助于区域整体法律服务水平的提高，未来也存在集聚区主动引导和律所间相互合作带来更多业务增量的机会。

在国际化发展层面，上海律师行业一脉传承的涉外基因，使本地律所、律师仍在采取种种形式拓展涉外业务，提升服务能力。

一方面，上海律师通过跟随中国企业出海，提高涉外服务能力，挖掘潜在业务机会。邵万权表示："以建工领域为例，我们从2018年就开始根据客户企业在'一带一路'共建国家的建工项目需求编写'一带一路'系列研究丛书，该丛书计划编写10本，旨在从专业法律服务视角，对于'一带一路'所涉国际工程相关的法律问题进行梳理和研究，目前已经准备发布第4本。"

另一方面，在不确定性增多的国际市场环境下，上海律所出国设点的步伐仍在谨慎且稳步地迈进。孙林表示："国内律所仍有向外发展、国际化的内在需求，锦天城一方面通过继续加强和鸿鹄的联营等形式，拓展在海外的联动服务范围，另一方面也在争取提升海外分支机构的服务能力，例如新近成立的东京办公室，我们就为其设定了3年内转化出实际业务的发展目标。"

事实上，无论是法律服务集聚区建设，还是律所出海设点，业内对此都不乏质疑之声，例如政策导向的法律服务集聚区发展前景仍有待观察、中资所海外分支机构缺乏发展土壤等。这些质疑声存在其合理之处，其出发点是低谷期应当顺应大势、蓄力待发，而非盲目扩张，但从上海律所的实际探索来看，无论是开设同城分所，还是推进国际化发展，都是上海律所在既有战略方针下作出的审慎决策，是在务实基础上的探索创新。

行业既需要保守稳健派作为"基本盘"和"压秤砣"，亦需要探索开拓派确保前路的明朗。承担更大的风险，收取更大的收益，是勇敢者的本质，亦是行业前进的动力之一。

（二）技术革新：变量可期

关于法律科技的话题，近年来一直热度不减，行业探索也随之由浅入深。2022年的特殊环境加速了上海律师对于线上工具和辅助科技手段的应用，2023年年初火爆全网的AIGC产业则为这份热度添了一簇新柴。

在人工智能和法律科技发展方面，上海有其得天独厚的优势。2021年，上海人工智能产业规模约3057亿元，集聚了全国约1/3的相关人才。据36氪研究院《中国城市人工智能发展指数报告》，上海的城市人工智能发展指数以仅次于北京（92.93）的87.01位居综合排名第二。同时，上海拥有超1万家法律科技相关产业，便于律所直接获取或合作开发相关技术。见表2。

表 2 上海部分法律科技企业基本情况（按企业成立时间排序）

企业简称	成立时间	法律科技产品/服务	融资轮次
百事通	2006 年 8 月 25 日	多角色协同 SaaS 法律服务平台	C 轮
律桐科技	2010 年 1 月 12 日	“平方取证”和“老板取证”，使用区块链作为底层技术，实现由“律师主导 + 他人协助取证”的模式	战略融资
彩虹律师（九加科技）	2013 年 9 月 11 日	企业级 B2B 在线法务服务平台，定位为中小企业在线法务部，为中小企业提供法律咨询、合同审写、合同管理、法律风控、诉讼仲裁、知识产权等外包服务	天使轮
智合	2014 年 4 月 17 日	在线培训、AI 律师助理	Pre－A 轮
律加网	2015 年 6 月 18 日	“一站式”知识产权保护平台，为客户提供从调查取证到诉讼维权的“一站式”知识产权保护服务	种子轮
赢火虫	2015 年 12 月 17 日	替代性法律服务组织（ALSP），智慧法律服务平台，为用户提供大数据查询、法律咨询、律师匹配、法律风险防范等服务	—
秘塔科技	2018 年 4 月 8 日	法律人工智能领域，产品覆盖文书翻译、文档纠错、文书改写、文档自动生成和辅助审查等多个场景	Pre－A 轮
法立方	2018 年 8 月 3 日	由邦信阳律师事务所孵化的在线法律服务电商平台，为客户提供法律咨询、文本编制、文本审核、电子签署、电子档案管理等服务	天使轮
秀合同（纪擎信息）	2020 年 4 月 8 日	合同全生命周期管理（CLM），评审、风控、履约、数据资产化等核心应用场景，形成“合同风控中心、合同协作中心、合同数据中心”三大合同中心	A 轮
无商法务	2020 年 12 月 23 日	以企业法律“风险防控” + “问题解决”双重保障为服务特色的企业法律服务平台	—
甄零科技	2021 年 2 月 2 日	国内合同管理领域的供应商，“业财法”一体的合同管理体系	A + 轮

注：整理、制表：智合研究院。

对于法律科技这一正在深度改造行业、影响未来业态发展的事物，上海的头部律所们自然不会遗漏，都在有计划地推进相关事务。

锦天城对法律科技领域的前沿讯息一直保持着较高的关注度。如今 AIGC 火爆全网的同时，锦天城内部实际上已经上线了一套具备一定数据训练能力的 AI 系统，为内部律师工作提供法规、案例检索方面的数据支持。孙林表示：“我们也在持续探讨法律科技、信息技术的进一步应用，目前所内安排了一位执行委员会成员专门推进信息化方面的事务。”

邵万权表示：“建纬前些年就已经在和外部机构合作，研究开发包括法律合同文本起草、审查和修改等在内的种种功能，对提升基础事务的处理效率很有帮助——例如文本审查就能比人工省下60% ~70%的耗时。”同时，建纬也在探索利用人工智能来改进律所内部管理，例如在大数据分析、内部信息检索等方面提供支持，并与外部机构针对部分需求进行定制开发，提升内部运营的效率与合规性。

人工智能发展有三个阶段：弱人工智能；强人工智能；超人工智能。徐宗新认为目前的 AI 还处在第一阶段，是人类的工具：“关于如何应对，关注 AI 的发展，运用 AI 辅助办案，研究和预防 AI 犯罪，持续学习避免被 AI 凭借数据、算力和算法淘汰，我认为这是专业律师需要考虑和做到的。”

曾经有观点认为，法律服务行业高度依赖于个体提供咨询性质的服务，因此尽管科技应用滞后、服务手段传统，但这种智慧成果永远无可替代。也有观点认为，在技术革命发生之后，律师行业是最有可能被替代的数个行业之一。从当下来看，这两种观点都可能存在偏颇，至少，在经过数年的发展演进后，法律行业早已深度融合了技术发展的种种成果，并将之化为助益。

当然，也许技术之种还会在法律行业中朝着这两个方向推波助澜，带来一轮又一轮的颠覆和改变。作为国内技术应用的前沿阵地之一，上海是颠覆者，还是被颠覆者，不同律师可能各有答案。

四、纳百川而成海：更包容、更多元的未来

省级行政区的管辖范围固然与《律师事务所名称管理办法》一起明确了律所的归属，但却回避不了不同区域市场间相互影响、浸润和交融的客观现实问题——经济发展、法律服务行业发展相对强势的区域，例如北京、上海，从未停止过向其他区域的拓展与输出。不过，在具备全国影响力的律所品牌数量上，上海较北京仍有明显差距：截至2023 年1 月，上海的53 家百人律所中，22 家属于北京律所的在沪分所，而北京的59 家百人律所中，仅有来自上海、四川的3 家外地品牌在京分所。[1]

邵万权表示：“在全国范围的市场拓展和品牌影响力扩散方面，现阶段北京律所仍较上海律所走得更远。”横向对比来看，在全国有多点布局的北京律所品牌数量确

〔1〕 参见蔡爽：《京沪大所规模化概览：数据中的差异与共性》，载微信公众号“智合”2023 年1 月30 日，https://mp. weixin. qq. com/s/QFMg0YggHEVhtHvflpYT2Q。

实要远远超出其他区域律所品牌，上海固然有锦天城、方达、通力等全国性律所品牌，但在数量级和整体影响力上与北京仍有差距。

当然，是否要将品牌拓展至全国，是个需要结合不同律所发展的实际需要来考量的问题。如前文所述，锦天城、建纬等头部律所们越来越倾向于减少对区域性身份的强调，“全国性律所”的提法则越来越常见。上海的中小律所们亦能学习虹桥正瀚、靖予霖等律所的独特路径，于差异中寻找不一样的发展之道。

这正是上海最为出众的一大特色——包容，带来多元。

20 世纪 30 年代，上海曾用之前数十年的飞速发展，奠定了国内工业中心、贸易中心和金融中心的地位。百年时光，沧海桑田。如今的上海仍保留了上述三个中心的定位，但又不止于此——正如曾经“海纳百川、追求卓越”的八字城市精神，在新的时代又被注入了“开明睿智、大气谦和”的新内涵，有着悠长历史的上海律师行业，显然也会在新的时代找到更多新路径、写下更多新故事。

有的故事属于当下，发生在每家律所之中、每名律师身上；有的故事属于未来，譬如已经和即将踏出校门的一届届法学院毕业生。正是一个个看似独立的故事，构成一个行业蓬勃向上的未来。

北京律师行业：变革期，更需要引领者*

吴梦奇 | 智合研究院

区域法律服务市场，理应是本地律所品牌的主场。即便是相邻的两个省份，也很难有某一省律所在另一省市场攻城拔寨的情形。但几乎在每个区域市场，全国性品牌律所都是一股难以忽视的力量——外来势力与本地豪强的竞争冲突，往往为行业观察者所津津乐道，其中绝大多数又以北京律所为主。政策先发、市场先行，这让北京律所走到了国内律所的前列。在律所规模化大发展的20余年里，这种发展上的先行又让北京律所得以先一步在全国市场建立起了综合而全面的影响力。

某种意义上，谈论北京律师行业，也就是在谈论整个国内法律服务市场的未来走向。

2021~2023年，恰恰又是法律服务市场充满动荡和变革的3年。

- 2021~2023年来，北京律所做了什么？发生了哪些变化？
- 这些变化，对于其他区域市场乃至整个全国市场来说，可能有何影响？
- 北京律师行业，如何继续做“引领者”？

一、飘了三年的“风”，在向何处吹

说北京律师行业是国内律师行业绝对的风向标，可能不太准确。依托于北京作为首都和政治文化中心所先天具备的政治性，北京律师行业先天就有着“面向全国市场”的属性。可以说，但凡体量较大的北京律所，基本都带有“全国所”的属性。依托过往20余年的长期布局和深度渗透，这些总部位于北京的全国性律所品牌已在

---

* 本文首发于“智合”微信公众号2023年9月26日，文中收录数据的日期截至2023年9月25日。

国内的主要区域性市场和当地律所形成犬牙差互之势——有交流合作，更有直接或间接的种种竞争。

这种“全国性”意味着北京律所品牌在谋篇布局时通常需要将全国市场当作一个整体来对待，尤其是对于在全国乃至全球范围内拥有众多分支机构的头部大所而言，北京市场只是其律所业务布局的一部分，这些头部大所在北京的品牌优势往往并非刻意塑造，而是其树立全国性品牌过程中的附带收益。

与之相反，外地律所品牌想在北京建立起足额影响力却是难上加难。根据智合2023 年 1 月统计的数据，彼时北京的 59 家“百人所”中，仅有 3 家是外地品牌在京分所，“本土率”高达 94.9%。作为对比，上海的同类数据仅为 58.49%。品牌力和战略实践层面的参差，让北京律所在全国化发展进程中占得先机，也得以引领了专业、规模等多个层面的律所发展趋势。

2021～2023 年，北京律师行业发生的种种，折射出了全国律师行业的哪些变化和趋势？

（一）竞争烈度的提升和行业态势的变化

2021 年以来，北京律师人数保持着超过 10% 的增速，至 2023 年 6 月已达 49,263 人。律师人数的快速增长，则意味着律师行业竞争压力的进一步加大（见图 1、图 2）。

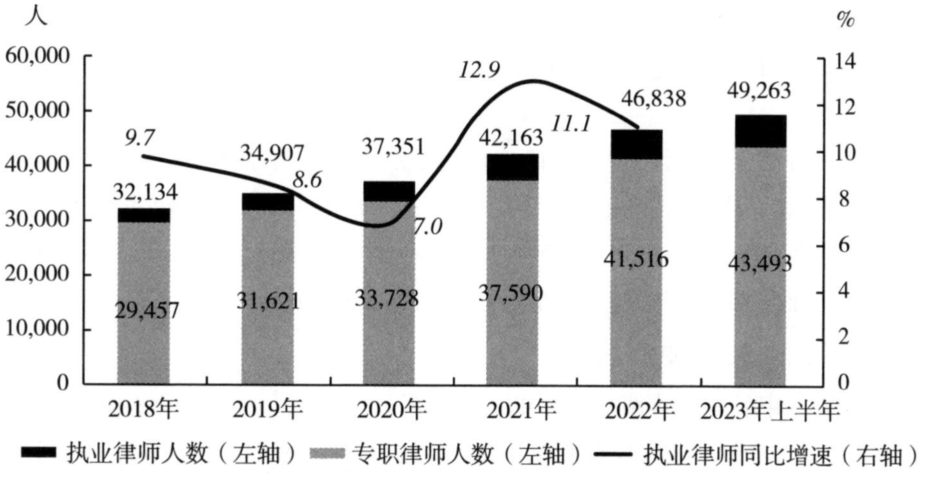

图 1　2018～2023 年上半年北京律师人数增长情况

（数据来源：北京市律师协会、北京市统计年鉴，智合整理）

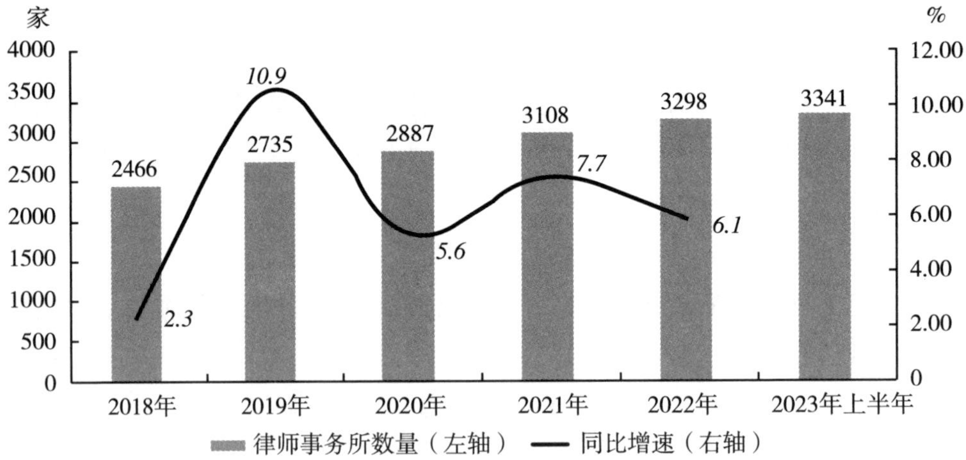

图2　2018～2023年上半年北京律所数量增长情况

（数据来源：北京市律师协会，北京市统计年鉴；智合整理）

“值得注意的是，公职律师的占比在逐年上升。”道可特律师事务所主任刘光超表示，“这反映出社会律师对于政府法律服务需求的供给仍有不足，也反映着律师行业内整体竞争态势的变化。”在刘光超看来，公职律师增多，加上律师转法务情形的增多，会使释放给社会律师的业务越发偏向复杂疑难的高精尖业务，进而影响到律师行业的整体竞争态势。

但是与此同时，业务量的增速并没有跟上律师人数的增速，获取业务案源的难度、以较高报价取得客户的难度都在随之增大。这种逐渐提升的竞争烈度，与律师结构的变化一同指向了行业竞争态势的进一步演化，给律所带来更多发展竞争层面的压力。

此外，随着律师制度恢复后的第一批律所相继迎来传承更替，律所格局亦在演变。刘光超表示：“老牌律所内部正在发生分化，新锐崛起者正在冲击和影响旧的行业格局。一个新的行业生态很可能会在未来数年里现出雏形，需要有更多律师参与其中，用真正的理性判断和深度思考的态度来共同推进行业的变革。”

（二）行业阶段的更迭演进

新冠疫情结束后，其本身所带来的影响已经逐渐远去，但在新冠疫情时代不少被重塑的事物发展的既有逻辑则被保留下来，并进一步发展演化。一方面，在宏观经济增速放缓、全球政治形势波动增多的大背景下，律师行业平稳快速发展的时代已经结束；另一方面，技术手段、法律科技的快速渗透，使法律行业的作业方式快速迭代更新。

正如许多律所管理者判断的那样，律师行业的发展阶段正在演进和过渡，单纯依靠规模发展就能获取足够红利的时代正在远去，而曾经吃下第一批规模化发展红利的北京律所，如今又开始思考如何进行组织力提升、机制创新，以在未来的“管理红利”时代能继续引领行业前进。

“国内律所已经展现出在一线城市铺开，正向二、三线城市蔓延的趋势，在未来，缺乏影响力、缺乏业务特色、缺乏专业人才、依赖区域性垄断营利的律师事务所必定会遭到市场淘汰。可以预见，未来我国律师行业将迎来大所兼并小所、大所与大所不断竞争的群雄逐鹿时期。”朱振武表示，“对于总部设在北京的全国性律所品牌而言，这是一份利好，也会促进北京律所在全国市场层面的统一管理，进行法律业务、人才和技术层面的协同、流通。”

在律师行业变革的发展研讨活动中，北京律所也在尝试做先行者。以律所主导开展的行业性发展研讨交流为例，其频率和深度正在逐渐增多：2023 年 5 月，盈科举行了律师行业高质量发展论坛；2023 年 8 月，道可特举办“拥抱新变局、探求新模式”律师行业发展高峰论坛；2023 年 9 月，安理举办 2023 年度律所发展论坛……这些行业性的研讨活动，在上海等地亦有开展，但从交流深度和探讨密度来看，北京律所在这股全国性浪潮中仍扮演着引领者角色。

（三）律所发展要素的更新

在内外部环境剧烈变化的同时，一些基本的律所发展要素亦在随之快速发生着变化和更新。

在国际化方面，一方面是中国企业“走出去”进程的加速带来大量涉外业务需求，另一方面是国际局势动荡导致的国内外律所合作关系波动，两重因素交叠，驱动着中国律所以更主动的态度推进国际化发展，积极参与国际贸易、投资等领域的法律服务，为中国企业“走出去”提供法律支持。这种合作关系的波动影响之下，规模化发展进程最快的北京律所首当其冲，更需要快速找出顺应当下时代趋势的国际化发展新策略。

在技术应用方面，疫情期间律师作业形态的变化大大加速了法律科技在律所端的普及应用，2023 年年初的 AI 技术爆发引导着法律 AI 走向新一轮热潮。无论是法律科技，还是 AI 技术，想要催动产业集群快速发展，都需要较深厚的产业发展沃土和较强的个体机构需求，这方面北京律所的条件亦是得天独厚。

北京律所在上述应对方式和成效，很大程度上将影响未来数年全律师行业的发展走向。

二、规模化的转向?

作为规模化潮流的“策源地”，北京律所品牌在总体规模体量上具有绝对优势。

在 Law. com International 发布的 2023 年全球规模最大律所榜单（2023 年 Global 200）里，5 家中国律所排在前 100 位，其中 4 家为北京律所品牌；11 家中国律所排在前 200 位，其中 9 家为北京律所品牌。

根据中国法律服务网的数据，截至 2023 年 9 月 8 日，北京范围内律师人数破百的单体律所共 65 家，单体人数破千的也有 2 家。上海同期有 55 家百人律所从数量上来看似乎不落下风，但从 2023 Global 200 的榜单表现来看，上海律所在全国布局方面仍与北京相去甚远。

2023 年，律所规模化发展的势头虽不似前些年般猛烈，但确实仍在延续：除部分全国布局基本完备的头部律所外，疫情后的北京律所仍在以不断增强的人才储备、快速增多的分支机构扩张着自己的服务范围和影响力。

以道可特为例，仅在过去的 2022 年里，道可特就先后进行了 5 次律所层面的吸收合并，其中 3 次在前 4 个月已经完成。但刘光超表示道可特并不追求无止境的扩张："在全国的设点布局基于律所的全局发展战略而定。"截至 2023 年，道可特已经发展至 700 人、10 余家分所的规模体量。

天元则是进一步完善了已有布局。天元律师事务所高级合伙人朱振武表示："最近 3 年，天元开设了西安、海口、苏州、广州、合肥、昆明、南京、武汉 8 处分支机构，形成了覆盖北京总部、长三角地区、粤港澳大湾区、中西部地区的总部统筹管理和区域协同一体化的组织架构格局。"这意味着天元已经在国内几个主要的城市发展群形成了聚集效应。

即便是在业务开展方面相对聚焦于创投相关范围的百宸，此前因疫情耽误的上海分所的筹建工作也在紧锣密鼓地推进当中。百宸律师事务所主任陈亦工表示："无论是从业务自然延伸还是从客户服务整合的角度来看，上海分所都有其设立和发展的必要。"

显然，律所规模化的趋势不会在短期内终结，但要说相较前几年的快速规模化而言有什么变化，其中最明显的就是律所对于"适度规模化"讨论的加深。

从肯定的角度来看，规模化仍是提升律所服务范围、服务能力的重要手段，是顺应客户日益复杂需求的必然方向。朱振武表示："中小律所仍是中国律所的主体，律师成长和发展的平台有限，中小律所在抗风险能力和管理水平上也相对偏低，不利于法律服务市场优化和升级，进而制约国际化人才、专业化人才的发展潜能。律所规模化趋势的放缓，可能会加大这些挑战。"

从否定的角度来看，以往那种规模化模式又确实越来越不适应当前的律师行业。"不加思考和甄别地进行规模化，实际上是一个行业误区。"这是刘光超的观点，"从律所管理的角度看，规模体量的增大必然给律所运营管理的能力带来更大考验。如果自身业务体量兜不住规模化带来的压力，就会沦为盲目跟风。当前行业内未完成规模化布局的律所仍在推动着行业的进一步规模化发展，但从整体上看，大家正在逐渐归于理性，更倾向于用是否适应自身需要来评估规模化发展的必要性。”

多重因素叠加，越来越多的律所对规模化本身的态度越发谨慎，但又认可规模化的价值，因而更倾向于“适度规模化”：基于客户需求和自身战略，进行有限度的规模提升，确保能够满足客户综合化、专业化、复杂化的服务需求。在现有格局的基础上，未来北京可能还会出现一批律师数量有数百人，拥有多家分支机构的律所，其中包括多家新锐头部律所，从而在一定程度上改组或丰富现有的律所竞争格局。

三、如何寻找业务机会

专业服务，本质上建立在客户群体的需求之上。对于北京律所而言，在奠定其律所品牌“全国性”的同时，也决定了其客户群体和服务能力的“全国性”。

在业务层面，北京头部律所的一大共识是，行业当前的业务竞争态势越发严峻，作为引领者的北京律所亦无法在这股大潮下独善其身。在资本市场等非诉业务领域，市场带给北京大所的挑战并不比其他区域小上多少。以百宸聚焦的基金创投领域为例，2022~2023 年，由于经济发展缓慢、市场活跃度不足，这种低未来预期的氛围对创投等行业影响很大。“尤其是民营基金、涉外基金，受影响较大，更多是国有基金在顺应国家战略，支撑起这块市场。”陈亦工表示，“业务发展形势严峻，律所一方面得尽力去维护好现有的老客户，另一方面也会不得不卷入以往不太参与的内卷之中，驱动律所做出变革应对”。

在这种严峻的市场形势下，如百宸这样尝试拓展求变的北京律所并不少——在业务建设、探索和开发方面，北京律所一贯比国内许多其他区域的律所要走得更快更远，不少新兴业务更是居于引领性地位。一方面，北京的经济结构决定了来自大型企业、机构端的服务需求众多，天然会要求北京律师强化分工协作，以律所为载体为其提供更综合化、复杂化的法律服务。另一方面，北京律所、律协亦较早从内部开始进行专业化建设的探索改革，目前大多律所也已经设置有系统性的专业委员会机构，用以统筹所内专业发展建设。

近年来，快速提升的律师增量和增速有限的业务总量，激化了律师行业竞争。即便在北京本地，律所层面的低价竞争也屡见不鲜，更别说作为全国性品牌的北京律所还需要在各个区域市场参与越发激烈的业务争夺——如何实现业务突破，确实是一个行业性命题。

最近数年，北京律所出现了两大探索路线：一条是从专业细分、客群细分的角度出发，在某些细分专业领域或高付费能力客群中形成竞争优势，如近年来讨论度较高的家族财富管理业务，就是针对特定高净值人群细分出的业务条线。例如，百宸这样偏精品化发展的律所，在拓展业务时往往会基于所服务客户的实际需求来进行拓展开发。陈亦工表示："例如证监会针对企业境外上市备案的新规，供应量和项目量都较为可观，我们就在推动将其发展成为一条业务线。"

另一条是从领域或产业链延展的角度出发，基于律所的服务领域上下游或行业、产业全链条开发出更多衍生服务，打造出独具特色的服务体系，如企业全生命周期服务，或是与行业特性深度结合的复合型关联服务。包括一些新兴业务领域，头部大所也已经逐渐实现了下沉式覆盖和拓展。例如，合规领域，已经和多个相关专业、行业有所结合落地；再如，ESG、数字经济等领域，如道可特、天元等业务偏综合发展的律所正在这些领域逐步发力。

"数年前天元即已前瞻性建立合规业务线，拥有能为各行业客户提供全方位合规服务的全领域业务线，包括合规体系建设、反腐败、反商业贿赂、反垄断、数据网络安全、个人信息保护、知识产权、税务等各个领域。"朱振武表示，"人工智能、数字经济等领域亦是如此。随着国家发展战略和中国经济发展周期及进程的推进，国际法、网络安全、人工智能、数字经济、家庭财富管理、税务等领域的业务机会亦值得北京律所关注。"

"20周年之际，道可特发布了'道可特关注'，从专业领域、行业赛道和服务模式3个维度关注最新的前沿业务趋势。"刘光超表示，"企业发展的任督二脉——金融资本与知识产权，业务增长的两翼——企业合规和国际化涉外业务，这四个板块构成了目前我们重点关注的领域。除此之外，人工智能、数字经济、新能源、法治政府建设等新兴赛道，以及律所服务模式上的协同创新、数字化发展等问题，我们也都保持着关注。这些发展前景较大、开发程度不深的领域，律所都有着创新和超越的空间。"

当然，对于中小律所而言，要做到综合而全面的布局有些脱离实际。但在差异化的竞争潮流下，如不能快速根据业务发展走势找到新的突破点，未来可能会越来越难以脱颖而出。对于北京律所而言，由于业务创新趋势更为明显，这种挑战来得也会更快、更猛烈。

四、领先者的密钥

在许多方面，北京律师是有优势的。

更高的政策敏感度，使北京律所品牌能够先行业一步开启许多探索和尝试；更悠久的发展历史和深厚的专业积淀，让北京律所品牌有着极强的问题解决能力，积累了极高的客户信任度；更全面、更广泛的专业服务布局，给了北京律所从更高维度来观察行业、理解行业，再以具体战略和实际行动引领行业趋势、推动行业发展的底气。种种优势的叠加，让北京律师行业长期且仍在继续作为全国律师行业的引领者角色而存在。

但是挑战往往与机会并存。北京律所面临的挑战主要有以下几点：

一是“全国性”带来的固有挑战。北京律所以全国市场为服务范围，客户遍及全国，与之对应，北京律所需要面对来自全国范围内的竞争，因此就需要真正做到服务品质、服务能力的统一，而非“总部 + 分部”的松散模式。无论是推进律所内部一体化建设的潮流，还是取消“总分所”概念甚至在各地办公室之上搭建“总部”的做法，都是为了进一步实现全所层面的统筹，应对“以全国为市场”背景下的挑战。这是“全国性”的内在要求，也使北京律所对于内部组织效率的需求远强于其他许多地区的律所。

二是来自其他区域律所或全国性律所品牌的竞争。区域所在区域市场面临的来自北京大所的竞争压力，与北京大所在北京市场面临的区域所竞争压力完全是两个层次。在泰和泰这样成功突围成全国所的案例出现后，各个区域市场的头部律所也在考虑向“全国所”转型，以提升品牌影响力和竞争力。在这些区域律所角色转型和追赶提升的过程中，他们与北京律所品牌的竞争广度和摩擦烈度必然变得更加激烈。不同的应对态度，很可能会将北京律所导向不同的结局。无论北京律所占据多少天时地利，做一个“全国性”品牌的难度始终远大于做一个“区域性”品牌。

三是区域营商环境和经济活力特点的挑战。北京是政治中心、文化中心、国际交往中心和科技创新中心，唯独不是经济中心，这也使相较于民营经济活跃的上海、广东等地，北京更多以国有企业、大型企业总部为区域主要经济形态，在经济开放度和活跃度上存在一定劣势。对于律所而言，这意味着很可能需要通过一些自身的努力来解决客户问题，甚至力图通过自身服务来推动大环境的改良优化。

如何应对？

答案是且只能是创新，并且是更大范围的创新。

首先是业务创新，缺乏进一步创新升级的现有业务体系，不足以满足行业规模膨胀所带来的庞大的个体生存发展压力。目前创新型业务的研发和执行仍主要集中在头部大所和创新型律所层面，而这类律所本就是少数，开发出的增量市场往往也只能满足少量需求。

“内卷的一大原因就是创新仍不普遍。将近5万名北京律师中，能接触到创新型业务的并不多，可能不到10%。5000人的体量听上去不小，但是占比低，这意味着业务创新无法进一步普及更多律所，意味着仍有相当大的业务创新空间可挖掘。”刘光超表示，“如果能让更多律所参与进来，例如长期从事传统业务的中大型律所，甚至是占行业大多数的中小律所，就很有机会通过更广泛、更普遍的业务开发创新，带动整个行业的发展进步。”

北京正在尝试改变这种现状。除律所自发进行拓展研究外，北京律师亦主动从行业层面推动着业务创新的进程。以律师占比最高的朝阳区为例，新一届朝阳律协理事会更新换届后，朝阳律协专业层面的业务研究会已经从原先的10个拓展到了24个，囊括了企业合规建设、科技创新与数字经济、家族办公室与财富管理等前沿领域，且每个业务研究会都设置了较高的报名门槛。即便如此，各个业务研究会的报名人数仍远超成员定额。

当然，对北京律所而言，业务创新仍只是“表”，发展机制创新才是担负更多社会责任感与使命感的北京律所所看重的“里”——依托于全国布局的路线和更宏观的发展战略，北京律所在这点上较其他许多地区的律所看得更远。

早在20世纪90年代，北京就诞生了多家采取国际化管理模式的律所，如金杜、海问等；步入21世纪，如道可特、兰台等长期进行一体化实践的律所又先后涌现，进一步丰富了北京律所在管理运作层面的创新形式；近年来，关于律所发展模式的探索越发普遍，如安理等原本采取提成制模式的律所亦在积极甚至果决地向一体化转型。种种动作，意味着北京律所在发展机制层面的创新越来越不局限于少数几家律所的坚持，而是在一步步浸染成能够影响更多律所的潮流。

当然，公司制、一体化仅仅是律所发展的其中一条可选路径，北京律所在梯次探索之余不乏特色手段：头部大所们致力于既有机制的更新和前沿领域的探索；新锐律所们推动着新的管理机制的生长完善；一些特色化的精品律所亦在涌现，采取如聚焦科技应用、统一“中台”支持、核心文化凝练等差异化竞争策略，尝试更多新的发展路径。

对于体量较小的北京中小律所，要在这样的潮流下求生存、谋发展，也必须得付诸更多努力朱振武提议：“可行的手段亦有很多。例如业务特色化，走专业细分路线；客户关系粉丝化，提供增值服务；律师品牌IP化，借助多个媒体渠道打造个人品牌；律所管理平台化、数字化，尝试运营团队的公司制管理等。”

陈亦工表示：“未来的行业竞争，必定越来越考验律所的内生力。努力提高专业能力并将之长期维系，立足服务品质，仍是律所实现发展的关键。”

“创新不仅是机会的问题，亦是能力的问题、认知的问题。”刘光超表示，“对于未来的北京律所尤其是中小律所而言，并非没有走出这‘第一步’的机会，更重要的是如何锤炼自身以具备自我变革和创新的能力，如何建立起对于创新的精准而正确的认知。如此，方能让创新在行业层面更加普及。”

这需要律师、律所自身的努力，亦需要行业层面的提携、支持——唯有相互间的合作共进，方能凝聚力量，实现更大的突破。

五、“首善”的真意

北京律师行业的目标究竟是什么？

从2023年9月北京市司法局印发的《北京市律师行业发展三年行动计划（2023—2025年）》来看，2025年的硬指标应达到“每万人拥有律师数达到20人，律师行业业务收入突破400亿元、纳税总额突破50亿元”“100名律师以上律师事务所达到80家，境外分支机构达到85家，形成30家在国内外具有较高知名度的涉外示范律师事务所，建设5家以上国际一流律师事务所”。这些数字算是从部分具体指标层面，为北京律师行业划出的一道参考线。从中不难看出，行业整体仍会向着规模化、规范化、专业化、国际化、品牌化的大方向发展，一些顺应全国律师行业整体趋势的具体策略则在大方向下有待进一步扩充丰满，例如在规范创新发展板块提出的“在北京商务中心区（CBD）、金融街、中关村科技园、丽泽金融商务区等区域打造法律服务集聚示范区”等。

但以上这些似乎也还不足以概括整个北京律师行业的未来去向。北京律师的首要任务，究竟是继续巩固北京律所在专业、管理等层面的理念制度优势，保持住国内律师行业引领者的定位，再为行业持续输送智慧成果，还是进一步弱化北京区域自身的概念，与“全国所”的概念同化，将北京律师行业的命运等同于整个律师行业的命运，为之作出更深度的探索、融合、绑定？

唯一可以确定的是，行业竞争的焦点越来越转向质量层面的深度竞争：关乎业务的创新、关乎律所组织建设和管理运营的创新。行业竞争形势越是严峻，就越需要深度竞争来使之洗牌、更新，进而焕发出一轮接一轮的新的活力。在各个区域律师行业发展水平存在客观差距的当下，这种竞争态势的演变必然是分波次的——从北上广深一线城市到新一线省会城市再到二、三线城市，从沿海开放前沿阵地到内陆省份各个片区……

北京律师行业“首善之区”的地位，决定了北京律师行业必然先一步做出尝试，继而在一轮轮的交流、实践、再交流中，将符合实际的新事物、新趋势传递到各个区域，甚至是在横向的国际交流中承担起更重要的桥梁作用，促进国内外先进理念经验的互通。

这样看来，“首善”的意义，不在于有多独特，而更多在于引领共进。而这份引领共进，取决于每家北京律所、每位北京律师的共同努力。

四川：西部法律龙头，由大向强还有多远*

杨 凯

律师行业的发展与经济水平的活跃度息息相关，同时所处区域的人文环境、产业结构、地理特征等种种因素都在区域法律服务市场的塑造上发挥着作用。在全国一体化的当下，区域法律服务市场既与全国法律服务大局紧密相连，又内蕴着其特有的区域市场特征。

这一点，在四川法律服务市场上表现得尤为明显。

天府之国、人杰地灵、西部经济重镇……在过去数年间因为独特的地理、文化和经济发展势头，四川省受到了全国的广泛关注。**而作为全国经济大省，四川一直牢牢占据西部发展龙头地位**。

从经济发展来看，四川在西南地区乃至整个中国的经济版图中一直有着不同寻常的地位：它是西部第一个，也是唯一一个全年经济总量跨入 5 万亿元门槛的省份，是全国最大的清洁能源基地、三大动力设备制造基地之一、13 个粮食主产省之一……

从地理位置来看，四川位于中国西南腹地，北连陕西、甘肃、青海，南接云南、贵州，东邻重庆，西衔西藏；是西南、西北和中部地区的重要结合部，同时地处长江上游，**是当之无愧的战略重地**。

而在法律服务行业发展方面，**四川省律师行业发展水平同样属于西部翘楚，位居全国前列**。2023 年四川的律师事务所在市场中各显神通，交出了 70 亿元创收的成绩单，3 年间增长 150.2%。

因此，通过对四川省的法律服务市场的调查及研究，或可一窥西南区域律师行业的发展趋势与机遇。

---

* 本文首发于“智合”微信公众号 2023 年 10 月 17 日，文中收录数据的日期截至 2023 年 10 月 16 日。

一、是四川的也是全国的

（一）雄踞西南前列

四川省位于中国西南部，地处长江上游，素有“天府之国”的美誉，全省面积48.6万平方公里。截至2022年年末，四川省常住人口达8374万人，户籍人口达9067.5万人。四川省为多民族聚集地，拥有全国最大的彝族聚居区、第二大的藏族聚居区和唯一的羌族聚居区，截至2022年年末，四川省少数民族人口为568.8万人。

从经济水平来看，2023年上半年，四川省地区生产总值为27,901.01亿元，同比增长5.5%，经济总量在全国居第6位，在经济下行环境下，四川承压前行、奋起直追，展示出其经济发展势头的强劲及韧性。

作为我国的战略腹地及大后方，四川一直以来就是“兵家必争之地”，其经济发展在西南各省市中也一直处于“领头羊”地位。**同样，四川省的法律服务行业也拥有傲居西南的发展实力，并在全国法律市场占据一席之地**。

根据司法部公开数据，截至2023年7月1日，全国共有律师事务所39,712家，百人律所532家，律所执业律师682,714人。其中西南地区律所总数为5467家，全国占比13.8%；百人律所总数为54家，全国占比10.2%；2023年上半年新开律所总数为190家，全国占比15.2%。

而与重庆、四川、云南、西藏、贵州等地相比，四川以2020家律所、25家百人律所、2023年上半年新增律所63家遥遥居于西南地区前列（见图1）。**从整体行业规模及律所发展水平来看，四川已成为西南区域法律服务高地**。

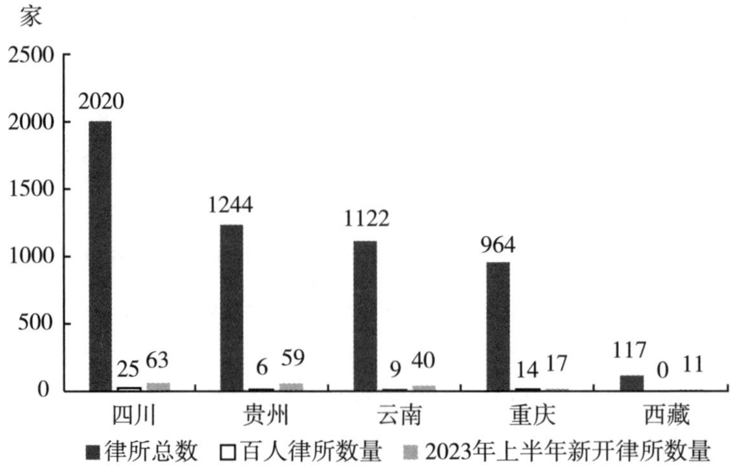

图1　各省律所、律师数据对比

（数据来源：司法部公开数据）

从全国市场来看，由于经济开放程度、营商环境等基础硬件条件的差别，全国整体律师行业发展呈现东强西弱的特征，而四川法律服务市场发展却成为西部发展的一个例外。

（二）兵家必争之地

作为中原通往西南地区的一条重要通道，四川肩负着西南地区少数民族与中原的贸易，自古以来就是军事重镇，更是诸多豪强发迹崛起之处。而在法律服务市场上，四川同样也是全国律所兵家必争之地。

截至2023年7月1日，**四川省共有百人律所25家，其中本土所13家，外省品牌律所分所12家**。而在2020家律所总数中，本土所数量为1920家，外省品牌分所律所共100家，其中北京品牌律所分所数量最多，为61家。

“四川的法律服务市场目前已成为全国律师必争之地。对于各地律所而言，四川都是战略布局的重要区域，目前四川尤其是成都法律服务市场已成为全国各地包括红圈所在内的共同竞争市场。”泰和泰律师事务所管委会委员倪弘律师表示。

2012年是中国律所规模化的分水岭，而从2012年开始，北京、上海的品牌律所开始不断加快在全国范围内的落子布局，各区域市场的竞争压力陡然增加。

同样，也是在这个时期，成都法律服务市场开始感受到全国品牌律所的冲击。2012年年底，抢滩成都市场的外地律所已有30余家。从2010年起，全国规模所布局成都的步伐从2010年就已开始加速，2010年以后的每一年都会有全国规模律所分所在成都落地。

四川省省会成都是西南地区最大的商品经济活动的中心，地处“一带一路”和长江经济带建设的黄金交会点，卓越的地理和环境优势为成都的发展造就了得天独厚的条件。此外成都还是西南地区重要的交通枢纽、市场腹地和人才聚集地，宜商宜居。

作为西部地区的国家中心城市，成都的经济潜力不言而喻，也因此成为吸引全国律所驻足、布局、下注之处。此外，成都乃至四川作为西南地区的法律服务高地，全国品牌律所布局成都及四川将会对整个西南地区的业务起到辐射带动作用，因此众多全国品牌律所将成都分所的设立视为西南地区战略布局的重要举措。

“成都作为西部地区的国家中心城市，必将成为对外开放的战略新高地。成都的法律市场，也必将在当下和未来绽放出盎然活力和勃勃生机。”北京大成（成都）律师事务所董事、管委会主任李云升律师这样看待成都法律市场。

而来自全国的品牌律所带来了北上广等经济较发达地区的先进的管理模式、更强大的专业优势和品牌优势，**使本土律所和律师感受到前所未有的挑战和危机，也带动了四川省律所的规模化和专业化发展**。

二、四川律所的规模化突围战

（一）规模化追赶

四川省本土规模律所的规模化起步较晚，**但从近年来四川各律所的战略规划来看，大力推动规模化将是其下一阶段的发展重点**。

根据《2022 年四川律师行业大数据报告》，2022 年，四川省 10 人以下律师事务所占 55.7%，30 人以下律所占 92.3%，四川律所总体上以中小所为主。此外，综合化、规模化的大所也在不断发展增多，30（含）~50 人的律所有 93 家，50（含）~100 人的律所有 36 家，100 人及以上的律所有 23 家（见图 2）。

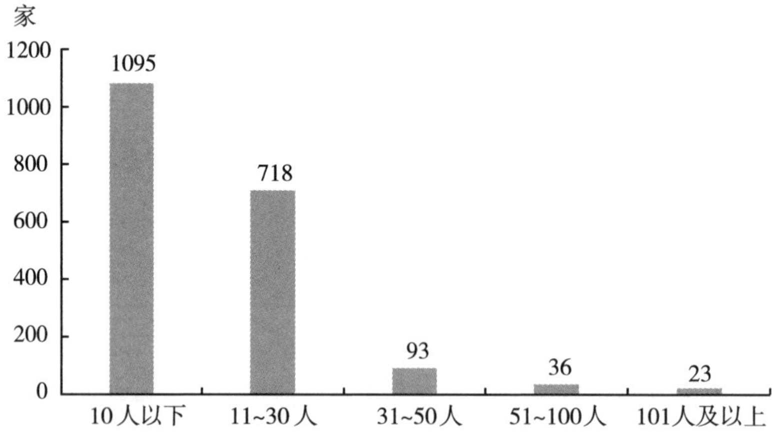

图 2　四川律所规模分布情况

（数据来源：四川省律师协会网站）

律师事务所"由大到强"已经逐步成为律师行业共识，"先大后强"则是多数律所的实践路径。当下，四川律所已有了统一共识，**即面对当下激烈的市场竞争，只有在规模化的基础上才能建立起全面的业务服务体系，在当下市场取得相对优势**。

"对于四川律所而言，规模化仍是大趋势。一方面，律所实现专业化和品牌化，还需以规模化为基础；另一方面，以规模化为基础所构建的内部市场，抗风险能力将更强。"北京大成（成都）律师事务所管委会主任李云升律师表示。

"相较于中小型律所，规模化律所的专业化建设，更能够支撑起客户的一体化服务需求。目前四川律所仍是处于规模化发展阶段。"泰和泰律师事务所管委会委员倪弘律师表示。

（二）不同的规模化路径

"川人多豪杰"，从几千年前的古蜀先民开始，四川人就表现出开放、包容的胸襟。四川的人文环境更倾向于创新的方式，同时由于其相对复杂的地理环境，四川律师行业也呈现出更多的地域个性。而从大成（成都）、泰和泰、明炬三家律师事务所的规模化方式来看，**三家律所各有不同的侧重之处，也体现出四川人开放、包容、创新的精神**。

“协作机制”——虽然目前四川法律服务市场主流的规模化方式为设立分所，但也有个别律所采取协作的方式以实现规模化。以北京大成（成都）律师事务所为例，其联合四川省各地（市）州领先的律师事务所共同打造的综合法律服务平台——“四川省内 21 家协作单位”，已实现对全川 21 个地（市）州的全覆盖，依托大成律师事务所的庞大资源，构建起以成都为中心，以川北、川南、川东、川西四大区域为支柱的四川省内综合法律服务网络格局。

“走出去”——泰和泰律师事务所作为创立于成都的律所，早在 2003 年就在北京设立了分支机构，目前已在上海、南京、深圳、杭州及华盛顿、悉尼、加德满都、曼谷等国内外主要城市设立了 29 家办公机构。从战略布局和发展现状来看，泰和泰律师事务所已经成为业界公认的全国性综合大所，具备与京沪规模所竞争的实力，而这在全国其他省份均属罕见。在某种程度上，泰和泰律师事务所也是区域大所在信息时代下实现跨地域、去中心化的整体性服务模式的代表。

“重组合并”——2013 年，30 多家四川本地律所重组合并为明炬律师事务所。而在规模化布局上，明炬所正在逐步实现本省重点城市的全面覆盖，目前其有 20 余家分所，其中省内分所占 90% 以上。

除上述三家律所外，其他本土规模律所的规模化布局也各有差异：发现律师事务所正在向四川周边及北京进行渗透，而盛豪律师事务所则更多地下沉到省内地市州和区县一级。

四川本土律所的规模化整体水平不高，多局限于省内。在四川本土规模最大的 9 家律所中，有 3 家没有设立分所，其余 6 家规模所的分所数量较为两极分化，平均分所数量为 9 家，这一数字对比其他省份律所而言并不算高。

但是，四川律所的规模化发展仍将继续，其发展路径基本上为：**本省全覆盖——辐射整个西部地区——影响全国——走向国际**。

三、四川律师行业面临的挑战

（一）人均业务收入进一步下滑，企业法律需求缩减

2020 ~ 2022 年，四川省律师人数增长率分别为 18.92%、7.50% 和 12.60%，律师队伍持续壮大。截至 2022 年 12 月底，四川省共有律师 33,936 人（见图 3）。其

中，专职律师 27,242 人，兼职律师 756 人，公职律师 4250 人，公司律师 1104 人，法律援助律师 584 人。

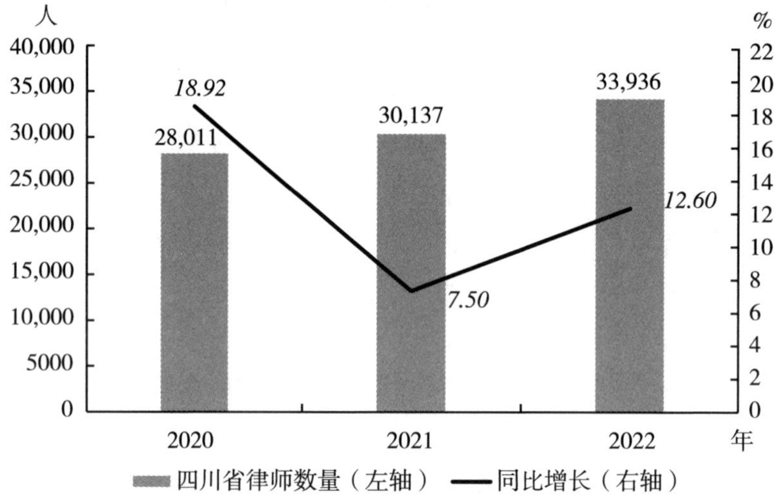

图 3　四川省律师数量及增长情况

（数据来源：四川律师协会网站）

虽然四川省律师人数增长年均超过 10%，但是律师整体业绩的增长却没有达到相应增幅。2021 年四川省律师人均业务收入为 25. 4 万元，位列全国各省市倒数第 4 位，而 2022 年，四川省律师人均业务收入进一步下滑，为 20. 79 万元。

人均业务收入的下滑说明当前的四川法律服务市场正处于白热化竞争状态，而造成当前白热化的竞争态势的因素有很多，律师人数的增长或只是其中之一。

谈及当下市场的内卷形势，倪弘律师认为当下市场的内卷是由多方面因素导致的，例如由于疫情、国际形势等多方面的冲击，经济增速放缓，**原来的许多民营企业，发展后劲不足，将更多资金用于缓解现金流压力，抵御不确定的经营风险，**法律服务方面的需求相对缩减。

人均业务收入的下滑，反映出当下四川法律服务市场与全国市场一样，都在经济增速放缓、企业收缩过冬的背景下处于相对低迷的阶段。而对于四川法律服务市场的未来前景，及律师人数持续增加的影响方面，两位律师均对于四川市场的韧性抱有期待，并对四川律师的人数增长持乐观态度。

“我认为四川法律服务市场长期的基本面并没有太大的改变，其市场韧性良好，市场潜力巨大，未来四川律师通过专业服务创新，仍能够行稳致远。”倪弘律师表示。

李云升律师认为，“越来越多受到高等教育的法律专业人士的入行，无疑为法律服务市场注入了新的活力，有助于实现法律服务市场供给侧的改革及升级，自然而然带动了需求端相应的变化”。

（二）区域发展不均衡仍然存在

2022 年 12 月 1 日，四川省律师协会召开新闻发布会，正式发布《四川省律师行业发展规划（2022—2026 年）》。四川省律师协会会长李世亮在发布会上表示，近年来，四川省律师行业实现了快速稳定健康发展，但仍面临诸多新旧挑战。**四川律师行业还存在大而不强、区域发展不平衡、律所发展不均衡、律师专业素养不够高、法律服务市场不成熟等不足。**

根据四川省律师协会发布的《2022 年四川律师行业大数据报告》，四川省律所资源聚集程度依旧较高，主要集中在成都、南充、绵阳，数量分别为 1035 家、87 家、77 家，其中成都市律所数量占全省比例为 51.23%。律师事务所数量排名全省后三位的市（州）是攀枝花、巴中、阿坝，数量分别为 25 家、23 家、19 家，合并占全省比例为 2.52%。

区域发展的不均衡现象，给四川省律师行业的发展和管理带来巨大压力，在一定程度上影响了律师事务所的专业化发展，影响了四川省由律师业大省向强省迈进的步伐。

李云升律师提出："经济因素决定市场需求，由于四川省内区域经济发展的不均衡一定程度导致了律师行业发展水平的不均衡，同时由于成都的虹吸效应带走了其他区域的本地客户，进一步加剧了这种不均衡的产生。"

区域经济的发展不均衡导致了法律服务市场的极度不均衡，**而要防止和减缓区域发展不均衡的进一步加剧，首先要提升当地法律服务的发展水平。**

在《四川省律师行业发展规划（2022—2026 年）》中，四川省律协提出的六大提升目标之一是高效能提升均衡发展推动力，推动全省律师统筹协调发展水平，形成省市联动的共建共治共享新机制。优化律师资源配置，巩固律师资源县域全覆盖成果，努力缩小四川各地域之间律师资源分布差距。到 2026 年年底，打造 20 个均衡发展结对帮扶样板。

李云升律师认为，以成都为中心 20 地均衡发展结对帮扶可以实现四川省内东西南北中的相互结合及融会贯通，以此促进所和所之间的熟悉沟通和文化认同，从而提高地市州律师的执业能力和专业水平，助推各地市州法律市场的不断完善。

（三）大而不强，品牌力及专业度仍需追赶

除了区域发展不均衡，四川省律师行业还存在大而不强的特征，具体体现在规模化品牌律所的不足和专业服务能力与北上律所的差距方面。

2022 年，四川 10 人以下律师事务所占 55.7%，30 人以下律师事务所占 92.3%，总体上仍以中小所为主。李云升律师认为，10 人以下律所大多管理体系混乱，此外多数律所存在服务定位不清晰的问题，这些问题综合导致了四川律所品牌能力不强。

而四川律师行业也意识到品牌力建设是整体区域律师行业由大向强发展的必经之路，在《四川省律师行业发展规划（2022—2026 年）》中，四川律协明确提出要提升四川律师品牌力，通过评选五星级四川律所品牌 50 家、评选“四川律师行业十大公益品牌”等评选活动，持续提升“四川律师”行业品牌知名度、美誉度和诚信度。

除了整体律所品牌力方面相对不足，**专业度也是当前四川法律市场由大向强的一个阻碍**。

倪弘律师认为，四川律所面临的一大挑战是能否满足四川客户对法律服务的需求。在一些重大商事案件中，由于京沪律所具备接近司法资源的优势，对四川本土律所的客源会形成虹吸现象，留给本土律师来提供服务的空间相对较小。**因此，四川律所专业度及法律服务水平的提升对于进一步向高质量发展来说非常关键**。

目前，四川律所已经开始在专业化建设方面逐步发力。行业层面，**四川省律协加大青年律师、女律师队伍建设，设置专项经费，拓宽培训渠道，举办专项论坛，计划到 2026 年年底，培训青年律师领军人才 200 名，评选优秀青年律师和优秀女律师各 100 名**。同时加强涉外律师人才培养和引进，积极培育国际一流的涉外律师事务所，到 2026 年，培育涉外律师人数 1000 人，争创涉外法律示范机构 20 家，力争四川律所境外设立分支机构突破 10 家。

而在律所层面，**四川律所已达成共识，即行业当前的业务竞争态势越发严峻，作为西南区域引领者的成都乃至四川律所亦无法在这股大潮下独善其身**。对于每一家四川律所，无论是继续深耕于四川省内，还是想要辐射整个西南地区甚至进一步向全国范围延伸，专业度都是奠定其律所品牌的基石。

以泰和泰律师事务所为例，泰和泰的“二五”战略规划的核心就是要跨域高效协作，将管理层面的重心放在加强总所和各地办公室的联动。同时结合各地律所的区域特点，因地制宜建设专业的法律服务中心。以法律服务中心为纽带，打破全国办公室在时间和空间上的障碍，实现跨距离共享专业经验，共同去开拓当地的专业市场，最终形成一个全国联动、紧密的法律服务网络。

而北京大成（成都）律师事务所提出了“三三两两”的发展目标，其中“三个三”赋予律所明确发展目标，“两个两”为业务和人员两个驱动，实现专人专做专事，专家内行做内行的事情，即实现专业化的建设。目前大成成都办公室进入第二个三年发展阶段，更加注重平台建设，以平台赋能 19 个专业组的发展。

四、下一个十年，四川法律服务市场发展新高地

（一）破产业务，未来业务蓝海？

近两年，破产业务在全国各地呈现井喷式的发展态势，其良好的发展前景和较高的薪资待遇让不少律所跃跃欲试。在四川法律市场，破产业务同样呈现快速增长态势，**而对于四川未来可能的法律业务增长方面，四川律所持更加谨慎的态度。**

“虽然泰和泰在成都参与了很多破产的案件。但是，这个领域内的法律服务营收的情况差距比较大。虽然目前破产业务是新的风口，但是未来发展究竟会怎么样？我们现在很难判断，需要进一步观察。”倪弘律师对破产业务持谨慎的看法。

而谈及未来业务趋势时，倪弘律师表示，四川法律服务市场中的国有企业的法律服务市场占比较重要的板块，未来需要保持对于政府、国有企业法律服务需求的关注。**此外，随着成都的产业结构转型，高端科技、高端制造、航空航天等产业会孕育出新的法律服务需求。**

“随着经济回暖和政策调整，破产业务的需求可能会出现回落。”李云升律师认为破产业务受政策及经济的影响较大，而**随着人们全面进入信息时代和数字经济时代，数据成为最为重要的生产要素。数字化已成大趋势，发展确定性更强，更值得律所及律师长期关注及参与。**

（二）成渝双城圈，下一个区域发展新高地？

当前，四川法律服务市场中，成都“一枝独秀”，发展实力领先全省。但是对于四川律所来说，下一个律所布局地在哪里？哪些区域的法律服务市场的潜力又值得挖掘？

2021 年，中共中央、国务院印发《成渝地区双城经济圈建设规划纲要》，计划到 2035 年，重庆、成都进入现代化国际都市行列，大中小城市协同发展的城镇体系更加完善，具有全国影响力的科技创新中心基本建成，世界级先进制造业集群优势全面形成，现代产业体系趋于成熟，融入全球的开放型经济体系基本建成，成为具有国际影响力的活跃增长极和强劲动力源。

在国家政策指引下，成渝经济双城圈将成为中国经济增长第四极，这也意味着围绕双城圈建设有着巨大的经济发展空间及法律服务需求。

李云升律师表示，成渝经济双城圈中的城市发展是大势所趋，在双城圈范围内的城市，其各个方面的发展都将成为国家政策扶持的重心，所以其未来的法律服务市场也值得关注。

倪弘律师认为，宜宾、自贡、遂宁、资阳等城市未来在产业转型的过程中有更大

的发展空间，从而会带动法律服务行业的发展。以遂宁为例，作为成渝双城经济圈的中心城市，地处“成渝之心”，承东接西、连接南北，是成渝地区的重要节点城市，交通区位优势明显。随着遂宁全方位融入成渝地区双城经济圈建设，将自身定位未来“锂电之都”，未来很有可能成为成渝区域经济发展黑马。

五、莫道蜀道难，早有勤行人

一直以来，由于西南区域相对复杂的地理环境、不平衡的经济发展状况，律师行业呈现出更多的地域个性。而四川更是其中的典型代表，四川地处西南内陆，集大城市、大农村、大山区、大盆地于一体，因自然条件、经济发展等原因，法律资源分布不均，区域发展差距呈加大趋势。

在《四川省律师行业发展规划（2022—2026年）》新闻发布会上，四川省律师协会会长李世亮在发布会上表示，当前的四川律师行业仍面临大而不强、区域发展不平衡、律所发展不均衡、律师专业素养不够高、法律服务市场不成熟等新旧挑战。但是，**不能否认的是四川律师行业正处于快速发展的时期，其取得的发展成就及成果在我国东强西弱的法律市场格局下仍属于罕见及特殊的存在**。

经济发展离不开法律保障，在长江经济带建设、成渝地区双城经济圈建设等多重国家战略在川渝交会叠加的机遇下，四川律师行业发展拥有着足够的发展动力及后劲，其法律市场空间巨大。

未来，四川法律服务行业作为西部法律市场“领头羊”，也将以其实践及经验为西部律师行业的发展打造范本。**其中，缺不了每家四川律所、每位四川律师的共同努力**。

志合者，不以山海为远。

内蒙古律师行业：离北京很近，距升级不远*

张照栋 | 智合研究院

“天苍苍，野茫茫，风吹草低见牛羊。”

提起内蒙古，人们总是带有田园牧歌式的浪漫想象：呼伦贝尔大草原、阿拉善胡杨林、满洲里异域风情……塞北草原，天高云阔，牛羊成群，骏马奔驰，让人心驰神往。而在这些自由浪漫的图景之外，还有一个蓬勃发展、充满活力的现代内蒙古。

内蒙古地处我国北疆，由东北向西南斜伸，呈狭长形，东西长约 2400 千米，南北最大跨度 1700 多千米，总面积 118.3 万平方千米。2022 年，内蒙古自治区全区年末常住人口 2401.17 万人，全区地区生产总值 23,159 亿元，按可比价格计算，比上年增长 4.2%，高于全国增速 1.2 个百分点；[1]2022 年内蒙古的人均地区生产总值则达到 96,474 元，位列全国第 8，仅次于北京、上海、江苏、福建、浙江、天津和广东这些经济较发达地区。2023 年上半年，内蒙古经济发展势头依旧不减，全区地区生产总值达 10,971 亿元，按不变价格计算，同比增长 7.3%，高于全国增速 1.8 个百分点。

法律行业与经济发展同频共振，在经济高歌猛进的大背景下，内蒙古法律服务市场近些年现状如何？又面临哪些机遇和挑战？

一、发展迅速但不平衡的市场

（一）律师人数、律所数量迅速增长

根据内蒙古自治区官方数据，截至 2005 年，内蒙古全区律师事务所 235 家，律

* 本文首发于“智合”微信公众号 2023 年 12 月 12 日，文中收录数据的日期截至 2023 年 12 月 11 日。

[1] 参见内蒙古自治区统计局：《内蒙古自治区 2022 年国民经济和社会发展统计公报》，载内蒙古自治区人民政府网站 2023 年 3 月 16 日，https://www.nmg.gov.cn/tjsj/sjfb/tjsj/tjgb/202303/t20230316_2274533.html?dzb=true&wd=&eqid=c14db45f00033a9100000003648731d3。

师2167名。[1]2015年，内蒙古全区律师事务所417家，律师5433名，全年全区律师办理各类法律事务7.4万件。10年时间，内蒙古律师事务所数量增加182家，律师人数增加3266名。2015年后，内蒙古律师行业的发展按下加速键。2017年，内蒙古全区律师事务所在两年内增至500家，执业律师人数增至7065名，全年全区律师办理各类法律事务8万件。2021年，内蒙古律师事务所数量猛增至744家，律师人数数量也突破万人规模，达到10,889人。2022年，内蒙古全区共有执业律师12,292名，比上一年增加1403名，同比增长12.9%；全区律所806家，比上一年同期增加62家，同比增长8.3%。2023年上半年，内蒙古执业律师人数增长势头依旧强劲，达到12,860名，全区平均每万人拥有律师5.2名，高于全国平均水平；全区律所数量增加到843家，比上一年同期增加55家，同比增长7%。（见图1、图2）

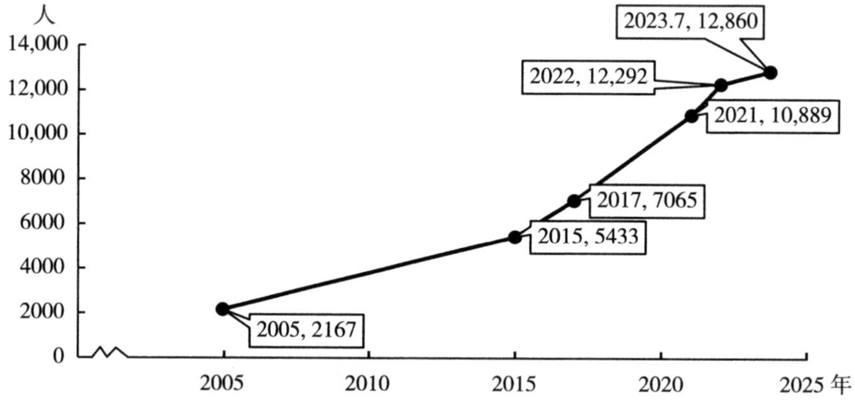

图1　2005～2023年内蒙古执业律师人数

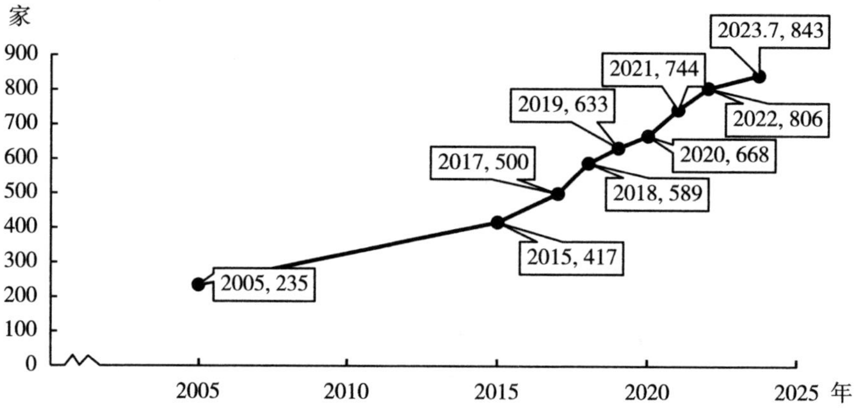

图2　2005～2023年内蒙古律所数量

[1] 参见《内蒙古自治区志·司法行政志》概述，载内蒙古区情网，http://www.nmgqq.com.cn/shuzishizhi/zizhiquzhishu/2022－12－02/25425.html。

从执业律师类型来看，截至2023年上半年内蒙古有专职律师8967人，占总数的69.7%，同比增长7.8%；兼职律师313人，占总数的2.4%，同比增长3.3%；公司律师462人，占总数的3.7%，同比增长了48%；公职律师2834人，占总数的22%，同比增长了45.3%；法律援助律师284人，占全区律师2.2%，同比增长19.8%。（见图3）

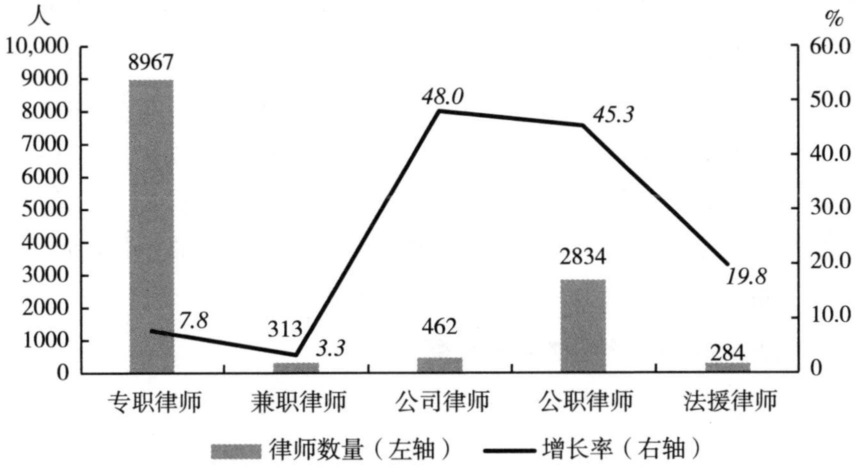

图3　2023年上半年内蒙古律师类别情况

从律所类型来看，截至2023年上半年，内蒙古有合伙所498家（含普通合伙所493家、特殊普通合伙所5家），占全区律所59.1%，同比增长10.2%；个人所327家，占全区律所38.8%，同比增长3.2%；国资所18家，占全区律所2.1%，同比减少5.3%。（见图4）

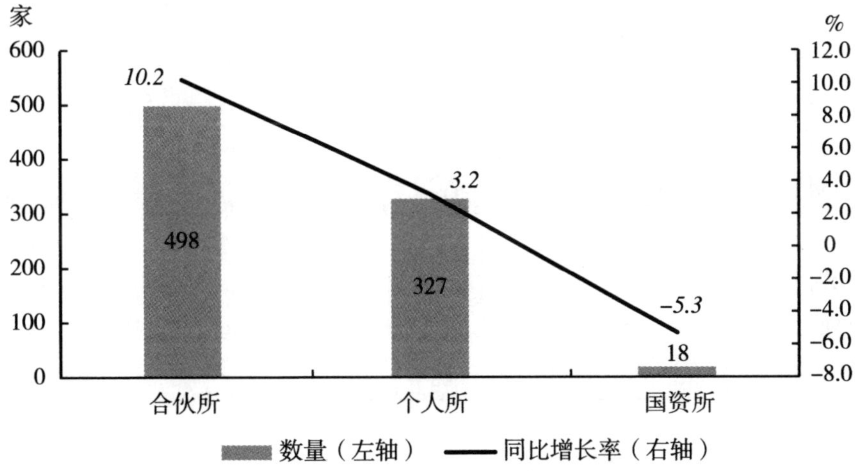

图4　2023年上半年内蒙古律所类别情况

对于内蒙古律师人数和律所数量近几年迅速增长的态势，北京大成（内蒙古）律师事务所高级合伙人付卫民表示，这种现象说明内蒙古的法律服务需求在不断增加，法律服务市场日渐成熟，法律从业者对专职从事律师职业抱有信心。“律师人数和律所数量的增加，既是行业高质量发展的战略需要，也是法律服务市场需求有待满足的客观反映。”付卫民说道，“但这并不表示这样的增长速度和规模会一直持续，当行业发展进入一个成熟稳定的阶段后，稳步小幅增长或下降都由市场进行合理调控，才能保持行业的良性健康发展。”

内蒙古若辉律师事务所管委会主任赵江龙则提及，近年来内蒙古自治区政府在推行公司律师和公职律师制度，公司律师和公职律师人数增长较快。2023 年上半年，内蒙古公司律师、公职律师人数已经占到全区律师总人数的 1/4，同比增长 48% 和 45.3%。按照内蒙古自治区司法厅 2023 年 9 月公布的文件，在民营企业中也将推行公司律师试点制度[1]，预计未来内蒙古律师的人数还会有进一步的增长。

（二）资源集聚度高，行业发展不均衡

内蒙古的律所和律师**资源集聚度较高**，主要集中在呼和浩特市、包头市、鄂尔多斯市、赤峰市、通辽市、呼伦贝尔市，上述地区的律师总数为 10,549 人，占比 82%，律所总数为 660 家，占比 78.4%；而位于内蒙古最西边的阿拉善盟仅拥有 182 名律师（占比 1.4%）和 12 家律所（占比 1.4%）。（见表 1）

此外，呼和浩特市、包头市、鄂尔多斯市三个地区的律师今年上半年创收约 5.8 亿元，占全区业务收费总量 68.7%。

表 1　内蒙古律所和律师资源分布情况

地区	律师数/人	全区律师占比/%	律所数/家	全区律所占比/%
呼和浩特市	3729	29.0	190	22.6
包头市	1659	12.9	105	12.5
呼伦贝尔市	878	6.8	88	10.4
赤峰市	1508	11.7	97	11.5
通辽市	1155	9.0	96	11.4
鄂尔多斯市	1620	12.6	84	10.0
兴安盟	487	3.8	49	5.8
巴彦淖尔市	567	4.4	34	4.0

[1] 参见内蒙古司法厅律师工作处：《内蒙古自治区开展民营企业公司律师试点工作》，载微信公众号“内蒙古掌上 12348”，https://mp.weixin.qq.com/s/8y99AbhxoPVtXJhQT4tCFw。

续表

地区	律师数/人	全区律师占比/%	律所数/家	全区律所占比/%
锡林郭勒盟	495	3.9	41	4.8
乌兰察布市	381	3.0	30	3.6
乌海市	191	1.5	17	2.0
阿拉善盟	182	1.4	12	1.4

数据来源：内蒙古年鉴、内蒙古司法厅官网。
注：整理/制表：智合。

对于导致内蒙古律师行业发展不平衡的原因，赵江龙认为：一是在城市经济方面，“呼包鄂”、赤峰、通辽等地区的经济发展水平比其他地区高，吸纳大量人才流入，从而促进其律师业务数量增长；二是在法律市场需求方面，“呼包鄂”等地区在经济建设、城市发展、项目投资与开发、资源配置等方面投入较大，各类行业产业在此聚集，产生大量的、不同的法律服务市场需求，进而吸引律所和律师资源集聚；三是内蒙古地区的律师总人数还是相对较少，导致一些发展相对缓慢的地区的律师更少。

付卫民表示：“好多盟市经济不发达，但对法律服务还是有相当的需求，当地律师行业又不能满足，而中心城市的律所和律师距离他们又实在太远。像我们坐火车去一些东部地区盟市，有时候甚至得花 12 个小时都不止。”内蒙古地域辽阔，东西跨度大，律师行业资源高度集中在“呼包鄂”等经济发展水平较高的城市当中。但由于地理交通等因素，内蒙古中心城市的律师行业对周边其他盟市的辐射能力较低，导致内蒙古法律服务供给能力不均衡的现象较为突出。

（三）业务领域集中于能源产业，业务类型以诉讼业务为主

内蒙古作为我国北方重要生态安全屏障、国家重要能源与战略资源基地，产业结构特点鲜明。2022 年，内蒙古全区地区生产总值 23,159 亿元，三次产业比例为 11.5∶48.5∶40.0。从数据来看，内蒙古的经济产业结构以第二产业为主，且主要集中于采矿、电力、热力、燃气及水生产和供应业。法律服务紧紧围绕社会经济活动展开，因此内蒙古的法律服务市场的业务结构也和本地区的产业结构紧密相关，主要集中于能源产业领域。

“就拿我自己来说，近 30 年的执业生涯中选择和专注的主要业务领域就是建筑房地产和矿产能源。”付卫民说道，“相较而言，金融服务、医疗健康、知识产权等和第三产业紧密相关的法律服务领域，无论是从市场需求来说还是从内蒙古本地律师的服务能力和服务水平来看，都明显较弱。”

内蒙古律师业务的类型则主要以诉讼业务为主。2022 年，内蒙古全区律师办理各类法律事务 255,603 件，其中诉讼案件 144,664 件，占比 56.6%；非诉讼案件

12,736 件，仅占 5%；咨询和代书业务 74,366 件，占比 29.1%；仲裁业务 3869 件，占比 1.5%；公益法律服务 19,968 件，占比 7.8%。（见图 5）

“诉讼业务多，说明内蒙古群众的法律意识还有待提高，大家打官司才想到律师。”付卫民说道，“非诉业务占比增多，说明人们的法律意识提高了，大家愿意购买一些非诉法律服务，如法律咨询等。内蒙古非诉业务占比低的另一个原因是，内蒙古近几年处在经济发展转型期，交易量还有相当的增长空间，市场活跃度也有待提高。”

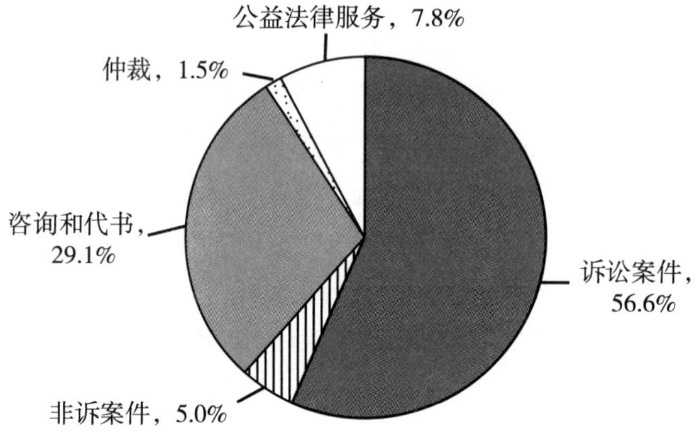

图 5　2022 年内蒙古全区律师业务情况统计

二、能源、破产、涉外……业务蓝海广阔

（一）工业产业转型升级步伐持续加快

2021 年，内蒙古发布“十四五”规划，明确表示要践行“高质量发展新路子”。在这一发展思路之下，内蒙古全区工业产业转型升级步伐持续加快。

2022 年，内蒙古全区规模以上工业中，**战略性新兴产业**增加值比上年增长 19.9%；**非煤产业**增加值比上年增长 8.3%，占规模以上工业增加值的比重为 58.5%；新产业保持较快增长，**高技术制造业**增加值比上年增长 33.6%，**新能源装备制造业**增加值增长 75.3%；新动能继续壮大，**高技术产业**投资比上年增长 49.2%，其中，高技术制造业投资增长 91.6%，高技术服务业投资增长 17.5%。新能源产业投资比上年增长 79.0%。[1]

〔1〕参见内蒙古自治区统计局：《内蒙古自治区 2022 年国民经济和社会发展统计公报》，载内蒙古自治区人民政府网站 2023 年 3 月 16 日，https://www.nmg.gov.cn/tjsj/sjfb/tjsj/tjgb/202303/t20230316_2274533.html?dzb=true&wd=&eqid=c14db45f00033a9100000003648731d3。

付卫民介绍道，内蒙古近几年的法律业务增长主要集中在**能源资源、建筑工程和生态环境**三大法律服务领域。他进一步解释道，内蒙古是我国重要的资源能源基地，拥有丰富的煤炭、石油、天然气等资源，内蒙古律师在矿产法律服务和风电、光电能源法律服务等方面积累了丰富的经验，能够为客户提供全面的法律服务；建筑工程领域的业务则从房地产转移至国家能源资源基地建设、城市基础设施建设等领域，内蒙古律师可以为建设单位、承包商、施工队等提供各类法律服务，如合同起草与审查、工程招投标相关法律事务、工程施工合同纠纷与争议解决等；生态环境领域的业务增长则是因为内蒙古肩负着筑牢我国北方重要生态安全屏障的任务，近年来政府对环境保护和资源管理方面的要求比较严格，环境资源保护方面的业务逐年增加。内蒙古律师可以为企事业单位提供环境影响评价、环境治理、资源保护等方面的法律服务，尤其是对于环境违法行为进行的处罚、赔偿和争议解决等，能够提供有效的法律支持和保障。

赵江龙表示，随着国家西部大开发战略的落实推进，内蒙古在**基础设施建设领域、新能源领域和煤炭等传统能源领域**的发展所衍生出来的法律纠纷、商务谈判、合规建设等法律需求呈上升趋势。为此，若辉律师事务所2022年在传统能源城市鄂尔多斯设立分所，主要办理当地能源矿产行业领域案件；2023年则在新能源产业较丰富的乌兰察布开设分所，主要办理电力、新能源行业领域案件。

（二）营商环境改革

在2021年发布的“十四五”规划中，内蒙古自治区人民政府明确提出要“深化以营商环境为基础的重点领域改革，增强高质量发展动力”。

法治是最好的营商环境，内蒙古近年来出台《自治区创新驱动发展战略司法保障意见》《内蒙古法院优化法治化营商环境具体措施（三十条)》《内蒙古自治区关于建立企业破产处置协调联动机制 推动和保障管理人在破产程序中依法履职 进一步优化营商环境的实施方案》等一批制度规范，努力打造公正透明的法治化营商环境，为护航全区经济高质量发展提供坚实法治保障。

作为呼和浩特市破产管理人协会会长，付卫民表示，内蒙古**企业破产业务**近几年增长显著。他介绍道，内蒙古“呼包鄂”、锡林郭勒盟、阿拉善盟等8个盟市近几年相继成立了破产管理人协会，全区企业破产业务开始步入职业化、法治化、标准化发展道路。随着破产案件数量的增加，内蒙古自治区高级人民法院对入册破产管理人的数量也进行了相应的调增，2022年在原有基础上全区新增入册破产管理人60家，内蒙古的企业破产业务将迎来较快发展。

赵江龙表示，内蒙古深化营商环境改革，推动了房地产行业、金融行业监管政策的完善，**金融和房地产领域**诉讼案件增长趋势明显，**投融资业务和破产清算与重整业务**也在快速增长。此外，随着国家扫黑除恶专项斗争的持续开展，政法队伍专项整治行动和认罪认罚制度的推行，内蒙古**刑事辩护领域业务**出现了新变化和新需求。

（三）中国向北开放的桥头堡

内蒙古自治区同蒙古和俄罗斯接壤，有 19 个国家级对外开放口岸，具有巨大的区位优势，在共建“一带一路”和中蒙俄经济走廊建设中面临难得的发展机遇，也肩负着重大的历史责任。

2022 年，面对复杂严峻的外部环境和困难挑战，内蒙古外贸逆势跑出“上扬线”，全年进出口总额实现 1523.6 亿元，同比增长 23.2%；其中，内蒙古与“一带一路”共建国家贸易额实现935.5 亿元，同比增长29.6%；与蒙古国贸易额463.6 亿元，同比增长 48.1%；与俄罗斯贸易额 195.3 亿元，同比增长 13.1%。[1]

随着共建“一带一路”和中蒙俄经济走廊建设的持续推进，内蒙古法律服务市场迎来了向外开拓的历史机遇。付卫民介绍道，内蒙古地区的**涉外法律业务**已经开始崭露头角。内蒙古充分发挥区位优势，不断加强涉外法律服务交流和专门人才的培养，初步形成了覆盖“一带一路”主要沿线国家的海外法律服务站点布局，为海外的中国企业和公民提供了一站式、综合性法律服务。截至 2023 年 10 月，全区具有涉外法律服务能力的律师有 1421 人，占全区律师总数的 11%，其中蒙汉双语律师有 1398 人；办理过涉外法律服务业务的律所有 41 家，其中 3 家律所在境外开设分支机构、成立联盟或者进行海外联营。

付卫民还基于北京大成（内蒙古）律师事务所的发展经验，阐述了**经营内蒙古法律市场对规模大所向北“走出去”的重要意义**：第一，规模大所布局内蒙古可以充分利用当地的区位优势和大所自身的品牌优势，获取更多涉外法律业务，推动律所向着国际化方向稳步发展；第二，内蒙古涉外法律人才可以助力规模大所开拓国际业务、精准提供服务；第三，规模大所布局内蒙古、开拓国际市场，将为中国律师创造更多市场机会，推动更多具备涉外能力的律师积极参与国际法律服务，也在一定程度上能缓解国内律师行业内卷的现状，促进中国律师在国内、国外法律服务市场的协同发展。

赵江龙则表示，**内蒙古本土律所和律师要想抓住“一带一路”的时代机遇**，首

---

〔1〕 参见高慧：《把国家向北开放重要桥头堡打造得巍然蓬勃——内蒙古高质量发展特别报道⑤》，载内蒙古自治区人民政府网站 2023 年 3 月 3 日，https://www.nmg.gov.cn/zwgk/zcjd/plwz/202303/t20230303_2265953.html? dzb = true&wd = &eqid = 9a2a97ef0006f1ee0000000264979e91。

先要加强涉外法律服务能力，这包括对涉外法律业务的理解、处理国际法律事务的能力，以及对国际法律文化的了解等多个方面；内蒙古法律行业机构和律所应该加强对涉外法律人才的支持培养力度，进一步与“一带一路”共建国家和地区在相关领域开展务实交流与合作，增加涉外法律服务人才的实践经验；此外，设立境外分支机构也是一种抓住机遇的方式。总之，应对这些挑战，需要内蒙古地区的律师事务所以及政府、社会各界的共同努力。

三、挑战重重，升级路在何方？

（一）人才结构性短缺，专业化水平有待提高

“我们现在人才的结构性短缺是非常严重的”，付卫民说道，“一个律师的成长成熟，需要5到8年的时间。而内蒙古全区律师人数的迅速增长是从2015年之后开始的，这些律师目前大部分是不成熟的，提供专业化、精细化法律服务的能力还有待提高。我们内蒙古市场中能提供高端、疑难、复杂的法律服务的律师和律所的数量是非常少的”。

目前，内蒙古全区经司法部、自治区司法厅评定的专业律师仅占全区律师的1.8%，做特定业务领域、专业化发展的律师事务所仅占全区律所的0.1%，内蒙古律师办理的民商事案件达全区案件总量半数以上，律师业务基本停留在传统业务中，存在新兴领域业务较少、专业化程度不够的短板。同时，硕士研究生以上学历的律师仅占全区律师的14.3%，一定程度上反映出律师专业能力素质不高。[1]

付卫民表示，内蒙古律师行业正迎来高质量发展的新阶段，解决人才结构性短缺问题，需要政府要出台扶持政策，升级人才队伍培训体系，培养高端法律服务人才；行业管理机构要密切关注法律市场，给律师和律所创造良性竞争的环境，引导行业健康发展；律所则要革新管理体制，加大投入，拥抱数字化，给律师赋能。

赵江龙则给内蒙古律师提出发展建议：一是提高专业能力，锻造深厚的法律功底和全面的法律知识储备，要多参加各类专业的法律研讨会，多与行业同人探讨专业能力提升的方法和技巧；二是增强服务能力，要充分深入地了解客户需求，既要提供专业的法律咨询服务，也要给出实际的解决方案，最大限度地维护客户的合法利益；三是提升协作能力，现在很多业务都需要一个能够提供综合性法律服务的律所或者团队来承接，而内蒙古律师的作业模式多为单打独斗，因此内蒙古地区律师还应该从业务协作、共同发展的角度多去思考。

---

〔1〕 参见内蒙古司法厅律师工作处：《数读内蒙古律师行业重点工作 聚焦“三亮”“三新”谋发展》，载微信公众号“内蒙古掌上12348”2023年10月13日，https://mp.weixin.qq.com/s/epnA85ycfQFJCqScap_YJA。

（二）律所规模普遍较小，规模化、品牌化之路艰难

2023 年上半年，内蒙古全区律师 10 人以下律所 523 家，占全区律所 62.0%；律师 10 人（含）至 30 人 271 家，占全区律所 32.1%；律师 30 人（含）至 50 人32 家，占全区律所 3.8%；律师 50 人（含）至 100 人 14 家，占全区律所 1.7%；律师 100 人（含）以上律所仅有 3 家，占全区律所 0.4%。（见图 6）

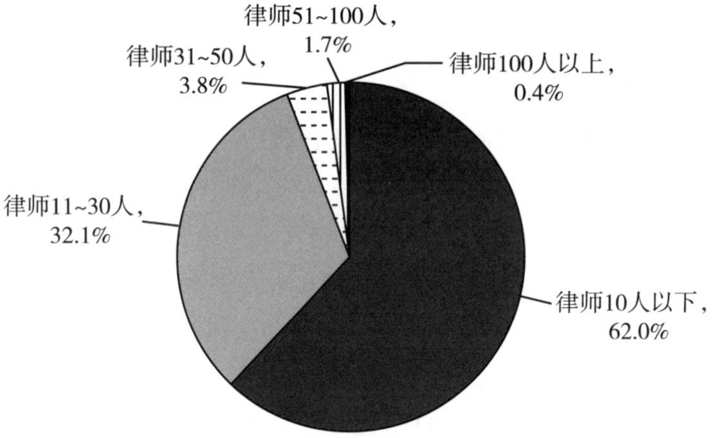

图 6　2023 年上半年内蒙古律所规模占比统计

从上述数据不难看出，内蒙古大量存在依赖人合的封闭小所，在创收、吸引人才、扩充影响等方面受到限制，无法大规模发展，从而导致无法实现专业化和品牌化发展。

赵江龙表示，内蒙古法律服务市场的发展相对滞后，大多数律所是传统“作坊式”律所，一些律所甚至没有专职的财务人员、人力资源管理人员，更谈不上配备市场拓展、战略管理人员，其发展模式粗放简单，专业划分模糊，单打独斗现象严重，这导致律所在综合管理、风险控制、制度规则、专业提升、人员培养、战略定位、业务方向等多个方面都面临巨大的挑战。内蒙古律所想要转型发展，首先要从律所整体发展的角度出发，转变理念，强管理、抓发展；其次要从客户的需求方面思考，重专业提升、团队协作，通过持续性的品牌运营与专业化建设形成良性循环，积极转型应对困境和挑战。

付卫民则表示，大部分内蒙古本土律所的规模都在 10 人以下，其发展空间、办公环境、案源质量、人才结构等根本无法与大所相提并论。像大成这样的规模大所进入内蒙古，客户、案源、人才都必然会向大所集中，进而挤压本土中小律所的生存空间。不过，规模大所也带来了先进的管理理念、人才培养机制和规范化作业模式等，能带动内蒙古本土律所进一步成长和发展。

付卫民还表示，内蒙古的规模大所自身也面临发展“瓶颈”——大而不强、大而不精。规模大所过去这些年迅速扩张，但是其内部管理没有跟上规模化发展的步伐，没有制定清晰的中长远发展战略、没有形成匹配律所业务发展的人才培养机制、没有形成科学高效的客户管理体系、没有探索形成规范成熟的管理模式及管理成果。付卫民称，大成所要以开放的心态迎接挑战，以数字化转型为抓手，优化律所业务结构、人才结构，向管理要效益，实现律所的专业化、规范化和品牌化发展。

（三）北京律师垄断高端业务，本土律业缺乏核心竞争力

目前，内蒙古全区仅有 3 家百人律所，均为北京规模大所分所，大多借助、依附于总所的管理模式和品牌影响力；而本地区部分中小律所在业务发展方面，则很难获得品牌影响力以及大型客户的业务竞争优势。由于品牌化、影响力不足，本地区律所的业务收费基本源于单一的民商事案件，而重大刑事案件、新型高端业务以及大型企业案源均被北京、上海等地的律所包揽。[1]

“内蒙古呼和浩特市距离北京 480 公里，高铁 2 个半小时便可直达互通，地理位置的优势让北京律师进入内蒙古法律服务市场更加便捷、服务成本变得更低。”谈及北京律师强势进入内蒙古法律市场，付卫民如此说道。他表示，北京品牌律所、规模大所布局内蒙古，几乎垄断了内蒙古的高端法律业务，“无论是品牌还是服务能力，内蒙古本土律所遭到了全方位的冲击。”

赵江龙分析道，北京律师能够包揽内蒙古高端法律业务主要有以下几方面因素：第一，北京律师自身专业能力扎实、执业经验丰富，能够满足高端业务的法律需求；第二，北京律所注重品牌打造，良好的品牌口碑能赢得高端业务客户的信任；第三，北京律师的服务理念和服务方式更容易满足高端业务的综合性法律需求，北京律师和高端业务客户在法律服务供需层面有很高的匹配度。

面对这种现状，内蒙古司法厅明确提出：“要打造具有内蒙古特色的品牌所，探索创新内蒙古律师行业文体建设，持续打造推广文化名所。”[2]

付卫民则表示，北京律师进入内蒙古法律市场是正常的市场现象，内蒙古本土律业和行业主管部门不应该有门户之见，而是要以开放的心态去面对这一现象。内蒙古律师和律所要主动地和北京同行交流学习，政府和行业管理机构也要搭建相应平台，提高本土律师和律所的专业能力和服务能力，推动内蒙古法律市场健康发展。

---

〔1〕 参见内蒙古司法厅律师工作处：《数读内蒙古律师行业重点工作 聚焦“三亮”“三新”谋发展》，载微信公众号“内蒙古掌上 12348”2023 年 10 月 13 日，https://mp.weixin.qq.com/s/epnA85ycfQFJCqScap_YJA。

〔2〕 参见内蒙古司法厅律师工作处：《数读内蒙古律师行业重点工作 聚焦“三亮”“三新”谋发展》，载微信公众号“内蒙古掌上 12348”2023 年 10 月 13 日，https://mp.weixin.qq.com/s/epnA85ycfQFJCqScap_YJA。

赵江龙也认为，内蒙古律师和律所应该向北京的品牌大所去学习，明确律所发展方向，转变法律服务的理念和方式，深入了解客户的法律需求，这样才能有机会抓住高端业务的市场。

四、结语

过去几年，内蒙古律师行业发展势头强劲，律师人数迅速增长至12,860名，律所数量也增加至843家，2022年度全区律师创收近17亿元……这些数据无不彰显着内蒙古法律市场的繁荣与活力。法律市场迅猛发展的背后，是近年来蓬勃发展的内蒙古经济。进入“十四五”发展新阶段，内蒙古紧紧围绕高质量发展这个首要任务，持续加快工业产业转型升级步伐，深化营商环境改革，建设我国向北开放重要桥头堡……这些时代机遇，为内蒙古的法律服务市场提供了广阔前景。

然而，要将前景化为现实，内蒙古律师行业同样要转型升级，实现高质量发展。当前内蒙古律师行业面临着重重挑战：区域内各盟市发展不平衡，行业人才结构性短缺，小规模律所占比高且经营模式落后，北京律师垄断高端市场等。内蒙古律师行业需要开拓法律服务新领域、提升行业专业水平，革新律所管理体制、实现规模化和品牌化发展，向北京同行学习先进经验、推动内蒙古法律服务提质升级。

梅花香自苦寒来，相信经过革新重塑、转型发展的痛苦磨砺之后，内蒙古律师行业必然能突破桎梏，抓住时代机遇，迎接光辉灿烂的未来！

黑马逆袭？GDP 增速全国第一，福建不拼怎么赢*

顾文倩 | 智合研究院

在中国历史长河中，福建曾默默无闻，甚至被戏称为“穷省”。但福建人始终保持着脚踏实地的精神，创造了一个个令人惊叹的成就，譬如“晋江精神”“宁德速度”等代表着爱拼敢赢、速度奇迹的名词，早已为人所熟知。改革开放以来，福建 GDP 增长了 639.44 倍（见图 1），GDP 排名从 1978 年的全国第 23 名，上升至 2022 年的全国第 8 名。

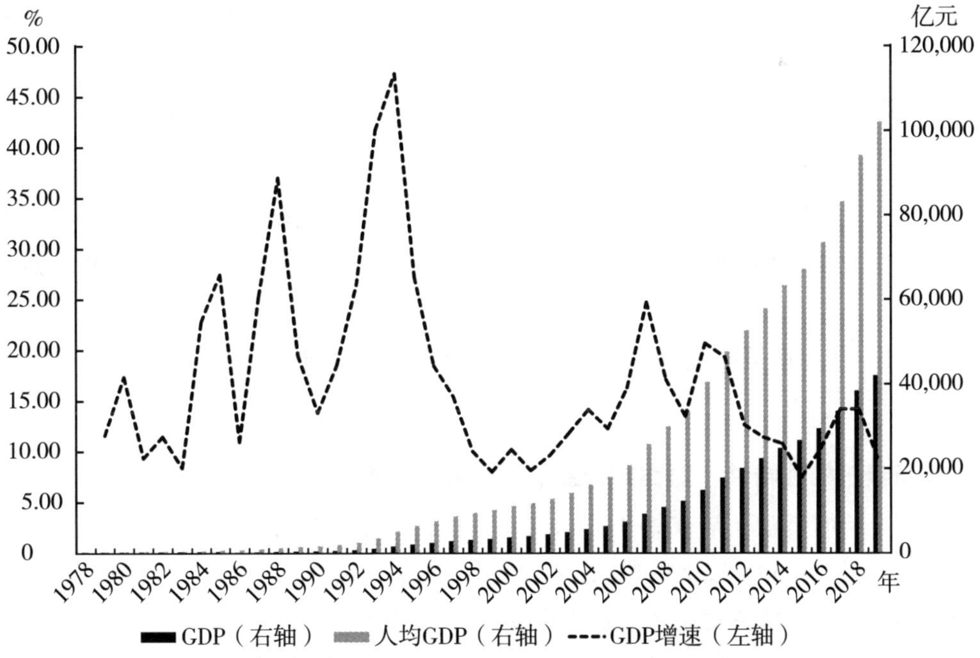

图 1　1978 ~ 2019 年福建 GDP 变化情况

* 本文首发于“智合”微信公众号 2024 年 1 月 25 日，文中收录数据的日期截至 2023 年 10 月 31 日。

“八山一水一分田”，福建多山交通不便，曾因恶劣的地理环境造成其GDP一直排在全国倒数第8名的位置。而2022年，福建GDP首次突破5万亿元，排全国第8名，并以4.7%的经济增速位列全国第一。

那么，福建是如何做到成功逆袭的？得益于活跃的民营经济和外向型经济，过去几年，先进制造业的快速发展，尤其是纺织、电子、鞋类和建筑材料等领域的快速发展，为福建带来了新的活力，2023年上半年最新生产总值数据显示，福建在东部沿海地区10省市中排第5位，仅排在广东、江苏、山东、浙江之后。凭借着“爱拼才会赢”的黑马之势，福建快速冲出了重围。

与此同时，聚焦法律行业，经济增长下的法律市场有何表现？

放诸宏观视野，近年来中国律师行业虽然受到宏观经济放缓、疫情冲击的影响，但从业人员和案件数量仍呈现出增长的态势。随着经济的增长和对外开放的加强，企业和个人需要越来越多的法律服务，福建的法律服务市场也曾一度占据领先位置，但却在其后的发展中光彩消逝。

微观律师行业，2022年福建仅有律师19,043名，在全国排名第10位，与同为东南部沿海省份的广东、江苏、浙江等相比差距不小，这些地区的律师总数常年位于全国前5位。焦虑情绪扩散、加深行业内卷，不日进者必日退，因此福建当地律师也在不断自我革新，希望打造出能够追赶上福建经济发展图景的现代法律服务业……

探索福建法律服务市场近况，本文将聚焦四大问题：

> 第一，福建法律服务市场增速起伏跌宕的原因是什么？
>
> 第二，经济调整，产业发展壮大，律所的未来业务战略如何布局？
>
> 第三，法律服务辐射范围有限，福建法律服务市场存在的问题有哪些？如何破局？
>
> 第四，优惠政策持续落地，福建法律服务行业的机遇在哪里？

一、民营经济的独特性：对律师行业的作用力究竟有多强

民营企业的贡献，常被用“五六七八九”这样的数字来论述，即民营企业为全国经济贡献了——50%以上的税收，60%以上的国内生产总值，70%以上的技术创新成果，80%以上的城镇就业，占企业总数的90%以上。

民营经济也是福建经济最大特色与优势所在，无论是疫情肆虐的艰难时刻，还是市场回暖的当下，其在数量、规模、实力以及社会贡献等方面均位居全国前列，2022年，福建民营企业创造经济增加值3.69万亿元，占福建GDP比重的69.4%，提供了

全省70%的税收、贡献了70%的科技成果、吸纳了80%的就业岗位。[1]

“福建法律服务市场超70%的份额被民营企业占据，国家层面特别强调发展民营经济，无不凸显其发展正盛的态势，这也将为法律服务需求的日益增长提供更为坚实的支撑。”在深耕福建本土的老牌律所——福建信实律师事务所管委会主任、高级合伙人陈昱看来，民营企业具备的诸多特点——机制灵活、自主性强的市场独特性，要求律师“因地制宜”，及时抓住市场溢出的各种可能性。

而作为中国最早开放的沿海地区之一，福建拥有多个国际性的港口城市，在外向型经济方面表现出色。2022年福建民营企业进出口1.11万亿元，增长12.9%。[2]疫情期间，这些以服装、鞋帽等传统消费品制造业为主的出口产业，增长趋势更为明显。在此期间迅速崛起的医疗和新能源产业，也为福建经济发展提供了巨大助力。2023年，政策持续加码赋能，福州、厦门、泉州三地还被选定为全国交通枢纽，其中厦门被标注为国际性综合交通枢纽。

厦门作为经济特区和海峡西岸经济区的中心城市，凭借得天独厚的自然环境和良好的投资环境成为总部企业的聚集地。近年来，厦门发力打造总部经济集聚地，也带动了当地律师业的发展——收入占全省的37.4%，“尽管经济增长快速，仍有许多厦门律师未能充分享受到因此带来的红利”，锦天城律师事务所厦门分所主任林富志表示，服务大型产业链需要更大规模的律所，“厦门多数律师专注于传统领域，未能充分服务大型产业链”。从地区整体来看，福建微型、中小型律所占据半壁江山，其中10人以下规模的律所（微型律所）占比高达73%，50人以上的规模律所较少，而百人规模律所，更是稀缺，仅占1.14%。

GDP增长意味着更频繁的经济活动，导致出现争议概率的增加，从而扩大了律师的业务需求空间。然而，在不同地区律师行业的横向比较中，福建相对于经济发达省份，如江浙、粤港澳地区等，仍存在一定差距。存在差距的部分原因在于法律服务行业的滞后性，不能及时匹配经济发展。纵向历史溯源，陈昱认为：“尤其在涉外、IPO等高端业务方面，并非经济发展了，律师就能够立即迎头赶上。”虽然福建经济在逐步恢复，但律师行业的业务量和收入在接下来的几年里可能仍会面临压力。对此，盈科律师事务所福建区执行主任东海霞表示，坚持长期主义至关重要，“经济发展的成效并不会立即作用并体现在律师的业绩中。福建律师需积极调整业务结构，以

---

[1] 参见《2022年我省民营经济增加值3.69万亿元，占全省GDP比重69.4%》，载福建省工业和信息化厅网站2023年3月20日，http://gxt.fujian.gov.cn/zwgk/xw/jxyw/202303/t20230320_6133646.htm。

[2] 参见《【图说数据】2022年福建省进出口》，载微信公众号“福州海关12360”2023年1月28日，https://mp.weixin.qq.com/s/xMvescGiXAqftrENUMKgsQ。

适应迅速变化的市场需求和产业发展趋势”。

尽管存在挑战，但律师行业在经济的推动下，仍然具备潜力，特别是在外资引入和外向型经济方面。从某种程度上看，律师才是经济发展的“风向标”，律师行业越兴盛往往意味着地区经济越发达。

“目前福建律师行业发展的增速远超全国，主要由于律师数量的迅速增加：一是从事法律工作的法学生，二是跨领域转行的专业人士。”北京康达（厦门）律师事务所管委会主任董志武从目前构成福建律师的两类人群拆解了经济大环境对行业的影响。对比往年业务数据，也能够清晰看到福建律师行业案件数量整体在增加，这也从侧面凸显了法律服务市场在福建具有的强劲吸引力。

整体来看，福建地区的法律服务业发展速度较快，与经济发展形成了相互促进的关系。尽管 2021 年受新冠疫情影响，全球各主要经济体均出现了经济增速骤降、贸易与跨境投资减少，企业面临生产端“断供”和需求端“萎缩”的双重挤压，但从 2022 年福建企业 100 强榜单来看，福建大企业整体规模和效益增长态势良好，福耀、宁德时代、恒申集团等代表性民企更是在市场份额占有上表现强劲。

企业是政策的跟随者，律师是政策下的长期规划者，董志武表示：“政策先行，引领经济，律师一方面要关注政策导向，研究政策背后的业务机会；另一方面，要提升自身服务产业链的能力，匹配客户更复杂多样的需求。”

二、区域性特征升级：福厦旗鼓相当，泉州紧随其后

近几年，在福建整体飞速发展的过程中，有 6 座城市展现出亮点，并被列入 2022 年全国 GDP 百强城市，其中福州、泉州两地双双迈入 GDP 万亿城市行列，分别排在第 18、19 位，2022 年厦门 GDP 达到 7802. 7 亿元，增长 4. 4%，接连超过长春、昆明和沈阳三个省会城市，排名升至第 31 位。有预测表示，未来厦门有望进入 30 强城市行列。

从整个福建省来看，“马太效应”得以凸显。资源、人口主要集中于福州、厦门、泉州三地，随后又因这种集聚带来优势效应。福建约 84% 的高新技术企业、72% 的科技“小巨人”企业和 73% 的新型研发机构落户在福厦泉国家自主创新示范区。人口分布方面，泉州人口数量居福建首位，总计 880 万，福州 830 万、厦门 520 万……西部山区三市人口密度较小，南平、三明、龙岩三地人口总数小于 800 万。随着建设“21 世纪海上丝绸之路”核心区，福建自由贸易试验区、福厦泉国家自主创新示范区、福州新区等政策的相继落地，也吸引了更多的人才在福州、厦门、泉州三地踏足。

从区域分布来看，福建的法律服务市场也呈现出明显的“区域性特征”，福州、厦门旗鼓相当，泉州紧随其后，三地的律师人数逐年上涨，截至 2023 年 5 月，福州共有律师 6427 人，厦门共有律师 5483 人，泉州共有律师 2982 人，而其余各地律师总数仅占约 30%（见图 2）。

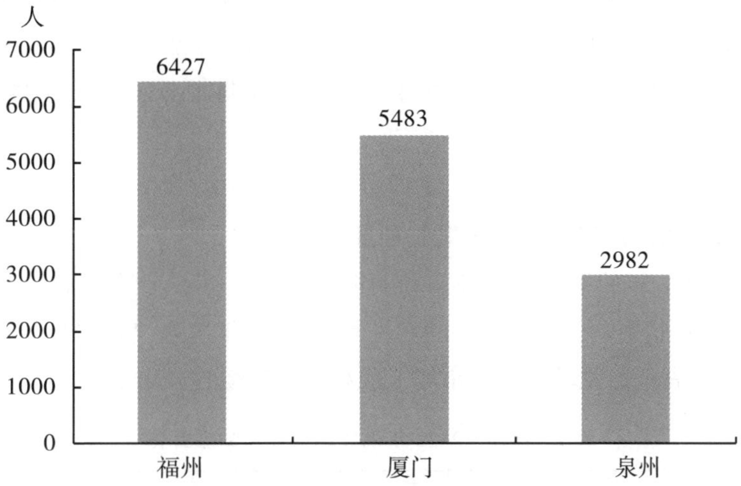

图 2　福州、厦门、泉州律师人数

由于经济条件和需求差异导致了区域发展的不平衡，在地区律所发展模式中，“强省会模式”是中国绝大多数省份的法律服务市场格局的典型模式。福州作为省会城市，政府主导投资，优势集中，方向明确。自 2020 年福州、泉州双双越过万亿元 GDP 的门槛后，福州、泉州两市再次跻身“万亿元 GDP 城市俱乐部”。同时，福州再度略超泉州，经济总量连续两年居福建省首位。东海霞表示：“福州属沿海城市，对外开放程度较高，且作为省会城市，其政治资源、司法资源更为丰富，争议解决业务优势显著。”但仍有律师表示当前福州地区的律师业务的辐射范围受限，大部分律师主要为本地客户提供服务，但同时不能否认的是，福州律师“走出去”的步伐在加快。

2022 年厦门法律服务创收占据了福建整体的 37%，总体来看厦门的民营企业实力较强，最新的民营企业 100 强中，厦门以 33 家企业的数量位居前列，而泉州只有 17 家。这部分原因可能是厦门在 2012 年就开始实施总部经济政策，致力打造“民营企业总部聚集地”，因此民营企业的规模和质量更为突出。东海霞表示：“厦门的企业总部，很多来自周边泉州、漳州等地，敢闯敢拼的精神刻在了闽南地区企业家的骨子里，跟随步伐的福建律师群体凭借着开拓精神，加大‘走出去’进程，为行业带来了活力。”

以“经济特区”“民营企业总部聚集地”闻名的厦门，名头正盛，康达律师事务所在落子厦门时，便考虑到厦门聚焦总部、产业集聚的优势。同时，董志武提到，厦门、泉州两地间存在竞争与合作的关系，“近几年，民营经济极度活跃的泉州引起北上大所的注意，纷纷加紧在泉州落子的步伐，泉州本地法律服务市场发展迅猛，给厦门法律服务市场带来压力的同时也带来转型的契机。此外当前行业内部的竞争，也一定程度上加剧行业‘内卷’”。截至2023年10月底，在泉州的19家外地律所分所中，已有包括中银、上海柏年、盈科、恒都、京师、浩信、炜衡、雷石、天驰君泰在内的9家北上律所的分所布局，此外广东规模大所华商律师事务所也于2022年9月在泉州开设了分所。

三、业务迭代更新：数字经济带来增量和蓝海

从2020～2022年的福建律师业务统计情况来看，虽然业务总体体量稳步增长，但可以看到，受疫情影响，非诉业务的案件量在2021年遭遇“负增长”（见表1、图3）。据受访律师表示，尤其是资本市场、股权业务等受挫较大。

表1　2020～2022年福建律师业务数据变化

年份	民事诉讼/件	较上年增长/%	行政诉讼/件	较上年增长/%	非诉讼法律事务/件	较上年增长/%
2020	214, 651	11. 98	9866	－10. 88	44, 482	35. 50
2021	261, 174	21. 67	13, 830	40. 18	44, 456	－0. 06
2022	283, 714	8. 63	13, 575	－1. 84	46, 628	4. 89

数据来源：福建律师年鉴。

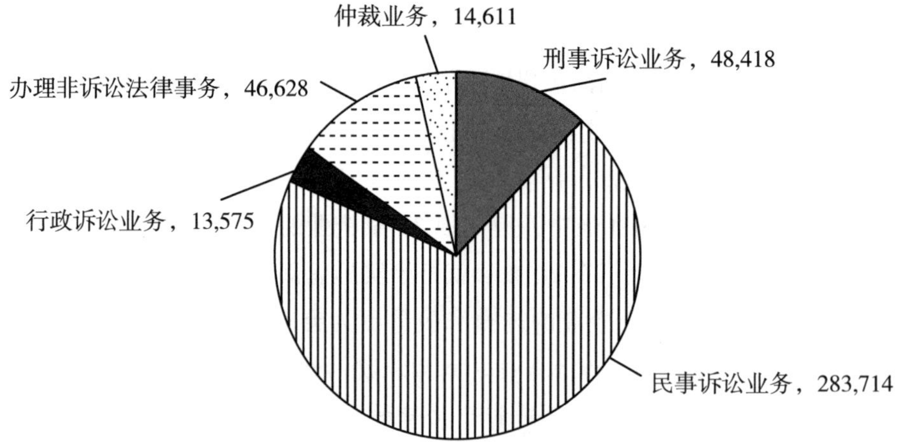

图3　2022年福建律师业务数据情况

从业务量来看，福建律师业务仍以本地化特征明显的传统争议解决业务为主。但向海而生的福建人，向来善于寻觅商机，在福建新政策相继落地、产业结构转型优化的背景下，新的业务机遇也陆续萌芽，并茁壮起来。

（一）涉外业务

疫情影响下跨境电商飞速发展，成为稳外贸的重要力量。从跨境电商来看，国内电商市场基本已经被瓜分完毕，想要寻求增量市场必须走出国门。中小企业借势“一带一路”倡议实现了“弯道超车”，规模企业借此获得了走向全球的势能，越来越多福建企业走向海外，布局建设“海外仓”。一批批闽商、闽货驭江驾海，远赴重洋的同时，也借力海外产能完善了福建本土供应链。据统计，2013～2023年，福建累计对95个共建“一带一路”国家投资项目近1400个，一大批福建企业在国际市场站稳脚跟，实现了产业链全球布局。

频繁的国际贸易交往背后，潜在的风险和矛盾冲突渐生。“福建部分律所开始着眼于涉外业务，但这种业务转变的速度并不如预期的快。”在林富志看来，就涉外纠纷和争议解决业务来看，北京、上海的律所以其在国际上积累的较高知名度而更受出海企业、客户的信任，与之相比，福建律所的涉外业务还处于起步阶段，布局也才刚刚开始。“在法律服务和业务发展方面，我们仍然面临一些挑战，需要更多时间完善，但不能忽视这一趋势。”

其实早在2018年4月，司法部就正式开展建立涉外律师人才库工作，提升涉外律师的专业素养和国际化能力，来自30个省市988名律师中，福建有43名律师入选在册。“‘一带一路’倡议对涉外律师来说是机遇，通过全国或地区性的培训，能够有针对性地提升律师专业能力。”随着“一带一路”共建的升级，更多福建律师“走出去”，加强与外界的交流和学习，对于涉外业务的前景，陈昱抱持乐观的态度。

作为东南亚华侨最多的省份，福建涉外法律服务的特点还体现在其与东南亚国家之间频繁的商贸往来和投资活动。其中，厦门作为华侨聚集地，拥有大量的华侨资源，董志武表示：“这些华侨在国内外投资、经商，往来频繁，对于法律服务的需求较大。律所可以充分发挥自身优势，为这些华侨提供涵盖房地产、投资、家事等多个领域的专业法律服务，帮助他们解决法律问题，维护合法权益。”总的来说，厦门律所在团队建设、专业建设以及法律科技方面迎来发展机遇，同时，充分发挥华侨资源的优势，为华侨提供高质量的法律服务，将是厦门律所未来发展的重要方向。

（二）知识产权保护

近年来，知识产权创造质量稳步增长，福建知识产权执法部门强化协同保护，建立诉调对接、行刑衔接等部门协作机制，严厉打击侵权、假冒等知识产权违法犯罪行为，案件受理量和结案量均有较大幅度增长。福建法院共办结各类知识产权案件2.32万件，福建检察机关共办理知识产权刑事案件673件，福建公安机关立案查处各类侵犯知识产权犯罪案件735件，涉案金额39.11亿元。[1]

2023年，福建省数据知识产权地方试点工作推进会在福州举行，会议确定漳州为福建省数据知识产权试点数据中心。福建省知识产权保护中心发布《数据知识产权登记服务规程》并与福建大数据交易有限公司签订战略合作框架协议，共同促进数据知识产权高效流通。福建作为经国家知识产权局批准的全国首批8个数据知识产权地方试点之一，为推动实现企业数据资产融资、激发企业数据价值等方面提供支撑。数据显示，截至2023年8月30日，福建已受理各类数据知识产权登记申请901件，审查通过并核准登记533件，正在审查公示的359件。[2]种种数据的背后，是不能忽视的市场发展窗口和蓝海。

（三）数字经济、互联网产业

福建全力打造"数字应用第一省"，近年来相继出台《福建省"十四五"数字福建专项规划》《福建省做大做强做优数字经济行动计划（2022—2025年）》《福建省数字政府改革和建设总体方案》。2023年福建又制定出台《2023年数字福建工作要点》，把数字福建建设作为基础性先导性工程，加快经济社会数字化转型，做大做强做优数字经济。在此背景下，数据应用、互联网行业相关的法律服务需求或成为福建律师的一片新蓝海。《福建省律师协会促进福建省律师行业发展规划纲要（2019—2023）》中就特别强调培养涉外、知识产权、生态环境、互联网、金融证券新兴业务领域的高层次人才。此外，福建数字经济、海洋经济、绿色经济、文旅经济四大经济不断壮大，是福建实现经济高质量发展的优势所在，也是加快建设现代化产业体系的重要动力。数字经济成为领跑福建经济发展的重要引擎，持续为福建经济高质量发展赋能。

统计显示，2022年福建数字经济增加值已达2.6万亿元，发展指数、新基建竞争力指数等多项指标位居全国前列。[3]"为此，康达成立了数字法律服务团队，推动法律科技和人工智能技术在业务中的应用，希望通过建设标准化平台，提供标准化法律服务，在高效处理中小客户需求、标准化文本和法律咨询等方面建立优势。"董志

〔1〕参见陈腾、林诚烨：《福建发布！继续保持全国前列》，载微信公众号"观八闽"2023年4月24日，https://mp.weixin.qq.com/s/NKZolbB3ZLKJmbEp7v45BQ。

〔2〕参见严超、夏金莲：《福建提速数据知识产权地方试点工作》，载微信公众号"中国知识产权报"2023年9月11日，https://mp.weixin.qq.com/s/qYgL-4SyUg37wWg1Jc5Ttw。

〔3〕参见晋江市融媒体中心：《53109.85亿元！福建重磅发布》，载微信公众号"晋江经济报"2023年1月29日，https://mp.weixin.qq.com/s/9972ombWMs6TP6IXsmea0Q。

武表示，在数字经济浪潮下，律师们利用科技提高服务效率的同时，也有望借助互联网业务拓展新的市场。

盈科律师事务所也早在2019年之前，就启动了数字化、科技创新等领域的建设。“‘盈科AI无人律所’智能空间站以‘物联网+新媒体+视频+AI’的方式，实现‘法律需求’与‘优质律师服务资源’之间的跨时空双向对接，深度融合法律与科技。”东海霞介绍道，这些举措未来可能在律师覆盖率比较低的地区发挥重要作用，特别是在法律服务普及方面，将产生重要影响。

（四）股权投资

近年来，股票发行注册制全面实行及国家一系列经济发展政策助推资本市场蓬勃发展。福建也在大力实施“资本市场提升工程”，优化金融发展环境，持续提升企业服务质效，福建上市公司数量持续增长。福建国有企业通过股权投资优化国有资本结构，提高国有资本配置效率，成了当前工作的重点和热点。股权投资业务在福建地区蓬勃发展，具有巨大的潜力和市场机会。

厦门等城市吸引了大量私募股权基金等项目落地，私募配置的快速增长推动了股权投资项目的迅速拓展，这也为律所提供了丰富的资源和法律服务需求，其业务涵盖私募股权、企业直投等领域。林富志认为：“随着这一业务的增长，律师能够有更多机会参与其中，包括尽调、交易结构设计、合同草案等诸多环节，从而开拓了新的业务机会，同时也要求福建律所要加强业务布局，积极拓展这一充满潜力的市场，助力股权投资行业的发展。”

四、“存量业务+低价竞争”：如何平衡短期发展和长期发展的矛盾

目前，福建法律服务市场存在的问题有哪些？如何破局？

（一）法律服务辐射范围有限

从地理位置和经济发展水平看，福建位于中国东南沿海，与内陆省份相比，交通、物流等基础设施可能相对落后。从人口分布和城市规模看，福建省内的城市规模相对较小，相应的法律服务需求也相对有限。从经济结构和产业特点看，福建经济以制造业、出口为主，与金融、科技等高附加值产业相比，这些产业对法律服务的需求相对较低。

（二）中小所发展体系化缺失

中国律师行业发展中，中小所占据律所数量的绝大多数，这个现象在福建更为显著。中小所与行业头部律所的外部差距体现在人员规模和业务创收上，内在差距则体现在律所内部的管理水平上，律师是一群“自带生产工具”“不愿管又不愿被管的”

人，合伙人共识缺乏、发展方向不清晰、专业能力建设缓慢、人才培养困难、公共积累及资源有限等问题制约着福建中小律所的发展。

（三）存量业务难以为继

从福建法律市场的发展表现来看，律师行业滞后于经济增长，特别是在疫情影响下，市场和经济的不确定性迅速上升，企业趋向于精细化管理，缩紧了新的商业活动和投资，也因此降低了对各类法律服务的需求。随着时间的推移，律师行业可能会面临存量业务的持续减少，对整个福建的法律服务市场来说都是一种挑战。

（四）专业化行业化发展不充分

福建的经济结构和产业特点导致福建法律服务需求有限，与北京、上海等地相比，没有足够的商业机会来支持特定领域的深度专业化及行业化。福建律师长期专注于传统业务，缺乏实践高端业务的机会。而由于地理条件的限制，福建律所普遍规模较小，无法集中足够资源和人才，从而难以实现充分的专业化和行业化。

聚焦律所管理和律师自身发展，平衡短期效益和长期发展的矛盾，4 位受访律师结合所在律所的实践给行业提供经验——

“小规模律所在运维成本方面具有一定优势，但由于缺乏底层建设和系统的管理架构，长期规划和投入相对有限等，导致动力不足，或许会制约行业的长期发展。”东海霞介绍了盈科独到的管理模式，盈科福建区与总部联动，形成了一体化的规划和执行模式。盈科福建区的各分所设有管委会和监事会，以及各专业委员会，这种层次分明的组织架构可以有效提升管理效率，更好地为客户提供专业、高精度的服务。在人才培养方面，盈科建立了多层次、立体化的培养体系。从实习律师到高级合伙人，有针对地开展不同层次的培训和发展计划。在未来规划方面，盈科将进一步深度整合，加强区域建设渠道，引入专业力量，整合专业资源，同时，加强中台建设，紧跟市场趋势，深度开发市场。

在整个律所发展体系中，锦天城坚持团队化和公司化的原则。林富志总结了锦天城厦门发展的关键举措——律师隶属于某个团队，形成团队化作战。这一理念经历了一段适应期，这种管理方式也需要律师团队之间自我磨合。此外，锦天城还采取了团队公司化的管理模式，在该模式下，律所总部与各分所之间紧密联系，总所高级合伙人在各分所中担任主任，负责团队管理等，实现了从总部到分所的“金字塔管理体系”。这种模式能够减轻管理者的压力，将管理权限下放到团队层面，提高了管理效率。在人才培养方面，锦天城通过整合优势，快速培养年轻律师。团队公司化的模式使每个团队能够快速响应市场需求，及时服务，并能够重点培养具有专业特长的律师，使律师在各业务领域都能够更加专业，提升整体核心竞争力。

康达厦门在短短2年多的时间里，发展迅速，律师人数已超百人。董志武提到选择在厦门设立分所的原因，规模化的方式有助于增强律所的风险应对能力，提高面对挑战的抵抗力。作为一家成立2年的年轻律所，“80后”和“90后”的年轻律师是康达厦门的主力军，占比超90%。因此律所尤其注重内化提升，致力于提高律师的专业素养和整体能力。“青年律师是行业的未来，也是律所发展的关键，我们也着手制定专门的培训计划，希望培养出适应市场需求的年轻律师。”在团队和专业化建设方面，康达厦门致力于吸纳优秀合伙人，打造专业化团队，为律所的快速发展提供支持。在市场趋势方面，康达厦门也将法律科技运用在律师业务工作中，提升律师的工作效率。

陈昱认为，律所的成功源于多方面因素，首先，“信实强调早期专业分工，构建了16个专业领域，包括破产、并购、知识产权、不良资产等，在福建省内具备领先优势。这种专业分工不仅提高了客户服务水平，也促进了内部交流，降低了人才流失的风险”。其次，信实注重青年律师培养，建立了“红包餐”和“黄包餐”的培训制度，为青年律师提供近距离指导和自主学习的机会，举办青年律师培训营、辩论赛等活动，鼓励青年律师历练成长。此外，信实管理机制灵活，合伙人会议决策透明，管理委员会负责日常事务，分工明确，高效协作。面对竞争的法律市场，陈昱建议律所要重点培养青年律师，建立灵活高效的管理体系，同时，根据市场需求，保持战略定力，实现短期和长期发展的平衡。

五、优惠政策持续落地：福建法律服务行业的机遇在哪里

随着自由贸易试验区、两岸融合发展示范区、海丝中央法务区等制度政策型开放载体的不断完善，福建法律服务行业正迎来前所未有的发展机遇：

福建律师能够在跨境贸易领域发挥关键作用，为企业提供涉外法律咨询、国际贸易解决等专业服务，帮助企业更好地应对国际市场的挑战。其次，福建地处“21世纪海上丝绸之路”的核心区域，具有得天独厚的地理优势。律师可以为“一带一路”共建国家的企业提供风险投资法律咨询、合同起草、评估等服务，帮助企业顺利走出去，推动区域间的经济合作。另外，随着两岸融合发展示范区的建设，福建律师可以在涉台业务中，为两岸企业的合作提供可靠保障。

在福建法律服务市场的发展历程中，我们不难发现，福建律师行业凭借其独特的结构、经济基础和文化传统，逐步形成彰显特色的发展模式。在面对市场的快速变革和挑战时，本地律师必须深刻认识到，传统的发展模式已经无法适应新时代的需求。因此，需要在总结过去的基础上，积极探寻创新发展的路径。

福建律师行业的机遇来自深度的信息技术融合，随着数字化和信息化的迅速发展，法律服务也逐步向在线化、标准化的方向迈进。对于新时代背景下的律所发展，陈昱认为，律所应该“积极借助人工智能、大数据分析等先进技术手段，提高服务效率，提供更精准的法律服务”。同时，林富志也表示，要建立高效在线的法律服务平台，拓宽法律服务的渠道，“满足不同层次、不同领域客户的需求”。

法律服务国际化发展是福建律师行业的重要方向。随着“一带一路”倡议的推进，福建在海上丝绸之路的重要地位迫切凸显。董志武提出：“律所律师要拓展跨国法律服务领域，提供边境投资、国际商事争议解决等方面的专业法律服务，为本土企业‘走出去’提供有力支持。”

同时，持续深化青年律师人才培养是福建律师行业可持续发展的关键。法律是一个知识密集、技能导向的行业，律师需要持续提升理论知识和实践经验。东海霞表示：“律所要加大培训力度，培养更多具备处理复杂法律问题能力的律师，持续推动理论与实际业务的深度融合，培养更多具备实践经验的专业化律师，为行业的长期发展提供后备动力。”

六、结语

未来充满了机遇和挑战。对于福建律师行业而言，要具备获得机遇的洞察力和拓展业务的视野，持续提高服务质量和专业化水平，这样才能在持续内卷的竞争中赢得优势。

福建人，相信“七分靠打拼”，而剩下三分，靠的是他们勇于坚持、勇于冒险、勇于在危机中寻找机遇的不服输精神。对于福建律师而言亦是如此，逆袭并不难，因为“爱拼才会赢”也深深刻在了福建律师的骨子里。

法律科技篇

上海，下一个法律科技之都？*

孙麟飞 | 智合研究院

法律科技，泛指可以提升法律服务效率和体验的科技、平台与服务。伴随新一轮科技革命和产业变革的加速演进，大数据、云计算、人工智能、区块链等新技术不断拓展着法律科技的应用边界，丰富着法律科技产品的细节。[1]

一座城市要在法律科技产业层面取得领先发展，形成同城集聚往往是不可或缺的条件之一。2019 年 11 月，英国法律协会（the Law Society of England and Wales）在一份名为《法律科技：英国和其他司法管辖区法律科技的比较分析》（*Lawtech：a Comparative Analysis of Legal Technology in the UK and in Other Jurisdictions*）的报告中，将亚特兰大、贝尔法斯特、中国香港地区、吉隆坡、伦敦、马德里、特拉维夫、多伦多、旧金山和新加坡列为法律科技之都——全球十大法律科技新兴城市（The top 10 Emerging Cities for Legal Tech），评选标准则是基于私人投资、媒体发布和营商便利度、WJP 法治指数等一系列商业指数。[2]

如果将视角转向国内，根据上述标准进行评价，是否也有在法律科技层面具备潜力的类似城市呢？答案显然是有的。本文将以上海为例，通过对上海在经济实力、科创能力和产业基础等维度的评估，探讨上海是否具备成为下一个法律科技之都的潜质。

一、综合实力：经济基础与数字城市建设

城市的综合经济竞争力是衡量其发展实力的基石，也是决定当前和未来发展绩效

---

* 本文首发于“智合”微信公众号 2023 年 6 月 24 日，文中收录数据的日期截至 2023 年 6 月 20 日。

〔1〕 参见赵蕾、曹建峰：《法律科技：法律与科技的深度融合与相互成就》，载微信公众号“腾讯研究院”2020 年 3 月 9 日，https://www.geekmeta.com/article/1273311.html。

〔2〕 See Victoria Hudgins, *The Top 10 Emerging Legaltech Hot Spots：The Surprises and Debatable Omissions*, LAW.COM（Dec. 10, 2019）, https://www.law.com/international-edition/2019/12/10/top-10-emerging-legal-tech-hot-spots-the-surprises-and-debatable-omissions/.

的重要因素。为了具体展示上海这一领域的表现，下文将引用多个专业机构发布的数据和排名，如表1所示。

表1　城市综合经济实力相关指标及上海表现

指标名称	数据/指数（评估维度）	排名	发布机构（报告/榜单名称）	发布年份
2022数字城市百强榜	从信息基础、城市治理、民生服务、产业经济、技术创新、低碳发展6个维度进行量化评估	2	赛迪顾问（工信部中国电子信息产业发展研究院直属机构）《2022中国数字城市竞争力研究报告》	2022
数字经济规模与质量排名	0.9830	1	北京大数据研究院《2021中国数字经济产业发展指数》	2021
数字经济政治与环境排名	0.8070	4	北京大数据研究院《2021中国数字经济产业发展指数》	2021
中国城市综合经济竞争力	1.0000	1	中国社会科学院财经战略研究院《中国城市竞争力报告No. 19》	2020

注：整理、制表：智合研究院。

根据中国社会科学院财经战略研究院的评价研究结果，**2021年上海在中国291个城市中排名第1**。[1]与此同时，加快建设数字中国、加快数字化发展也上升为国家战略。**2021年，有16个省市区数字经济规模突破1万亿元，其中就包括上海**；2022年，工信部中国电子信息产业发展研究院直属机构赛迪顾问发布《2022中国数字城市竞争力研究报告》，**上海位居2022年数字城市百强榜的第2名**。

数字经济发展带来了如数据权属、数据安全、隐私保护等新问题，催生了相关法律科技服务的发展，极大地拓宽了法律科技的需求空间。2022年12月，上海市长宁区委依法治区办印发《关于加强数字转型法治保障的实施意见（2022—2023年）》，提出了三大领域11项举措，并在2023年集中推出数字转型法治保障10大项目。

数字经济已成为拉动上海经济发展的主导力量，数字经济GDP占比超过50%，为上海打造法律科技之都提供了有力支撑。

---

〔1〕参见《重磅丨第19次中国城市竞争力报告〈超大、特大城市：健康基准与理想标杆〉发布》，载中国社会科学网2021年11月4日，http://naes.cssn.cn/cj_zwz/cg/yjbg/csjzlbg/202111/t20211104_5371703.shtml。

二、科创生态："自然指数"全球第3，人才净流入全国第1

科技创新能力是一座法律科技之都应当具备的重要条件，基础研究是科技创新的源头。上海对基础研究的投入非常重视，支持"从0到1"的探索。2021年，上海基础研究投入达177.73亿元，占全社会研发投入（R&D经费）比重近10%，较5年前翻了近一番。表2中的数据揭示了上海在科技创新方面的强大实力。

表2　城市科技创新实力相关指标及上海表现

指标名称	评估维度说明（数据/指数）	排名	发布机构（报告/榜单名称）	发布年份
中国城市科技创新发展指数	创新资源、创新环境、创新服务、创新绩效4个维度，3级指标36项系数（0.5733）	全国第2	首都科技发展战略研究院《中国城市科技创新发展报告（2022）》	2023
科研城市及都市圈100强	2021年自然指数文章贡献份额计算	全球第3	自然指数（Nature Index）	2022
创新高地评分前20城市	66.8700	全球第13	施普林格·自然集团、清华大学产业发展与环境治理研究中心《国际科技创新中心指数2022》	2022
创新生态评分前20城市	79.0900	全球第12	施普林格·自然集团、清华大学产业发展与环境治理研究中心《国际科技创新中心指数2022》	2022
产业创新能力指数排名	R&D经费占GDP比重、软件著作权数量、专利数量、商标数量、学术会议数量（0.934）	全国第2	北京大数据研究院《中国数字经济产业发展指数报告（2021）》	2021

注：整理、制表：智合研究院。

根据首都科技发展战略研究院的"中国城市科技创新发展指数"指标体系以中国288个地级及以上城市为样本，从创新资源、创新环境、创新服务、创新绩效4个维度、36项系数进行评估，2022年上海以0.5733的指数位列第2，远高于19个城市

5 个角度，对 36 座城市进行人工智能发展指数研究，结论是：**上海城市人工智能发展总指数（87.01）位居第 2，仅次于北京（92.93）**。

未来法律与人工智能的研究也必将成为主流领域，且对多学科交叉互动的要求越来越高。上海作为科技部支持建设的国家新一代人工智能创新发展试验区之一，已连续 5 年举办世界人工智能大会，2021 年上海人工智能产业规模达到 3057 亿元，[1]集聚全国约 1/3 的相关人才[2]。上海还拥有一流的法学院校和科技研究机构，在基础研究和核心技术突破方面具有较大的优势。

（三）位居前列的法律科技企业数量

上海作为我国法律服务业最发达的地区之一，凭借其在科技创新、人工智能方面的优势，吸引了越来越多的创业者，并涌现出一批掌握核心技术的创新企业。其中百事通、律桐科技、彩虹律师、律加网、秘塔科技、法立方、秀合同、甄零科技等一批位于上海的法律科技企业已获得融资支持。

全国企业信用查询平台企查查的数据显示，截至 2023 年 6 月，上海市法律科技相关企业已超过 1 万家，为推动法律科技产业的发展奠定了基础。上海部分法律科技企业概况如表 3 所示。

表 3　上海部分法律科技企业基本情况

企业简称	成立时间	法律科技产品/服务	融资轮次
百事通	2006 年 8 月 25 日	多角色协同 SaaS 法律服务平台	C 轮
律桐科技	2010 年 1 月 12 日	“平方取证”和“老板取证”，使用区块链作为底层技术，实现由“律师主导 + 他人协助取证”的模式	战略融资
彩虹律师（九加科技）	2013 年 9 月 11 日	企业级 B2B 在线法务服务平台，定位为中小企业在线法务部，为中小企业提供法律咨询、合同审写、合同管理、法律风控、诉讼仲裁、知识产权等外包服务	天使轮
智合	2014 年 4 月 17 日	在线培训、AI 律师助理	Pre – A 轮

〔1〕参见严曦梦、宋薇萍：《上海 2021 年人工智能产业规模达 3057 亿元》，载上海证券报网站 2022 年 11 月 23 日，http://news.10jqka.com.cn/20221123/c643124215.shtml。

〔2〕参见上海市人民政府：《上海市建设具有全球影响力的科技创新中心“十四五”规划》。

续表

企业简称	成立时间	法律科技产品/服务	融资轮次
律加网	2015年6月18日	“一站式”知识产权保护平台，为客户提供从调查取证到诉讼维权的“一站式”知识产权保护服务	种子轮
赢火虫	2015年12月17日	替代性法律服务组织（ALSP），智慧法律服务平台，为用户提供大数据查询、法律咨询、律师匹配、法律风险防范等服务	—
秘塔科技	2018年4月8日	法律人工智能领域，产品覆盖文书翻译、文档纠错、文书改写、文档自动生成和辅助审查等多个场景	Pre-A轮
法立方	2018年8月3日	是由邦信阳律师事务所孵化的在线法律服务电商平台，为客户提供法律咨询、文本编制、文本审核、电子签署、电子档案管理等服务	天使轮
秀合同（纪擎信息）	2020年4月8日	合同全生命周期管理（CLM），评审、风控、履约、数据资产化等核心应用场景，形成“合同风控中心、合同协作中心、合同数据中心”三大合同中心	A轮
无商法务	2020年12月23日	以企业法律“风险防控”+“问题解决”双重保障为服务特色的企业法律服务平台	—
甄零科技	2021年2月2日	国内合同管理领域的供应商，“业财法”一体的合同管理体系	A+轮

注：整理、制表：智合研究院。

四、结语

法律拥抱科技，科技重塑法律，已然成为这个时代重大的命题之一。

首先，法律科技可以提高律师行业的工作效率和生产力。通过自动化和智能化的技术工具，律师可以更高效地完成处理案件、管理文书、搜索法律信息等日常工作，节省时间和精力。

其次，法律科技可以为律师提供更全面和准确的法律信息和数据支持。通过大数据分析、自然语言处理和机器学习等技术，律师可以快速获取和分析大量的法律文书、判例和相关信息，为案件分析和决策提供科学依据。这不仅有助于提高律师的专业水平和判断力，还可以为客户提供更精准的法律咨询和服务。

此外，法律科技还促进了律所的商业模式创新和拓展。通过数字化平台和在线法律服务的发展，律师可以实现更广泛的客户接触和服务范围，突破地域限制，提供全球化的法律服务。在线法律咨询、虚拟法律助手、智能法律服务平台等创新模式的兴起，也为律师和律所开辟了新的商机和收入来源。

当前，法律科技底层技术发展已逐渐成熟，各个场景商业模式已初步打通。未来上海也将在政策驱动、资本加持和技术引领下，吸引更多的法律科技企业、创新者和投资者，形成良性竞争和合作的生态系统，进一步推动整个行业的发展。

OpenAI 开年“王炸”，宣告了传统律所的必然消亡*

吴梦奇 | 智合研究院

作为创意设计工具“全家桶”的长期提供者，Adobe 可能也没想到，2024 年春节还没过完，自己就创下了 2024 年第一个新纪录——股价一天暴跌 7%。算上图片工具商 Shutterstock 和谷歌母公司 Alphabet，这 3 家公司在同一天遭遇了类似的惨剧，市值蒸发合计近 480 亿美元，也就是 3500 亿元人民币。

酿造这一惨剧的罪魁祸首是 OpenAI，更准确地说是 OpenAI 发布的首个视频生成模型“Sora”，用户向 Sora 提供文本指令，Sora 则负责智能输出 60 秒以内的短视频。2022 年年底，也是 OpenAI 发布的 ChatGPT 掀起了大范围的“腥风血雨”。而今，这家 AI 界的新宠似乎又打算以“文生视频”领域的新产品 Sora，来改造或颠覆 AI 视频生成领域。

ChatGPT 系列产品对法律服务行业的冲击有目共睹，可以说它一手促成了如今人工智能大模型在法律行业全面开花的局面。尽管 Sora 看似剑指视频图片领域，但有了 ChatGPT 的前车之鉴，律师仍有充分的理由保持对 Sora 的警惕和乐观。

Sora，这个可能颠覆 AI 视频领域的新玩家，对律师的影响能有多大？

初步看来，可能至少会有以下三大直接或间接的影响：

1. “文生视频”短期内的草莽式应用，可能为知识产权律师带来新机会，长远来看则可能更进一步推动知识产权领域法律服务的供给方式发生变革。

2. Sora 在生产原理上的颠覆性反而给了法律行业一针强心剂，要求律所、律师加强与其他行业之间的联系。

3. Sora 的诞生进一步佐证了“创意 > 内容”的观点，这极有可能对未来律师（至少是精英律师）提供服务的方式产生推力，并越来越强调法律服务与人工智能的结合。传统律所，必然消亡。

---

* 本文首发于“智合”微信公众号 2024 年 2 月 20 日，文中收录数据的日期截至 2024 年 2 月 20 日。

一、知识产权律师：最快被冲击，最先吃红利

生成式人工智能火爆全网之后，人们对于版权和隐私的不安全感也被加速放大了。

你可能在登录一些网站或 App 账号时有过类似体验，被要求在一组带文字的图片中按顺序选出正确文字，或直接在一堆 AI 生成的图片里选出“最符合文字描述”的图片。你帮助 AI 训练，AI“学”成后再来帮你生产内容。

但更多人工智能产品的学习并不采取这些低效行为，如现今市场上的各类大语言模型，几乎都是通过海量抓取互联网上的已有素材、信息，反复“咀嚼”“消化”而逐步形成、验证、优化自身的模型输出能力——当然，大语言模型公司一般会高情商地称为“深度学习”。以谷歌的 Gemini 和 GpenAI 的 DALL – E 为例，前者用了数个月时间几乎“阅读”了互联网上的所有内容，后者的研发公司则为其提供了约 6 亿张来自互联网的标签图片。

显然，这很容易涉及知识产权问题，类似的争议事实已经出现：例如 2023 年 8 月北京互联网法院公开审理的“AI 文生图著作权第一案”，再如以三位国外艺术家为代表发起的针对 Stability AI、DeviantArt、Midjourney 3 家公司未经允许使用上百位画家的作品作为训练数据的著作权侵权及不正当竞争诉讼。可以说，**在“文生图”的法律争议探讨仍在进行时，Sora 可能又会将关于“文生视频”的法律争议引入市场。知识产权律师的学习成本，又要继续变高了**。

当然，知识产权领域与生成式人工智能的强关联，也使知识产权律师具备更早发现业务机会的条件——前提是知识产权律师足够积极、足够敏锐。

由于 Open AI 的 Sora 现阶段更多聚焦在提供 60 秒内的短视频上，因而短期内其应用可能更多集中在抖音、TikTok 等短视频平台上，或是为长视频提供短生成素材。这一阶段的 **AI 视频的草莽式扩散和应用，可能会带来一些与“文生图”初期类似的争议，“文生视频”和“文生图”交叉结合的复杂情况，以及可能带来的内容监管和数据隐私、数据合规问题，让第一批研究 AI 的知识产权律师持续吃到“时代红利”**。[据《青年参考》消息，国际货币基金组织（IMF）表示人工智能将影响全球近 40% 的工作岗位，劳动法律师可能会是第 2 批吃到 AI 红利的群体。]

而如果将目光进一步放远，参考当前互联网上“AI 图片正在污染图库”等观点，当 AI 视频越来越多地扩散到各个互联网平台，与之相关的争议数量和其复杂程度必然也会快速增长。这种情况下，知识产权律师如果还是以采取个案判断、经验判断的手法，必然难以适应市场需要。所以，**长期来看，知识产权律师可能会成为第一类需**

要深度学习 AI 技术，开发适应 AI 时代需要的真正意义上的“法律服务人工智能产品”的专业律师，甚至需要最先改组和变革团队、律所的服务方式，从而更高效地处理 AI 相关的知识产权争议。

当然，以上更多的是“文生视频”这一技术加速普及所必然带来的变化，和 Sora 产品本身的关联不大。只是 OpenAI “AIGC 领军人”的地位，恰好会为“文生视频”的“赛跑”打响“发令枪”。

二、Sora 的颠覆性，不直接影响律师

“Sora 意味着人工通用智能（AGI）的实现将从 10 年缩短到 1 年。” Sora 公布后，360 公司创始人、董事长周鸿祎如是评价。

根据《解放日报》的报道，在 OpenAI 发布 Sora 的 96 个小时内，国内已经有 AI 团队紧急上线“文字生成视频”类的大模型产品，但是其与国外主流 AI 视频模型能力相仿，均无法超越 Sora 的水平。[1]

这就引出了两个问题，即 **Sora 本身的颠覆性何在，以及这种颠覆性可能给法律行业带来什么冲击**。

单看时长，Sora 的优势已经足够明显：目前市面上主流的 AI 视频模型生成时长几乎都在 10 秒以内，而“明星模型” Runway 和 Pika 等也仅有 3 到 4 秒，而 Sora 发布的演示视频则是长达 60 秒的“一镜到底”。实际上，时长反而不是 Sora 真正的优势。在其他 AI 生成视频很难保证数秒视频的连贯性、拼凑感很强时，Sora 却几乎没有出现明显的失真——它不完美，仍有漏洞，但在工作机理上却具有足够的颠覆性。

业内曾有人在 Sora 发布后专门撰文对其可能对法律圈产生的影响做了比较详细的解读。简言之，人类一般遵循“观测现象—发现规律—预测结果”的科学方法论行事，而 Sora 则直接跳过第 2 步，由“观测现象”直接发展到“生产结果”。生产被自动化了，研发也不再是必需——这又是一次生产力领域的全新范式革命。

第二个问题的答案，则和法律服务的特性有关。律师提供的法律服务，尤其是高端、疑难、复杂的法律服务，遵循的恰好并不是科学方法论的原理。法律本身是不断变化、优化的，律师需要不断跟踪、判断——这依赖的是 AI 比较难以复制的“创意”。

因此，Sora 取得颠覆性的工作原理，对律师行业的影响有好坏两面。**好处是基本上可以确定 Sora 和 ChatGPT 等产品类似，对律师行业的直接影响不算太大，甚至**

〔1〕 参见查睿：《Sora 爆火 96 小时国内大模型进场》，载《解放日报》2024 年 2 月 20 日，第 5 版。

还可以稳定军心，“律师行业（至少短期内）不会消失”。坏处则是 Sora 会演变为律师、律所可依赖的工具，而这种不直接的、关联性更弱的影响力会使得律师使用起来“更吃力”。

为了不落后于这轮热潮，律师、律所可能需要设法和客户、其他行业建立更紧密的联系。

三、传统律所的消亡倒计时

“炼丹”，一个与 AI “文生图”一并产生的借词新概念。“炼丹师”不断用文字描述驱使 AI 生产出自己想要的图，让生产出来的“丹”更圆润、更饱满，“药效”更强。经过“炼丹师”们的勤恳工作，AI 图片已经渗透到了广告新闻、社交平台、游戏生产等众多领域。惯看 AI 图片的人们可以从画风、手指等细节处甄别其来源，但多数人在第一眼看到时只会感慨图片的精美。

而今，Sora 的诞生进一步证实，**在未来想法和创意将比内容重要得多**：即便一个人不擅长写文章，不会画画，不懂剪视频，但只要其创意过人，仍然能借助 AI 工具生产出平均水准线之上的内容。

法律服务的供给其实也面临类似的挑战——多数人看重的是结果，专业细节上很多人都看不懂。幸运的是，如前文所述，法律服务与目前受 AI 直接冲击的行业大不相同。在内容生产层面，即便是新鲜出炉的 Sora，其工作原理也不具备复制到法律服务行业的可能性。但换个角度看，**如果其他行业的工作模式都在 AI 冲击下产生了颠覆性的变化，那么律师、律所还能够用以往的工作模式服务企业和个人吗？**举个最简单的例子，互联网时代强化了对律师提供服务的及时性、便捷性的要求，因而线上服务、跨地域服务和智能系统的应用在过去十年里得到快速发展和普及。那么，在以 ChatGPT、Sora 为代表的 AI 产品成熟后，面对依赖此类工具极大地简化工作流程、提供即时服务的新型公司，律师、律所又该如何为其提供长期法律服务？继续用当前的“基本框架 + 即时响应 + 按年计费”的模式，还能保持住吸引力和竞争力吗？

目前，国内法律服务市场的头部律所都已经走在了探索专业服务升级的道路上，团队化融合作战和平台化管理运营升级即是最典型也最普遍的两个方向，而人工智能更多被视作一个辅助手段，其地位并不重要。这种从自身出发的思路并没有问题，单就 Sora 展现的技术本身，律师、律所第一时间能构想到的应用场景可能是以后经营短视频平台时可以更轻松了。

但从其他角度入手，例如 **2023 年一度引起热议的十余万家法律咨询公司**——这些更直接接触下沉市场客户的法律竞争同行，会不会利用 Sora 这类内容生产提效工具进一步提升自身营销效率，甚至综合各类人工智能工具，先一步实现智能化“一站式”的基础性法律服务，进而将律师“扫”出低端市场？再如，正在开发中的法律垂类大模型等各类 AI 法律工具——如果 AGI 时代真的在 Sora 的助推下加速到来，未来则很可能催生出一个基于律师的新职业，即拥有律师服务经验和优秀法律研发能力，为法律人工智能工具持续输入“创意”，让这些过去仅精英律师具备的优质服务能力借助人工智能量产，并在 Sora 等 AGI 工具的助力下更快触达。这极有可能使未来律师（至少是精英律师）提供服务的方式产生变革，并越来越强调法律服务与人工智能的结合。

四、余波

目前，Sora 仍处于安全测试阶段，尚未向公众开放——一些外媒预测 Sora 可能会在 2024 年 8 月开放。在此之前，关于 Sora 本身的情况仍有很多变数，但人工智能领域普遍认为这是一次“一石激起千层浪”的里程碑事件，人工通用智能（AGI）会加速到来。目前，Sora 的直接影响仍是 AI 生成视频领域，更多涉及的是 Runway、Stability、Pika Labs、字节跳动等 AI 生成视频领域的生产公司，但没有人会质疑“山雨”的到来。关于人工智能改造法律行业的讨论一直未曾平息，而今，风暴真到来了，谁会被风暴裹挟，谁又将成为风暴本身？

生成式 AI 浪潮之下，中小律所会出局吗[*]

张照栋 ｜ 智合研究院

2022 年年底，ChatGPT 横空出世，迅速风靡全球，发布 5 天用户破百万，上线 2 个月活跃用户破亿。[1] ChatGPT 的火爆，带动生成式 AI（Generative AI）成为 2023 年最强产业风口，掀起了全球各大科技企业抢滩布局的热潮，各种产品如雨后春笋般冒出：Character. AI、谷歌的 Bard、问答网站 Quora 旗下的 Poe、百度的“文心”系列、科大讯飞的“星火”、华为云的“盘古大模型”……

汹涌的生成式 AI 浪潮也席卷了法律行业，各种法律 AI 产品纷纷涌现：Co-Counsel、CallidusAI、Harvey AI、Lexis AI 等。鲜花着锦、烈火烹油的态势，让众多法律从业人士开始期待生成式 AI 给法律行业带来的光明未来；然而，也有不少人表示担忧：营收能力强的大律所能更加主动地参与这场变革，而无力负担 AI 成本的中小律所又该何去何从？中小律所会被这场来势汹汹的 AI 浪潮淘汰出局吗？

一、生成式 AI +法律 =？

对于生成式 AI，全球权威 IT 研究与顾问咨询公司 Gartner 将其定义为：通过各种机器学习方法从数据中学习工件的组件（要素），进而生成全新的、完全原创的、真实的工件（一个产品或物品或任务），这些工件与训练数据保持相似，而不是复制。通俗来讲，就是输入关键词、描述或样本后，生成式 AI 就能以模拟人类的方式，在短时间内生成创作与之相匹配的文章、图像、音频等。

---

* 本文首发于“智合”微信公众号 2024 年 2 月 13 日，文中收录数据的日期截至 2024 年 2 月 12 日。

[1] 参见陈萍、杜伟：《史上增速最快消费级应用，ChatGPT 月活用户突破 1 亿》，载澎湃新闻网站 2023 年 2 月 3 日，https://www.thepaper.cn/newsDetail_forward_21787375。

引发全球轰动的ChatGPT，就是生成式AI的代表性产品。尽管生成式AI的浪潮在2023年刚刚兴起，但它给各行各业带来的颠覆性变革已经初步显现，包括法律行业。

2023年3月，高盛（Goldman Sachs）在一份研究报告中指出，以ChatGPT为代表的生成式AI产品，将对美国和欧洲2/3的工作岗位造成影响（大约3亿个工作岗位）。其中，行政和法律是受影响最大的领域。高盛表示，46%的行政工作和44%的法律工作可以被人工智能替代；体力型职业，例如建筑、维修、清洁等工作则受影响较小。（见图1）

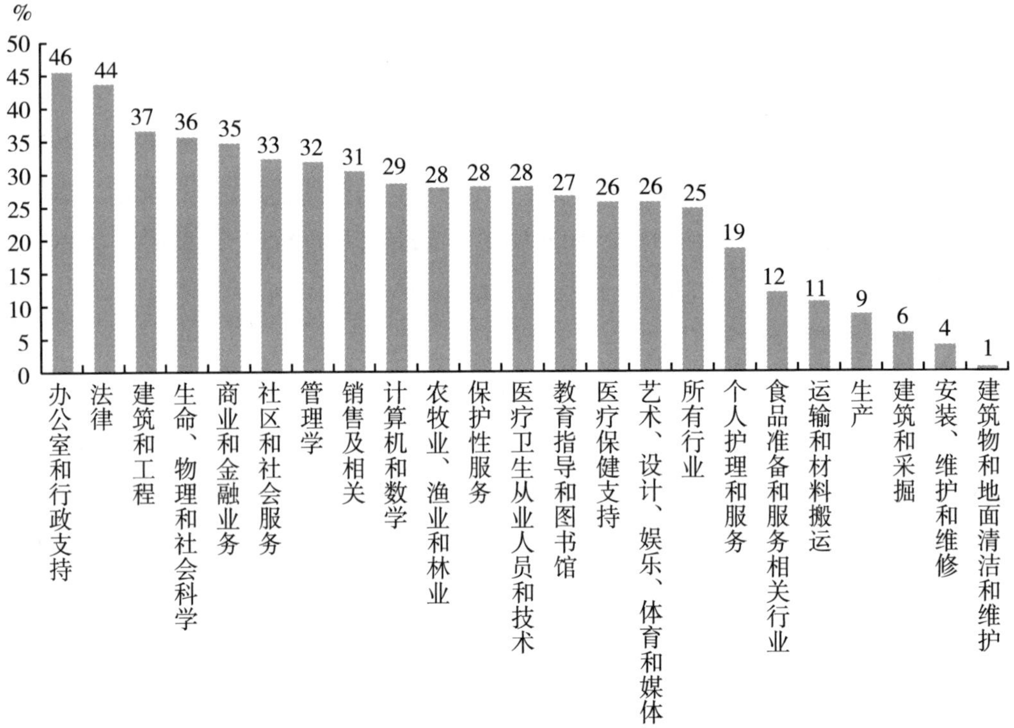

图1 美国各行业受人工智能影响的份额

（数据来源：高盛，智合整理）

相较于调研报告，具体的事件更能让人切实感受到生成式AI给法律行业带来的冲击。OpenAI发布的GPT模型GPT－4在复杂的法律推理方面的表现非常出色，在美国伊利诺伊理工大学的芝加哥肯特法学院的一项研究中，GPT－4通过了美国统一律师资格考试，且排名高于90%人类考生。该考试一共7项，GPT－4在民事诉讼、合同法、刑法、物权法、证据法5个学科的考试中，得分率高于人类考生。

越来越多的法律人感受到，生成式AI将深刻地改变法律行业。

首先是律师的业务工作方面。律师的大量工作是对于文字的分析与处理，基于ChatGPT等生成式人工智能擅长处理文字的特性，其在法律职业领域的应用前景较为广泛。

根据全球领先的法律和商业资讯服务商律商联讯（LexisNexis）2023年发布的《法律行业生成式人工智能研究报告》（2023），生成式人工智能目前在法律工作场景中被使用最多的是**法律检索**，此外还包括**起草文件**、**撰写邮件**、**理解新的法律概念**、**文件分析**、**尽职调查**、**制定诉讼策略**等场景，其中，**文件分析**和**尽职调查**被多数律师认为是两个有巨大潜力的领域。

汤森路透也在8月刊文称，生成式AI工具有望创造“令人难以置信的效率”，大幅减少律师的工作时间。汤森路透研究所技术和创新内容负责人扎克·沃伦（Zach Warren）说道：“有了值得信赖的工具（生成式AI），法律从业者就有可能把起草法律文书这样的任务从10小时减少到1小时甚至更短的时间。”

智合也在2023年6月刊文预测道，随着AI工具的广泛应用，律师将会从大量低效重复的工作中解脱出来，专注于更高价值的法律工作，如花更多的时间关注其服务对象，关注人本身。

对律所而言，生成式AI工具将助力其提质、降本、增效。目前，AI在律所的应用场景包括电子举证、法律研究、文档自动化管理、尽职调查、诉讼分析等，可以提升工作效率、降低诉讼成本、带来更好的客户体验。

汤森路透报道称，生成式AI将给律所业务带来巨大改变，当然这并不是说它可以取代律师的工作，而是指生成式AI将彻底颠覆律所按小时计费、律师过劳工作、工作内容乏味和目标无法实现的现状。“生成式AI无法取代专业，但一流的AI技术和法律专业的结合可以重塑律师事务所及其客户开展业务的方式。”〔1〕

美国法律媒体Above the Law则刊文指出，除了业务层面之外，律所的工作流自动化系统将是生成式AI最具前景的应用场景。生成式AI将会让律所的工作流自动化系统更易访问和使用，例如，生成式AI可以更加智能地引导用户进入预先设计好的合适的自动化工作流，整合合同生命周期管理（CLM）、规章管理、事项管理和知识管理等多个运营工具等，提高律所运营效率，降低运营成本。〔2〕

---

〔1〕 Zach Warren, *AI's Impact on Law Firms of Every Size*, Thomson Reuters (Ayg. 15, 2023), https://legal. thomsonreuters. com/blog/ais – impact – on – law – firms – of – every – size/#small – firms – innovative – through – gen – ai.

〔2〕 See Brian Hupp et. al, *Elevating the Human Experience: How GAI Transforms Legal Workflow Automation*, Above the Law (Aug. 8, 2023), https://abovethelaw. com/2023/08/elevating – the – human – experience – how – gai – transforms – legal – workflow – automation/.

在提高律所的网络安全方面，生成式 AI 同样能够发挥巨大作用。利用人工智能和机器学习等先进技术为律所的数据安全保驾护航，将成为未来趋势。IBM 发布的《2023 年数据泄露成本报告》中显示，相较于那些没有使用安全 AI 和自动化的企业，使用了这些技术的企业在数据泄露事件中平均损失减少 176 万美元。[1]

二、生成式 AI 对法律行业的影响现状

根据律商联讯发布的《法律行业生成式人工智能研究报告》（2023），生成式 AI 在法律群体中的知晓率较高，有 90% 的法学生、86% 的律师表示听说过相关信息；1/3 以上的律师（36%）和几乎一半的法学生（44%）已经在日常生活或专业领域使用过生成式 AI。

在评估生成式 AI 在法律工作方面的应用前景时，40% 的律师正研究是否有机会在工作中使用生成式 AI，并提出了各种可能会影响工作效率的方式；61% 的律师认为生成式 AI 很可能能够提高工作效率，46% 的律师认为其能够简化工作，25% 的律师认为生成式 AI 能够提升工作质量。

当被问及生成式 AI 将对法律实践产生什么样的影响时，几乎所有的律师（89%）和法学生（92%）都认为这项技术至少是有一些影响的；其中有相当一部分人（39% 的律师和 46% 的法学生）认为会有“显著的”或“变革性”的影响。

而在具体态度上，当被问及如何看待生成式 AI 对法律实践的影响时，只有很少的律师对此有鲜明的态度，只有 15% 的律师持积极态度，11% 的律师持消极态度，绝大多数律师的回答是“不确定”或“好坏参半”。

律所层面对于生成式 AI 的态度，则相对谨慎保守。根据汤森路透 2023 年发布的 *ChatGPT and Generative AI within Law Firms* 的调研报告，在“是否在律所运营中使用 ChatGPT 等生成式 AI”这个问题上，仅有 3% 的合伙人和 2% 的律师表示已经在工作中使用 ChatGPT 等生成式 AI，40% 的合伙人表示正在考虑是否使用。该报告的统计结果还显示，仅 2% 的中型律所和 5% 的大型律所已经在律所运营中使用 ChatGPT 等生成式 AI，处于“考虑阶段”和“暂无计划”的律所仍占到大多数（见图 2）。

---

〔1〕 IBM，《2023 年数据泄露成本报告》。

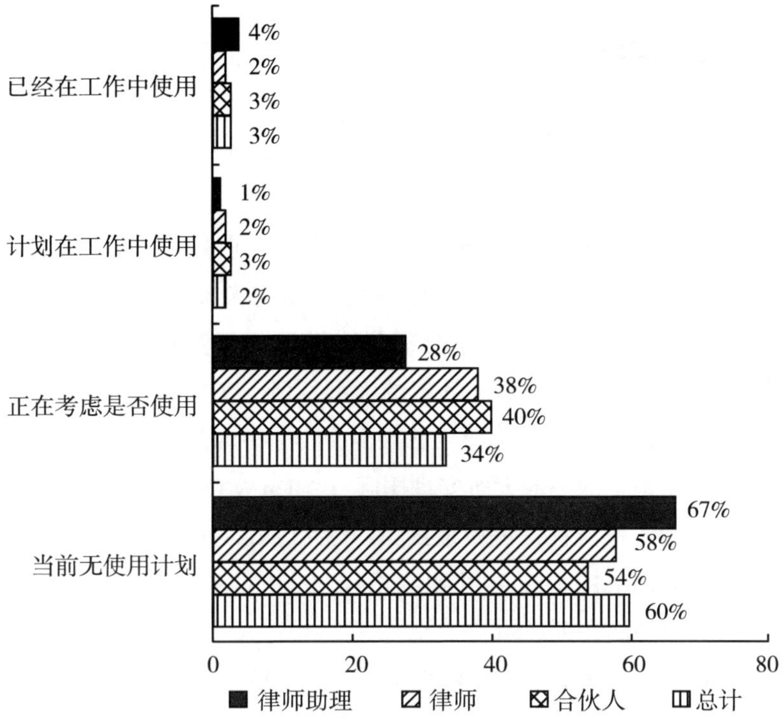

图 2 是否在律所运营中使用 ChatGPT 等生成式 AI

（数据来源：Thomson Reuters 智合整理）

法律媒体 Law. com International 最近的一项研究显示，世界各地的律所对生成式 AI 的态度存在明显分歧。大约 50% 的受访律所表示已经在一定程度上应用了生成式 AI，而其余 50% 的律所仍在观望阶段。美国法律媒体 Above the Law 也于 10 月 2 日刊文称，大型律所对生成式 AI 的投入远没有外界想象得那么积极，法律行业的生成式 AI 时代还没有真正开始。[1]不过，Above the Law 也在文中表示，律所的这种保守态度可能是因为目前市面上还没有一款法律行业的生成式 AI“杀手级应用”（Kill App）出现。当“杀手级应用”出现并有成功应用案例后，律所才会积极投入对生成式 AI 的应用探索。

国内方面，虽说也有不少律所已开始“AI + 法律”的应用尝试，但多数是雷声大、雨点小，不温不火，最后大多数沦为了客户在平台上提问，律师回复“请到所内详谈”的模式。部分规模律所的所内系统也仅限于案件与财务的管理，重要的知识管理、所内案件流转合作平台、公共案源的合作都仍在初级建设阶段。

---

〔1〕 See Joe Patrice, *Biglaw Not as Plugged into AI as We Thought*, Above the Law (Oct. 2, 2023), https://abovethelaw. com/2023/10/biglaw - not - as - plugged - into - ai - as - we - thought/.

三、中小律所，会出局吗

1990 年，美国著名未来学家托夫勒在其出版的《权力的转移》一书中，提出了“数字鸿沟”的概念即一个在那些拥有信息时代工具的人以及那些未曾拥有者之间存在的鸿沟。

这个概念对于处在生成式 AI 浪潮中的法律行业，同样适用。

尽管许多人在憧憬，生成式 AI 能帮助中小律所与大型规模律所公平竞争。但现实证明，生成式 AI 的时代机遇，并不会平等地落在每一家律所头上，能占据先手优势的，必然是那些营收能力强、财大气粗的大型律所。2023 年 4 月完成 2100 万美元 A 轮融资，致力于构建一款专为法律工作设计的 AI 平台的法律科技公司 Harvey AI 签约的第一家客户就是全球头部大所安理国际（Allen & Overy）；律商联讯 2023 年 5 月推出的“改变法律工作流程”的生成式 AI 产品 Lexis AI，在其宣布的合作伙伴中，贝克・麦坚时（Baker McKenzie）、礼德（Reed Smith）和富理达（Foley & Lardner）等几家美国顶尖大所赫然在列。

而中小律所在面对生成式 AI 的浪潮时，远没有顶尖大所那般从容。“不是我们抠门落伍，是因为赚的每分钱都来之不易，我们才更在乎投入产出比。”一些律师的心声或许能解释中小律所在面对生成式 AI 浪潮时的犹豫态度。

律所应用生成式 AI，需要在基础设施、软件和员工培训等方面投入大量资金。而现阶段生成式 AI 产品并不便宜，汤森路透此前收购法律类 AI 初创公司 Casetext，费用高达 6.5 亿美元。顶尖大所有足够的资本承担生成式 AI 的成本，进而抢得先机，极大地提高服务效率，降低服务费，更好地满足客户需求。越来越多的客户因此流向大型律所，中小律所的生存空间将被大幅挤压。与此同时，无力承担生成式 AI 昂贵成本的中小律所，还要面临律所数量、律师人数迅速增加的压力，生存压力将进一步增大。此外，中小律所里的青年律师们面临的竞争压力也将加剧，他们除了要和同行“内卷”之外，还要警惕自己不要被 AI “抢走饭碗”。此消彼长之下，中小律所被这场生成式 AI 带来的行业变革浪潮淘汰出局，似乎在所难免。

但中小律所并非没有破局之道。法律科技公司可以为中小律所拥抱生成式 AI 的行业变革浪潮提供技术支持。相较于大型律所，中小律所在技术学习、应用上没有优势，而法律科技公司可以在技术和律所之间搭起一座桥梁，帮助中小律所更好地适应行业变革。法律科技公司还可以致力于开发适应中小律所需求的生成式 AI 解决方案，找到一条既可以让中小律所应用生成式 AI 又无须承担昂贵代价的路径，给他们提供更实惠的选择。例如美国一家名为 CallidusAI 的法律科技公司，他们直接在 ChatGPT

（GPT－4）的基础上，开发出适应律师行业的解决方案，为律所和律师提供利用最新技术的有效方法。“GPT－4 仅仅是引擎，CallidusAI 是包括‘涡轮增压’在内的整个车辆。”该公司如此形容他们的 AI 产品。

而在国内赛道上，似乎目前还没有法律科技公司能够开发出一款足够出色的产品，用生成式 AI 为中小律所赋能。希望经过一段时间的发展，国内法律科技公司能在生成式 AI 方面为中小律所提供优质的服务。

四、结语

无论是在律师业务层面还是在律所运营层面，生成式 AI 都将给法律行业带来颠覆性的变革，且这种势头正在逐步显现。大型律所可以在这场变革中抢占先手，从容应对；而面临冲击的中小律所也并非只能被动挨打。积极拥抱 AI 浪潮，与法律科技公司合作，走适合自己的道路，中小律所同样也能站在变革浪潮的前沿，抓住时代机遇，实现成功。

必答题："AI + 法律"还仅是一句口号吗*

孙麟飞 | 智合研究院

"最好的棋手、最好的律师在未来都不是人或者机器，而是人机混合的团队。我们能和 AI 有多少的合作，我们便能得到多少回报，我们不会与其对抗，而将与其携手。"

2017 年，凯文·凯利先生在智合论坛进行了主旨演讲《史上最好的时代：AI 究竟如何为文明创造一个新的平台》（*The Best Time Ever: How AI Will Create A New Platform for Civilization?*），提出了如上观点。

现在这个预言实现了吗？法律科技对律师行业的影响到了什么程度？

一、从"AI + 法律"的起步，到 ChatGPT 的诞生

2015 年，人工智能（Artificial Intelligence，AI）的概念还仅仅在学术界流行，尚未辐射到法律行业，讨论最多的是"互联网 + 法律"。2017 年被称为"AI 应用元年"，也是"AI + 法律"的起步之年。那一年：

- 阿尔法狗（AlphaGo）打败世界第一棋手柯洁；
- 国务院印发《新一代人工智能发展规划》明确指出人工智能成为国际竞争的新焦点，人工智能上升为国家战略层面；
- 律师助手机器人 ROSS 获得伊诺维亚资本（INovia Capital）、康卡斯特风险投资（Comcast Ventures）参投的 A 轮融资；
- 人工智能法律服务平台"法狗狗"获得蚁米创投领投的 Pre－A 轮融资。

此后，各式各样 AI 产品层出不穷，虽然当时大多数 AI 产品都还很初级，但它们在经过长时间的孕育和孵化之后，开始进入了一个全面提速的高峰期，经过一段漫长

---

* 本文首发于"智合"微信公众号 2023 年 6 月 19 日，文中收录数据的日期截至 2023 年 6 月 12 日。

的沉淀后，2022 年 11 月 30 日，Open AI 发布 Chat GPT。

2023 年 1 月末，瑞银集团的一份报告显示，在 Chat GPT 推出仅两个月后，其月活用户已经突破了 1 亿，成为史上用户增长速度最快的消费级应用程序。根据瑞银的数据，TikTok 达到 1 亿用户用了 9 个月，Instagram 则花了两年半的时间。[1]

2023 年 3 月 15 日凌晨，Open AI 发布了 GPT 模型的 GPT－4 版本，再次刷新了人们对 AI 的认知。此外，GPT－4 在复杂的法律推理方面有着非常出色的表现，这也对法律界产生了深远的影响。在随后的美国伊利诺伊理工大学的芝加哥肯特法学院的一项研究中，GPT－4 通过了美国统一律师资格考试，且排名高于 90% 人类考生。该考试一共 7 项，GPT－4 在民事诉讼、合同法、刑法、物权法、证据法 5 个学科的考试中，得分率高于人类考生。

2023 年 3 月 27 日，高盛（Goldman Sachs）在一份研究报告中指出，以 ChatGPT 为代表的生成式 AI 产品，将对美国和欧洲 2/3 的工作岗位造成影响（大约 3 亿个工作岗位）。其中，行政和**法律**是受影响最大的领域，46% 的行政工作和 44% 的法律工作可以被人工智能替代，体力型职业如建筑、维修、清洁等工作则受影响较小。

如今，越来越多的法律人感受到，AI 已可以切实地应用于法律领域。“法律＋科技”“法律＋AI”“法律＋数据”，不再仅仅是圈内论坛上发言者的话题谈资，而是牵动行业命运的发展命题。国内参与 AI 应用于法律的企业，既有综合 AI 技术及解决方案供应商，如百度、阿里、科大讯飞等，又有专业法律信息平台或法律信息化企业，如华宇软件、无讼等。

未来已来，对于律师和法务，当下的人工智能可以做什么？还不能做什么？又如何使用 AI 技术赋能法律行业，带来真正的生产力提升呢？

二、低价值工作将被替代

未来，每位律师将熟练使用 AI 工具，从低效重复的工作中解放，从事高价值的法律工作。在 AI＋法律等产品的协助下，律师的工作方式将急剧转变，提供法律服务的全新方式将会浮现。彭博法律（Bloomberg Law）在 2022 年对全球 190 名法律专业人士的调研结果显示，法律科技工具的使用可以有效帮助提高工作效率、产出和质量（见图 1）。

---

〔1〕 参见陈萍、杜伟：《史上增速最快消费级应用，ChatGPT 月活用户突破 1 亿》，载澎湃新闻网 2023 年 2 月 3 日，https://www.thepaper.cn/newsDetail_forward_21787375。

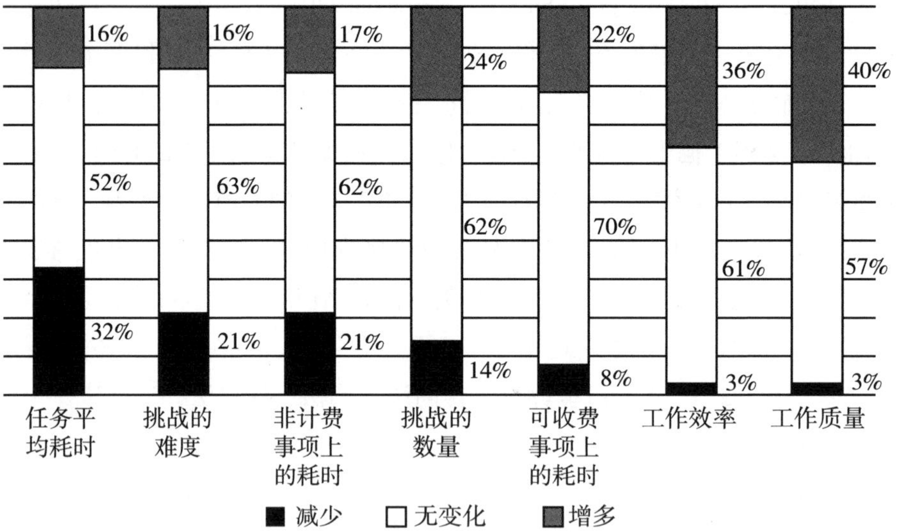

图 1　2022 年受访的法律工作者使用法律科技工具对各项工作的影响情况

注：整理、制图：智合研究院。

［数据来源：彭博法律（Bloomberg Law）］

区分不同的场景来看，在法律专业人员使用的法律科技工具中，计费（billing）和法律研究（legal research）的使用率最高，分别为 79% 和 70%，而计时（timekeeping）、电子签名（eSignature）、云储存（cloud storage）、记录管理（records management）、案件管理（matter management）的使用率也均超过 50%（见图 2）。

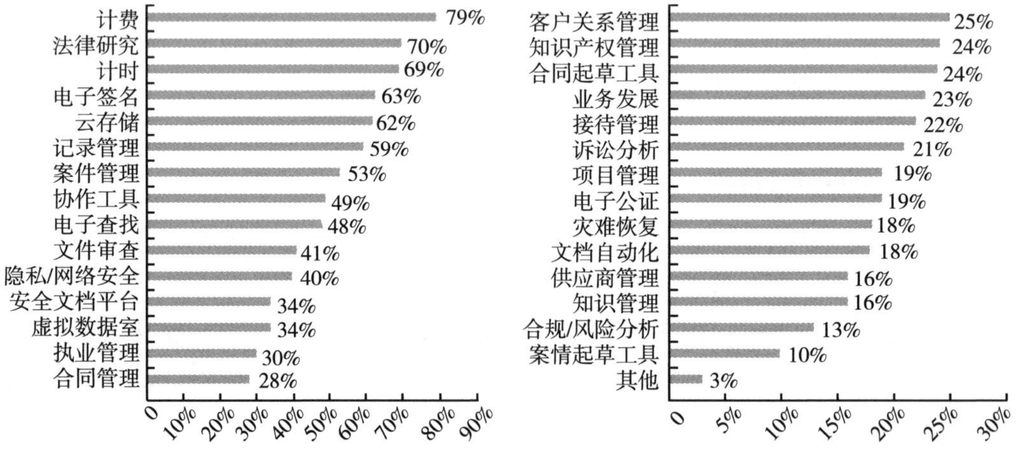

图 2　2022 年法律专业人士使用法律科技工具的使用率

注：整理、制图：智合研究院。

［数据来源：彭博法律（Bloomberg Law）］

目前，AI 已被用于精确检索、解释法律信息，高效解决在线法律问题，甚至被用于自主理解和生成裁判文书等法律文件等各个环节。而时下火爆全网的 ChatGPT 也正在改变着律师们的工作方式，汤森路透（Thomson Reuters）在 4 月发布的《律所内的 ChatGPT 与生成式人工智能》（*ChatGPT and Generative AI within Law Firms*）的调研显示，在很大程度上，人们对 ChatGPT 等生成式 AI 工具在法律界的潜在用途持积极态度。当被问及人工智能或 ChatGPT 能否应用于法律工作，以及它是否应该应用于法律工作时，绝大多数受访者（82%）认为 ChatGPT 或生成式 AI 可以应用于法律工作，超过半数（51%）认为其应该应用于法律工作（见图 3）。

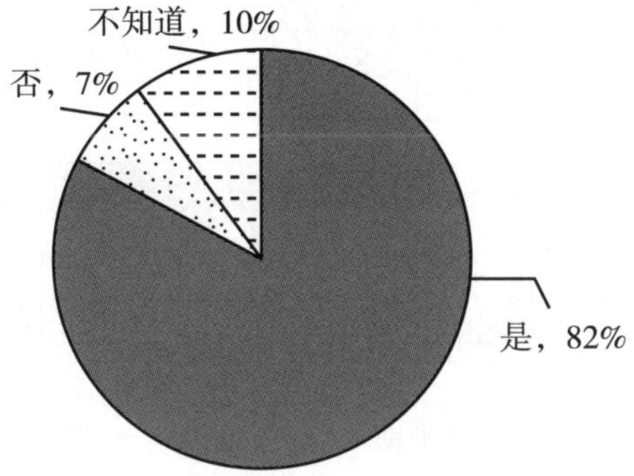

（a）ChatGPT和生成式AI是否可以用于法律工作?

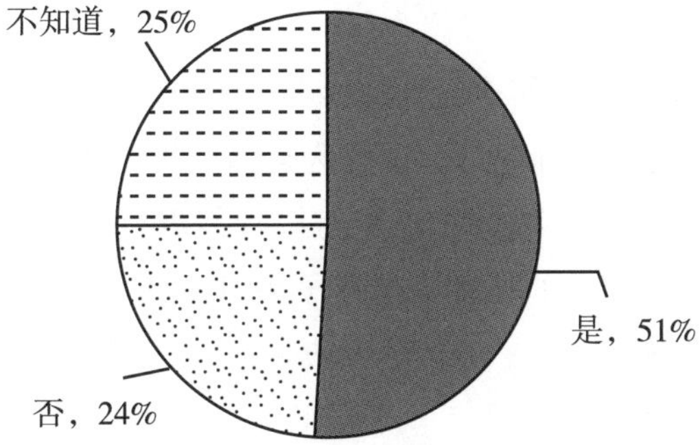

（b）ChatGPT和生成式AI是否应该用于法律工作?

图 3　人们对于将 ChatGPT 和生成式 AI 用于法律工作的态度

注：整理、制图：智合研究院。

［数据来源：汤森路透（Thomson Reuters）］

该调研还就不同职位的律师关于“是否在律所运营中使用 ChatGPT 等生成式 AI”进行了调查，统计结果显示仅有 3% 的合伙人和 2% 的律师表示已经在工作中使用 ChatGPT 等生成式 AI，40% 的合伙人表示正在考虑是否使用（见图 4）。

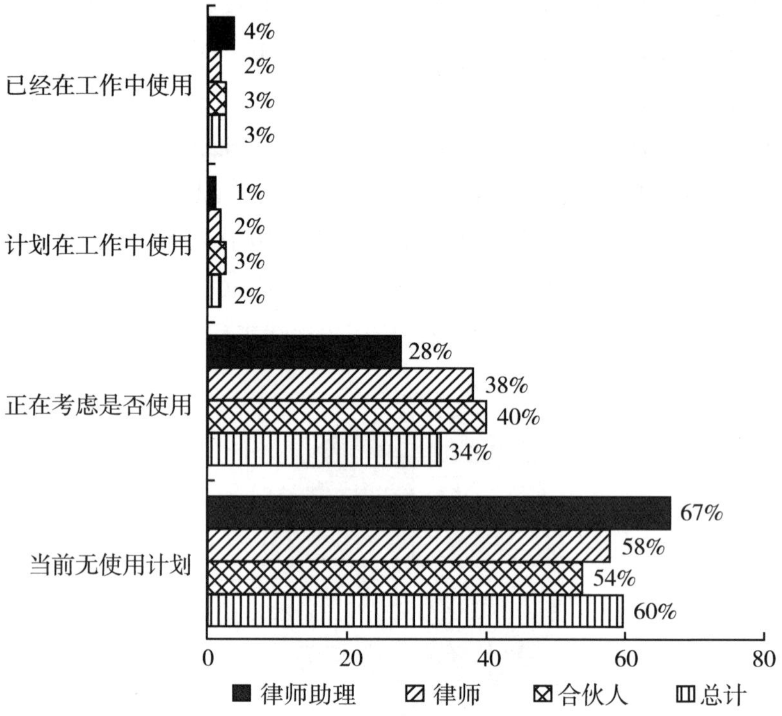

图 4　是否在律所运营中使用 Chat GPT 等生成式 AI

注：整理、制图：智合研究院。

［数据来源：汤森路透（Thomson Reuters）］

运用 AI 帮助律师在法律工作中挖掘、收集、整理数据，对数据进行分析，并根据分析结果给出相关问题的处理建议，会大大提高法律工作的效率，让律师可以专注于更有价值的工作。某种程度上，AI 也能对律师们进行“大浪淘沙”，完成“优胜劣汰”——当律师从浩如烟海的法律条文等资料中解脱出来之后，就会有更多的时间去关注其服务对象本身。

三、AI 工具应用正在普及

未来，每家律所都将把法律 AI 工具引入工作流中，提质、降本、增效。

中共中央政治局 2022 年 12 月召开会议，分析研究 2023 年经济工作。会议指出，2023 年要坚持稳字当头、稳中求进，并强调“突出做好稳增长、稳就业、稳物价工作”。[1] 因而律所们也将注意力转向盈利能力和效率。根据彭博法律的一项调研，

〔1〕 参见王恩博：《中央政治局定调 2023 年经济工作“稳”字如何更好落地?》，载中国新闻网 2022 年 12 月 7 日，https://www.chinanews.com.cn/cj/2022/12-07/9910122.shtml。

2022 年全球范围内律所的首要运营目标是提高利润，其次是增加收入；公司法律部门的首要运营目标则是提高效率，其次是降低成本（见图 5）。

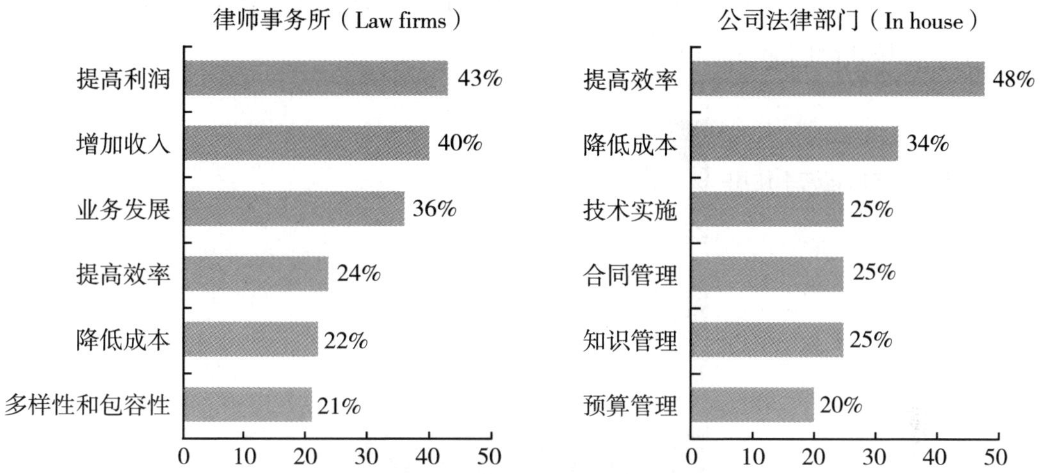

图 5　2022 年全球律师事务所和公司法律部门的主要运营目标

注：整理、制图：智合研究院。

［数据来源：彭博法律（Bloomberg Law）］

国内方面，虽说也有不少律所已开始“AI + 法律”的应用尝试，但多数是雷声大、雨点小，不温不火，最后大多数沦为了客户在平台上提问，律师回复“请到所内详谈”的模式。京沪部分规模律所的所内系统也仅限于案件与财务的管理，重要的知识管理、所内案件流转合作平台、公共案源的合作都仍在初级建设阶段。

“不是我们抠门落伍，是因为赚的每分钱都来之不易，我们才更在乎投入产出比。”这是部分律师对此的回应，但律所需要的不仅是“拥抱变化”，还需要再进一步，争取在这种变化中有所作为。

国际方面，2023 年 4 月，一家名为 Harvey AI 的公司完成了由红杉资本（Sequoia）领投，OpenAI 创业基金等参与的 A 轮融资。该公司利用 OpenAI 和 ChatGPT 技术构建了一款专为法律工作设计的人工智能平台，现有客户包括 2023 年 2 月签约的第一家企业/律所客户——安理国际（Allen & Overy）、3 月签约的第二家企业客户——普华永道（PwC），据红杉资本称同时还有超过 15,000 家律师事务所在等待名单上。安理国际（Allen & Overy）合伙人戴维（David Wakeling）提出：“我认为随着时间的推移，不使用生成式 AI 的律所会在市场上面临很大的竞争劣势。”

目前 AI 在律所的应用场景包括电子举证、法律研究、文档自动化管理、尽职调查、诉讼分析等，可以提升律师的工作效率，降低诉讼成本，带来更好的客户体验。

但参照汤森路透 2023 年 4 月发布的《律所内的 ChatGPT 和生成式人工智能》

（*ChatGPT and Generative AI within Law Firms*）的调研结果，截至该报告发布时，仅2%的中型律所和5%的大型律所已经在律所运营中使用 ChatGPT 等生成式 AI，处于“考虑阶段”和“暂无计划”的律所仍占到大多数，而这也意味着大语言模型在法律专业垂直领域才刚刚起步。（见图 6）

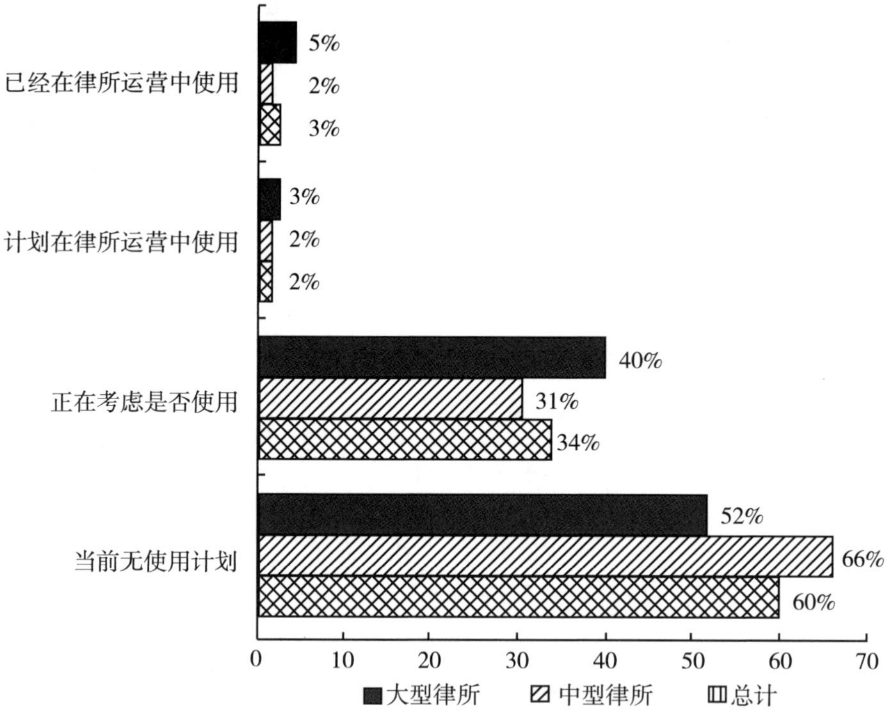

图 6　是否在律所运营中使用 ChatGPT 等生成式 AI

注：整理、制图：智合研究院。

［数据来源：汤森路透（Thomson Reuters）］

四、结语

科技进步总是能够不同程度地解放人类的双手、大脑，且一次比一次更深入、更细化。随着“AI + 法律”“GPT + 法律”等应用全球落地的加速，法律服务业已然进入被颠覆的前夜，律所将通过 AI 得到更好的发展，每一名法律人也将获得更大的成长空间。正如很多来自科技领域、人工智能领域的评论所说：未来已来，技术仍在爆发性增长，而且远远不会终结。

美国首席大法官：我和AI，谁更公正*

李亦儒 | 智合研究院

近期美国首席大法官的年度报告，以及英国发布的法官使用AI指南，让外界意识到，英美司法界不仅忙着判决AI作品的版权归属，不只是头疼《纽约时报》起诉OpenAI所引发的法理学问题，他们的司法人员自己也面临着在工作中如何使用人工智能的问题。

英国的司法AI指南（AI Guidance for Judicial Office Holders），细致地为司法工作人员解释了什么是AI，什么是生成式AI，哪些是大语言模型，贴心地总结了法律科技产品对哪些司法工作更有使用价值，以及列举了不推荐使用AI来完成的工作种类。甚至在指南的最后，颇具英式幽默地列了5条法官甄别律师提交的文件可能是由AI生成的迹象，其中一条是：

"引用不常见的案例（有时来自美国）。"

还带些讽刺意味地写道：目前可用的大语言模型（LLMs），它们对法律的"看法"通常基于美国法律，尽管有些LLMs声称能够区分美国法律和英国法律。

美国联邦最高法院首席大法官，每年都会发布一篇类似公开信的报告，与同年度的联邦最高法院工作报告一起发出。2023年，约翰·罗伯茨（John G. Roberts，Jr.）发布的年终报告主题是人工智能与法律。

他详细回顾了美国司法界从使用羽毛笔到使用法律科技产品的历程，并指出：人工智能不仅将改变法官的工作方式、改变美国法院的运作模式，法官们对AI的理解，也将影响他们的判案过程，法律科技产品还可以消除法院系统中可用资源与迫切需求之间的不匹配——当然，人类法官在短期内还是不可被替代的。

其实罗伯茨的公开信是最好的自己无法被AI取代的证明，因为他选择了用讲究的修辞与幽默的段子，将最高法院的年终总结聚焦在了席卷2023全球各界的AI热潮

---

* 本文首发于"智合"微信公众号2024年1月5日，文中收录数据的日期截至2024年1月5日。

上，从而避开了眼下最受关注的“特朗普司法难题”，以及过去一年一些大法官的腐败争议，而人工智能绝不可能做出此种睿智决策。

简言之，罗伯茨法官视角下的司法智能化历程，是从纸质 Shepards 里翻找判例，到法院电子公共系统 PACER，再到案件电子管理系统 CM/ECF，之后新冠疫情的流行普及了远程听证，到现在，人工智能以不可阻挡之势，侵入了最喜保守的司法界（罗伯茨本人就习惯于手写裁决书而不是用电脑），法官开始使用法律科技产品办公，同时哭笑不得地罚了一个引用 ChatGPT 编造的案例的律师 5000 美元。最终，首席大法官开始跟大众讨论，人当法官更公正，还是 AI？

罗伯茨大法官写道：“法律研究可能很快就无法想象没有 AI 的日子了。AI 显然具有巨大的潜力，可以大大增加律师和非律师获取关键信息的机会。但同样明显的是，它有可能侵犯隐私利益，使法律失去人性。”

他提到一些学者担心的隐私问题，将机密信息输入法律科技工具可能会违反法律特权的原则。关于这一点，英国的指南里也提到：

“不要向面向公众的 AI 聊天机器人输入任何非公开领域的信息。不要输入私人或保密信息。您输入到面向公众的 AI 聊天机器人中的任何信息都应被视为向全世界公开。”

该指南还非常友好地提示司法工作人员，别忘了开启“禁用聊天记录”的按钮，目前 ChatGPT 和 Google Bard 都有这个功能，Bing Chat 还没有。

在刑事领域，罗伯茨大法官提到了对使用人工智能评估潜逃风险和其他涉及预测的自由裁量决定，引发了对程序正当性、可靠性和潜在偏见的担忧。这一点国内早在十几年前就有过讨论——2006 年，山东省高级人民法院引入了电脑量刑软件，引发不少争议。同样，对于使用人工智能可能引发偏见这一点，英国给法官的指导意见是：可以使用人工智能，但要始终注意和纠正可能引发偏见的情况。

对于 AI 和人类谁更适合当法官这个问题，罗伯茨用了一个网球是否过出界的比喻：许多职业网球赛事都用光学技术取代了边线裁判，以确定时速 130 英里的球是否过线。这些决定精确到毫米，而且没有自由裁量权——球要么出界，要么不出界。相比之下，法律判定往往涉及灰色地带，仍然需要人工判断。

罗伯茨还非常动情地写道：“机器无法完全取代法庭上的关键角色。例如，法官在量刑时会衡量被告陈述的诚意。细微差别很重要：一只颤抖的手、一个颤抖的声音、一个语调的变化、一滴汗珠、片刻的犹豫、稍纵即逝的眼神交流，都会产生很大的影响。大多数人仍然更相信人类，而不是机器，能够从这些线索中感知并得出正确的推论。”

总而言之，罗伯茨相信，尽管人类的裁决存在各种各样的问题，但是人的裁决比机器公平。这就好像说就算人工智能赢了柯洁，但这并不代表人工智能胜过了人，只有当人工智能输给了柯洁，并像柯洁输的时候一样痛哭流涕，这才是人工智能的胜利。

另外，罗伯茨还用上诉法官的工作性质来说明，人类有推定能力，可以作出关乎未来的判决，但人工智能不行——“上诉判决的关键在于下级法院是否滥用了自由裁量权，而这一标准就其本质而言，涉及特定事实的灰色地带。还有一些上诉裁决则关注法律在新领域如何发展的开放性问题，人工智能在很大程度上是基于现有的信息工作，它可以提供信息，但不能作出此类决定。”

所以，美国联邦最高法院首席大法官的年终总结一方面肯定了人工智能对司法工作的重要性，另一方面强调了法官的不可替代性，同时侧面也体现出书记员等行政岗位人员职业道路的生死未卜。

无论如何，当欧盟忙着治理人工智能的时候，英国与美国司法界的举动，都可以看作对法律科技的承认与积极拥抱。

ChatGPT 技术给律师带来的三大转变

贺倩明 *

ChatGPT 横空出世，立即引发数亿人的关注，不亚于当年 AlphaGo 战胜世界围棋冠军事件所造成的全球轰动。AI 翻译、AI 绘画、AI 语音识别、AI 图像识别目前在生活中已经司空见惯，而 ChatGPT 作为一款接近人的知识和思维的聊天机器人，它能直接生成代码、自动修复 bug、聊各种话题、吟诗作赋写文章，这引起了广泛的热议。分析师们认为，有 10 种工作面临被替代或部分被替代的风险，其中就包括法律助理和律师的部分工作。ChatGPT 可以在大量学习案例、法规、法律知识的基础上，撰写法律摘要、法律研究报告，还能够回答各类法律问题。

其实在 ChatGPT 发布之前，国内新锐法律人工智能机构得理科技（DLS）就研究出“得理法问”产品，针对常见的法律问题，此产品回答的准确率达到 90% ~ 95%，而同样是该公司开发的“得理法搜”产品，能从上亿案例中精准推送与案情相关的裁判文书，自动生成检索报告。

可以预见，随着 ChatGPT 的深入发展和广泛应用，AI 在法律行业也将得到全面使用，法律行业的技术变革将从量变到质变，从局部到整体，从法院到律师，从政府到市场，法律行业的各个层面都在发生巨大变化。

关于 ChatGPT，微软公司 CEO 纳德拉说：“这是我从未见过的技术扩散。我不认为它发生在曾经的工业革命中，也许这一次，对于知识型工作者来说，这就完全等于工业革命。”未来微软的产品，包括搜索引擎 BING 和 Office 软件都将接入 ChatGPT，对法律人而言，法律检索、法律研究、法律文书的撰写都将出现革命性的改变。

尽管技术不可能完全代替律师，因为无论是出庭辩护、还是商业谈判，都离不开

---

* 贺倩明，中国政法大学经济法博士，北京大学法律硕士，香港中文大学工商管理硕士，知名律所主任、高级合伙人。

律师，但不可否认的是，律师的服务内容、服务方式、服务成本等将发生根本性的转变。

一、法律业务拓展模式从人脉为主转变为算法为主

传统模式下，律师拓展业务以人脉关系为主，主要包括校友同学关系、亲戚朋友关系、商会协会关系、客户关系、同事关系等各种圈子建立的人脉链接。

据不完全统计，80% 以上的律师业务来源于直接或间接的人脉关系，也正因如此，绝大多数律师都耗费大量的时间在经营其人脉关系上。但随着技术的发展，律师业务拓展方式正在发生深刻的变化，主要有三方面的趋势：

一是 PC 互联网时代，催生了一批“法律电商”，律师通过类似“律师黄页”的网站或通过互联网平台推广引流拓展法律业务。

二是移动互联网时代，律师通过短视频、微信公众号、头条号等自媒体方式以内容营销的方式拓展法律业务。

三是智能化数字化时代，借助数字技术、算法技术，通过对海量数据进行分析，通过算法将法律消费需求与律师业务进行匹配。PC 互联网逐渐衰落，移动互联网还在蓬勃发展，尤其是法律服务领域与移动互联网的融合还处于高速发展期。虽然数字化智能化已经在各个领域全面展开，但在各个领域发展非常不均衡，在法律行业的发展更是相对落后。

ChatGPT 开启了 AI 时代的新纪元，并以一日千里的速度在进化，百度的大语言模型“文心一言”紧跟其后，还有大量的科技巨头也在奋力研发大语言模型的过程中。海量的数据、强大的算力和日新月异的算法能够实时处理各行各业的数据。目前，ChatGPT 已经开放插件应用，将对话功能延伸至各类服务功能，如订餐插件能根据语音指令智能匹配最合适的餐厅，旅游插件能匹配最佳出行方案等。未来，极有可能出现法律服务类插件，能够针对用户法律服务需求为用户定制法律服务方案，包括解答法律咨询和推荐合适的律师。

二、法律服务内容中的知识服务 AI 化

律师的业务类型和服务内容一直在随着经济社会的发展而变化，中国的律师业也随着计划经济的结束，市场经济的发展而发展。早期的律师以刑民诉讼业务为主，随着市场交易的活跃和市场主体的增加，公司业务渐渐增多，包括各类常年法律顾问、专项法律顾问等非诉业务呈现井喷式的发展态势。

从业务数量来说，非诉顾问业务大大超过了诉讼业务；从具体服务内容来看，常

年法律顾问类业务中高频的服务内容包括日常咨询、合同文件起草审查、法律意见书、律师函等，专项法律顾问类业务中高频的服务内容包括尽职调查、合同文件起草、法律咨询、交易谈判等。在这类服务中，不同律师收费差距非常大，中国律师与欧美律师最大的不同在于收费模式的差异，欧美律师以小时收费为主，中国律师以包干价为主。

整体而言，目前法律服务市场存在以下特点与趋势：

1. 律师收费标准缺乏行业共识，价格竞争非常普遍。

2. 客户对律师费的控制趋于严格，尤其是大公司对法律服务成本管控趋严。

3. 客户对常年法律顾问服务的价值认同度低，认为法律服务可有可无；大量的企业，尤其是中小企业缺乏常态化的法律服务。

4. 个人消费者对付费法律咨询接受程度低。

基于上述特点和趋势，律师传统业务面临巨大挑战，律师竞争面临三重压力：

一是律师激增，律师以每年 10% 以上的速度增长，大中型城市律师行业或将面临“僧多粥少”的局面。

二是经济下行，传统法律消费市场萎缩。

三是技术变革，ChatGPT 在垂直领域的开发应用将代替大量的传统型法律服务。

举例来说，在传统常年法律顾问服务的过程中，律师的多数工作时间耗费在各类琐碎的咨询问题和法律文本审查上，导致法律服务效率低、成本高、客户满意度低。从目前百度的文心一言、OpenAI 的 ChatGPT、得理科技发布的得理法问 3 款产品来看，AI 已经能够回答很多的法律问题。随着技术的快速迭代，以法律知识为主的传统常年法律顾问服务内容的 70% 以上将面临被 AI 代替的风险。

尽管 ChatGPT 在法律领域的应用会代替部分的律师工作，但这并不意味着法律服务市场的萎缩，更不意味着传统法律服务业务会消失。相反，它将促使法律服务内容和业务类型升级变化，具体体现以下几方面：

1. 法律咨询服务 AI 化，常年法律顾问类业务升级为法律风险和合规管理体系化方案服务。中国企业从野蛮成长时代进入精细化运营时代，新生代企业更加重视法律合规问题，企业不再满足于律师对个别法律问题的知识解答，且这类问题通过 AI 可以解决。所以，企业将更需要律师提供体系化、全流程的风险与合同管理方案，这是律师新的业务机会。

2. 法律文书尤其是合同起草审核业务 AI 化，合同业务升级为合同全生命周期管理相关的专家服务。合同全生命周期管理是法律科技领域非常重要的赛道，是企业数字化转型的重要组成部分，市场中将出现大量的科技公司为企业合同的数字化管理提供技术方案，在这个过程中，律师作为法律专家参与系统的构建是必不可少的环节，例如需要律师提炼合同审核规则、风险标准、对合同数据质量进行审核把关等。

3. 交易尽调类业务的 AI 化，传统尽职调查业务减少。尽职调查是商事交易中最常见的业务，尽调过程中会耗费律师大量的时间，包括从法院、政府机关、项目现场调取核查各类信息，以及审阅公司经营历史中形成的大量法律文件等。

随着政府数字化转型进程的加快，各类信用信息的获取基本实现线上化，各类信用报告可以实现自动生成。企业经营过程中的大量文件通过 OCR 技术、文件要素提取技术，以及智能文本技术被调取、核查，其效率和准确度也高于律师。尽职调查类的 AI 工具在国内外正在快速发展，现已逐渐趋近成熟。律师不再需要撰写几百页的尽职调查报告，律师的工作转变成针对自动生成的尽职调查报告进行分析、判断和改写，这将极大减少律师的工作时间，降低服务成本，使律师的工作时间能够更多地聚焦在交易方案的设计、交易风险的判断和化解上。

三、法律业务协作从“人—人”协同转变为“人—机”协同

从技术发展的历史进程来看，技术给人类带来的最大改变是工作方式和生活方式的改变，数字技术和智能技术尤其如此。大部分法律服务行业对技术的变革总是后知后觉，但国内外顶级大律所早已对此进行了全面布局，它们要么加大投入律所内部的数字化、智能化系统建设，要么参与投资外部的法律科技公司，以提前适应智能化革命给律所带来的挑战。从近几年的发展态势来看，律师的工作方式将发生以下转变：

一是线上化。法院出庭、看守所会见、会议沟通、市场营销等工作将全面线上化。

二是数字化。数字技术的发展将使得律师的业务流全面数字化，从客户分析、业务审批、业务协同、客户管理到业务拓展、知识管理、合规风控等，都基于数据进行决策管理和具体实施，律师事务所的管理将更加精准，律师效率将大幅度提升。

三是智能化。如前文所分析的，AI 技术已经在法律服务中的多个场景得到应用。ChatGPT 技术的出现，促使 AI 在法律服务场景的应用速度、深度和广度全面增加。AI 不能代替律师，但 AI 技术的发展将加速律师行业人机协同工作模式的实现。

法律业务的人机协同具体体现在以下几个方面：

1. 法律知识协同。律师是典型的专业知识服务业，无论是专业型的律师，还是综合型的律师，面临浩瀚的案例、复杂的法律和陌生的行业，律师知识永远赶不上客户的需求，回答客户突然提出的问题也常常不知所措、力不从心。ChatGPT 已经很好地解决了大多数知识问答问题，而法律垂直领域的 ChatGPT 也已经开始出现在市场，

如“得理法问”在很多专业领域的问答甚至超过了普通律师的专业表现。专业律师和智能知识助手协同，能够为客户提供更完整的服务方案。

2. 法律文书协同。AI 技术不仅能够生成文本，还能审查文本，法律行业有很多法律文书存在标准化、结构化、重复使用的特征，这正是 AI 应用的最佳场景，AI 与律师协同，辅助律师撰写和审查文书，律师则针对文书的特殊性，基于经验为客户提供更高质量的文书。

3. 客户服务协同。律师因其时间宝贵，在业务繁忙时，常常忘记回复客户咨询，也很难保证定期与客户的沟通，智能客服能有效解决这个问题，实时回答客户咨询、定期推送客户关心的资讯、重大节日给客户送去问候，实时分析反馈客户相关的数据分析等。

4. 案件管理协同。律师办理案件中存在大量的证据管理、进程管理和案卷整理等工作，AI 将为律师提供证据关键要素提取、管理案件进程、辅助分析案情、对案件进行智能预测等支持。除了上述场景，AI 在任务管理、团队管理、知识管理等各方面也会成为律师的好助手。

在传统律师团队管理模式中，比较典型的团队结构由合伙人、律师、律师助理、实习律师和行政秘书组成，团队的工作主要由以下三部分构成：

一是任务项目、项目管理、文档管理类工作，通常由秘书或助理完成。

二是法律案例研究、资料收集整理类工作和法律文书撰写工作，通常由助理和实习律师完成。

三是法律文书审查定稿、与客户的交流沟通工作，通常由律师或合伙人完成。

AI 技术将代替第一类和第二类的大部分工作，律师团队的管理模式、经营成本及组织结构将发生变革。律师团队成员一方面需要掌握技术运用的能力，适应人一机协同的工作模式；另一方面需要提升被技术替代部分的能力，为客户提供更具价值的服务。

四、结语

有些专家认为，ChatGPT 的出现像工业革命时期的“蒸汽机发明”，ChatGPT 插件功能的开放，则像是工业革命时期蒸汽机被各行各业的广泛应用。高盛认为，当生成式人工智能大范围普及后，美国和欧洲约 2/3 的工作将在某种程度上受到 AI 影响，从行业来看，以美国为例，行政（46%）和法律（44%）类职业受影响的程度较高。目前国内 ChatGPT 相关技术的发展暂时落后于美国，但相信很快就能追上，ChatGPT 技术引发的浪潮也将席卷国内法律服务业，律师需要为此做好准备。

首先，在业务拓展方面，律师需从经营人脉为主转变为经营算法为主。传统时代律师业务主要靠人脉关系，数字时代律师业务主要靠算法，但算法并非凭空而来，而是依赖数据生成，律师要想办法构建自身在数字空间的身份画像，为数字空间提供丰富的数据，这样才能更好地让算法为业务拓展而服务。

其次，在业务类型方面，律师需从提供知识服务升级为提供法律方案专家服务。律师要成为真正的法律之师，要成为能为客户提供复杂法律问题的解决方案的专家，而不是法律知识专家。AI 技术不仅能够记忆各学科知识，还能够实时学习和更新知识，这是人脑难以比拟的。从目前的应用情况来看，ChatGPT 的作用主要集中在对通用性法律知识的整合应用，很难达到专家级水平，更难提供具体法律场景的解决方案，这恰恰是人类律师的优势。另外，关于规制 AI 应用的法律风险的呼声越来越高，在这方面律师也有很大的发展空间。

最后，在业务管理方面，律师不仅要懂专业也要懂技术。技术革命将导致产业革命，法律产业也难以独善其身，律师需适应 AI 时代的法律产业变化，拥抱技术、精进专业，既要发扬律师职业的传统专业智慧，也要能够驾驭数字时代的智能技术。

榜单研究篇

“繁花”之后 | 2023 中国律所榜单指数 Top100 *

吴梦奇　孙麟飞 | 智合研究院

随着 2024 年的到来，再迟钝的律所也应该意识到，律师行业的“繁花”时代已经不在了。

过去的 40 余年里，律师行业从草莽期初生走到高速发展期，再到如今的成熟变革期，成就了一大批具备过硬专业实力的优秀律所。而今，日渐膨胀的从业人员体量、越发复杂的客户服务需求、逐渐触及瓶颈的管理运营，以及行至黎明的法律科技变革，都指向着一个更需要律所形成强组织能力、走向高质量发展的未来。作为专业服务机构的律所，唯有更深度、更彻底、更创新地推进自身专业化建设，培养、锻造出广受认可的专业服务口碑，才能在这个**“后繁花时代”**走在行业前排。

2023 年 1 月，智合发布了《**2022 中国律所榜单指数报告**》，该报告综合梳理了近 500 家中国律所 2022 年在七大榜单（含综合性榜单、专业领域榜单）上的成绩，分析得出国际专业榜单机构对于律所业务实力的认可度——“2022 中国律所榜单指数”及具体排名，为中国律所认识自身专业服务能力、制定下一阶段工作规划提供参考。

智合制作这一报告的初衷，在于综合这些关注律所专业能力、品牌影响力与市场竞争力的评级榜单，为中国律所提供一份衡量自身专业发展水平、找到未来专业建设方向的参考性指引。而 2022 年度报告梳理出的结果，却让智合得出了**“红圈时代的终结”**这一结论，并提出了新的**“200 + 律所圈”**。

一年之后，谁位次上升？谁悄然滑落？曾经的圈层出现了哪些突破？既有的格局是否又发生了哪些变化？在悲观、消极与内卷成为普遍感受的 2023 年，哪些律所选择迎难向上，尝试在繁花落尽之后擎起新的炬火？

2024 年 1 月，《**2023 中国律所榜单指数报告**》如期而至（见表 1）。以 2023 年度律所们的榜单表现为基准，对比 2022 年的榜单指数，于不同律所的位次升降中，我

* 本文首发于“智合”微信公众号 2024 年 1 月 16 日，文中收录数据的日期截至 2024 年 1 月 16 日。

们得以窥见"'繁花'之后"律所在专业建设层面的种种演变。

表1 2023中国律所榜单指数排名（综合性榜单指数排名·总榜）

排名	律所名称	总部所在地	钱伯斯指数	The Legal 500指数	ALB指数	LEGALBAND指数	综合性榜单指数	同比增减（名次）
1	北京市中伦律师事务所	北京	220.50	119.78	188.80	64.40	593.48	0
2	北京市金杜律师事务所	北京	205.10	121.56	179.20	62.80	568.66	0
3	北京大成律师事务所	北京	187.95	94.00	114.00	42.00	437.95	+2
4	北京市君合律师事务所	北京	132.30	83.33	168.80	45.20	429.63	-1
5	北京市环球律师事务所	北京	115.50	90.44	108.80	55.20	369.94	-1
6	上海市锦天城律师事务所	上海	103.95	75.78	132.40	41.40	353.53	0
7	北京市竞天公诚律师事务所	北京	73.15	81.56	136.00	53.20	343.91	0
8	北京德恒律师事务所	北京	89.95	82.00	89.60	33.80	295.35	0
9	北京市汉坤律师事务所	北京	84.35	77.56	95.60	33.20	290.71	+1
10	上海市方达律师事务所	上海	146.30	94.00	9.60	37.20	287.10	-1
11	北京金诚同达律师事务所	北京	72.10	86.00	96.80	17.90	272.80	+1
12	北京市天元律师事务所	北京	66.15	57.11	81.60	46.60	251.46	+1
13	国浩律师事务所	北京、上海、深圳等地	109.20	35.11	52.40	19.50	216.21	+3
14	北京市通商律师事务所	北京	29.75	48.22	101.60	35.60	215.17	0
15	北京观韬中茂律师事务所	北京	63.00	60.67	60.40	27.50	211.57	-4
16	上海市通力律师事务所	上海	50.75	60.22	41.60	33.50	186.07	-1
17	北京市海问律师事务所	北京	35.00	60.67	52.40	21.10	169.17	0
18	北京安杰世泽律师事务所	北京	51.80	54.89	35.60	25.60	167.89	+1
19	泰和泰律师事务所	四川	44.45	39.11	62.80	19.70	166.06	-1
20	北京达辉律师事务所	北京	38.15	73.11	9.20	13.00	133.46	0
21	北京天达共和律师事务所	北京	31.15	36.67	24.40	25.70	117.92	0
22	北京市世辉律师事务所	北京	21.00	43.11	25.60	24.10	113.81	0
23	北京植德律师事务所	北京	15.40	44.22	28.00	24.50	112.12	+3
24	北京浩天律师事务所	北京	35.35	32.44	14.00	29.90	111.69	+1
25	上海市汇业律师事务所	上海	9.80	24.67	55.60	19.30	109.37	-2

续表

排名	律所名称	总部所在地	钱伯斯指数	The Legal 500 指数	ALB 指数	LEGALBAND 指数	综合性榜单指数	同比增减（名次）
26	北京市奋迅律师事务所	北京	37.10	49.56	11.20	6.90	104.76	-2
27	北京市盈科律师事务所	北京	51.80	26.22	12.40	0.00	90.42	+7
28	北京市君泽君律师事务所	北京	19.60	19.11	23.60	19.10	81.41	-1
29	北京市康达律师事务所	北京	25.55	23.78	18.80	8.90	77.03	-1
30	上海中联律师事务所	上海	20.65	13.33	34.40	3.20	71.58	+13
31	北京市嘉源律师事务所	北京	22.40	11.33	18.40	13.60	65.73	-1
32	北京国枫律师事务所	北京	11.20	3.56	34.40	12.80	61.96	+4
33	上海市建纬律师事务所	上海	30.80	6.67	19.20	3.60	60.27	+7
34	广东华商律师事务所	广东	5.60	3.56	47.60	0.00	56.76	+38
35	北京市天同律师事务所	北京	28.35	8.22	11.20	7.10	54.87	-3
36	浙江天册律师事务所	浙江	5.60	9.78	34.80	1.60	51.78	+17
37	广东敬海律师事务所	广东	16.80	10.22	20.80	3.60	51.42	-2
38	北京市炜衡律师事务所	北京	23.45	6.22	16.40	5.20	51.27	-5
39	上海邦信阳律师事务所	上海	11.20	6.67	18.80	8.50	45.17	-2
40	功承瀛泰律师事务所	上海	25.20	7.56	8.80	3.60	45.16	+6
41	北京市万商天勤律师事务所	北京	9.80	7.11	23.60	3.20	43.71	+7
42	昭胜年利达联营办公室	上海	16.80	26.89	0.00	0.00	43.69	-13
43	上海市海华永泰律师事务所	上海	5.25	3.11	34.40	0.00	42.76	+26
44	北京市隆安律师事务所	北京	11.55	6.22	20.00	3.70	41.47	+29
45	上海市协力律师事务所	上海	14.00	3.56	19.60	3.70	40.86	-3
46	北京海润天睿律师事务所	北京	9.80	11.78	8.00	10.40	39.98	+12
47	浙江阳光时代律师事务所	浙江	23.80	7.78	4.80	3.60	39.98	-2
48	北京市权亚律师事务所	北京	19.60	7.11	2.00	10.50	39.21	-17
49	北京市道可特律师事务所	北京	10.85	6.89	14.00	7.00	38.74	+5
50	北京市立方律师事务所	北京	12.95	12.67	8.40	4.20	38.22	-11
51	上海市华诚律师事务所	上海	12.60	8.22	13.60	3.70	38.12	-10
52	山东文康律师事务所	山东	9.80	3.56	23.60	0.00	36.96	+23
53	北京市京都律师事务所	北京	30.10	3.56	0.00	2.00	35.66	+3

续表

排名	律所名称	总部所在地	钱伯斯指数	The Legal 500 指数	ALB 指数	LEGALBAND 指数	综合性榜单指数	同比增减（名次）
54	北京市安理律师事务所	北京	4.20	9.78	13.60	8.00	35.58	-7
55	北京己任律师事务所	北京	7.35	8.89	7.60	10.50	34.34	+11
56	北京市中伦文德律师事务所	北京	15.40	6.22	2.80	9.60	34.02	-6
57	北京市铸成律师事务所	北京	12.95	8.22	8.00	4.50	33.67	-12
58	湖南天地人律师事务所	湖南	5.60	0.00	27.60	0.00	33.20	新增
59	广东广和律师事务所	广东	4.20	3.56	25.20	0.00	32.96	-7
60	上海虹桥正瀚律师事务所	上海	14.00	8.22	7.60	2.50	32.32	-3
61	广东广信君达律师事务所	广东	4.20	2.67	24.40	0.00	31.27	+9
62	广东广悦律师事务所	广东	4.20	7.11	19.60	0.00	30.91	+12
63	浙江六和律师事务所	浙江	5.60	2.67	21.60	0.00	29.87	-14
64	上海正策律师事务所	上海	5.25	3.56	19.60	0.00	28.41	-9
65	北京中银律师事务所	北京	11.20	5.78	2.80	8.00	27.78	+2
66	上海融力天闻律师事务所	上海	12.60	4.67	10.40	0.00	27.67	-4
67	上海汇衡律师事务所	上海	9.45	15.33	2.80	0.00	27.58	-4
68	北京卓纬律师事务所	北京	9.80	7.78	5.60	3.50	26.68	+8
69	浙江京衡律师事务所	浙江	11.20	2.67	11.60	0.00	25.47	-10
70	江苏法德东恒律师事务所	江苏	5.60	0.00	19.60	0.00	25.20	+17
71	北京德和衡律师事务所	北京	4.20	7.33	13.60	0.00	25.13	-20
72	上海元达律师事务所	上海	5.60	10.67	0.00	8.70	24.97	-34
73	北京市百宸律师事务所	北京	5.60	6.67	0.00	12.00	24.27	-5
74	北京市兰台律师事务所	北京	4.20	6.67	7.60	5.30	23.77	+11
75	北京市柳沈律师事务所	北京	14.35	4.67	0.00	4.10	23.12	-15
76	广东信达律师事务所	广东	4.20	6.67	10.40	1.60	22.87	新增
77	北京天驰君泰律师事务所	北京	11.55	0.00	6.00	5.20	22.75	-13
78	上海澄明则正律师事务所	上海	5.60	0.00	8.40	8.00	22.00	0
79	福建信实律师事务所	福建	5.60	0.00	16.00	0.00	21.60	新增

续表

排名	律所名称	总部所在地	钱伯斯指数	The Legal 500 指数	ALB 指数	LEGALBAND 指数	综合性榜单指数	同比增减（名次）
80	广东卓建律师事务所	广东	0.00	3.56	17.20	0.00	20.76	新增
81	北京市天地和律师事务所	北京	7.00	3.56	6.00	4.10	20.66	-20
82	上海段和段律师事务所	上海	6.65	3.11	10.80	0.00	20.56	新增
83	江苏剑桥颐华律师事务所	江苏	4.20	0.00	15.60	0.00	19.80	新增
84	江苏世纪同仁律师事务所	江苏	4.20	2.22	9.60	1.60	17.62	+12
85	陕西稼轩律师事务所	陕西	11.20	0.00	6.40	0.00	17.60	-5
86	上海博和汉商律师事务所	上海	12.60	4.22	0.00	0.00	16.82	新增
87	北京市高朋律师事务所	北京	11.20	0.00	0.00	5.40	16.60	-1
88	北京市中闻律师事务所	北京	4.20	2.67	5.60	3.20	15.67	新增
89	上海申浩律师事务所	上海	5.25	3.56	6.80	0.00	15.61	+2
90	北京恒都律师事务所	北京	4.20	0.00	5.60	5.80	15.60	-11
91	浙江金道律师事务所	浙江	4.20	2.67	8.00	0.00	14.87	新增
92	集佳律师事务所	北京	12.95	0.00	0.00	1.60	14.55	+2
93	上海弼兴律师事务所	上海	0.00	6.89	7.60	0.00	14.49	新增
94	北京采安律师事务所	北京	5.60	7.11	0.00	1.60	14.31	-10
95	北京市柯杰律师事务所	北京	0.00	0.00	3.60	10.10	13.70	+5
96	山东德衡律师事务所	山东	5.60	0.00	8.00	0.00	13.60	新增
97	上海建领城达律师事务所	上海	5.60	7.78	0.00	0.00	13.38	-4
98	重庆百君律师事务所	重庆	5.60	2.67	4.40	0.00	12.67	新增
99	天津金诺律师事务所	天津	12.60	0.00	0.00	0.00	12.60	-17
100	上海方旭律师事务所	上海	5.25	7.11	0.00	0.00	12.36	新增

注：在《中国律所榜单指数报告》中，智合榜单研究团队以**钱伯斯（Chambers and Partners）、亚洲法律杂志（Asian Legal Business，ALB）、The Legal 500、Benchmark Litigation、IP Stars、IFLR 1000、LEGALBAND** 七大榜单上一年度所公布的律所成绩为数据基础，结合**不同榜单进入中国的时间、覆盖的业务领域和区域市场、评选体系和研究方式、市场影响力、行业反馈、发榜周期**等多维度参数，通过对前述参考要素进行赋值及计算，最终得出**“中国律所榜单指数”**。

一、整体排布：中伦、金杜稳居第一梯队，大成、君合等 10 家律所为第二梯队

将综合性榜单指数按区间划分后，可以将律所分为六级梯队（见图 1）。

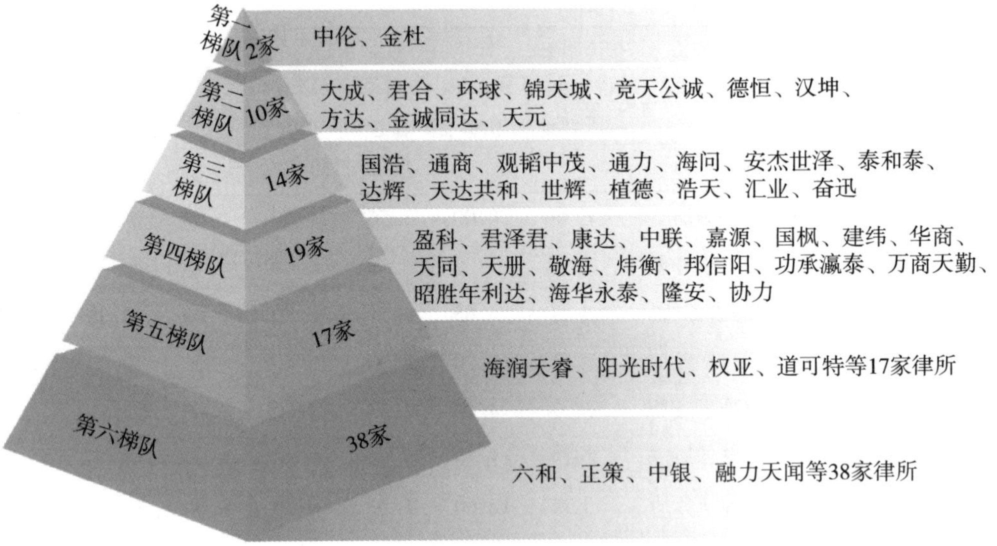

图1　中国律所榜单指数·总榜梯队分布

相较于2022年，2023年的指数排名总榜整体仍延续了“正金字塔结构”，不同律所次第排布，区别在于100家登榜律所的整体成绩进步明显，指数平均数从**73.88**提升到了**90.75**。这意味着，2023年的100家登榜律所在专业建设上取得了更多成果，从侧面印证了行业整体专业水平的持续提升。

但与此同时，极端分差则从2022年的511.85进一步扩大到了581.12——考虑到登榜门槛线仅从10.60小幅提升至12.36这一事实，显然，行业“马太效应”在加剧，头部律所在榜单方面的表现也变得更加“抢眼”了。

- 第一梯队律所不变，仍由**中伦**、**金杜**2家独占鳌头。
- 第二梯队由2022年的6家提升至10家，分别为**大成**、**君合**、**环球**、**锦天城**、**竞天公诚**、**德恒**、**汉坤**、**方达**、**金诚同达**、**天元**。
- 第三梯队的波动相对平缓，第四、第五梯队则出现了十分明显的位次升降变化，其中，第四梯队仍由京沪律所主导，第五梯队则是由京沪律所、区域律所以犬牙差互之态紧密交错而构成。
- 相较于第五梯队的激烈竞争，第六梯队受新生力量的冲击更为明显——跌落第六梯队并不意味着失败，新登榜者也无法断言能在下一年站稳脚跟。与头部律所“全领域制霸”的格局不同，尺短寸长的第六梯队是具备无限可能的一个梯队。

从梯队分布来看，**全国性律所品牌对头部市场的宰治仍在持续，但区域律所与新**

锐势力确实正在以较 2022 年更为迅猛的势头冲击着既有的榜单“秩序”。

二、规模律所的奋楫：大成跻身前 3 位，盈科升至第 27 位

规模化不等于规模经济，律师行业的规模化浪潮仍在延续，“适度规模化”成为新一轮发展潮流，已经完成规模化的律所则开始探寻从“规模化”向“规模经济”的转型——其中的部分成果，让这些律所成了 2023 年榜单指数报告中表现活跃的主角之一：

在 2022 年的榜单中，**大成**以 335.99 的指数位列第 5，今年则攀升了 2 个席位，以 437.95 的指数成为榜上仅次于中伦、金杜的第 3 席，也与君合一道打破了 2022 年榜单缺少“400 +”指数的律所的格局。2021 年将战略目标调整成“国际化、专业化、数智化、碳中和”的**盈科**，位次较 2022 年的 33 位再攀升 7 位，距第三梯队已一步之遥。从曾经的律师联盟整合蜕变成全国性律所的**中联**，2023 年的位次也提升了 13 位之多。作为规模律所中的精专律所，2022 年排在第 40 位的**建纬** 2023 年也进一步提升 7 位，排在第 33 位。2022 年排在第 46 位的瀛泰在 2023 年与吉林功承完成合并，合并后的**功承瀛泰**在榜单上的位次提升至第 40 位。

当然，有升必有降，一个有意思的现象是，今年在位次上下滑的律所大部分在指数上都有所提升——换句话说，**大部分下降不是因为律所自身退步，而是在其他律所进步更大的情况下，进步小就等同于退步**。

三、“200 +律所圈”：小扩容，大提升

2022 年的榜单指数报告中，13 家榜单指数超过 200 的律所构成了新格局——“200 + 律所圈”，2023 年，榜单指数超过 200 的律所增加到了 15 家，分别为**中伦、金杜、大成、君合、环球、锦天城、竞天公诚、德恒、汉坤、方达、金诚同达、天元、国浩、通商、观韬中茂**。2022 年以 19.43 分之差未入圈的**通商**，2023 年指数一举增加 34.6，在位次未变的情况下成功“进圈”；**国浩**则是从 2022 年的 179.35 提升至 2023 年的 216.21，成为“200 + 律所圈”的第 13 席。

排在前 10 位的律所内部的竞争较小，第 1 位和第 10 位间的分差上甚至达到了 300 以上。除表现尤其活跃的大成外，一些新变化也值得一看。

• 第一梯队的中伦、金杜彼此间指数分差仍然不大，但二者均分别在 2022 年基础上提升了 60 以上，与后续梯队拉开了超过了 130 的差距。

- 2022 年指数在“300 +”的大成、君合双双取得突破，组成了当期榜单中不存在的“400 +”组合，奈何榜单前两名仍不断巩固着领先优势，因此大成、君合只能暂居第 3、4 位。当然，两所与第 5 位间的差距也在 60 左右，几乎可以另列为一个梯队了。
- 同样作为排名下滑 1 位的排在前 10 位的律所，环球的情况似乎比君合更“无奈”：总指数虽有上涨，却敌不过提升幅度更大的君合与大成，暂且与锦天城、竞天公诚组成“300 +”阵营——值得一提的是，锦天城提升 50 以上，竞天公诚更是提升 80 以上。
- 汉坤、金诚同达、天元等几家律所的表现亦可圈可点，均在 2022 年排位的基础上上升 1 位，步伐稳健。

从总榜具体指数表现来看，“200 + 律所圈”的平均指数从 2022 年的 309.35 提升到了 2023 年的 342.50——榜单表现是对律所在专业、品牌两个板块投入的直接体现，显然，2023 年头部律所在专业建设和品牌打造上普遍选择了持续巩固自身优势。

正如智合在 2022 年所期待的那样，中国律所在不确定性中并未停止对于自身专业服务能力的升级。而在这轮升级大潮中，2022 年总榜中那批头部律所继续扮演着难以替代的“火车头”角色。

四、“非诉”连胜，“区域”加权

相较于 2022 年，在**非诉**领域业务实力超群的律所仍排在了榜单前列，最直观的表现无疑是“200 + 律所圈”迎来国浩、通商两家资本市场业务强所进圈。

2022 年的总榜中，榜单指数 100 以下的共有 78 家律所，今年则减少为 74 家，其中有不少 2022 年榜单未曾出现的新面孔，如第 82 位的**段和段**与第 88 位的**中闻**。除以上两家律所外，绝大部分律所都是各个区域法律服务市场的优秀律所，例如上海（长三角）的博和汉商，湖南的天地人，广东的信达、卓建，江苏的剑桥颐华，浙江的金道等。除新上榜律所外，2022 年已在榜的区域律所中亦有多家提升明显：如天册、文康、广悦、法德东恒等。

区域律所入榜，一方面与榜单评级机构对区域市场的关注加大有关，另一方面也得益于区域律所在管理升级、规模化和专业化方面所做的大量努力。

与 2022 年类似，想要获得更高的榜单指数，区域律所、专精律所需考虑适度规模化——不仅是在人员数量、分所数量的维度上增加，**更要注重业务的横、纵向拓展，横向是指与现有业务前后相关联的部分，纵向是指与现有客户上下游相关联的部分——以拓宽律所的服务能力边界，更便利地服务客户。**

“龙”战于野 | 2023 中国律所榜单指数排名（区域律所）*

吴梦奇　孙麟飞　|　智合研究院

上一篇文章《**“繁花”之后 | 2023 中国律所榜单指数排名 Top100**》从**全国法律服务市场**的层面，分析了 Top100 律所在专业服务水平方面的综合表现；本文将聚焦**区域法律服务市场**层面，探讨同一区域内不同类型律所的业务发展情况与区域影响力。

2023 年，本文依旧沿用了 2022 年对于区域市场及律所的划分原则：基于各大榜单的律所分类标准、律所总部所在地及其实际布局情况，同一区域内的律所将被划分为**区域本地所**和**全国布局所**两类：

- **区域本地所（以下简称区域所）**：指以省内或邻省布局为主、极少涉足其他非北上广深之外省市的律所，例如广东广信君达、广东国信信扬、广东信达、山东德衡、浙江京衡、浙江天册等律所，虽有省外分所，但数量极少且个别位于北上广深。
- **全国布局所（部分榜单也称之为非本地所，以下简称全国所）**：指已经开启全国布局的律所，例如广东华商、广东广和、广东敬海、广东卓建、重庆坤源衡泰、贵州贵达等律所，除本省及北上广深外，还在其他多个省市开设分所。

同时，鉴于区域经济及法律服务市场发展的不均衡性，过于精细的地域划分会让律所的榜单数据失去可比性与可探讨性，故本文以“东部—南部—西部—北部”作为观察维度，具体城市分布如下：

- **东部**：包括山东、江苏、安徽、浙江、福建；
- **南部**：包括广东、广西、海南、湖北、湖南、河南、江西；
- **西部**：包括宁夏、新疆、青海、陕西、甘肃、四川、云南、贵州、西藏、重庆；

---

* 本文首发于“智合”微信公众号 2024 年 1 月 24 日，文中收录数据的日期截至 2024 年 1 月 16 日。

• **北部**：包括天津、河北、山西、内蒙古、辽宁、吉林、黑龙江。

相较“2022 中国律所榜单指数排名（区域）”中的情况，2023 年区域榜有了怎样的变化？哪些区域所、全国所在新一轮竞争中取得了先机？结合下文中各律所的榜单指数与排名变化，或能从 2023 年渐酣的角逐竞争中，推演法律行业的“玄黄变易”与“群龙所向”。

一、2023 年中国律所榜单指数排名（区域）－区域所

（一）东部：头部格局稳定，信实跃入前 10 位

在东部地区排在前 20 位的律所中，浙江延续了 2022 年度的强劲势头，仍以7 家区域所的数量在前 20 位中占下 35% 的席位；山东、江苏继续保持并列第 2，2023 年江苏律所整体排名更靠前，但山东文康较 2022 年进步 2 位，成功在浙江律所的重围中挤进东部前 3 位；福建律所中，2022 年排在第 20 位的信实 2023 年提升 13 位，幅度十分可观（见表 1）。

表 1　2023 年中国律所榜单指数排名（区域）－东部地区区域所

排名	同比增减（名次）	律所名称	总部所在地	榜单指数
1	0	浙江天册律师事务所	浙江	556.29
2	0	浙江阳光时代律师事务所	浙江	377.14
3	2	山东文康律师事务所	山东	329.14
4	-1	浙江六和律师事务所	浙江	305.14
5	-1	浙江京衡律师事务所	浙江	280.29
6	0	江苏法德东恒律师事务所	江苏	262.29
7	13	福建信实律师事务所	福建	185.14
8	新增	江苏剑桥颐华律师事务所	江苏	182.57
9	-1	浙江金道律师事务所	浙江	171.43
10	-3	江苏世纪同仁律师事务所	江苏	164.57
11	0	山东德衡律师事务所	山东	132.00
12	5	福建天衡联合律师事务所	福建	113.14
13	-1	江苏新高的律师事务所	江苏	102.86
13	-4	浙江泽大律师事务所	浙江	102.86
15	-6	福建拓维律师事务所	福建	84.00
16	新增	浙江垦丁律师事务所	浙江	80.57

续表

排名	同比增减（名次）	律所名称	总部所在地	榜单指数
17	-1	山东众成清泰律师事务所	山东	68.57
18	-1	山东康桥律师事务所	山东	63.43
19	-2	江苏亿诚律师事务所	江苏	56.57
20	-7	山东国曜琴岛律师事务所	山东	51.43

数据来源：智合榜单研究团队。
注：制表：智合。

（二）南部：依旧领先的湖广，新鲜入局的河南

在南部地区，2022 年广东就以 11 家律所的压倒性优势拿下榜单指数前 20 位的半壁江山，2023 年更是将上榜律所数量提升到了 13 家，其中，广信君达以近 100% 的指数提升幅度升至南部第 2 位；湖南则以 5 席的成绩排在广东之后，但作为湖南领头羊的天地人以 226.93 的榜单指数成功登顶南部地区区域所榜单；湖北与河南各有 1 家律所登榜，其中河南于 2023 年成为新增的律师人数破 3 万的省份，河南仟问也作为新面孔进入 2023 年的南部地区区域所前 20 位（见表 2）。

表 2　2023 年中国律所榜单指数排名（区域）–南部地区区域所

排名	同比增减（名次）	律所名称	总部所在地	榜单指数
1	1	湖南天地人律师事务所	湖南	226.93
2	2	广东广信君达律师事务所	广东	218.57
3	-2	广东广悦律师事务所	广东	203.79
4	新增	广东信达律师事务所	广东	154.29
5	4	广东华进律师事务所	广东	150.43
6	-3	广东金鹏律师事务所	广东	74.57
7	3	广东固法律师事务所	广东	72.00
7	-2	湖南华夏方圆律师事务所	湖南	72.00
9	-3	广东敦和律师事务所	广东	63.00
10	新增	广东金桥百信律师事务所	广东	61.71
11	-4	广东晟典律师事务所	广东	60.43
11	3	广东恒运律师事务所	广东	60.43
13	-5	广东卓信律师事务所	广东	57.86
14	2	湖南湘军麓和律师事务所	湖南	50.14

续表

排名	同比增减（名次）	律所名称	总部所在地	榜单指数
15	-2	湖南启元律师事务所	湖南	46.29
16	新增	广东恒福律师事务所	广东	39.86
17	新增	广东良马律师事务所	广东	38.57
18	-6	湖南人和人律师事务所	湖南	37.29
19	-2	湖北得伟君尚律师事务所	湖北	36.00
19	新增	河南仟问律师事务所	河南	36.00

数据来源：智合榜单研究团队。

注：制表：智合。

（三）西部：陕川渝保持领先，宁夏新增2家

在西部地区区域所前20位中，陕西仍是登榜律所最多的省份，数量虽从2022年的8家小幅下滑至2023年的7家，但在榜律所均较2022年取得了名次上的提升，稼轩亦成功登顶西部地区区域所榜单；川渝双雄分别入榜4家、2家，宁夏则进步明显，新上榜2家，共3家入榜；云南凌云则成为西南地区上榜的新面孔，让云南区域所的在榜数量提升至2家（见表3）。

表3 2023年中国律所榜单指数排名（区域）–西部地区区域所

排名	同比增减（名次）	律所名称	总部所在地	榜单指数
1	1	陕西稼轩律师事务所	陕西	576.00
2	1	重庆百君律师事务所	重庆	388.65
3	6	陕西永嘉信律师事务所	陕西	231.47
4	0	四川明炬律师事务所	四川	218.62
5	8	四川发现律师事务所	四川	215.46
6	10	陕西海普睿诚律师事务所	陕西	149.19
7	6	陕西丰瑞律师事务所	陕西	110.25
7	4	四川恒和信律师事务所	四川	110.25
9	7	陕西至正律师事务所	陕西	81.00
10	0	宁夏宁人律师事务所	宁夏	73.47
11	-5	青海树人律师事务所	青海	36.00
12	新增	宁夏方和圆律师事务所	宁夏	20.25

续表

排名	同比增减（名次）	律所名称	总部所在地	榜单指数
12	新增	宁夏辅德律师事务所	宁夏	20.25
12	4	陕西博硕律师事务所	陕西	20.25
12	-4	四川致高律师事务所	四川	20.25
12	4	云南澜湄律师事务所	云南	20.25
12	新增	云南凌云律师事务所	云南	20.25
12	-7	贵州惟胜道律师事务所	贵州	20.25
12	0	重庆志和智律师事务所	重庆	20.25
13	新增	陕西金镝律师事务所	陕西	17.46

数据来源：智合榜单研究团队。

注：制表：智合。

（四）北部：前10位中4家天津所，辽宁、山西各2家

在北部地区区域所前10位中，5个省市呈梯队分布，其中天津共有4家律所上榜，辽宁、山西各2家，河北、内蒙古各1家。其中，山西华炬提升明显，与同省的中吕并列第3位（见表4）。

表4 2023年中国律所榜单指数排名（区域）－北部地区区域所

排名	同比增减（名次）	律所名称	总部所在地	榜单指数
1	0	天津金诺律师事务所	天津	103.32
2	0	辽宁恒信律师事务所	辽宁	75.23
3	4	山西华炬律师事务所	山西	57.60
3	0	山西中吕律师事务所	山西	57.60
5	0	天津四方君汇律师事务所	天津	49.67
6	0	辽宁同方律师事务所	辽宁	20.00
7	新增	河北冀华律师事务所	河北	14.40
7	0	内蒙古建中律师事务所	内蒙古	14.40
9	新增	天津华盛理律师事务所	天津	8.10
9	新增	天津澍泽律师事务所	天津	8.10

数据来源：智合榜单研究团队。

注：制表：智合。

二、2023 年中国律所榜单指数排名（区域）－全国所

（一）东部：中伦、锦天城、国浩领衔，金杜、大成次之

在东部地区的全国所前 20 位中，前 5 位仍由 2022 年的前 5 位宰治，但具体位次则有变化：中伦升至第 1 位，随后是锦天城、国浩、金杜以及大成。其中，中伦以区域内 3 家分所的数量登顶东部地区全国所榜单，单体实力可见一斑。东部地区全国所榜单中，总部位于北京、上海的律所分别占 14 家、4 家，至少在东部市场，京沪大所与其他品牌的实力对比仍是“九一开”（见表 5）。

表 5　2023 年中国律所榜单指数排名（区域）－东部地区全国所

排名	同比增减（名次）	律所名称	分所所在地	榜单指数
1	4	北京市中伦律师事务所	青岛、南京、杭州	495.59
2	0	上海市锦天城律师事务所	济南、青岛、南京、合肥、杭州、福州、厦门、苏州	495.22
3	-2	国浩律师事务所	济南、青岛、南京、苏州、合肥、杭州、宁波、福州	484.60
4	0	北京市金杜律师事务所	济南、青岛、杭州、南京、苏州、无锡	399.35
5	-2	北京大成律师事务所	济南、青岛、南京、常州、南通、无锡、合肥、杭州、宁波、温州、舟山、福州、厦门、苏州	362.05
6	1	北京金诚同达律师事务所	济南、青岛、南京、合肥、杭州	251.23
7	1	北京德恒律师事务所	济南、青岛、烟台、南京、苏州、无锡、合肥、杭州、宁波、温州、福州、厦门、泉州	242.22
8	7	北京市竞天公诚律师事务所	南京、杭州	226.11
9	0	北京市君合律师事务所	青岛、杭州	213.69
10	2	泰和泰律师事务所	济南、南京、福州、杭州	209.18
11	-5	北京观韬中茂律师事务所	济南、青岛、南京、合肥、杭州、福州、厦门、苏州	200.56
12	-2	北京天达共和律师事务所	南京、杭州	171.30

续表

排名	同比增减（名次）	律所名称	分所所在地	榜单指数
13	5	北京市通商律师事务所	杭州、苏州	150.24
14	3	北京市天元律师事务所	南京、苏州、杭州、合肥	145.08
15	-4	上海市汇业律师事务所	青岛、南京、常州、连云港、南通、无锡、合肥、杭州、宁波、浙江自贸试验区、厦门、苏州	133.76
16	4	北京市万商天勤律师事务所	南京、杭州、福州	101.74
17	新增	上海市协力律师事务所	济南、青岛、苏州、南通、无锡、徐州、南京、淮安、厦门、福州、杭州	96.93
18	新增	北京安杰世泽律师事务所	南京、厦门	90.50
19	-3	上海市建纬律师事务所	济南、南京、合肥、杭州、福州	87.26
20	-7	北京市天同律师事务所	南京	73.42

数据来源：智合榜单研究团队。

注：制表：智合。

（二）南部：中伦、大成、金杜排前3位

在南部地区的全国所前20位中，京沪大所仍延续了自身的统治力。锦天城与盈科相较2022年各提升3位，在前10位的激烈竞争中逆流而上。与东部地区全国所榜单相比，排在南部地区全国所前20位的律所在区域机构数极值上的差别更大，既有环球、金诚同达、方达、敬海等仅设1~2处分所的精品路线，也有盈科、华商多达20余家分支机构的网状布局（见表6）。

表6 2023年中国律所榜单指数排名（区域）-南部地区全国所

排名	同比增减（名次）	律所名称	分所所在地	榜单指数
1	2	北京市中伦律师事务所	广州、深圳、海口、武汉	470.68
2	0	北京大成律师事务所	洛阳、长沙、广州、海口、三亚、南宁、南昌、深圳、宜昌、武汉、郑州、洛阳、珠海	394.89
3	-2	北京市金杜律师事务所	广州、海口、三亚、珠海、深圳、横琴（联营）	379.58
4	0	国浩律师事务所	深圳、广州、南宁、长沙、武汉、郑州、海口、南昌	296.00

续表

排名	同比增减（名次）	律所名称	分所所在地	榜单指数
5	3	上海市锦天城律师事务所	前海（联营）、广州、深圳、郑州、南昌、武汉、海口、长沙	290.83
6	3	北京市盈科律师事务所	广州、深圳、武汉、长沙、佛山、南宁、郑州、南昌、东莞、珠海、海口、荆州、惠州、宜昌、中山、江门、洛阳、汕头、商丘、湛江、茂名、肇庆、南阳、河源、横琴	276.43
7	0	北京市竞天公诚律师事务所	深圳、广州、三亚	276.22
8	-3	北京市君合律师事务所	深圳、广州、海口	270.96
9	-3	北京德恒律师事务所	海口、广州、深圳、长沙、武汉、郑州、珠海、东莞、三亚、南宁、南昌	229.53
10	9	北京市环球律师事务所	深圳	210.93
11	4	泰和泰律师事务所	广州、深圳、武汉、海口、南昌、郑州	186.27
12	1	广东华商律师事务所	广州、武汉、长沙、郑州、南昌、南宁、赣州、三亚、柳州、永州、佛山、东莞、惠州、珠海、汕头、揭阳、龙岗、光明、龙华、盐田、坪山、前海（联营）、前海·广州（联营）、海口（联营）、前海·坪山（联营）、福田（联营）	180.60
13	-3	北京市天元律师事务所	广州、深圳、海口、武汉	168.75
14	-2	北京市通商律师事务所	深圳、武汉、海口	145.98
15	新增	北京金诚同达律师事务所	深圳、广州	139.49
16	新增	上海市建纬律师事务所	深圳、武汉、南昌、郑州、东莞、广州、海口、南宁、长沙	134.91
17	新增	北京市万商天勤律师事务所	深圳、武汉、长沙、海口、广州	132.66
18	-4	上海市方达律师事务所	广州、深圳	132.00

续表

排名	同比增减（名次）	律所名称	分所所在地	榜单指数
19	-2	北京市君泽君律师事务所	深圳、广州、长沙、珠海、海口、郑州、南昌	131.67
20	-9	广东敬海律师事务所	广州（总部）、深圳	126.27

数据来源：智合榜单研究团队。

注：制表：智合。

（三）西部：泰和泰“领跑”，大成、国浩紧随其后

在西部地区的全国所前20位中，缘起四川的泰和泰较2022年榜单指数提升60以上，成为西部地区全国所的“领头羊”；大成、国浩、德恒与中伦分列第2~5位。此外，建纬、段和段、万商天勤和盈科成为2023年西部地区全国所前20位中的新面孔（见表7）。

表7　2023年中国律所榜单指数排名（区域）-西部地区全国所

排名	同比增减（名次）	律所名称	分所所在地	榜单指数
1	1	泰和泰律师事务所	成都、重庆、贵阳、昆明、拉萨、西安、西宁、乌鲁木齐、壤塘	410.57
2	1	北京大成律师事务所	成都、重庆、西安、乌鲁木齐、昆明、贵阳、兰州、银川、拉萨、西宁、谢通门	393.57
3	1	国浩律师事务所	成都、重庆、西安、乌鲁木齐、昆明、贵阳、银川、拉孜	353.57
4	4	北京德恒律师事务所	成都、重庆、贵阳、昆明、西安、乌鲁木齐、银川、兰州、西咸新区	331.57
5	-4	北京市中伦律师事务所	成都、重庆	311.57
6	-1	上海中联律师事务所	成都、重庆、贵阳、昆明、兰州、西安	297.57
7	2	上海市锦天城律师事务所	成都、重庆、西安、乌鲁木齐、昆明	278.57
8	-2	北京市金杜律师事务所	成都、重庆	251.57
9	1	北京市炜衡律师事务所	成都、重庆、贵阳、昆明、西安、延安、兰州、乌鲁木齐、长沙、榆林	188.57

续表

排名	同比增减（名次）	律所名称	分所所在地	榜单指数
10	1	北京金诚同达律师事务所	成都、重庆、西安	185.57
11	2	北京市康达律师事务所	成都、重庆、西安	149.57
12	6	北京市天元律师事务所	成都、西安、昆明	140.57
13	-6	重庆坤源衡泰律师事务所	成都、重庆、昆明、贵阳	136.70
14	-1	中豪律师事务所	成都、重庆、贵阳	130.70
15	-3	北京市环球律师事务所	成都	90.00
16	新增	上海市建纬律师事务所	成都、重庆、乌鲁木齐、昆明、武汉、西安、西宁、兰州、贵阳	83.57
17	新增	上海段和段律师事务所	成都、重庆、德阳、绵阳、昆明、乌鲁木齐、西安	80.57
18	2	北京市天同律师事务所	重庆、西安	48.00
19	新增	北京市万商天勤律师事务所	成都、西安、昆明	42.00
19	新增	北京市盈科律师事务所	成都、昆明、拉萨、乌鲁木齐、银川、西安、绵阳、库尔勒、西宁、德阳、江孜、昭通	42.00

数据来源：智合榜单研究团队。
注：制表：智合。

（四）北部：大成、国浩领头，盈科跻身前3位

在北部地区的全国所前10位中，大成以明显优势领跑，与国浩拉开较大差距；盈科则在2022年的基础上进步2位，步入前3位。此外，2022年在北部地区区域所榜单中角逐的功承，2023年由于与瀛泰的合并而以功承瀛泰的新身份加入了全国所的新战场（见表8）。

表8　2023年中国律所榜单指数排名（区域）-北部地区全国所

排名	同比增减（名次）	律所名称	分所所在地	榜单指数
1	0	北京大成律师事务所	天津、石家庄、太原、内蒙古、大连、吉林、沈阳、长春、哈尔滨	248.93
2	0	国浩律师事务所	天津、石家庄、太原、大连	184.93

续表

排名	同比增减（名次）	律所名称	分所所在地	榜单指数
3	2	北京市盈科律师事务所	天津、石家庄、沈阳、大连、长春、呼和浩特、太原、晋城、鄂尔多斯、包头、邯郸、唐山、哈尔滨、营口、赤峰、葫芦岛	126.00
4	5	北京德恒律师事务所	长春、天津、大连、太原、石家庄、雄安	66.93
5	-2	北京市中伦文德律师事务所	天津、石家庄、太原、沈阳、大连	60.00
6	新增	功承瀛泰律师事务所	天津、吉林、长春、沈阳	56.00
7	-2	北京金诚同达律师事务所	沈阳、大连	48.93
8	新增	北京市君泽君律师事务所	天津、长春、石家庄	42.00
8	-3	上海中联律师事务所	天津、大连	42.00
8	新增	上海兰迪律师事务所	大连、太原、长春	42.00

数据来源：智合榜单研究团队。

注：制表：智合。

三、区域所的未来，是差异化竞争，还是地理“破圈”

2022年梳理“2022中国律所榜单指数排名（区域律所）”时，智合便已经关注到了区域市场中区域所、全国所紧密交织的竞争格局：在东南西北四大区域，区域所都有着出色表现，与全国所之间互有攻防。

2023年，随着各大榜单持续加强对区域市场的关注度，区域律所的竞争力也得到了更高的重视——最具体的表现就是，在“2023中国律所榜单指数排名（区域律所）”中的东部、西部两部分市场，已经有区域所的榜单指数超过了全国所。

但如将目光投向整体竞争态势，则不难发现一个事实，即**在南部、北部市场，区域所的提升幅度相较全国所来说仍是偏小的**：东部地区如江浙等地经济较发达，西部如陕川渝亦有富有竞争力的本土品牌，相较这两部分市场，区域所在受北京“虹吸效应”影响的北部市场表现欠佳可以理解，那么为什么南部市场的区域所也似乎发展表现欠佳？

答案其实不难看出，即南部市场的律所在“全国化”层面采取了更加积极、激进的态度，如华商、广和等本土品牌很早就选择在全国设点，力图“走出去”。但对于区域所来说，从北京、上海走向全国和从其他地区走向全国的难度基本是两个概念——即便广东区域所在南部市场表现出了堪称“霸榜”的实力，但当竞争维度提升到全国性品牌时，仍处于较京沪律所相对弱势的地位。广东较为发达的区域经济足以支撑起一批优秀本土品牌，却也因为显著的地方特色而难以为出省的区域所提供更多助力。即便如此，相较于其他更多内陆省份，广东律所的发展环境已经可以算是得天独厚了。

为什么要走出去？不止一家区域所在接受智合访谈时提到，区域市场天然存在“天花板”，这重“天花板”不仅影响业务、客户层面，还在人才、技术等更多维度充当着区域所取得进一步发展的“拦路虎”。2023 年，智合看到了更多“区域突围”的尝试——例如已经通过合并形式组成新的全国性战力的功承瀛泰，再如正在尝试中、于 2023 年年末迎来首家省外分所开张的湖南天地人等。

区域所们用实际行动抛出并尝试解答着那个问题：**区域所的未来，是继续在省内和全国所打差异化竞争，还是“打不过就加入”，即便困难重重也要从地理维度上实现“破圈”？**这两种路线都有其长板和局限，站在行业变革初期的当下也无从判断孰优孰劣，甚至可以断定，往后一段时间必然会出现这两种方法在一定程度上融合并行的发展路径。但区域所进行路径选择的出发点，仍会取决于律所**对于自身发展的核心定位、对于专业服务的本质追求、对于客户服务的深度思考，以及对于行业趋势的精准研判**。

这场越发残酷的区域市场竞争中，专业本身仍是核心战力，但由全国性律所品牌不断下沉而带来的对于区域性律所全方位综合实力的考验，才是决定下个时代里谁能成为区域市场头部玩家的关键。

从 2023 Global 200 榜单，看全球法律市场消长*

张照栋 | 智合研究院

2023 年 9 月 20 日，《美国律师》（*The American Lawyer*）发布“2023 Global 200”榜单，按照 2022 财年营收总额排出了全球 200 大律所。

相较于 2021 年烈火烹油般的态势，2022 年全球各大律所的日子显然并不好过。Global 200 律所的营收总额仅增长了 1.2%，律师人数平均增长了 6.1%，律师人均创收（RPL）则下降了 4.6%。其中，律师人数增长和 RPL 下降主要是由排名后 100 的律所驱动的。排名前 100 的律所规模几乎保持不变，但后 100 名律所的律师人数增长率高达 20.5%；排名前 100 的律所 RPL 小幅增长了不到 1%，而排名后 100 的律所 RPL 大幅下降了 16%。

《美国律师》杂志将全球各大律所 2022 年的表现形容为“跌落地面”，一位律所领导人则直呼行业的大起大落实在来得太快：“从来没有一个时期像这两年这样，‘热得发烫，然后又急速冷却’。”[1]

然而，全球的法律市场真的是“哀鸿遍野”吗？

细细盘点榜单，将视线转移至头部大所之外，或许我们能得出不同的答案。

一、营收普降的中国律所

经济下行，行业内卷，2022 年对于中国律所来说，日子着实有些艰难，最直观的体现就是营收数据。在“2023 Global 200”榜单中，共有 11 家中国律所上榜，其中大成 Dentons、金杜、盈科、锦天城和中伦这 5 家律所进入全球前 100。除了大成外，其他律所的排名均下滑。而大成今年和 Dentons 分家后，明年榜单上的排名和营

---

* 本文首发于“智合”微信公众号 2023 年 10 月 11 日，文中收录数据的日期截至 2023 年 9 月 20 日。

[1] ALM，*The Year the Global* 200 *Law Firms Returned to Earth With a Bump*，https://www.law.com/2023/09/19/the-year-the-global-200-law-firms-returned-to-earth-with-a-bump-405-128868/.

收数据必然会下滑（见表1、表2）。

表1　2023 Global 200 上榜中国律所（律师人数、总创收）

律所名称	2023 排名	2022 排名	2022 年律师人数/人	2021 年律师人数/人	2022 年全球业务收入/亿美元	2021 年全球业务收入/亿美元
*大成 Dentons[1]	5	6	12, 607	12, 064	31	29. 41
金杜	44	37	3036	2599	13	14. 30
盈科	50	46	14, 336	13, 299	12. 21	12. 59
锦天城	75	68	4006	3715	8. 37	9. 20
中伦	90	79	1685	2310	6. 54	7. 32
国浩	103	93	4754	4134	5. 64	6. 20
德恒	122	93	4416	4015	5. 06	6. 20
君合	168	152	719	648	3. 16	3. 63
京师	172	145	5757	5187	3. 09	3. 83
方达	184	168	858	825	2. 88	3. 26
炜衡	185	未上榜	3652	3136	2. 84	2. 54

数据来源：Law. com International。

注：整理/制表：智合研究院。

1　该数据统计包括境内的大成律师事务所与境外的 Dentons。

表2　2023 Global 200 上榜中国律所（律师人均创收、权益合伙人平均利润）

律所名称	2023 排名	2022 排名	2022 年律师人均创收/万美元	2021 年律师人均创收/万美元	2022 年权益合伙人平均利润/万美元	2021 年权益合伙人平均利润/万美元
*大成 Dentons[1]	5	6	24. 6	24. 4	35. 9	37. 9
金杜	44	37	42. 8	55. 0	30. 8	51. 1
盈科	50	46	8. 5	9. 5	54. 4	29. 3
锦天城	75	68	20. 9	24. 8	44. 3	77. 7
中伦	90	79	38. 8	31. 7	42. 0	61. 4
国浩	103	93	11. 9	15. 0	24. 2	36. 4
德恒	122	93	11. 5	15. 4	20. 0	40. 5
君合	168	152	43. 9	56. 0	55. 2	90. 9

续表

律所名称	2023 排名	2022 排名	2022 年律师人均创收/万美元	2021 年律师人均创收/万美元	2022 年权益合伙人平均利润/万美元	2021 年权益合伙人平均利润/万美元
京师	172	145	5.4	7.4	10.5	23.7
方达	184	168	33.6	39.5	58.7	72.0
炜衡	185	未上榜	7.8	8.1	33.3	27.5

数据来源：Law. com International。

注：整理/制表：智合研究院。

1　该数据统计包括境内的大成律师事务所与境外的 Dentons。

由表 1 和表 2 可见，在这 11 家中国律所中，除了大成 Dentons 和炜衡外，其余 9 家律所的营收均下降，下降平均值为 7000 万美元；这 11 家律所的律师人均创收的平均值为 22. 7 万美元，较 2021 年的 26. 07 万美元下降 13%，这一数据远高于榜单平均值（4. 6%）。

此外，根据 Law. com International 发布的“2023 China 45”榜单，中国营收前 45 的律所中超过 85% 2022 年营收出现下降，其中有些律所的营收下降幅度高达 35%；从律师人均创收数据来看，超过 30 万美元（不到 40 万美元）的律所有 6 家，超过 20 万美元（不到 30 万美元）的律所有 5 家，不到 10 万美元的律所有 20 家。

然而，在行业整体不景气的情况下，仍有个别律所实现了律师人均创收和权益合伙人平均利润（PPEP）的大幅增长。

其中表现抢眼的当属奋迅律师事务所。

奋迅在 2022 年的营收总额为 6214. 5 万美元，和 2021 年的 7051. 7 万美元相比有所减少，但由于律师人数减少了 50% 以上（2021 年统计时为 112 名律师，2022 年有 51 名律师），该所的 RPL 几乎比 2021 年提高了一倍，达到了 121. 9 万美元，远超其他律所。这项数据甚至超过一些国际顶尖大所，如排在“2023 Global 200”榜单第 3 位的欧华（DLA Piper）、第 4 位的贝克 · 麦坚时（Baker McKenzie）和第 8 位的伟凯（White & Case）等。

此外，奋迅的 PPEP 的表现也非常亮眼，达到 203. 9 万美元，是中国唯一一家 PPEP 超过 100 万美元的律所，将国内的竞争对手远远甩在身后。

二、依然强势的美国律所

2023 年的 Global 200 榜单中，美国律所表现依旧强势，占据大多数位置。尤其是在榜单顶端，全球前10的律所中，有9家在美国拥有最多的律师数，1家在中国拥有最多律师数（大成Dentons）（见表3和表4）。

表3　2023 Global 200总创收Top10律所（律师人数、总创收）

律所名称	2023排名	2022排名	2022年律师人数/人	2021年律师人数/人	2022年总创收/亿美元	2021年总创收/亿美元
凯易（Kirkland & Ellis）	1	1	3415	3025	65.14	60.42
瑞生（Latham & Watkins）	2	2	3298	3078	53.21	54.89
欧华（DLA Piper）	3	3	4255	4028	36.85	34.71
贝克·麦坚时（Baker McKenzie）	4	4	4779	4795	33.00	31.27
*大成Dentons[1]	5	6	12,607	12,064	31.00	29.41
世达（Skadden）	6	5	1662	1644	30.21	30.22
盛德（Sidley Austin）	7	8	2015	1893	29.23	27.95
伟凯（White & Case）	8	7	2616	2464	28.28	28.70
摩根路易斯（Morgan, Lewis & Bockius）	9	13	2036	1992	27.45	25.78
吉布森（Gibson, Dunn & Crutcher）	10	14	1688	1538	27.37	24.80

数据来源：Law. com International。

注：整理/制表：智合研究院。

1　该数据统计包括境内的大成律师事务所与境外的Dentons。

表4　2023 Global 200总创收Top10律所（律师人均创收、权益合伙人平均利润）

律所名称	2023排名	2022排名	2022年律师人均创收/万美元	2021年律师人均创收/万美元	2022年权益合伙人平均利润/万美元	2021年权益合伙人平均利润/万美元
凯易（Kirkland & Ellis）	1	1	190.8	199.7	751.6	738.8
瑞生（Latham & Watkins）	2	2	161.4	178.4	515.4	570.5
欧华（DLA Piper）	3	3	86.6	86.2	287.8	249.6
贝克·麦坚时（Baker McKenzie）	4	4	69.1	65.2	188.9	183.3
*大成Dentons[1]	5	6	24.6	24.4	35.9	37.9
世达（Skadden）	6	5	181.8	183.8	501.3	508.8

续表

律所名称	2023 排名	2022 排名	2022 年律师人均创收/万美元	2021 年律师人均创收/万美元	2022 年权益合伙人平均利润/万美元	2021 年权益合伙人平均利润/万美元
盛德（Sidley Austin）	7	8	145.0	147.7	416.5	371.8
伟凯（White & Case）	8	7	108.1	116.5	280.0	350.9
摩根路易斯（Morgan, Lewis & Bockius）	9	13	134.8	129.4	191.2	183.1
吉布森（Gibson, Dunn & Crutcher）	10	14	162.1	161.3	492.5	444

数据来源：Law. com International。

注：整理/制表：智合研究院。

1　该数据统计包括境内的大成律师事务所与境外的 Dentons。

榜单前 4 的排名和 2021 年相比没有变化，依然是由凯易、瑞生、欧华和贝克·麦坚时这 4 家美国律所占据。大成 Dentons 和世达律所则互换位置，位居第 5、第 6；盛德和伟凯也互换位置，分别排在第 7 和第 8。

排在第 9 和第 10 的两家美国律所，分别是 2021 年的第 13 摩根路易斯律所和 2021 年的第 14 吉布森律所；2021 年排名第 10 的美国律所瑞格（Ropes & Gray）则跌到第 11。

此外，2021 年唯一一家进入前 10 的英国律所高伟绅（Clifford Chance），跌到了第 13 名。

从营收来看，除了瑞生、世达、伟凯三家律所总创收略有下滑外，其余进入 Top10 的美国律所的总创收均实现增长，其中凯易表现最为强劲，总创收较 2021 年增长了 4.72 亿美元。

从 RPL 数值来看，进入 Top10 的这 9 家美国律所的平均值为 137.7 万美元，较 2021 年的 140.9 万美元下降 2.3%，这一数据低于榜单平均值（4.6%）；从权益合伙人平均利润数值来看，这 9 家顶尖美国律所的平均值为 402.8 万美元，较 2021 年平均值 400.1 万美元增加了 2.7 万美元。

三、首次上榜的巴西律所

2023 年的 Global 200 榜单中，首次出现了巴西的律师事务所——Mattos Filho。这家律所共有律师 743 人，2022 年总创收 2.64 亿美元，位列全球第 197 名，逼近英国罗夏信、中国方达等已经在国际舞台上闯出名号的律师事务所。此外，该律所 2022 年的 RPL 为 35.5 万美元，这个数据在中国能排到第 5，超过方达。

根据德勤报告，巴西比大多数国家更好地经受住了全球经济危机的冲击[1]；此外，由于出台了有利于仲裁的法规且当地法院的审理速度缓慢，越来越多的争端纠纷案件诉诸巴西仲裁机构解决，巴西仲裁业发展迅速，2022 年处理仲裁案件的数量已经与美国的相当[2]。

巴西律所首次登榜的背后，是近些年来不断发展的拉丁美洲法律市场。尤其是对西班牙语和葡萄牙语律师而言，拉美无疑是一个机遇之地。

比如 2023 年榜单上排在第 149 位的西班牙头部律所顾博（Cuatrecasas），就毫不掩饰他们开拓拉美市场的决心。该律所近年来积极布局拉美，先后在智利、哥伦比亚、墨西哥和秘鲁开设办事处。顾博 2022 年年底新上任的总裁 Javier Fontcuberta 更是放言："拉美是我们 DNA 的一部分。"

对于中国律所而言，拉美市场同样存在广泛的机遇。

拉美地区是中国第二大投资目的地，也是中国对外承包基础设施项目的第三大市场。中国企业在拉美地区进行的并购交易总额，2020 年已超过欧洲与北美的总和。作为"一带一路"倡议的重要组成部分，许多拉美国家与中国在贸易、投资和工程等领域开展了广泛合作。

截至 2023 年 5 月，共有 4 家中国律所在拉美布局，分别是广和、盈科、大成和兰迪。其中广和 2010 年在乌拉圭蒙得维设立办公室，兰迪 2022 年 5 月在墨西哥设立办公室。盈科和大成这两家大所则通过加盟、战略合作、合并等手段，先后在泛拉丁美洲和加勒比地区的 27 个国家/地区设立办公室（见表 5）。

表 5　中国律所在拉美布局

律所	类型	城市
盈科	全球法律服务网络成员律所所在地	中美：墨西哥（墨西哥城）、萨尔瓦多
		南美：巴西（里约热内卢、巴西利亚、圣保罗）、法兰西堡、阿根廷（布宜诺斯艾利斯）
	通过战略合作关系事项覆盖城市/国家	中美：巴哈马、哥斯达黎加、多米尼加、危地马拉、洪都拉斯、尼加拉瓜、巴拿马
		南美：哥伦比亚、智利、乌拉圭、巴拉圭、玻利维亚、秘鲁、委内瑞拉、英属维尔京群岛

〔1〕 Deloitte, *Brazil Economic Outlook*, July 2023, https://www2.deloitte.com/us/en/insights/economy/americas/brazil-economic-outlook.html.

〔2〕 ALM, *Arbitration Cases Rise in Brazil to Rival Numbers in the United States*, https://www.law.com/international-edition/2023/03/14/arbitration-cases-rise-in-brazil-to-rival-numbers-in-the-united-states/.

续表

律所	类型	城市
大成	办公室	中美：墨西哥（墨西哥城、蒙特雷）、巴拿马（巴拿马城）、开曼群岛、哥斯达黎加（利韦里亚、圣荷西）、洪都拉斯（特古西加尔巴）、萨尔瓦多（圣萨尔瓦多）、牙买加、圣基茨和尼维斯、特立尼达和多巴哥、格林纳达、多米尼加、圣文森特和格林纳丁斯、危地马拉、安提瓜和巴布达、尼加拉瓜（马纳瓜）、巴巴多斯
		南美：哥伦比亚（波哥大、麦德林）、乌拉圭（蒙得维的亚）、委内瑞拉（卡拉卡斯）、秘鲁（利马）、玻利维亚（拉巴斯、圣克鲁斯）、阿根廷（布宜诺斯艾利斯）、智利（圣地亚哥）、厄瓜多尔（基多）、圭亚那、英属维尔京群岛
	战略合作律所	巴西（巴西利亚、里贝朗普雷图、圣保罗）
广和	办公室	乌拉圭（蒙得维的亚）
兰迪	办公室	墨西哥（墨西哥城）

数据来源：各律所官网，截至2023年5月。

注：整理/制表：智合研究院。

四、本土称雄的韩国律所

进入“2023 Global 200”榜单的韩国律所共有3家，依次是排在第60的Kim & Chang、第173的Bae Kim & Lee和第176的Lee & Ko，再加上距离上榜只有一步之遥的Shin & Kim，这几家大所基本上主导了韩国的法律市场（见表6）。

表6　2023 Global 200上榜韩国律所

律所名称	排名	2022年总创收/亿美元	2022年律师人数	2022年律师人均创收/万美元	2022年权益合伙人平均利润/万美元
Kim & Chang	60	10.40	1280	81.2	47.6
Bae Kim & Lee	173	3.06	581	52.6	未公布
Lee & Ko	176	3.02	665	45.4	未公布

《美国律师》杂志报道称，这些韩国律所既能够为三星这样的大型跨国公司提供法律服务，也能为三星的竞争对手们提供咨询，这有利于这些本地大所主导韩国国内的大型交易。

《美国律师》杂志的亚洲记者布莱恩·叶（Brian Yap）则介绍了韩国律所非常聪明的招聘策略，他们会重新聘请那些离开律所后到韩国大型企业集团（如三星和

LG）以及政府机构工作的律师，这些律师拥有大量能带来丰厚利润的客户资源。通过这种策略，这些韩国本土大所强化了自身客户关系网络，成功实现了营收增长。

种种有利条件让这些韩国头部律所赚取了令人羡慕的收入。根据《美国律师》杂志的统计数据，韩国律所的律师平均收入为652, 215美元，超过了它们英国和欧洲的竞争对手，并且正在逐渐赶上加拿大和美国同行（见图1）。

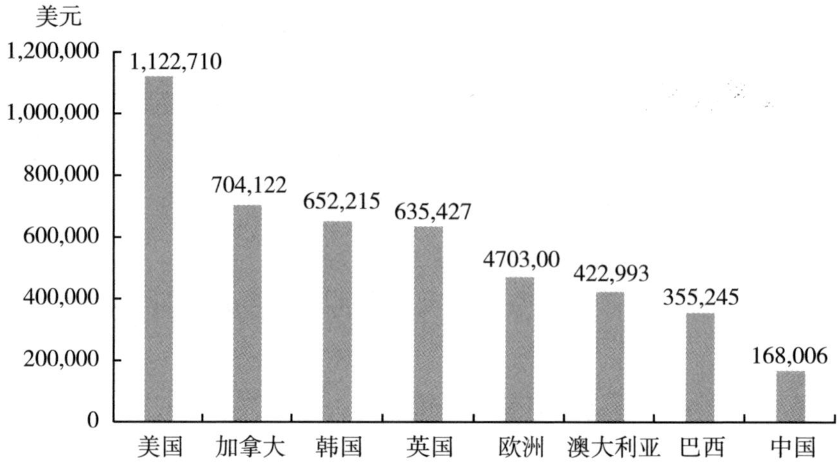

图1　各国律所律师人均创收

凭借出色的出口产业，韩国近年来在世界经济舞台上表现出色，并且有望在未来几年延续这一势头。这意味着像Kim & Chang这样2022年创收超10亿美元的韩国头部大所，未来将继续发力，提高榜单排名。

五、榜外潜力股——中东律所

“在未来10年内，我们将看到一家中东律师事务所跻身全球200强。”《美国律师》杂志总编辑克里希南·奈尔（Krishnan Nair）如此预测[1]。

中东，指从地中海东部南部到波斯湾沿岸部分地区，其中以阿联酋、阿曼、巴林、卡塔尔、科威特、沙特阿拉伯（简称沙特）组成的“海湾六国”最具投资合作潜力。调研机构Investment Monitor的最新报告显示，2020～2022年，中东地区持续吸引外资流入，2022年外商直接投资增幅达13.6%。

沙特是中东地区经济规模最大的国家，也是世界上最“土豪”的国家，雄心勃勃且财力雄厚，愿意不惜代价地登上各个领域的顶端，比如足球。

〔1〕 ALM, *The Global 200's Secrets and What They Tell Us*, https://www.law.com/international-edition/2023/09/24/the-global-200s-secrets-and-what-they-tell-us/.

在法律服务领域，沙特的豪气依旧不减。

2023 年年初，沙特颁布新法放松管制，司法部给国际律所颁发执业许可证，允许他们独立运营。此前，国际律所若要在沙特执业，必须与当地律所合作才能开展工作。

沙特政府此举意在鼓励外国律所在其境内设立办事处，效果非常显著。自 2023 年 3 月以来，已经有英国安胜恪道（Addleshaw Goddard）、美国前 20 律所 Greenberg Traurig、英国“魔圈所”（Magic Circle）年利达（Linklaters）和高伟绅（Clifford Chance）、英国史密夫斐尔（Herbert Smith Freehills）在内的多家国际大所宣布在沙特新设办公室。

《全球法律邮报》报道称，沙特希望借助投资热潮，将大型交易机会留存在本地，并增加沙特律师的发展机会。为此，沙特设置了一系列条款，要求想在当地设立办公室的国际律所遵循。例如，代表律所的两位合伙人必须居住在沙特，沙特办事处的律师至少有一半是沙特国民，与沙特法律相关的业务不能转交至其他办事处，收入的 30% 不能流向沙特之外，营业许可证必须每五年更新一次，等等。

中东法律市场对于中国律所来说，同样充满机遇。

作为“一带一路”重要的合作区域，中东地区已经成了中国企业出海的热土，不少中国能源、基建、互联网企业纷纷赶赴中东展开布局。根据普华永道 2022 年发布的一份报告，中国企业与当地合作不断走深走实，在普华永道调研的 118 家中国企业中，近一半企业在中东展开经营已超过 10 年时间。

随着中国企业投资的不断深入，中资企业在中东地区投资配套的法律服务需求也在不断提升。目前，已经有盈科、大成、德恒、金杜、中伦、中伦文德等多家中国律所在该地区设立分支机构；京师律所也于 2023 年 3 月举办了阿联酋、沙特、卡塔尔、阿曼等 6 家海外办公室筹建签约仪式，并完成了阿联酋办公室（筹）本地化服务的第一单。

六、结语

营收增速低迷、RPL/PPEP 下降、裁员潮……艰难惨淡的 2022 年过去了，应该没有一家律所会怀念它，或者说，处在生存发展压力之下的律所根本无暇怀念。

然而，惨淡中也蕴藏着生机活力。营收普降的中国律所不乏奋迅这样逆势增长的优秀典范，实力强大的美国律所依旧稳如泰山，首次登榜的巴西律所彰显拉美市场活力，本土称雄的韩国律所正在奋起直追，榜单外的中东律所则蓄势待发……这些信息无不昭示全球法律行业的强大韧性。

群的总指数均值0.3064。[1]此外，在自然指数（Nature Index）公布的全球主要城市的科研能力排行榜中，上海也有杰出表现，**从2020年的第5位升至2022年的第3位，超过波士顿都市圈和旧金山湾区**。[2]

除了城市自身的科创硬实力之外，法律科技行业发展离不开专业化、国际化的创新型人才。从研发设计等专业技术岗位的创新型人才到国际贸易、跨境投融资、涉外知识产权等急需领域的法律服务人才，上海全方位的人才政策环境一次次向海内外展示上海引才、聚才、爱才、敬才的诚意。

上海作为中国最具吸引力的城市之一，从人才吸引力指数观察，2022年北京、上海、深圳位居前3名，上海2022年人才净流入占比全国第1。

三、产业集聚：打造法律科技企业的引力场

（一）全球科技型初创企业的首选地

作为全球科技型初创企业的首选地之一，上海展现出强大的产业基础实力。据统计：

- 2022年，上海高新技术企业突破2.2万家，同比增长10%；
- 2022全年新增155家科技小巨人（含培育），累计超过2600家；
- 科创板上市企业中81家出自上海，数量位列全国第2；
- 2022年，上海新增科技企业10.7万户，占全市新设企业数的28.9%，日均新增294家科技企业。[3]

这些数字充分体现了上海在科技创新方面的优势。

（二）国内第一梯队的人工智能业态

人工智能必会给法律行业带来深刻变革，放眼法律行业，传统人工智能技术已应用于信息回填、智能编目、法条推送、文书纠错等辅助性工作，并在类案推送、证据筛查、风险评估、偏离度预警等核心工作方面展示出潜力。随着“强人工智能”技术的快速发展和应用，人工智能将通过重构法律服务底层逻辑，有效提升法律服务的质量和效率。

上海处于我国人工智能发展第一梯队。据36氪研究院《中国城市人工智能发展指数报告》，从城市发展环境、资金支持力度、研发能力、基础支持情况和发展成效

---

〔1〕参见首都科技发展战略研究院：《【成果发布】〈中国城市科技创新发展报告（2022）〉：北京连续多年保持第1，上海排名超越深圳，重庆首次进入20强》，载首都科技发展战略研究院官网2023年2月15日，http://www.cistds.org/content/details36_1488.html。

〔2〕参见新华社：《自然指数：中国科研城市在全球排名快速上升 北京保持第一》，载中国政府网，https://www.gov.cn/xinwen/2022-11/29/content_5729408.htm。

〔3〕参见任荃：《从科技奖大数据看上海创新风向标》，载《文汇报》2023年5月27日。